U0095152

国家社科基金
GUOJIA SHEKE JIJIN HOUQI ZIZHU XIANGMU
后期资助项目

戚继光军事思想接受史研究

——以朝鲜王朝为例

A Study on the Acceptance History of Qi Jiguang's
Military Thoughts- Based on the Joseon Dynasty

刘晓东　祁　山　著

社会科学文献出版社
SOCIAL SCIENCES ACADEMIC PRESS (CHINA)

国家社科基金后期资助项目
出版说明

　　后期资助项目是国家社科基金设立的一类重要项目，旨在鼓励广大社科研究者潜心治学，支持基础研究多出优秀成果。它是经过严格评审，从接近完成的科研成果中遴选立项的。为扩大后期资助项目的影响，更好地推动学术发展，促进成果转化，全国哲学社会科学工作办公室按照"统一设计、统一标识、统一版式、形成系列"的总体要求，组织出版国家社科基金后期资助项目成果。

全国哲学社会科学工作办公室

序

万　明

　　戚继光是中国古代史上的一代名将，其一生都在为捍卫国家的安全和百姓的安宁而奋斗。其生平事业有两个高峰：一是在沿海抗倭第一线，在与倭寇的厮杀中铸就辉煌；二是在北方镇守蓟门，于平实中显现奇功。但戚继光更深远的影响，是他在戎马倥偬中，撰写的军事经典著作《纪效新书》和《练兵实纪》，还有他的诗文集《止止堂集》，为后世留下了丰厚的文化遗产。戚继光不仅因卓越战功而英名盖世，也是中国古代兵儒文化的代表性人物之一。他在日常生活中，不仅有武将的刀光剑影，也有诗人的豪情，书与剑伴随了他的一生。作为驰骋疆场的武将，戚继光笔耕不辍，他的军事著述是中国军事史上的奇葩；他的诗文，也为古代文学增添了光彩。戚继光的文化遗产是我们今天"推进文化自信自强""讲好中国故事、传播好中国声音"的重要素材。

　　《纪效新书》是戚继光早年在东南沿海抗倭时所作，是他抗倭经验的理论总结。《练兵实纪》是戚继光调任总理蓟州、昌平、辽东、保定练兵事务以后，根据当时镇守北方，防御游牧民族侵扰，保卫北京安全的需要，完成的又一部军事论著，是他在蓟镇治军练兵经验的记录和总结。戚继光的军事著述，是中华文明的瑰宝，也是世界文化遗产。戚继光的著作及其军事思想不仅在国内有着重要影响，在海外也有着很大知名度。近几年，学术界也开始关注这方面的研究，鲁东大学戚继光研究团队走在前列，取得了可喜的研究成果。

　　鲁东大学任晓礼教授主持的"戚继光军事思想对朝鲜壬辰战争的影响"课题，2019年获批国家社科基金后期资助项目，已在山东大学出版社出版，本书的作者刘晓东是该书的第二作者。这个课题主要论述了戚继光的《纪效新书》及其军事思想在朝鲜壬辰战争期间是如何成为朝鲜王朝军队建设的教科书和指导思想的，以及抗倭援朝的浙兵教官为传播戚继光练兵思想所做出的重要贡献。该研究课题得到了戚继光研究著名专家、原中国人民解放军军事科学院战略研究部范中义研究员高度赞誉，其认为"该书是一部对戚继光军事思想影响研究开拓性的著作，是一部资料搜集广泛翔实的力作。之所以说是一部开拓性的著作，是因为自从戚继光军事著作问世一直到近代，国内直到今日从未有人撰写过一部专著来谈戚继光军事思想在朝鲜半岛的影响，该著作开了研究戚继光军事思想在朝鲜半岛影响的先河"（见《戚继光军事思想对万历朝鲜战争的影响》序言）。范中义研究员的上述观点，我也深表赞同。

《戚继光军事思想对万历朝鲜战争的影响》一书，只是写了戚继光军事思想在朝鲜壬辰战争期间的影响，因此，继续开拓性研究的《戚继光军事思想接受史研究——以朝鲜王朝为例》一书就诞生了。此书是鲁东大学刘晓东副教授主持的 2020 年获批国家社科基金后期资助项目"戚继光军事思想在朝鲜半岛的传播与实践研究"结项成果，作者刘晓东、祁山（刘凤鸣）。此书致力于全面系统论述戚继光军事著述影响了朝鲜三百年，是一部具有很高学术价值和现实意义的力作。

作为中华文化的瑰宝，戚继光军事思想的内容极为丰富，涉及战争观、谋略、战法、阵法、军队组织、训练和纪律、将帅修养以及作战指挥等方面。此书系统论述了戚继光的《纪效新书》在朝鲜壬辰战争期间传入朝鲜以后，直至朝鲜王朝终结，其间的每一届朝鲜王室，均把戚继光的军事著述作为朝鲜军队的兵学指南和教科书，戚继光军事思想影响了朝鲜王朝军队三百年。研究成果详细介绍和解读了戚继光军事思想传入朝鲜半岛的背景和过程，朝鲜宣祖王朝及以后的历届王室对戚继光及其军事思想的认知，戚继光军事思想及其兵书对朝鲜王朝军队的影响情况，并对戚继光军事思想长期影响朝鲜王朝军队的原因做了深入分析。

此书首次提出"戚继光军事著作影响朝鲜王朝军队三百年"这一学术观点，让人耳目一新，有力地推进了戚继光军事思想国际影响力的研究，具有重要的学术价值，对深化和拓展中华文化海外影响力的研究具有重要意义。关于戚继光的军事思想及其著作对朝鲜半岛的影响，除了上面提到的任晓礼、刘晓东的专著外，近几年已有一些专著和论文问世，但集中在戚继光的军事思想及其著作对朝鲜壬辰战争（1592～1598）影响的研究，涉及的时间段很短，没有涉及朝鲜宣祖朝之后的朝鲜王朝，即使涉及对壬辰战争的影响，论文也多侧重一个方面，或谈戚继光军事著作传入朝鲜半岛的背景，或谈对朝鲜士兵训练的影响，或谈对朝鲜军队军制改革的影响。此书不仅将戚继光军事著述对朝鲜半岛的影响研究延至朝鲜王朝末期，而且在论述戚继光军事著作对朝鲜王朝军队的影响时，涉及朝鲜军队建设的诸多方面，内容更为详尽，论述得也更为全面。此书研究的"戚继光军事著作影响朝鲜王朝军队三百年"的内容，为戚继光军事著述的研究提供了新的思路和视角，目前尚没有相关的专著出版与相关的论文发表，此前更没有人将戚继光著述对于朝鲜王朝三百年的影响如此系统地发掘出来，此书研究论证的戚继光军事思想及其著作在朝鲜半岛的影响时间长、范围大，极大地拓展了戚继光研究的领域，并对于戚继光文化遗产价值进行了重新的评价和补充，无疑填补了学术研究的空白。

此书阐述的"戚继光军事著作影响朝鲜王朝军队三百年"这一研究观点，不仅有重要学术价值，也有重要的现实意义。戚继光及其军事著作影响朝鲜王朝三百年，也是三百年来中韩、中朝传统友谊的重要见证，将这一课题做好做大，不仅可为中韩、中朝文化交流增添新的内容，也会进一步增进中韩、中朝的友谊，提升与戚继光文化遗产有关联的地域知名度，为地方的经济、文化建设做出贡献。

此书的两位作者多年来一直从事古代中韩关系的研究，且与我熟识多年。祁山（刘凤鸣）先生是耿昇和我多年的朋友，耿昇和我先后担任中外关系史学会会长期间，祁山先生是学会的常务理事，因学会的事情，我们有过多次接触。祁山先生对于东方丝绸之路的研究独树一帜。2007年，祁山先生的专著《山东半岛与东方海上丝绸之路》在人民出版社出版，耿昇为其写了五千多字的序言，称赞该书"是一部有很高学术价值的力作"。2008年10月，祁山先生就职的鲁东大学与中国中外关系史学会联合主办的"登州与海上丝绸之路国际学术研讨会"在山东烟台市蓬莱召开，祁山先生发挥了重要作用。2010年祁山先生在中华书局出版专著《山东半岛与古代中韩关系》，也邀请我作过序，我在序言中写道："该书对重新认识古代中韩关系史，提出了许多独到的见解"，"书中的许多研究成果，不仅填补了古代中韩关系研究的空白，而且对深入开展这方面的研究也带来许多启示"。耿昇去世后，祁山先生还撰写了《耿昇与东方海上丝绸之路》一文，记叙了我们之间多年的友情，寄托了他对耿昇先生的深切怀念。这次他和青年教师刘晓东合作完成的新著又邀请我作序，除了因为我从事过古代中外关系研究，特别是明代中外关系研究外，也是因为我们多年的友情，我难以推脱。祁山先生和刘晓东在古代中韩关系研究方面，均有许多成果问世，获得过多项省部级的奖项，这次二人合作的《戚继光军事思想接受史研究——以朝鲜王朝为例》专著的推出，相信也必定会有好的反响，在此我期待着两位作者有更多的填补空白的著作出现，为中韩、中朝文化交流做出新的贡献。

目　录

引　言

戚继光（1528～1588），中国明代著名军事家，抗倭民族英雄。他不仅为抗击侵扰中国东南沿海的倭寇，巩固明朝的北部边防做出了重大贡献，而且在练兵和实战的基础上撰写的《纪效新书》《练兵实纪》等军事著作，丰富了兵学宝库，成为后来带兵者的重要参考书目。《纪效新书》《练兵实纪》等军事著作是戚继光军事思想的主要组成部分和具体展现，曾在朝鲜王朝三百年的时间里产生过重要影响。

戚继光早期撰写的十八卷本《纪效新书》，是其在东南沿海抗倭期间练兵治军的经验总结，成书后也成为当时戚家军的教科书。《练兵实纪》是戚继光在蓟州等地练兵的训练条例和经验总结，"将先后给与将士教习过条约通集成帙"。① 戚继光晚年担任广东总兵官时，又编纂了十四卷本的《纪效新书》，除了将《练兵实纪》的有关内容纳入外，还增加了一些新的内容，如"练兵和练将、练胆和练艺的关系"，及"城池的构筑和防守，一些武器的制造和使用等等"。② 戚继光在世时，就有多个版本的《纪效新书》《练兵实纪》问世，戚继光去世之后，出现了更多的版本，改朝换代之后，清乾隆年间编纂的《四库全书》收录了十八卷本的《纪效新书》和九卷本的《练兵实纪》，使得戚继光的军事著作有了更广泛的流传。

虽说戚继光《纪效新书》《练兵实纪》等军事著作问世后在国内有着较大影响，但只是作为兵学专著得到了一些地方官员和带兵者的欣赏，并没有进入国家层面，成为全国军队的教科书，戚继光研究著名专家、原中国人民解放军军事科学院战略研究部范中义研究员说："戚继光的军事著作在国内从没有以国家名义下达命令让将士学习，而在朝鲜，国王亲自研读，并命令颁行全国。"③ 从朝鲜宣祖时期壬辰（1592）战争爆

---

① （明）戚继光撰，邱心田校释《练兵实纪·练兵实纪公移》，中华书局，2001，第3页。
② （明）戚继光撰，范中义校释《纪效新书》（十四卷本），中华书局，2001，前言第7页。
③ 范中义：《戚继光评传》，南京大学出版社，2004，第393～394页。

发到朝鲜王朝的终结,其间历届朝鲜王室均将戚继光的军事思想作为国家军队建设的指导思想。戚继光军事思想对朝鲜王室影响程度之大,影响时间之长,远远超过了其在国内的影响。

本书对戚继光军事思想传入朝鲜半岛的背景,朝鲜宣祖王朝及之后的历届王室对戚继光及其军事思想的认知,戚继光军事思想及其兵书对朝鲜王朝军队的影响情况,都有详细的介绍和解读,并对戚继光军事思想长期影响朝鲜王朝军队的原因做了分析。

本书通过相关史料和分析论证,以说明戚继光的军事著作曾影响了朝鲜王朝军队三百年。虽说这三百年经历了十三个国王,每个国王当时面临的国内外背景不同,但从宣祖朝一直到近代朝鲜王朝的终结,朝鲜王朝在军队建设上,特别是在士兵训练上,都以戚继光的兵书作为教科书。在这三百年的时间里,戚继光的军事著作在朝鲜半岛的影响有两个高潮期。一是壬辰战争爆发后的宣祖时期,从朝鲜军队的建制、日常管理、士兵训练,到城防设施建设、新式武器的制造和更新,均参照了戚继光的《纪效新书》,从而拉开了朝鲜王朝用戚继光军事思想武装朝鲜军队的序幕;另一个是壬辰战争之后差不多二百年的正祖时期。创建了朝鲜王朝中兴时代的正祖李祘,不仅多次撰文推行戚继光的军事思想,而且在军队建设的诸多方面"无一不返于戚氏之遗典",[①] 使得戚继光兵书的影响在朝鲜半岛形成了一个新的热潮,而且这一新的热潮影响了后来的朝鲜王室,直到朝鲜王朝的终结。

本书挖掘和整理了极有说服力的戚继光军事思想及其著作影响朝鲜王朝军队的史料,这些史料主要来自朝鲜宣祖朝至朝鲜王朝末期各个时期的《朝鲜王朝实录》,包括朝鲜国王下达的指令、朝鲜王朝官员写给国王的呈文等,还有《朝鲜王朝实录》没有记载的朝鲜国王、王朝官员撰写的文章,创作的相关诗词等。为了支撑戚继光的军事著作影响了朝鲜王朝军队三百年这一观点,本书对从壬辰战争爆发前的宣祖时期一直到朝鲜王朝的终结,其间的每一届朝鲜王室对戚继光军事思想的认知,戚继光兵书对朝鲜军队建设的影响,不仅都用史料做了说明,而且结

---

① （朝鲜）徐滢修:《明皋全集》卷7,《韩国文集丛刊》第261辑,韩国首尔:景仁文化社,2001,第139页。

合当时朝鲜半岛的背景，论证了戚继光军事思想对不同时期朝鲜王朝的影响程度。尽管三百年间的影响程度不尽相同，但通过这样的研究方法，得出的结论是，戚继光的军事思想及其著作影响了每一届朝鲜王室，其间每一届朝鲜王室均把戚继光兵书作为朝鲜军事教科书。

　　本书还呈现了从外国人的视角对中国军事文化的审视，探讨戚继光军事著作的作用及其影响。戚继光军事著作作为中华优秀传统文化的组成部分，问世以后不仅成为国内带兵者的兵学宝典，也为国内学者，特别是军事爱好者和专家们所关注，有许多学者撰文解读戚继光的军事著作，这其中就包括许多著名文人为戚继光军事著作写序写跋，如明朝隆庆三年（1569）为戚继光《纪效新书》写序的就有抗倭英雄、河南巡抚李邦珍，著名史学家、文学家王世贞等。① 我们在正文中还会提到明朝万历二十五年（1597），明军在朝鲜前线抗倭援朝的总指挥，加兵部尚书衔的邢玠撰写的《重刻〈纪效新书〉序》，② 也对《纪效新书》给予了高度评价。清朝乾隆年间编纂的《四库全书》收录戚继光的《纪效新书》《练兵实纪》之后，更是出现了许多对戚继光军事著作评说的论著和观点，近现代研究戚继光的专家学者也将明清时期的这些评论作为重要参考依据，但应该说，这些观点和评论，都属于"自说自话"。而本书提供的大量史料，是外国人评论中国军事家及其军事著作，是从另一个视角来看待中国的军事文化，这样的视角往往更客观，更有价值。明清时期的朝鲜虽说是中国的附属国，但毕竟是异域外邦，有着独立的政体和不同于中国的传统文化，朝鲜王朝及其官员、学者对戚继光军事思想及其著作的认知，时间跨越三百年，我们从中可以看出戚继光军事思想及其著作在国外的重大影响，也会使当代的国内军事史专家、研究戚继光的学者，对戚继光的军事思想及其著作有着更全面、更清晰的认识。

　　本书的研究成果，开拓了戚继光军事思想研究的新领域，将戚继光军事思想的影响研究范围不仅拓展到国外，更重要的是，本研究成果论证的戚继光军事著作在朝鲜半岛影响程度之大、影响时间之长，为戚继光军事思想的研究提供了新的思路和视角。

----

①　（明）戚继光撰，曹文明、吕颖慧校释《纪效新书》（十八卷本），中华书局，2001，前言第7页。
②　张德信、王熹编《戚继光研究资料粹编》（中），黄海数字出版社，2016，第762～764页。

第一章　宣祖时期：朝鲜军队效法 戚继光《纪效新书》

1567 年，15 岁的李昖（1552～1608）即位朝鲜国王，朝鲜李氏王朝进入了宣祖时期（1567～1608）。李昖庙号宣宗，去世后改称宣祖。李昖执政初期，党争空前激烈，朝廷风气败坏，国力消耗殆尽。朝鲜宣祖二十五年（万历二十年，1592），日本借机发动了侵略朝鲜的战争，朝鲜军队不堪一击，一败涂地。应朝鲜国王李昖请求，万历皇帝派明军入朝参战，不仅挽救了朝鲜，也将戚继光的军事思想传入了朝鲜半岛，朝鲜宣祖王室效法戚继光的《纪效新书》，将《纪效新书》作为改造和训练朝鲜军队的教科书，还邀请入朝参战的熟悉《纪效新书》的明军教官协助训练朝鲜军队，极大地提升了朝鲜的军力，为抗击日军的侵略做出了贡献。

第一节　《纪效新书》传入朝鲜王室的背景

戚继光的形象及其军事思想传入朝鲜王室的时间应追溯到 1574 年，即朝鲜宣祖七年（1574），明朝万历二年。

万历二年（1574）七月底至九月初，出使明朝的朝鲜官员路经蓟州（明代蓟州领玉田、遵化、丰润、平谷四县，为北方边塞重镇）一带时，目睹了戚继光带领的军队及治军的情况。当年十一月，朝鲜使团回国后，随行的质正官赵宪上书朝鲜国王李昖"八条疏"，其中第八条是"军师纪律之严"，赞扬戚继光带领的军队"不敢扰民也"，行军途中"憩于田傍，不敢取田禾一束，以秣其驴"，"严军法而振士气"；上书赞扬戚继光治军之严，自己的部属和亲属违犯军纪，也一视同仁，严厉惩处，"其在平日，抚养士卒。虽极其至，而及其犯法，则不少容贷"；上书还说戚继光"以五万军分守长城，而八倍鞑贼，不敢犯塞"，可以抵御数量是自己八倍的来犯之敌，其威慑之力，使敌人"不敢犯矣"；赵宪在上书中还指出了当时朝鲜军队存在的问题，说朝鲜军队遇到强敌，"不待交兵，而狼狈之势已形。……遇劲敌，则土崩瓦解，定在须臾之间矣"，在劲敌面前只能是望风而逃，彻底溃败；赵宪在上书中还赞扬戚继光"知书谙事，而思尽其职者""秉公持正，忧国忘私""其忠诚恳切，而品式备具，虽古之良将，无以过此"，赵宪建议朝鲜国王"命儒臣作传，而并印其文，广布于中外将士"，让朝鲜臣民了解戚继光的事迹，学习戚继光的精神，使朝鲜军民"感慕而兴起"。① 但赵宪这些学习戚继光治兵之道、强兵富国的有价值的建议，并未引起朝鲜王室的重视，国王李昖在批示中说："千百里风俗不同，若不揆风气、习俗之殊，而强欲效行之，则徒为惊骇之归，而事有所不谐矣。"② 国王李昖拒绝了赵宪的建议，认为朝鲜和中国的情况不一样，不能学习戚继光的治军之道，因而也使得朝鲜失去了一次改造军队、提升军队战力的良机，以至于万历二十年（1592）日本军队入侵朝鲜半岛时，朝鲜"民不知兵，郡县望风奔溃"，③ 短短两个多月就丢掉了京都汉城（今首尔）和北部重镇平壤，并让日军迅速推进到鸭绿江边。直到明军入朝参战，当年经过戚继光训练的"浙兵"在收复平壤战斗中做出了卓越贡献，这才引起朝鲜王室对戚继光的军事思想及其著作的高度重视。

1. 两次平壤之战的不同结局

万历二十年（朝鲜宣祖二十五年，1592）四月，日本军队大举入侵朝鲜，当年五月，朝鲜京都汉城就被日军攻陷；六月，朝鲜半岛北部的经济、政治中心平壤城也被日军占领。《明史·朝鲜传》记载："时朝鲜承平久，兵不习战，昖又湎酒，弛备，猝岛夷作难，望风皆溃。……八道几尽没。"④ 说朝鲜国王李昖沉迷于酒色，放松戒备，结果朝鲜军队在

---

① （朝鲜）赵宪：《重峰先生文集》卷3，《韩国文集丛刊》第54辑，韩国首尔：景仁文化社，1990，第196~197页。

② （朝鲜）《朝鲜宣祖修正实录》卷8，宣祖七年十一月一日，韩国首尔：探求堂1973年影印本，第25册，第450页。

③ （朝鲜）《朝鲜宣祖修正实录》卷26，宣祖二十五年四月十三日，韩国首尔：探求堂1973年影印本，第31册，第483页。

④ （清）张廷玉等：《明史·朝鲜传》（简体字本），中华书局，2000，第5551页。

日军入侵时只能是望风而逃，一败涂地，以致朝鲜的八个道都落于敌手。
"岛夷"，指日本军队。"道"，是类似于中国省一级的朝鲜地方行政区
划，当时朝鲜下设八个道，"八道"，指朝鲜全部的国土。因万历二十年
（1592）是壬辰年，故此次日军侵朝也称"壬辰倭乱"，由此引发的战争
被称为"壬辰战争"。

　　万历二十年（1592）七月，应朝鲜国王李昖的紧急请求，明朝派出
以东北地区辽兵为主组成的军队进入朝鲜。《朝鲜宣祖修正实录》记载：
"辽镇遣总兵祖承训，参将郭梦征，游击史儒、王守臣、戴朝弁等，攻平
壤不克，……史儒先中丸死。承训遽退，后军多被杀伤，戴朝弁与千总
张国忠、马世隆等亦皆中丸死。……驰渡两江，至嘉山，阻雨留二日，
退还辽东。"① 《明史·朝鲜传》也记载："游击史儒等率师至平壤，战
死。副总兵祖承训统兵渡鸭绿江援之，仅以身免。中朝震动。"② 明代武
将职衔，《明史·职官五》记载："总兵官、副总兵、参将、游击将军、
守备、把总，无品级，无定员。总镇一方者为镇守，独镇一路者为分守，
各守一城一堡者为守备，与主将同守一城者为协守。……凡总兵、副总
兵，率以公、侯、伯、都督充之。"③ "明初，置千户所，设正千户（正
五品），副千户（从五品）……一千一百二十人为一千户所，一百一十
二人为一百户所。"④ 明代地方设都指挥使司，武官"都指挥使一人（正
二品）"。⑤ "总兵"的职级一般都高于都指挥使，多为正一品或从二品。
"参将、游击将军"的级别高于镇守一城的"守备"，更高于"千户"。
也就是说，明军在第一次收复被日军占领的平壤城战斗中遭遇惨败，辽
军二位游击将军史儒、戴朝弁和二位千总张国忠、马世隆战死，明军副
总兵祖承训"仅以身免"，只好率兵退回辽东。入朝参战的明军首战失
利，且伤亡惨重，在中国和朝鲜都引起了极大的震动。

　　明军首战平壤失利后，陕西总兵官李如松担当了抗倭援朝的明军最
高长官，即东征提督、防海御倭总兵官。万历二十一年（1593）正月，

① （朝鲜）《朝鲜宣祖修正实录》卷26，宣祖二十五年七月一日，韩国首尔：探求堂1973
　　年影印本，第25册，第623页。
② （清）张廷玉等：《明史·朝鲜传》（简体字本），中华书局，2000，第5552页。
③ （清）张廷玉等：《明史·职官五》（简体字本），中华书局，2000，第1244页。
④ （清）张廷玉等：《明史·职官五》（简体字本），中华书局，2000，第1249~1250页。
⑤ （清）张廷玉等：《明史·职官五》（简体字本），中华书局，2000，第1248页。

李如松率领明军进入朝鲜，并亲自督战再次攻打平壤城，《明史·朝鲜传》记载："明年正月，如松督诸将进战，大捷于平壤。"① 明军再战平壤，取得了收复平壤的重大胜利。

2. 平壤大捷的原因："乃戚将军《纪效新书》"

明军两次攻打平壤的不同结局，引起了朝鲜王室的极大关注和好奇。《朝鲜宣祖修正实录》记载："初，平壤之复也，上诣谢都督李如松，问天兵前后胜败之异。都督曰：'前来北方之将，恒习防胡战法，故战不利。今来所用，乃戚将军《纪效新书》，乃御倭之法，所以全胜也。'"② 记载说，明军收复平壤不久，朝鲜国王李昖询问明军提督李如松，明军的两次收复平壤之战，为什么第一次失败了，第二次胜利了？李如松告诉他，第一次攻打平壤的明军，是来自中国北方的军队，他们擅长与侵扰北部边塞的胡兵（指当时中国北方的少数民族骑兵）作战，不熟悉日军，所以失败了。而第二次收复平壤的明军，是用戚继光将军的《纪效新书》训练出来的，他们熟悉抵御倭寇，即攻打日军的方法，所以才能获得大胜。

《纪效新书》是当年戚继光练兵和治军及抗倭实战的经验总结。戚继光在《自叙》中说："数年间，予承乏浙东，……于是乃集所练士卒条目，自选畎亩民丁，以至号令、战法、行营、武艺、守哨、水战，一一择其实用有效者，分别教练先后次第之，各为一卷，以诲诸三军，俾习焉。"③ 明军提督李如松提到的"今来所用，乃戚将军《纪效新书》，乃御倭之法"，指的是第二次攻打平壤城的明军包括浙兵及其将领在内的南兵，是当年戚继光带领和训练出来的抗倭劲旅，如来自浙江的"统领浙兵游击将军都指挥使吴惟忠领步兵三千名"，"统领浙直调兵神机营左参将都指挥使骆尚志领步兵三千名"，"统领浙兵游击将军叶邦荣领马步兵一千五百名"，"统领南兵游击将军王必迪领步兵一千五百名"，"统领

---

① （清）张廷玉等：《明史·朝鲜传》（简体字本），中华书局，2000，第5552页。
② （朝鲜）《朝鲜宣祖修正实录》卷28，宣祖二十七年二月一日，韩国首尔：探求堂1973年影印本，第25册，第646页。
③ （明）戚继光撰，范中义校释《纪效新书》（十四卷本），中华书局，2001，自叙第6～7页。

嘉湖苏松调兵游击将军戚金领步兵一千名"等。① 这些当年戚继光的旧部担任攻打平壤城的先锋，用的是当年"戚家军"抵抗倭寇的武器和方法，且作战勇敢，不畏强敌，最先把明军的旗帜插到了平壤城头，为收复平壤立得了头功。

吴惟忠、骆尚志、戚金、王必迪、叶邦荣等明军中的南兵将领，都是戚继光培养和带出来的得力干将。如吴惟忠，浙江金华府义乌人，嘉靖四十年（1561）在浙江台州加入戚继光的"戚家军"，后来又随戚继光北上长城一带戍边，《戚少保年谱耆编》还提到戚继光带领吴惟忠等部属修筑长城"依山涧以陶砖埴"，② 清康熙九年《山海关志》也记载："万历七年增筑南海口入海石城七丈，都督戚公继光、行参将吴惟忠修。"③ 吴惟忠还对朝鲜宣祖国王说："吾所领浙江、福建兵，当初戚总兵所练，而吾其门生也。"④ 骆尚志，浙江绍兴府余姚县人，也是当年戚继光的部属，骆尚志的属下浙兵千总闻愈就提到"尝与戚启（继）光同事，其作《纪效新书》也，亦同参云"。⑤ 戚金，戚继光的弟弟戚继明的儿子，"金，号少塘，少从少保戍，屡建战功，由百户历升守备、游击、参将，万历初，从总兵刘綎征关西，先诸将登高丽城，叙首功升副总兵"。⑥ "少保"，指戚继光，戚继光官至少保左都督。"高丽城"，指平壤城。平壤曾是高丽时代的西京。叶邦荣，浙江义乌人，"嘉靖三十八年（1559）戚继光来义乌招兵时第一批招去的抗倭勇士。戚继光剿灭浙、闽、广三省倭寇之后北上修长城，这些抗倭将领也随同北上。万历二十年（1592）支援朝鲜抗倭，又从守长城的南兵中招四千兵去朝鲜。"⑦ 王必迪，浙江义乌人，后改姓楼，同叶邦荣一样，王必迪也是嘉靖三十八

① （朝鲜）《朝鲜宣祖实录》卷34，宣祖二十六年一月十一日，韩国首尔：探求堂1973年影印本，第21册，第602页。
② （明）戚祚国汇纂《戚少保年谱耆编》，中华书局，2003，第360页。
③ 转引自义乌丛书编纂委员会编《长城有约：义乌与长城的历史对话》，上海人民出版社，2013，第140页。
④ （朝鲜）《朝鲜宣祖实录》卷89，宣祖三十年六月，韩国首尔：探求堂1973年影印本，第23册，第245页。
⑤ （朝鲜）《朝鲜宣祖实录》卷48，宣祖二十七年二月，韩国首尔：探求堂1973年影印本，第22册，第215页。
⑥ 张德信、王熹：《戚继光研究资料粹编》（下），黄海数字出版社，2016，第1193页。
⑦ 张敏杰：《义乌文化的海外影响》，上海人民出版社，2014，第89页。

年（1559）加入了"戚家军"，之后又随戚继光北上戍边。① 这都说明，吴惟忠、骆尚志、戚金、叶邦荣、王必迪等入朝参战的明军将领，都是当年戚继光的部属，他们在平壤大捷中的亮眼表现，不仅传承了"名闻天下"的戚家军"飙发电举，屡摧大寇"②的优良传统，也为戚继光的军事思想传入朝鲜半岛起到了关键性的作用。

关于明军中的南兵，特别是浙兵将领在攻打平壤城中的突出表现，当时的中朝史料均有记载。

浙兵游击将军吴惟忠，在收复平壤城的战斗中率兵强攻城北的牡丹峰。因牡丹峰地势险要，易守难攻，日军又设有重兵扼守，《明史纪事本末·援朝鲜》记载，攻打牡丹峰时，吴惟忠身先士卒，冲锋在前，"方战时，吴惟忠中铅洞胸，犹奋呼督战"，在吴惟忠的感召下，所率浙兵"无不一当百，前队贸首，后劲已踵，突舞于堞"。③《明史》也记载："游击吴惟忠攻迄北牡丹峰。……惟忠中炮伤胸，犹奋呼督战。"④ 明朝兵部左侍郎，经略朝鲜、蓟辽等处军务的宋应昌在《经略复国要编》中也记载，在收复平壤之战中，"吴惟忠不幸中弹，铅子穿透胸膛，鲜血直流，一片殷红，直至脚下，但他视若无睹，仍坚持督战。"⑤《朝鲜宣祖实录》也记载，明军在收复平壤的战斗中，"南兵不顾生死，一向直前，吴惟忠之功最高"。⑥ 平壤大捷中时任朝鲜领议政（首相）的柳成龙在给吴惟忠的信函中也说："老爷（指吴惟忠）自平壤之役，冲冒矢石，奋勇先登，以成收复之功，奇绩卓然。"⑦ 吴惟忠的部属郑德在写给朝鲜王室的信函中也说："我浙兵三千，奉朝廷之命令，不辞万里之劳苦，到正月初八日，不惧怕斧钺之诛，冒死冲锋，攻破平壤，势如雷霆，振开千百里之土地，而使倭贼闻风逃遁，皆我浙兵之力，汝国君臣所

① 张敏杰：《义乌文化的海外影响》，上海人民出版社，2014，第89页。
② （清）张廷玉等：《明史·戚继光传》（简体字本），中华书局，2000，第3741、3740页。
③ 《明史纪事本末·援朝鲜》（九），商务印书馆，1933，第46页。
④ （清）张廷玉等：《明史·李如松传》（简体字本），中华书局，2000，第4138页。
⑤ 转引自万晴川编译《明朝有关"壬辰倭乱"史料》，韩国汉文小说集成编委会编《壬辰录：万历朝鲜半岛的抗日传奇》（下编），上海古籍出版社，2016，第283页。
⑥ （朝鲜）《朝鲜宣祖实录》卷35，宣祖二十六年二月十九日，韩国首尔：探求堂1973年影印本，第21册，第638页。
⑦ （朝鲜）柳成龙：《西厓先生文集》卷9，《韩国文集丛刊》第52辑，韩国首尔：景仁文化社，1990，第187页。

共知者也。"① 这里提到的 "我浙兵三千",即前面提到的 "统领浙兵游击将军都指挥使吴惟忠领步兵三千名"。这都说明,吴惟忠及所率浙兵在收复平壤的战斗中做出了卓越贡献,在当时的朝鲜有着很大影响,朝鲜 "君臣所共知者也"。

浙兵左参将骆尚志,在收复平壤城的战斗中率兵攻打平壤城南门 "含球门"。《朝鲜宣祖实录》记载:"骆尚志从含球门城,持长戟负麻牌,耸身攀堞,贼投巨石,撞伤其足,尚志冒而直上。诸军鼓噪随之,贼不敢抵当。浙兵先登,拔贼帜,立天兵旗麾。"②"骆参将亦先登入城,跌伤颇重,而极力督战,故管下斩级,几至数百。"③ 说骆尚志在攻城时,冒着生命危险冲锋在前,虽身负重伤,仍坚持督战,并和士兵一起率先登城,杀死数百名日寇,将明军的战旗插在了平壤城头。纪念平壤大捷二百年时,朝鲜正祖壬子年(1792)平壤城重修 "武烈祠",经正祖国王批准,将骆尚志的塑像供奉其中,理由是:"平壤一捷""参将骆尚志奋身先登,诸军鼓噪从之。尚志腋挟大炮,大呼连放,烟焰涨天,黑如堆山。又手攫死尸,掷之城上。贼大惊以为天兵飞上城,退保内城。尚志打破城门,乘胜剿杀。贼穷缩,走入土窟。……奋身陷城,扫荡巢窟,专由于骆将之功。观其冲冒白刃,挟炮投尸,雄胆猛气,摧山倒河,虽古之名将,无以过之。岂不伟哉! 至今箕城之人,传说如昨日事。"④ 说骆尚志在平壤大捷中所展现的气壮山河的大无畏精神,即使古代的名将,也不会超过他。还说骆尚志当年在收复平壤城战斗中可歌可泣的英勇事迹,至今在平壤的百姓中传颂,就像是诉说昨天刚发生的事情一样。"箕城",平壤别名。这都说明,骆尚志在平壤大捷中的影响和贡献给朝鲜人民留下了深刻的印象。

江浙游击将军戚金,在收复平壤城的战斗中率兵攻打平壤城 "小西

---

① 杨海英:《书〈唐将书帖〉后》,《中国社会科学院历史研究所学刊》第 7 集,商务印书馆,2001,第 440 页。
② (朝鲜)《朝鲜宣祖实录》卷 34,宣祖二十六年一月,韩国首尔:探求堂 1973 年影印本,第 21 册,第 601 页。
③ (朝鲜)《朝鲜宣祖实录》卷 34,宣祖二十六年一月,韩国首尔:探求堂 1973 年影印本,第 21 册,第 607 页。
④ (朝鲜)洪良浩:《耳溪集》卷 21,《韩国文集丛刊》第 241 辑,韩国首尔:景仁文化社,1990,第 390～391 页。

门"，前面提到戚金"先诸将登高丽城，叙首功升副总兵"，① 因在平壤大捷中立下头功，被升为"副总兵"。明朝兵部左侍郎，经略朝鲜、蓟辽等处军务的宋应昌在《经略复国要编》中也记载，在收复平壤城战斗中，"戚将军等冒险先登，功居第一"。② 宋应昌在致戚金的信函中也赞扬戚金："幸执事奋勇当先，一鼓遂下平壤，此希世功也。"③ 当时朝鲜王室分管军政的中枢府领事（正一品）郑琢在《龙湾闻见录》中记载："游击（戚金）慷慨而言曰：'攻平壤时，吾从小西门先登'。"④ 这都说明，戚金及所部在攻打平壤城小西门时，也是最先冲上平壤城头的。

南兵游击将军王必迪在收复平壤之战中也功勋卓著，这一点，时任朝鲜领议政的柳成龙在给王必迪的信函中说："老爷总统南兵，自平壤之战，异绩尤著，表表在人耳目。远近之人以及稚童贱妇，莫不以老爷为依归。引领矫首曰：庶几乎活我者。岂徒然哉？诚以南军之宣力最多。"⑤ 说王必迪在平壤之战中战绩尤为突出，大家都在传颂他的事迹，朝鲜难民，特别是战乱中的朝鲜妇女、儿童也归依到他的军队里，希望能得到他的保护。这不仅说明王必迪在攻打平壤城的战斗中有突出的表现，还说明其保护了朝鲜的大批百姓。《朝鲜宣祖实录》也记载："提督独还开城，即谕王必迪曰：'南兵功多，而独为劳苦。'"⑥ 说入朝参战的明军东征提督李如松在平壤大捷之后来到朝鲜开城，即传信给王必迪说：这次平壤攻城，你统领的南兵功劳多，而你又特别劳累辛苦，做出了很大的贡献。这都可见王必迪在平壤大捷中的贡献和影响。

浙兵游击将军叶邦荣，于万历二十一年（1593）正月随明军东征提督李如松进入朝鲜，但其是否参加收复平壤之战不见于现存史料记载。

① 张德信、王熹编《戚继光研究资料粹编》（下），黄海数字出版社，2016，第1193页。
② （明）宋应昌：《经略复国要编》卷六，《四库禁毁书丛刊》史部第38册，北京出版社，1998，第120页。
③ （明）宋应昌：《经略复国要编》卷五，《四库禁毁书丛刊》史部第38册，北京出版社，1998，第423~424页。
④ （朝鲜）郑琢：《药圃集》卷6，《韩国文集丛刊》第39集，韩国首尔：景仁文化社，1989，第527页。
⑤ （朝鲜）柳成龙：《西厓先生文集》卷9，《韩国文集丛刊》第52辑，韩国首尔：景仁文化社，1990，第190页。
⑥ （朝鲜）《朝鲜宣祖实录》卷35，宣祖二十六年二月二十日，韩国首尔：探求堂1973年影印本，第21册，第639页。

叶邦荣在抗倭援朝期间的情况，留给世人的是今保存在韩国的《天朝游击将军叶公清德碑铭》和万世德碑中的记载。《天朝游击将军叶公清德碑铭》是明军抗倭援朝期间朝鲜官员高尚颜所撰写，主要内容是赞颂叶邦荣率领浙兵在朝鲜驻扎期间关心朝鲜百姓疾苦，维护朝鲜百姓利益，当地百姓"感公之德，既铭其骨，又刊丰碑，刊碑著铭骨也"，[①] 立碑刻石，让朝鲜的下一代人也铭记叶邦荣的恩德。万世德碑立在今韩国釜山沿海的一海岛上，是当时朝鲜人民为纪念抗倭援朝的明军将领而设立的，碑文有明军将领"廓清倭氛""取残植弱静海邦兮"内容，[②] 说入朝参战的明军将领肃清了朝鲜半岛的倭患，帮助朝鲜恢复了海疆的安宁。万世德碑所列明军将领的名字，浙兵将领吴惟忠、叶邦荣都在其中。通过这些记载可以说明，叶邦荣无论是否参加了收复平壤的战斗，都为抗倭援朝，包括平壤大捷做出了贡献。

正是因为入朝参战的明军中有了吴惟忠、骆尚志、戚金、王必迪等这些当年戚继光的部属，他们在明军第二次收复平壤的战斗中冲锋在前，身先士卒，才有了入朝参战的南兵，特别是浙兵在平壤大捷中的亮眼表现。时任朝鲜领议政的柳成龙在谈到明军第二次攻打平壤的情况时也说："胜平壤，皆是南兵之力也。所谓南兵者，乃浙江地方之兵也，其兵勇锐无比，不骑马，皆步斗，善用火箭、大炮、刀枪之技，皆胜于倭。头戴白帕巾，身以赤白青黄为衣，而皆作半臂，略与本国罗将之衣相近，真皆敢死之兵。"[③] "浙兵"，也称"南兵"，但"南兵"还包括南方其他省份的兵。柳成龙认为，明军第二次攻打平壤之所以获胜，主要应归功于以浙兵为主的南兵，他们除了是"勇锐无比"、不怕牺牲的"敢死之兵"外，再是配备了"火箭、大炮、刀枪"等新式武器，这些新式武器"皆胜于倭"，胜过侵朝日军的武器。我们在下面会提到朝鲜王室在依照戚继光的《纪效新书》训练士兵的同时，也按照其中所记录的标准制造了大批新式火器，并训练士兵使用这些新式火器。

---

① （朝鲜）高尚颜：《泰村先生文集》卷3，《韩国文集丛刊》第59辑，韩国首尔：景仁文化社，1990，第243页。

② （朝鲜）成海应：《研经斋全集外集》卷63，《韩国文集丛刊》第278辑，韩国首尔：景仁文化社，2001，第169页。

③ （朝鲜）柳成龙：《西厓先生文集》卷10，《韩国文集丛刊》第52辑，韩国首尔：景仁文化社，1990，第207页。

3. 朝鲜王室多渠道引进《纪效新书》

抗倭援朝的明军在两次平壤之战的不同结局，特别是以浙兵为主的南兵将士在第二次平壤之战中的突出贡献，引起了朝鲜王室的极大关注，当他们了解了真相，并得知这些南兵将士是当年戚继光带领和依照《纪效新书》训练的之后，便急切渴望得到戚继光撰写的《纪效新书》，以期依照《纪效新书》来改造朝鲜军队，训练和武装朝鲜士兵。

据史料记载，朝鲜宣祖王室通过多个渠道得到了戚继光不同版本的《纪效新书》。

《朝鲜宣祖修正实录》记载，明军获得平壤大捷后，"上诣谢都督李如松，……上请见戚书，都督秘之不出，上密令译官，购得于都督麾下人。"① 记载说，朝鲜宣祖国王借会见明军东征提督李如松之机，向他借阅戚继光撰写的《纪效新书》，但李如松推脱说没有，宣祖国王就秘密指示在明军担任翻译的朝鲜翻译官从李如松的手下人那里买到了。"戚书"，这里指戚继光撰写的《纪效新书》，李如松在与宣祖国王交谈中提到了"戚将军《纪效新书》"。"译官"，指当时负责与明军联络的朝鲜翻译官韩峤。这一点，后来的正祖国王（1776～1800）李祘说："尝于宣庙癸巳（1593）李提督之东来也，朝家请见戚氏兵法，提督秘不出。及西原以布衣，专掌质问之事，因此得其书。始教练我国军兵。"② "西原"，即韩峤。韩峤因在壬辰战争期间依照戚继光的《纪效新书》指导训练朝鲜士兵做出了成绩而被封为"靖社功臣西原君"。韩峤的情况，下面会提到。

《朝鲜宣祖实录》宣祖二十六年（万历二十一年，1593）九月还记载，宣祖国王指示出使明朝的朝鲜官员："戚继光所撰《纪效新书》数件，贸得而来，但此书有详略，须得王世贞作序之书贸来。"③ "王世贞作序之书"，指的应是十四卷本的《纪效新书》。"王世贞"，嘉靖二十六

---

① （朝鲜）《朝鲜宣祖修正实录》卷 28，宣祖二十七年二月，韩国首尔：探求堂 1973 年影印本，第 25 册，第 646 页。

② （朝鲜）正祖李祘：《弘斋全书》卷 148，《韩国文集丛刊》第 266 辑，韩国首尔：景仁文化社，2001，第 480 页。

③ （朝鲜）《朝鲜宣祖实录》卷 42，宣祖二十六年九月，韩国首尔：探求堂 1973 年影印本，第 22 册，第 103 页。

年（1547）进士，明末著名文学家、史学家，官至南京刑部尚书，卒赠太子少保。《纪效新书》有两个版本，即十八卷本和十四卷本。十八卷本《纪效新书》写于嘉靖三十九年（1560）正月，起初也只有十四卷，这在戚继光的长子戚祚国编写的《戚少保年谱耆编》中有明确记载："嘉靖三十九年庚申，家严三十三岁，春正月，创'鸳鸯阵'，著《纪效新书》"，"凡十有四卷，计数万余言"。①"鸳鸯阵"，是戚继光在江南抗倭时根据东南沿海地区多丘陵沟壑、道路窄小等情况创立的一种由十二位士兵组成的对付倭寇的战斗队形，阵形变化灵活，以形似鸳鸯结伴而得名。在后来的抗倭实战和训练士兵的过程中，戚继光对《纪效新书》又不断补充，形成了十八卷本的《纪效新书》。据研究《纪效新书》版本的学者曹文明考证，十八卷本《纪效新书》写作的时间，"当不晚于嘉靖四十一年八月"，"也不会早于卷十八《治水兵篇》写作的时间嘉靖四十年三月"。② 这说明，十八卷本的《纪效新书》应是在嘉靖四十年（1561）三月至嘉靖四十一年（1562）八月这期间完成并刊印的。但最初刊印的十八卷本《纪效新书》，并没有王世贞写的序。王世贞撰写《戚将军〈纪效新书〉序》的时间是"丙寅春"，即嘉靖四十五年（1566）春天。王世贞在《戚将军〈纪效新书〉序》中明确提到他并不认识戚继光，是应福建巡抚汪中丞（汪道昆）之请，为《纪效新书》写的序言。③ 嘉靖四十五年（1566）春，戚继光正率兵在广东、安南国（今属越南）追剿倭寇，应不知王世贞写序之事。当时没有版权方面的规定和意识，十八卷本《纪效新书》刻印后，由于受到兵家的喜爱，有多个版本问世，据曹文明考证，"嘉靖年间不止一次刊刻十八卷本"，现传世的是明隆庆年间的多个版本，如河南重刻本、四川蜀刻本等。④

　　十四卷本《纪效新书》成书的时间是万历十二年（1584），当时戚继光在广东任总兵官。戚继光在修订十四卷本的《纪效新书》时，将在

①　（明）戚祚国汇纂《戚少保年谱耆编》，中华书局，2003，第34页。
②　（明）戚继光撰，曹文明、吕颖慧校释《纪效新书》（十八卷本），中华书局，2001，前言第5页。
③　（明）戚继光撰，范中义校释《纪效新书》（十四卷本），中华书局，2001，《戚将军〈纪效新书〉序》第5页。
④　（明）戚继光撰，曹文明、吕颖慧校释《纪效新书》（十八卷本），中华书局，2001，前言第6、7页。

镇守蓟镇等地训练士兵时撰写的《练兵实纪》有关内容纳入其中，所以说，十四卷本的《纪效新书》，包括了十八卷本的《纪效新书》和《练兵实纪》中的主要内容和精华。《重刊〈纪效新书〉檄文》记载："万历十二年九月二十日，奉钦差总督两广军门吴宪牌：'据镇守广东总兵官（指戚继光）送到删定《纪效新书》，为卷十有四，始《束伍》而终《练将》。'""合用手本前去镇守广东总兵戚，烦为知会施行。"① 戚继光在《孝思词祝文》中写道："岁癸未（1583）镇粤，……复取《纪效新书》雠校，梓于军中。"② 这说明，戚继光于万历十一年（1583）"秋七月，赴粤东"③ 之后，就开始撰写十四卷本《纪效新书》了，第二年九月脱稿后刊印。中华书局 2001 年出版的十四卷本的《纪效新书》，"以万历十六年李承勋刊本为底本"，④ 书中《戚将军〈纪效新书〉序》，即王世贞于"丙寅春"，即嘉靖四十五年（1566）春天撰写的。作者也由此推断，戚继光在撰写十四卷本《纪效新书》时，将王世贞撰写的《戚将军〈纪效新书〉序》放在了自己撰写的《〈纪效新书〉自叙》之前。李承勋是壬辰战争期间抗倭援朝的明军将领，据《（光绪）登州府志》记载，李承勋"万历二十三年加（登州）副总兵兼备倭都司，二十五年升山东总兵，二十七年改提督朝鲜南北水陆官兵"。⑤《明实录》也记载："（万历二十七年夏四月乙丑）总兵李承勋上言：'登州原募南兵业已练成节制，乞计带往朝鲜，以充标卒。仍条陈数事，给月粮以抵安家，借沙船以便渡海，撤疲戍以补缺额，捐口粮以市税器。'部覆许之。"⑥万历二十七年冬十月，"兵部覆言：……'未撤副总张榜部下四千余名、李承勋标下三千六百余名均留助戍。'诏如议"。⑦ 这说明，朝鲜壬辰战争期间，李承勋先是在登州负责训练抗倭援朝的士兵，而且这些士兵来自南方，故称

① （明）戚继光撰，范中义校释《纪效新书》（十四卷本），中华书局，2001，前言第 1 页。
② （明）戚祚国汇纂《戚少保年谱耆编》，中华书局，2003，第 418 页。
③ （明）戚祚国汇纂《戚少保年谱耆编》，中华书局，2003，第 410 页。
④ （明）戚继光撰，范中义校释《纪效新书》（十四卷本），中华书局，2001，前言第 14 页。
⑤ （清）《（光绪）登州府志》卷 36，《中国地方志集成·山东府县志辑》第 4 册，凤凰出版社，2004，第 346 页。
⑥ 李国祥：《明实录类纂》（涉外史料卷），武汉出版社，1991，第 332 页。
⑦ 李国祥：《明实录类纂》（涉外史料卷），武汉出版社，1991，第 338 页。

"南兵"，壬辰战争结束后，李承勋又亲自带领训练的"南兵"赴朝协助朝鲜守护边防。李承勋既然刊印了十四卷本的《纪效新书》，必然也依照十四卷本的《纪效新书》中的内容训练赴朝参战的明军士兵，赴朝参战的明朝官兵会将这一信息带到朝鲜，也必然影响朝鲜宣祖国王。因而也可以断定，朝鲜宣祖国王所要的"王世贞作序之书"，应是十四卷本的《纪效新书》，极有可能就是"万历十六年李承勋刊本"。

除前面提到的朝鲜宣祖国王通过各种渠道购买戚继光的《纪效新书》外，入朝参战的明军军官也主动将自己珍藏或正在参照指导士兵训练的《纪效新书》赠送给朝鲜。《汉阴先生年谱》记载："还都后（还都，在十月初一日）命设训练都监。公从游击戚金，得戚太师继光《纪效新书》。继光在嘉靖间，御倭浙江，创设新法，以此能得全胜，诚御倭之良法。遂启进是书，请依此教练。上许之。"① "还都"，指平壤大捷后，明军又收复了朝鲜京都汉城，朝鲜宣祖国王于万历二十年（1592）十月初一日回到汉城。"汉阴"，即李德馨，号汉阴，时任朝鲜兵曹判书，壬辰战争后期官至领议政。朝鲜兵曹判书的职责等同于明朝的兵部尚书，是统管全国军事的行政长官。"戚金"，戚继光的侄子，即前面提到的在平壤大捷中"冒险先登，功居第一"的江浙游击将军戚金。这说明，戚金将《纪效新书》赠送给了时任朝鲜兵曹判书李德馨，李德馨又将此书呈送给宣祖国王，并提出要依据戚金赠送的《纪效新书》训练朝鲜士兵，得到宣祖国王的批准。戚金向李德馨赠送戚继光的《纪效新书》，实际是赠给朝鲜王室的，《朝鲜宣祖实录》宣祖三十一年（1598）二月记载了戚金致朝鲜王室的信函，其中提道："往年以兵革从事，贵邦得接光仪，足慰平生至愿，继而贼势小炽，敛卒西归。……临别时以《纪效新书》为别后赠，欲贵邦知此书而教此法，富国强兵以拒贼耳。"② 据经历过壬辰战争，后来官至朝鲜领议政的申钦在《天朝诏使将臣先后去来姓名，记自壬辰至庚子》中记载："癸巳（1593）正月，（戚金）以钦差统领嘉湖苏松调兵游击将军，领步兵一千出来。俄升征倭副总兵，

---

① 见（朝鲜）《汉阴先生文稿》附录卷 1，《韩国文集丛刊》第 65 集，韩国首尔：景仁文化社，1991，第 483 页。

② （朝鲜）《朝鲜宣祖实录》卷 97，宣祖三十一年二月，韩国首尔：探求堂 1973 年影印本，第 23 册，第 390 页。

甲午（1594）正月回去。"① 由此可证实，戚金是在万历二十二年（1594）正月归国前赠送的《纪效新书》。上面提到朝鲜于万历二十一年（1593）十月初一日宣祖国王还都之后成立了依照《纪效新书》训练新兵的专门机构——"训练都监"，戚金赠送的《纪效新书》必定成了训练都监的教科书。戚金曾跟随戚继光南征北战，也是戚继光贴己和得力的部属，戚金赠送给李德馨的应是戚继光后来亲自修订和补充的十四卷本《纪效新书》。这也可说明，当时指导朝鲜军队训练的教科书也是十四卷本的《纪效新书》。此书戚金带在身边，除了随时学习之外，更多的是对自己伯父戚继光的纪念，戚金在归国前，将长期伴随自己并珍藏的《纪效新书》主动赠送给当时朝鲜王室，以帮助朝鲜"富国强兵"，这也说明了戚金在抗倭援朝期间与朝鲜人民结下了深厚的友谊，并十分珍惜中朝（韩）的传统友好关系。

　　朝鲜宣祖国王李昖得到《纪效新书》之后，非常急切地想了解其中的内容，以便从中找出明军中的南兵，特别是浙军官兵英勇善战的原因，以及《纪效新书》各种神奇之处。《朝鲜宣祖实录》宣祖二十六年（1593）五月记载，朝鲜中枢府判事尹根寿以经略远接使身份负责接待抗倭援朝的明军将士，他在向宣祖国王汇报观感时说："华人最誉戚继光矣。"宣祖国王也对他说："观其兵法，甚奇矣。"② 说戚继光在《纪效新书》中记载的兵法非常神奇，这说明宣祖国王开始关注戚继光及其军事著作了。《朝鲜宣祖修正实录》朝鲜宣祖二十七年（万历二十二年，1594）二月也记载："上在海州，以示柳成龙曰：'予观天下书多矣，此书实难晓。卿为我讲解，使可效法。'成龙与从事官李时发等讨论，又得儒生韩峤为郎，专掌质问于天将衙门。"③ "上在海州"，指宣祖国王在海州，时间是宣祖国王于万历二十一年（1593）十月初一还都之前。"海州"，今朝鲜黄海南道首府海州市。柳成龙，时任朝鲜领议政。记载说，宣祖国王看不懂《纪效新书》，让柳成龙亲自为他"讲解"，以便效法

---

① （朝鲜）申钦：《象村稿》卷39，《韩国文集丛刊》第72集，韩国首尔：景仁文化社，1991，第274页。

② （朝鲜）《朝鲜宣祖实录》卷38，宣祖二十六年五月，韩国首尔：探求堂1973年影印本，第21册，第712页。

③ （朝鲜）《朝鲜宣祖修正实录》卷28，宣祖二十七年二月，韩国首尔：探求堂1973年影印本，第25册，第646页。

《纪效新书》中的内容，治理朝鲜的军队。柳成龙为了给宣祖国王讲解清楚《纪效新书》，不仅和自己的从事官李时发进行讨论，还委派读书人韩峤为郎官（当时韩峤为翻译官），专门到入朝参战的明军将领那里去质询《纪效新书》中的相关内容，由此可以看出宣祖国王李昖和领议政柳成龙对《纪效新书》的重视程度。

明万历二年（1574），宣祖国王曾拒绝了出使明朝的朝鲜官员提出的依照戚继光的治军思想来改造朝鲜军队的提议，而万历二十一年（1593）初平壤大捷之后，宣祖国王却提出"效法"戚继光的《纪效新书》来指导朝鲜军队建设，之所以有如此大的反差，就是因为当年戚继光依照《纪效新书》训练出来的"浙兵"将士在平壤大捷中的卓越表现，这些入朝参战的"浙兵"将士不仅在收复平壤的战斗中不怕牺牲，冲锋在前，夺得头功，而且纪律严明，处处维护朝鲜百姓，所到之处受到朝鲜军民的拥戴。"浙兵"将士在朝鲜的表现触动了朝鲜王室，所以，宣祖国王才有了如此大的变化从拒绝学习戚继光的治军思想，到如饥似渴地学习戚继光的《纪效新书》，并以此"效法"，来指导朝鲜军队的改革和军队训练。

第二节　国王：朝鲜军队"可效法"《纪效新书》

朝鲜宣祖国王李昖在了解了《纪效新书》的内容及其影响之后，即开始在朝鲜推行《纪效新书》以指导朝鲜的军队建设。平壤大捷后不久，朝鲜国王李昖返回京都之前就提出朝鲜"可效法"《纪效新书》，万历二十一年（1593）十月返回京都之后，即成立了训练都监，以负责依照《纪效新书》的要求训练朝鲜新兵。实际上，国王李昖在还都之前，就提议设立训练都监，以推行戚继光的练兵之法。《朝鲜宣祖实录》宣祖二十六年（万历二十一年，1593）八月记载，宣祖国王传曰："予意别设训练都监，差出可合人员，抄发丁壮，日日或习射，或放炮。凡百武艺，无不教训事，议处。"① 又传："如骑射、步射，或踊跃击刺，或

---

① （朝鲜）《朝鲜宣祖实录》卷41，宣祖二十六年八月，韩国首尔：探求堂1973年影印本，第22册，第78页。

追逐超走，皆可为之，惟在教之者，诚心尽力；而习之者，日日不怠，时加赏格，以激劝之而已。昔戚继光之教士，其法非一，而囊沙悬于足，使之习走，渐加其重，以为常，故临战趫捷无比，即其一也。盖人性，各有所长，训练士卒，宜多方以教之。"① 宣祖国王对设立"训练都监"，及训练都监如何学习"戚继光之教士"之法来训练好朝鲜新兵也提出了自己的设想，包括新兵训练的内容、方法和奖惩等。宣祖国王这里提到的"戚继光之教士"，就是要按照戚继光的《纪效新书》来训练士兵，这一点，下面还会明确提到。

1. 设立训练都监，依照"戚制"改革朝鲜军队

宣祖国王李昖于宣祖二十六年（万历二十一年，1593）十月返回京都之后，即开始实施自己的设想，《朝鲜宣祖修正实录》记载："及上还都，命设训练都监，成龙为都提调，武宰臣赵儆为大将，兵曹判书李德馨为有司堂上，文臣辛庆晋、李弘胄为郎属，募饥民为兵，……旬日得数千人，教以戚氏三手练技之法，置把总、哨官，部分演习，实如戚制。数月而成军容，上亲临习阵，此后都监军常宿卫扈从，国家赖之。"② 从训练都监的人员组成，就可以看出宣祖国王李昖对"实如戚制"改革朝鲜军队的高度重视，一个负责训练朝鲜新兵的机构，由领议政柳成龙，即首相担任总负责人，武宰臣赵儆负责日常训练，兵曹判书李德馨负责军备及后勤保障，还有多个文臣协助，这样由一些高官组成的专门机构，就是为了依照戚继光的《纪效新书》训练新招募的士兵。

《朝鲜宣祖修正实录》记载中提到的"实如戚制"，不仅仅指的是"教以戚氏三手练技之法"，依照《纪效新书》训练士兵的方法，更指的是朝鲜军制的改革，即组建专职的国家军队，以抵御外敌入侵，保卫国家的安全。壬辰战争之前的朝鲜军队，战时为兵，闲时为农，有战事则临时抽调，平时轮流驻防和务农。这样的朝鲜军队，面对来势汹汹的日军，一战即溃。平壤大捷之后，宣祖国王得知夺得头功的浙兵是一支由

---

① （朝鲜）《朝鲜宣祖实录》卷41，宣祖二十六年八月，韩国首尔：探求堂1973年影印本，第22册，第79页。

② （朝鲜）《朝鲜宣祖修正实录》卷28，宣祖二十七年二月，韩国首尔：探求堂1973年影印本，第25册，第646页。

国家出钱招募、训练的专职军队，而戚继光的《纪效新书》不仅有训练士兵的方法，也有如何招募、管理这样一支专职军队的规章，所以也仿照《纪效新书·束伍篇·原选兵》中招募选拔新兵的要求，① "募饥民为兵"，并成立训练都监来训练和管理这些士兵。这一点，宣祖国王去世之后，《昭敬大王行状》就记载："本国兵制，略仿唐之府兵，分休立防，兵农相依。虽便于守国，而常短于御敌。王见戚继光所撰《纪效新书》，甚嘉其制，别设训练都监，命大臣一员以领之。"② "昭敬大王"，宣祖国王的谥号。这也说明，宣祖国王设立"训练都监"，实则是朝鲜军制改革的重大举措，而之所以推出这一重大举措，是宣祖国王"见戚继光所撰《纪效新书》，甚嘉其制"，非常欣赏《纪效新书》中提到的建立专职国家军队的意见，而且平壤大捷也验证了这样一支军队的战斗力，所以才能在当时国家遭受日军洗劫、经济极端困难的情况下，下了如此大的决心实施军制改革，建立朝鲜专职的国家军队。这也就不难理解，宣祖国王为什么还要设立如此高级别的"训练都监"，还要由领议政担任这个机构的总负责人了。

在当时全国抗击日军入侵的大背景下，朝鲜不仅建立了由朝鲜王室直属的专职的国家军队，宣祖国王李昖还指示朝鲜各道也要依照《纪效新书》的要求设置专职的军队。《朝鲜宣祖实录》宣祖二十七年（万历二十二年，1594）十二月记载："遣教士于各道，训习三手技法（炮、射、砍法），置哨军。时，京城设训练都监，募兵训练，而外方亦置哨军，或束伍军，毋论良民、公私贱人，选壮充额，束以戚书之制，教练三手，分遣御史试阅，自是军额颇增益矣。"③ "道"，相当于中国省级的行政区划。"三手"，指炮手、射手、杀手。"炮手"，持有或操作鸟铳、火炮等火器的士兵；"射手"，弓箭手；"杀手"，持有刀枪剑戟等冷兵器的士兵。"哨军"，这里指专门作战的士兵，区分于朝鲜之前亦兵亦农的士兵。"束伍"，指约束、管理部队，《纪效新书·束伍篇》记载了

---

① （明）戚继光撰，范中义校释《纪效新书》（十四卷本），中华书局，2001，第 10 ~ 11 页。

② （朝鲜）李廷龟：《月沙先生集》卷 50，《韩国文集丛刊》第 70 辑，韩国首尔：景仁文化社，1991，第 291 页。

③ （朝鲜）《朝鲜宣祖修正实录》卷 28，宣祖二十七年十二月，韩国首尔：探求堂 1973 年影印本，第 25 册，第 653 页。

包括招募、选兵在内的相关内容。"贱人"，这里指从事手工业及服务业的百姓。上述记载说明，宣祖时期，无论是朝鲜京都还是地方各道都在"束以戚书之制，教练三手"，按照戚继光《纪效新书》中的要求进行军队建制，训练各类士兵。由于不仅"募饥民为兵"，还从其他各行各业的百姓中招募士兵，"选壮充额"，取得了很好的效果，"军额颇增益矣"，因而也增强了当时朝鲜全国抗击日军入侵的力量。这也再次看出宣祖国王在效法《纪效新书》中的决心和力度。

2. 指示军队要学习戚继光的练兵之法

训练都监设立之后，宣祖国王还非常关注训练都监依照《纪效新书》训练士兵的情况。《朝鲜宣祖实录》宣祖二十七年（万历二十二年，1594）四月记载："传于政院曰：'近观兵曹，勤于训练，深嘉。……古人练兵，唯务精而不务多。……古人又教士，足囊以沙，渐渐加之。戚继光曰'兵须学跑'，《（纪效）新书》有练足、练身之法。教兵，盖多术矣。今之教兵，或似未尽。予意大加简阅，汰其身残、力弱、体钝、足重、年多之人，只取精壮，又必习跑、习步。'"①"政院"，指承政院，负责为朝鲜国王起草旨意的机构。"足囊以沙"，指在腿上绑上沙袋。"足重"，指不能走远路的。"年多"，指年长的。上述记载是宣祖国王李昖下达的指示，除表彰朝鲜兵曹在训练士兵中的辛劳外，还对如何训练好朝鲜士兵下达了具体指示，这就是要按照戚继光说的"兵须学跑"，要学习《纪效新书》中的"练足、练身之法"；在训练中，要淘汰那些"身残、力弱、体钝、足重、年多之人"，只保留那些"习跑、习步"的"精壮"士兵。

朝鲜宣祖国王提到的《纪效新书》中的"练足、练身之法"，主要载于《纪效新书》（十四卷本）卷三《手足篇第三》、卷四《手足篇第四》、卷五《手足篇第五》，戚继光的《练兵实纪·练手足》也有相关的记载，宣祖国王提到的"古人又教士，足囊以沙"，应来自《练兵实纪》卷四《练手足》第十九"练足力"中记载："凡平时各兵须学趋跑，一

---

① （朝鲜）《朝鲜宣祖实录》卷50，宣祖二十七年四月，韩国首尔：探求堂1973年影印本，第22册，第250页。

气跑得一里，不气喘才好。如古人足囊以沙，渐渐加之。临阵去沙，自然轻便。是谓练足之力也。"① 这说明，朝鲜宣祖国王不仅熟知《纪效新书》中的内容，而且也看过戚继光的《练兵实纪》。宣祖国王提到的"古人练兵，唯务精而不务多""只取精壮"的意见，也应是受到戚继光在《纪效新书》中关于挑选士兵要求的启示，《纪效新书》卷一《束伍篇》记载挑选士兵"第一，不可用城市油滑之人""第二，不可用奸巧之人"；"第一可用，只是乡野老实之人。所谓乡野老实之人者，黑大粗壮辛苦，手面皮肉坚实，有土作之色是也。第二可用，乃惯战之人"。② 这都再一次说明，宣祖国王非常重视戚继光的军事思想，熟悉戚继光军事著作中的相关内容，并以此来指导朝鲜的军事建设。

为了更好地依照《纪效新书》训练朝鲜军队，宣祖国王还多次亲临训练比武现场，考察训练的情况。

《朝鲜宣祖实录》宣祖二十七年（万历二十二年，1594）四月记载，朝鲜兵曹依照《纪效新书》中的军队建制组织了阵法及放炮演习，并"尽诚为之"，宣祖国王在观摩后指示："今此阵法及放炮，皆我国所未有，勤于训练，阵法整齐，放炮又能，极为可嘉。不可不论赏。所谓从后随参之人，则皆是教习放炮之人，当一体论赏以劝之，各人可升职。"③ 宣祖国王提出对优秀的炮手及其教练人员要给予奖赏，突出的还要予以"升职"。

《朝鲜宣祖实录》宣祖二十八年（万历二十三年，1595）十月记载："上御别殿，试武臣用剑及杀手才，试毕，论赏有差。"④ "武臣"，这里指保卫朝鲜宫廷的军官。说宣祖国王在别殿亲自测试武臣的杀手技能，即使用刀、枪、剑、戟等冷兵器的能力，测试完毕后，还依据测试的情况给予不同的奖赏。

《朝鲜宣祖实录》宣祖二十八年（万历二十三年，1595）十月还记

---

① （明）戚继光撰，邱心田校释《练兵实纪》卷4，中华书局，2001，第103页。
② （明）戚继光撰，范中义校释《纪效新书》（十四卷本），中华书局，2001，第11、12页。
③ （朝鲜）《朝鲜宣祖实录》卷50，宣祖二十七年四月，韩国首尔：探求堂1973年影印本，第22册，第252页。
④ （朝鲜）《朝鲜宣祖实录》卷68，宣祖二十八年十月，韩国首尔：探求堂1973年影印本，第22册，第572页。

载："上幸崇礼门外，亲试武艺，论赏有差。武士，片箭二中者，升职，一中者，儿马一匹赐给。炮手三中者，有职则升职，良人则禁军除授，二中者，儿马一匹，一中者，木绵一匹赐给。上曰：古人云：'鸟铳五倍于弓矢。'我国今岂可轻？画数既同，而论赏则异，人心不无解体。"①

"武士"，这里指宫廷卫士，他们擅长朝鲜传统武艺射箭等技艺。说宣祖国王在崇礼门外亲自测试武士、炮手的训练情况，对成绩优异者，分别给予"升职"、儿马（公马）、木绵等不同奖励。宣祖国王还提出对使用鸟铳的"炮手"的奖赏，应与射箭的"武士"奖赏标准一致，宣祖国王之所以强调这个问题，是针对当时朝中有高官认为，应重视朝鲜传统的比武项目射箭，"弓矢为上，鸟铳次之，杀手为下"，②而宣祖国王则针锋相对地以"鸟铳五倍于弓矢"作为回应，强调要鼓励和支持朝鲜军队接受和学习新式火器，包括当时明军和日军都使用的鸟铳等，也是借此告诫朝鲜官员，要重视那些学习鸟铳的"炮手"和操练新式武艺的"杀手"，而不是轻视他们，把他们列在会射箭的"武士"之下。宣祖国王提到的"古人云：'鸟铳五倍于弓矢'"，来自戚继光《纪效新书·手足篇第三》："马上、步下惟鸟铳为利器。……虽比于教场，鸟铳中鹄十倍于快枪，五倍于弓矢。"③这同前面朝鲜宣祖国王提到的《纪效新书》中的"练足、练身之法"一样，不仅说明宣祖国王熟读了戚继光的《纪效新书》，而且非常坚定地在朝鲜军队中予以推行，即使当时朝中高官有不同意见，也阻挡不了他将《纪效新书》作为朝鲜军队建设教科书的决心和意志。

上面的记载也说明，宣祖国王非常重视对武臣、武士的培训，这一点也与宣祖国王要在朝鲜全国军队依照戚继光的《纪效新书》指导练兵有关，我们下面会提到当时训练朝鲜士兵的教官，除聘请的抗倭援朝的明军军官外，再就是从朝鲜武臣、武士中选拔教官，这也是宣祖国王重视武臣、武士技能的原因。

① （朝鲜）《朝鲜宣祖实录》卷68，宣祖二十八年十月，韩国首尔：探求堂1973年影印本，第22册，第575页。

② （朝鲜）《朝鲜宣祖实录》卷68，宣祖二十八年十月，韩国首尔：探求堂1973年影印本，第22册，第575页。

③ （明）戚继光撰，范中义校释《纪效新书》（十四卷本），中华书局，2001，第57页。

　　宣祖国王还非常重视按照新的建制组建的朝鲜军队基层军官的出路和待遇问题。《朝鲜宣祖实录》宣祖二十八年（万历二十三年，1595）十二月记载，宣祖国王召见时任兵曹判书的李德馨，询问"训练都监之事，今则如何？恐或懈堕"，而且还提出："哨官等，既不除守令，且不升迁，则岂能有诚而趋事赴功乎？"李德馨则汇报说，朝鲜当时没有基层军官的激励升迁办法，"郎厅哨官，勤苦倍他，苟无赏典，何以激励？旗、队总，亦时甄拔擢用，如《纪效新书》之法，可也，我国于门地一事，每为拘碍，已成痼弊，不可卒革也"。宣祖国王则指示，要马上破除门第观念，按照其提出的"《纪效新书》之法"，予以"为之"。①

　　记载中提到的"哨官""旗、队总"，皆是十四卷本《纪效新书》卷一《束伍篇》中提到的基层军官，最小的建制是"队""一队十二人"，队的头目称"队长"；"队"之上是"旗"，"每一旗下，三队、五队皆可"，旗的头目称"旗总"；"旗"之上是"哨"，"一哨官下，三旗以至五旗皆可，百人为哨也"，哨的长官称"哨官"。② 朝鲜宣祖时期在实行军制改革时，依照《纪效新书·束伍篇》中的军队编制设置了"队长""旗总""哨官"等基层军官，"凡十人为一队，三队为一旗，三旗为一哨，……随时变通，而其大数则本然也。凡一队并计队长，火兵则十二人也。则一旗三十六人，一哨一百八人。加旗总三人，则一百十一人也。"③ 宣祖时期还规定了"哨官，从九品"。④ 宣祖国王关注朝鲜军队中的"哨官"等基层军官的"升迁""赏典"，其主要目的就是"激励"基层军官训练的积极性，防止"懈堕"。这也再次说明，宣祖国王始终关注着按照《纪效新书》组建的朝鲜军队的训练情况，并大力支持兵曹判书李德馨提出的依照"《纪效新书》之法"建立激励基层军官练兵积极性的"赏典"。

　　宣祖国王不仅鼓励武臣、武士要学好《纪效新书》，而且要求文臣、文士也要学习《纪效新书》。《朝鲜宣祖实录》宣祖二十八年（万历二十

---

① （朝鲜）《朝鲜宣祖实录》卷70，宣祖二十八年十二月，韩国首尔：探求堂1973年影印本，第22册，第609页。

② （明）戚继光撰，范中义校释《纪效新书》（十四卷本），中华书局，2001，第5页。

③ （朝鲜）丁若镛：《与犹堂全书》第五集《经世遗表》卷2，《韩国文集丛刊》第285辑，韩国首尔：景仁文化社，2002，第29页。

④ （朝鲜）柳馨远：《磻溪随录》卷15，韩国首尔：明文堂，1982，第323页。

三年，1595）七月记载，宣祖国王给训练都监下达指示："平日有文臣试射之规，变后全不为之。此何时，文士岂但弄柔翰而已？似当抄选劝奖，如《纪效新书》，顷日令武士学习矣，文士亦劝奖，以为他日儒将之用尤好。"[1] 宣祖国王希望文臣不仅能拿毛笔写字写文章，而且也要会射箭，同时也要学习《纪效新书》等兵书。为了做好这一点，朝鲜要制定激励文臣、文士学习的"劝奖"的规章。也就是说，宣祖时期，不仅武臣、武士学好《纪效新书》可以得到奖赏或升职，文臣、文士学好《纪效新书》，同样可以得到奖赏，而且可以在朝鲜军队任职，优异者甚至可以成为与戚继光一样官位很高的"儒将"。这不仅说明宣祖国王对朝鲜文武官员、文士武士学好《纪效新书》有着强烈的期盼，而且也再次折射出他在朝鲜全国推行戚继光军事思想的决心和魄力。

宣祖二十八年（万历二十三年，1595）九月，《朝鲜宣祖实录》对训练都监设立三年的情况有这样的记载："募聚精壮，设局教训，以柳成龙、李德馨主之，又请唐教师以教之，盖其法，中朝名将戚继光所著《纪效新书》也。锐意操练，三载于今，忧其馈饷之不足也，则减御膳以供给之；愍其卒岁之无术也，则出内藏而俵给之。旬一试才，朔六开阅，五技既熟，羸弱成勇，井井焉，堂堂焉，束伍分明，哨队有伦，庶可有施于缓急，而必不至如前日之望风奔溃也。"[2] 说训练都监设立三年来，请明军教练帮助训练朝鲜士兵，所教练的内容，就是"戚继光所著《纪效新书》也"。为了确保士兵训练的粮饷供应，宣祖国王还减少了王宫的膳食费用，并对生活困难的新兵家庭，用内库的银两救济他们。训练都监还定期检查训练的情况，并组织训练演练。接受训练的士兵掌握多项技能，军队治理章法分明，士兵管理有序，有很强的战斗力，再不会像之前那样看见日军"望风奔溃"了。这既说明朝鲜设立训练都监之后，在训练士兵方面收到了很好的成效，也说明宣祖国王为依照《纪效新书》训练朝鲜士兵下了很大的决心，即使王宫眷属节衣缩食也在所不惜。

---

[1] （朝鲜）《朝鲜宣祖实录》卷67，宣祖二十八年七月，韩国首尔：探求堂1973年影印本，第22册，第537页。

[2] （朝鲜）《朝鲜宣祖实录》卷67，宣祖二十八年九月，韩国首尔：探求堂1973年影印本，第22册，第553页。

3. 要求军队依《纪效新书》更新武器

宣祖国王还非常重视依照戚继光的《纪效新书》来制造和更新朝鲜的武器装备。平壤大捷之后，《朝鲜宣祖实录》记载了宣祖国王与兵曹判书李德馨的一段对话，说明宣祖国王认识到了新式火器在当时战争中的重要性。

> 上曰：“《纪效新书》，兵判解见乎？”德馨曰：“未尽解。”上曰：“戚继光，心智出众之人也。……”……德馨曰：“平壤陷城时见之，则虽金城汤池，亦无奈何。”上曰：“以何器陷之乎？”德馨曰：“以佛狼器、虎蹲炮、灭虏炮等器为之。距城五里许，诸炮一时齐发，则声如天动，俄而火光触天，诸倭持红白旗出来者，尽僵仆，而天兵骈阗入城矣。”上曰：“相持几时乎？”德馨曰：“辰时接战，巳初陷城矣。”上曰：“以我军决不可凭仗矣。且后世非火攻，不能成功矣。”①

前面提到平壤大捷之后宣祖国王开始关注戚继光，关注戚继光的《纪效新书》，同时也对《纪效新书》中记载的各种新式火器产生了浓厚的兴趣。上述宣祖国王与兵曹判书李德馨的对话，说明宣祖国王开始认识到朝鲜军队配备新式火器的重要性和急迫性。“辰时”，上午八点。“巳初”，上午九点。这里主要强调新式火炮的威力，一个小时就攻陷平壤城。“火攻”，指用新式火炮攻城。

记载中提到的“佛狼器、虎蹲炮、灭虏炮”，均见于《纪效新书》。“佛狼器”，是由葡萄牙传入中国的西式火炮，能连续弹丸，又称速射炮，《纪效新书》卷十二记载了佛郎机的制作和使用方法。② “虎蹲炮”，轻便灵活，适宜于机动作战，其因像猛虎蹲坐的样子而得名，《纪效新书》卷三介绍了虎蹲炮的制作和使用方法。③ “灭虏炮”，是一种车载火

---

① （朝鲜）《朝鲜宣祖实录》卷49，宣祖二十七年三月，韩国首尔：探求堂1973年影印本，第22册，第239页。
② （明）戚继光撰，范中义校释《纪效新书》（十四卷本），中华书局，2001，第276~278页。
③ （明）戚继光撰，范中义校释《纪效新书》（十四卷本），中华书局，2001，第59~62页。

炮。《纪效新书》卷十二介绍的神飞炮，① 就属于车载火炮。

《朝鲜宣祖实录》宣祖二十六年（万历二十一年，1593）六月还记载，宣祖国王在给朝鲜承政院的指示中说："贼之全胜，只在于火炮；天兵之震叠，亦在于火炮；我国之所短，亦在于此。今宜于平安、黄海、忠清、全罗等道，各设都会，多煮火药，一边教人放炮，教一而教十，教十而教百，教百而教千万。如此则不出数年，皆化为炮手。"② 宣祖国王指示说，日本之所以能在与我们军队的交战中大获全胜，依靠的是新式火炮；赴朝参战的明军之所以能收复平壤，靠的也是新式火炮，而朝鲜的短板，就是没有这些新式火炮，所以朝鲜各道（省）都要学习、制造新式火炮，并制造相应的火药，同时要"教人放炮"，在几年内培养出成千上万的"炮手"。当时朝鲜提到的"火炮"，指包括"鸟铳"在内的新式火器。"炮手"，指包括会使用"鸟铳"等新式火器的士兵。记载中提到的"教一而教十，教十而教百，教百而教千万"，出自抗倭援朝的明军浙兵参将骆尚志。骆尚志曾致信朝鲜领议政柳成龙，建议朝鲜军队在学习浙兵"操练之法"，即戚继光当年的练兵方法时，采取"以一教十，以十教百，以百教千"的方法，柳成龙则回信骆尚志，希望派出朝鲜教官到骆尚志带领的浙兵队伍中，"各以南兵一人主教一人，如教阅歌舞者之依趁节奏。择城内房屋闲旷之处而处之，逐日训习"，之后"挑选习斗骁健者各数千余人，以相传习"。③ 上述记载说明宣祖国王看到了朝鲜军队在武器装备上的差距，下定决心要更新朝鲜军队的武器装备，而当时朝鲜在新式武器，特别是在新式火炮、火箭的制造上，参照的标准主要来自《纪效新书》，这在下面会多次提到。宣祖国王采纳了骆尚志的建议，还将"以一教十，以十教百，以百教千"的训练方法完全照搬到朝鲜军队的训练中，这也说明，当时朝鲜在训练使用新式火器的"炮手"上，也是学习当年戚继光训练浙兵的方法。

宣祖二十六年（万历二十一年，1593）底，抗倭援朝的明军在收复

① （明）戚继光撰，范中义校释《纪效新书》（十四卷本），中华书局，2001，第271～273页。
② （朝鲜）《朝鲜宣祖实录》卷39，宣祖二十六年六月，韩国首尔：探求堂1973年影印本，第22册，第21页。
③ （朝鲜）柳成龙《西厓先生文集》卷9，《韩国文集丛刊》第52辑，韩国首尔：景仁文化社，1990，第193页。

朝鲜京都汉城，并帮助朝鲜解放了被日军占领的大部分国土后，除部分留守协防朝鲜外，入朝参战的大部分奉命准备回国。浙兵将领骆尚志、吴惟忠、戚金等都在奉命回国的名单中。但此时的朝鲜在新式武器，特别是新式火炮的制造方面还没有成熟的技术和经验。《朝鲜宣祖实录》宣祖二十七年（万历二十二年，1594）一月记载，宣祖国王下达指令说："骆总兵，既不得挽留，宜告于总兵，愿得部下一人，姑为仍留，使之教诲。……总兵惓惓于我国之事，少无内外，宜及总兵未还之前，习各样火器制度，虽不能造作而试之，须请于总兵，各样之制，一一详录，非文字所能形容处，则令画工模写以启。"①"骆总兵"，即浙兵参将骆尚志。记载说，在大批明军撤离朝鲜之际，宣祖国王联系赴朝参战的明军浙兵参将骆尚志，希望他能留下来，如果骆尚志留不下来，也希望他能留下一位掌握制造新式火炮技术的下属；宣祖还指示朝鲜官员，在骆尚志等浙兵将领撤离朝鲜之前，让他们留下制造新式火炮的技术，包括图纸等。宣祖国王之所以希望骆尚志能留下来，除了记载中提到的"总兵惓惓于我国之事，少无内外"，即骆尚志把抗倭援朝、帮助朝鲜人民反击日军侵略看成自己的事业，把遭受日军蹂躏的朝鲜百姓看作自己的父母姐妹，再就是骆尚志"习各样火器制度"，了解掌握各种新式火器的制造和使用技术，且愿意帮助朝鲜掌握这些技术。前面提到骆尚志原是戚继光部属，他的属下还参与过《纪效新书》的编纂，不仅熟悉《纪效新书》中的练兵方法，而且熟悉《纪效新书》中记载的各种新式武器的制造技术和使用方法，所以才能得到宣祖国王的如此关注。

宣祖国王对新式火炮的制造和训练炮手一事一直抓住不放，他在宣祖二十六年（1593）六月提出要"教人放炮，教一而教十，教十而教百，教百而教千万"②之后，下面推行并不理想，宣祖国王为此批评了相关官员。《朝鲜宣祖实录》宣祖二十七年（万历二十二年，1594）二月就记载，宣祖国王对朝中官员说："前在关西，予力言火炮训练之事曰：'教一以教十，教十以教百'，为有司小不动念，每言曰：'待事定

---

① （朝鲜）《朝鲜宣祖实录》卷47，宣祖二十七年一月，韩国首尔：探求堂1973年影印本，第22册，第202页。

② （朝鲜）《朝鲜宣祖实录》卷39，宣祖二十六年六月，韩国首尔：探求堂1973年影印本，第22册，第21页。

后为之。'其意正坐此习故耳。予不堪慨叹。"① 宣祖国王对有些官员行动迟缓，并以各种理由以维持旧的体制表示了极大的不满，这也可以看出，宣祖国王对训练炮手极其重视，对军队的武器更新有着强烈的期盼。

宣祖时期，在新式火器制造及其操作士兵的培养方面，国王李昖还特别重视对新式火炮的制造及炮手的训练。《朝鲜宣祖实录》宣祖二十九年（万历二十四年，1596）十二月记载：

> 传于政院曰："一，炮、杀手，所当拣选勇壮者，而冗杂不择，残劣者居半。……今后各别精择，进上者亦勿轻许事。……所谓炮手者，岂可独习鸟铳一技而已？凡所谓炮者，皆可习。今后令炮手皆习，一应大炮以下诸炮，于朔试，或试放，或讲问试放之法，并计赏罚事。一，器械不精，则是以卒与敌。都监累年，设置军器匠役，而不无备数塞责，多不用意造作，闲消日子，徒费廪料之弊。今后另加监督精造事。"②

上述记载说，宣祖国王下达指示，要求在炮手、杀手等士兵的选择上必须重视，"勿轻许事"，必须分别"精择""拣选勇壮者"，将优秀的子弟充实到军队中；同时要求在训练炮手时，不能"独习鸟铳一技"，只学习如何使用鸟铳，还要学习"大炮以下诸炮"，并定期让他们"试放"，并要依据试放的情况予以奖惩。"朔"，农历每月初一。"朔试"，每月试放一次。宣祖国王还特别强调，对新式火炮的制造，要"监督精造"，如果"器械不精，则是以卒与敌"，站在了我们士兵的对立面，实际就是在战场上帮助了敌人。宣祖国王强调的"器械不精，则是以卒与敌"，也应是来自戚继光的《纪效新书》，《纪效新书》卷三《手足篇第三》记载："古法云：'器械不利，以卒予敌。'"③ 以上再次说明，宣祖

---

① （朝鲜）《朝鲜宣祖实录》卷49，宣祖二十七年二月，韩国首尔：探求堂1973年影印本，第22册，第220页。

② （朝鲜）《朝鲜宣祖实录》卷83，宣祖二十九年十二月，韩国首尔：探求堂1973年影印本，第23册，第126页。

③ （明）戚继光撰，范中义校释《纪效新书》（十四卷本），中华书局，2001，第47页。

国王对新式火炮的制造，对士兵训练的高度重视。我们在前面已经提到，后面还会多次提到，宣祖时期，包括后边的朝鲜国王，无论是制造新式火器，还是训练使用这些新式火器的炮手，参照的都是戚继光的《纪效新书》。

4. 战后仍强调要继续学好《纪效新书》

万历二十六年（宣祖三十一年，1598）底，在中朝联军强有力的反击之下，侵朝日军被迫退出朝鲜半岛，壬辰战争结束。万历二十七年（宣祖三十二年，1599）四月，赴朝参战的明军都督邢玠率抗倭援朝的明军主力班师回国。壬辰战争结束之后，为防止日军再次入侵朝鲜，宣祖国王对朝鲜军队的训练仍常抓不懈，继续以戚继光的《纪效新书》作为朝鲜军队的教科书。

《朝鲜宣祖实录》宣祖三十二年（万历二十七年，1599）四月记载，明朝使臣杜副使会见宣祖国王时说，他带来的人员中，有的"善打拳，请王试观"，宣祖国王随即回应："打拳之事，载于《纪效新书》，亦是武艺中一事，似当观之。"① 这说明，宣祖国王当时念念不忘的仍是按照《纪效新书》训练朝鲜的军队，否则不会马上联想到打拳也是《纪效新书》中提到的"武艺中一事"，应该亲自"观之"。《朝鲜宣祖实录》当年四月还记载，宣祖国王下达指示给训练都监："曾闻天朝之言，木棍之技，胜于长枪用剑云云。此技不可不习。且拳法，乃习勇之艺，若使小儿学此，则间巷儿童，转相效则，习而为戏，他日不为无助。"宣祖国王还指示"仍以《纪效新书》中，木棍拳法两图"，作为训练都监使用的教材。② 上述记载再次说明，宣祖国王非常熟悉《纪效新书》中的内容，不仅知道前面提到的《纪效新书》中所记载的各种新式火器的名称及性能，而且对《纪效新书》记载的"木棍拳法两图"也铭记在心，并指示训练都监在训练士兵时要按照《纪效新书》中的要求和图示进行训练。"木棍拳法两图"指《纪效新书》记载的大棒习法图和拳经捷要图，均

---

① （朝鲜）《朝鲜宣祖实录》卷 112，宣祖三十二年四月，韩国首尔：探求堂 1973 年影印本，第 23 册，第 608 页。

② （朝鲜）《朝鲜宣祖实录》卷 124，宣祖三十二年四月，韩国首尔：探求堂 1973 年影印本，第 24 册，第 56 页。

载于十八卷本的《纪效新书》。十四卷本《纪效新书》只载有大棒习法图十四势，每势一图，共十四幅图。①拳经捷要三十二图见于十八卷本的《纪效新书·拳经捷要篇》，②大棒习法十四图也见于十八卷本的《纪效新书·短兵常用说》。③这也再次说明，宣祖国王熟悉多个版本的《纪效新书》。

《朝鲜宣祖实录》宣祖三十三年（万历二十八年，1600）九月记载，宣祖国王指示训练都监："《纪效新书》紧要之条，亦宜精抄，武士教诲，试讲论赏。大概都监，不但教以铳、炮、刀、枪之技，如此事，并察而举行。"④记载说，宣祖国王告诫负责训练士兵的训练都监，担任士兵教练的武士必须熟悉《纪效新书》中的主要内容，对"紧要之条"要领会深透，训练都监不仅要训练士兵学会"铳、炮、刀、枪之技"，而且还要对武士"试讲论赏"，把对武士的考核和训练士兵学习技能摆在同样重要的位置，"并察而举行"。这说明，宣祖国王时时记挂着如何依照《纪效新书》的要求训练好朝鲜士兵，在抗倭援朝的明军教练撤离之后，宣祖国王把培养好武士教练，让武士先学好《纪效新书》，作为训练士兵的一项重要举措。

《朝鲜宣祖实录》宣祖三十三年（万历二十八年，1600）十一月还记载，宣祖国王对中枢府判事李德馨说："未审近日，操练几何？得士卒几何？养勇锐之气几何？军中事情如何？艺高心胆坚，训练不可不勤。今日国事，大无过此，自余皆细。愿卿益加劳心，予但恃卿。"⑤"中枢府"，即枢密院，判事为从一品高官，协助和代表朝鲜国王掌控军队。记载说明，宣祖国王把军队的训练看作当时最重要的国家大事，"今日国事，大无过此"，国内没有比这更重要的事情了。宣祖国王如此细致地了

---

① （明）戚继光撰，范中义校释《纪效新书》（十四卷本），中华书局，2001，第121~123页。

② （明）戚继光撰，曹文明、吕颖慧校释《纪效新书》（十八卷本），中华书局，2001，第230~238页。

③ （明）戚继光撰，曹文明、吕颖慧校释《纪效新书》（十八卷本），中华书局，2001，第212~219页。

④ （朝鲜）《朝鲜宣祖实录》卷129，宣祖三十三年九月，韩国首尔：探求堂1973年影印本，第24册，第125页。

⑤ （朝鲜）《朝鲜宣祖实录》卷131，宣祖三十三年十一月，韩国首尔：探求堂1973年影印本，第24册，第154页。

解朝鲜军队的训练情况，接连提出多个问题，是因为他认为"艺高心胆坚"，只有士兵有了杀敌的技艺，才能使士兵在战场上更加勇敢自信，为了这一点，"训练不可不勤"，对训练士兵的活动必须常抓不懈。"予但恃卿"，是宣祖国王希望中枢府判事李德馨能替他分忧，代表他把士兵训练这件国家大事做好。宣祖国王提出的"艺高心胆坚"，即艺高人胆大，戚继光在《纪效新书·束伍篇》《练兵实纪·练营阵》中均有记载，如《纪效新书·束伍篇》记载："谚曰：'艺高人胆大。'是艺高止可添壮有胆之人，非懦弱胆小之人，苟熟一技而即胆大也。惟素有胆气，使其再加力大、丰伟、伶俐，而复习以武艺，此为锦上添花，又求之不可得者也。"① 作为熟知《纪效新书》内容的朝鲜宣祖国王，他提到的"艺高心胆坚"，应是表达了与戚继光相同的观点，或者说，他是在赞同和宣传戚继光的观点。

整个宣祖时期，朝鲜都是将戚继光的《纪效新书》作为军队训练的教科书，《朝鲜宣祖实录》宣祖四十年（万历三十五年，1607）二月记载，时任朝鲜兵曹判书的韩孝纯在平安道（今朝鲜平壤以北的平安南道、平安北道）巡查时，"各官守令皆报曰：'本道方以唐阵之制，作队伍，教练军卒。'"② "唐阵之制"，即《纪效新书》中提到的军队建制和练兵方法。这说明宣祖晚年，朝鲜地方仍在以戚继光的《纪效新书》来"作队伍"，设置军队建制，训练士兵。宣祖去世后，朝鲜光海君元年（万历三十六年，1608）二月，出使明朝的朝鲜使臣在谈到朝鲜国内情况时还提道："王见戚继光所撰《纪效新书》，甚嘉其制，别设训练都监，命大臣一员以领之。择武弁重臣为大将，抄择丁壮勇锐，分属部伍，储养训练，颇有条理。"③ "王"，这里指宣祖国王。这也说明，宣祖国王非常赞赏戚继光在《纪效新书》中提到的军队建制，所以才设立了"训练都监"，按照新的军队建制训练士兵，而且收到了成效。

综上所论，宣祖国王自成立训练都监开始，直到他去世，始终都

① （明）戚继光撰，范中义校释《纪效新书》（十四卷本），中华书局，2001，第11~12页。
② （朝鲜）《朝鲜宣祖实录》卷208，宣祖四十年二月，韩国首尔：探求堂1973年影印本，第25册，第309页。
③ （朝鲜）《朝鲜王朝实录·光海君日记》卷1，光海君元年二月，韩国首尔：探求堂1973年影印本，第31册，第273页。

"效法"戚继光的《纪效新书》，将其作为改革朝鲜军队建制和训练士兵的教科书。

第三节　领相：军队建设"当一切依仿"《纪效新书》

朝鲜宣祖时期，领议政柳成龙为依照戚继光的《纪效新书》指导朝鲜军队建设，特别是军队训练，发挥了关键性的作用。柳成龙（1542～1607），字而见，号西厓，进士出身，朝鲜壬辰战争期间，担任领议政，也称领相，并兼任新组建的朝鲜训练都监都提调，领导和全面负责训练都监的重要活动。训练都监邀请和组织抗倭援朝的明军将士帮助朝鲜训练士兵，培训朝鲜教练；依照《纪效新书》的要求，培养了大批会使用鸟铳等新式火器，又纪律严明、敢于冲锋陷阵的朝鲜士兵，为抗击日军入侵朝鲜做出了重要贡献。壬辰战争进入尾声时，宣祖三十一年（万历二十六年，1598）十二月，柳成龙因受诬告被削夺官爵，宣祖三十二年（万历二十七年，1599）六月，查清真相复职，后追封丰原府院君，宣祖四十年（万历三十五年，1607）去世，谥号文忠。

1. 领衔训练都监，依照《纪效新书》训练朝鲜士兵

平壤大捷结束不久，柳成龙就建议宣祖国王，朝鲜要学习戚继光的《纪效新书》，用《纪效新书》改革朝鲜军队建制，设立训练都监，并指导士兵训练。《西厓柳先生行状》就记载"先生请设训练都监，以重根本。上命先生干其事"。[①] 这说明，宣祖时期设立训练都监，最早是柳成龙提议的，并得到了宣祖国王的大力支持。当宣祖国王下定决心要依照《纪效新书》改革朝鲜军队和训练士兵时，柳成龙又是最坚定的支持者，因而被宣祖国王委以朝鲜训练都监都提调，全面掌管朝鲜军队建制改革和训练士兵等事宜。

前面提到宣祖二十六年（万历二十一年，1593）十月，宣祖国王李

---

① （朝鲜）李埈：《苍石先生文集》卷17，《韩国文集丛刊》第64辑，韩国首尔：景仁文化社，1991，第542页。

昖返回京都之后即设立了训练都监，任命柳成龙为都提调。《朝鲜宣祖实录》宣祖二十六年（1593）十月记载，训练都监都提调柳成龙上书宣祖国王："训练节目其载《纪效新书》者，至详至密，今当一切依仿为之，但其文字及器械名物有难晓处。趁此天兵未还之前，令聪敏之人多般辨质，洞然无疑，然后可以训习。此意前已启达。"宣祖国王传曰："此意至当，依此启辞为之。"① 柳成龙认为，训练都监组织士兵训练，可以按照《纪效新书》中的内容去做，因为《纪效新书》对如何训练士兵，记载得"至详至密"，又详细又周密，可以"一切依仿为之"，完全照着《纪效新书》中的要求去做，但由于《纪效新书》中有些文字及记载的兵器器械内容有不容易看懂的地方，应该在抗倭援朝的明军未撤离朝鲜之前，派聪明灵敏的人去学习咨询，完全掌握了《纪效新书》中的内容后，才能开始训练士兵。宣祖国王李昖对柳成龙的上述提议，全力支持。而且记载还提到柳成龙的上述提议，"此意前已启达"，在这之前就向宣祖国王表达过。这也说明，在训练都监设立之前，柳成龙就向宣祖国王提议要学习戚继光的《纪效新书》，并按照《纪效新书》中的要求来训练朝鲜士兵。

柳成龙领衔训练都监之后，一直都坚持依照戚继光的《纪效新书》来管理军队和训练士兵。

《西厓柳先生行状》记载，训练都监设立后，"先生发唐粟米一万石以募人，应者云集。未几，得健儿数千，教以鸟铳、抢刀之技。立把总、哨官以领之，一如浙法。分番直宿。行幸则以此扈卫，人心稍安。"② 记载说，柳成龙将中国援助朝鲜的粮食拿出一万石来，作为招募士兵的粮饷，很快就组建了数千人的新兵队伍，按照戚继光当年在浙江抗倭时的军队建制设立把总、哨官等职，让他们带领新兵学习鸟铳、抢刀等技艺。宣祖国王到朝鲜各地视察，也是由刚训练的新兵担任护卫，有了这样一支军队保卫朝鲜王室，朝鲜人心里也稍觉踏实些。"唐粟米"，这里指中国的粮食。壬辰战争初期，朝鲜被日军抢劫一空，粮食严

---

① （朝鲜）《朝鲜宣祖实录》卷43，宣祖二十六年十月，韩国首尔：探求堂1973年影印本，第22册，第108页。

② （朝鲜）李埈：《苍石先生文集》卷17，《韩国文集丛刊》第64辑，韩国首尔：景仁文化社，1991，第542页。

重短缺，明万历皇帝下令从辽东半岛、山东半岛运送大批粮食支援朝鲜，这在中朝史料中多有记载。"浙法"，指戚继光在浙江抗倭时招募新兵、训练新兵的方法。

宣祖二十七年（万历二十二年，1594）十月冬，柳成龙给宣祖国王上《战守机宜十条》疏，其中提道：

> 兵法千言万语，其吃紧大头脑，惟在于束伍。所谓束伍者，即分数是也。……故一司统五哨，则所号令者只五人而已。一哨统三旗，一旗统三队，则所令只三人而已。一队统二伍，则所令只二人而已。伍则只率军四人耳。故所统愈众则所分愈细，所分愈细则所察愈精，此军法之纲领也。故在平时，以此驭军，则将卒相维，易于练习。临敌以此节制，则臂指相须，不容先后，所谓合万人为一心者。……故将帅苟知束伍，则虽市井乌合之军，皆可教练而赴敌。如不知束伍，则虽挽强超乘之士，悉皆望风而逃溃。以此知束伍一事，为军政之大纲，而其在于《纪效新书》者，极为明备。有志之士，苟得是书而依仿慕效，其于行军制敌之道，思过半矣。[1]

柳成龙的上疏，主要强调了军队"束伍"，即约束管理军队的重要性，这其中重要的是改革朝鲜的军队建制，按照司、哨、旗、队、伍的建制组建朝鲜军队，即"一司统五哨""一哨统三旗""一旗统三队""一队统二伍"，分级约束，平时"易于练习""虽市井乌合之军，皆可教练而赴敌"，战时"合万人为一心"。而朝鲜之前的军队建制，即前面提到的"战时为兵，闲时为农"的亦兵亦农的建制，这样的军队毫无战斗力，遇到强敌时，"悉皆望风而逃溃"。因而，柳成龙强调说，"束伍一事，为军政之大纲"，而要落实好这一"军政之大纲"，只需依照《纪效新书》来做就可以了，因为《纪效新书》记载得"极为明备"，非常明确完备，只要得到这本书，"依仿慕效"，怀着仰慕之情，虚心地照着做就可以了。

---

① （朝鲜）柳成龙：《西厓先生文集》卷14，《韩国文集丛刊》第52辑，韩国首尔：景仁文化社，1990，第270～271页。

柳成龙上疏中提到的"一哨统三旗，一旗统三队，则所令只三人而已。一队统二伍"等军队建制，及"束伍一事，为军政之大纲"的观点，均来自《纪效新书·束伍篇》。除前面已经提到的《纪效新书·束伍篇》中记载的军队编制"一队十二人"，"每一旗下三队、五队皆可""一哨官下，三旗以至五旗皆可，百人为哨也"外，还记载有"一队二伍""一把总下，三哨以至五哨皆可，五百人为司也"。① 《纪效新书·束伍篇》开篇也记载"分数者，治兵之纲也；束伍者，分数之目也"。② 这说明，柳成龙是在依照《纪效新书·束伍篇》中的军队建制模式组建新的朝鲜军队。

柳成龙为推动朝鲜全国的军制改革，指导朝鲜军队，包括朝鲜地方军队也依照戚继光的《纪效新书》进行训练，"定练兵规式，颁行四道""讲究军政，日不暇给"，针对有的"团束乡兵，随便操练之意"，经请示宣祖国王后，即申谕地方衙门："令各邑先求地面有某某里，各以其面其里，分其阔狭，定为哨官。各出旗队总，抄民练习。此乃提纲挈领之法也。其二，言分军之法，依《纪效新书》而稍加增损。"③ 柳成龙依照《纪效新书》制定了练兵的规章制度及实施办法之后，"日不暇给"，即把主要精力都放到这件事情上来，这也与当时朝鲜的中心任务是组织全国力量抗击日军入侵的大背景相适应。当柳成龙发现有的地方乡兵不重视训练、操练随随便便时，即对乡兵进行整顿，要求他们按哨、旗、队的建制组建地方军队，并"抄民练习"，考虑到各地方军队的特殊性，虽说也是把学习《纪效新书》作为训练的主要内容，但练习的内容"依《纪效新书》而稍加增损"。柳成龙从军队建制改革入手，用"提纲挈领之法"，推动《纪效新书》的各项内容在全国军队中落实，为壬辰战争期间的朝鲜军队建设做出了重要贡献。

依照《纪效新书》指导朝鲜军队训练，实际上也是改变了朝鲜沿袭多年的军队建制和传统的练兵方法，在这一问题上，朝鲜王室内部一直有不同的意见，宣祖国王李昖也有过疑惑，但柳成龙坚定地认为，在朝

① （明）戚继光撰，范中义校释《纪效新书》（十四卷本），中华书局，2001，第 5 页。
② （明）戚继光撰，范中义校释《纪效新书》（十四卷本），中华书局，2001，第 1 页。
③ （朝鲜）《西厓先生文集·西厓先生年谱》卷 2，《韩国文集丛刊》第 52 辑，韩国首尔：景仁文化社，1990，第 519 页。

鲜遭到日军侵略这样的背景下，朝鲜军队必须依照《纪效新书》进行改革和训练，因为《纪效新书》是当年戚继光抗击倭寇入侵的经验总结，包括练兵方法和实战布阵的方法等。《朝鲜宣祖实录》宣祖二十八年（万历二十三年，1595）七月记载，宣祖国王召见柳成龙说："我国亦有阵法，实出于圣算，时时习阵，使不忘之可也。若致念于我国阵法，则亦可以御敌。何必独取于戚继光之法乎？"柳成龙回答说："戚继光阵法，大概间花叠而动静相随，专为防倭而设也。防倭则步兵胜于骑兵。"① 宣祖国王认为朝鲜过去学习的"阵法"，是先人们传下来的，也可以与敌作战，为什么现在要专门学习"戚继光之法"呢？柳成龙解释说，"戚继光阵法"主要是对付倭寇的，"专为防倭而设也"，而朝鲜当时面临的主要敌人就是入侵的倭寇（日军）。防止倭寇入侵，使用新式火器的步兵胜过骑兵。这说明，柳成龙之所以建议宣祖国王在朝鲜军队中推行"戚继光之法"，主要原因是要建立一支能抵御日军入侵的有战斗力的朝鲜军队。从前面对宣祖国王的介绍可以看出，宣祖国王接受了柳成龙的观点，并成为柳成龙在朝鲜全国军队推行《纪效新书》的坚定支持者。

2. 聘请浙兵教练指导训练朝鲜士兵

柳成龙兼任训练都监都提调之后，做的另一项重要工作，就是聘请熟悉《纪效新书》内容的南兵（浙兵）军官协助训练都监训练朝鲜士兵。

前面提到训练都监设立之初，柳成龙就上书宣祖国王，建议派聪明灵敏的人到抗倭援朝的明军中去学习《纪效新书》，除了这一措施外，柳成龙在上书中还说："今则南方之人多聚于此，其间谙练军事，识虑广博者何限？必须待之以恩，使之倾倒所有传授于我，……且金文盛最晓阵法，人物亦甚温籍云。亦令接待堂上，亲去问其来由，使之训诲为当。"② "金文盛"，明军派到朝鲜军队中的教练领队。柳成龙上书宣祖国

---

① （朝鲜）《朝鲜宣祖实录》卷65，宣祖二十八年七月，韩国首尔：探求堂1973年影印本，第22册，第527页。

② （朝鲜）《朝鲜宣祖实录》卷43，宣祖二十六年十月，韩国首尔：探求堂1973年影印本，第22册，第108页。

王，希望朝鲜王室善待南兵教练，只有这样，南兵教练才能全心全意地训练朝鲜士兵。为了表示对南兵教练的尊重和欢迎，柳成龙还希望宣祖国王亲自接待明军教练领队金文盛。这里提到"南方之人""谙练军事""金文盛最晓阵法"，都是指他们熟悉戚继光的兵书，了解戚继光《纪效新书》中的实战阵法。柳成龙的建议，得到了宣祖国王的大力支持。

从现存的朝鲜王朝史料看，壬辰战争初期，柳成龙邀请协助训练朝鲜士兵的明军，多来自浙兵参将骆尚志所部。朝鲜肃宗朝著名文臣金楺在《丙丁琐录》中记载："万历癸巳（万历二十一年，1593）夏，柳西厓成龙病，骆参将尚志来访，尽日言练兵守国之要。西厓遂募京城居民七十余人，送于骆公麾下，学习鸟铳、筤筅、长枪、用剑等艺。骆公教之甚悉，或亲自击剑使枪以导之。此我国训练都监之始也。"[1] "柳西厓"，即柳成龙，号西厓。"筤筅"，相传为戚继光在浙闽一带剿倭时所创制，戚继光《练兵实纪·杂集》卷五《军器解》记载："狼筅乃用大毛竹上截，连四旁附枝，节节枒杈，视之粗可二尺，长一丈五六尺。人用手势遮蔽全身，刀枪丛刺，必不能入，故人胆自大，用为前列，乃南方杀倭利器。"[2]"长枪"，古代常用兵械，在长柄上装有铁制锐利尖头。记载说，训练都监成立之初，柳成龙从在京都汉城居民中招募的新兵中挑选了七十余名，送到骆尚志率领的浙兵中，学习鸟铳等武器的技艺。骆尚志的属下传授得非常详细，骆尚志也亲自指导他们练习。柳成龙之所以让骆尚志帮助训练朝鲜新兵，主要原因是骆尚志带领的是在平壤大捷中夺得头功的浙兵，我们在前面介绍过，这是一支当年戚继光带领和训练出来的部队，他们最熟悉戚继光的《纪效新书》，有的还参与过《纪效新书》编纂，训练都监训练新兵的教科书就是《纪效新书》，柳成龙把朝鲜新兵骨干放在骆尚志的浙兵部队里训练是最合适不过了。

柳成龙让骆尚志帮助训练朝鲜新兵一事，自己也有更详细而具体的记载："壬辰（万历二十年，1592）冬，天兵来救。骆公尚志率南兵，先登攻平壤，功最著。癸巳（万历二十一年，1593）四月，余病卧于汉城墨寺洞。骆公来访余于卧内，尽日话，从容如素识，仍言练兵备倭及

① （朝鲜）金楺：《俭斋集》卷30，《韩国文集丛刊·续集》第50辑，韩国首尔：景仁文化社，2007，第611页。

② （明）戚继光撰，邱心田校释《练兵实纪》，中华书局，2001，第305页。

他守国之要甚悉。余于是，募得京中人七十余名，令军官二人统之，分为二队，送于骆公阵下，请学南方技艺鸟铳、筤笱、长枪、用剑等事。骆公拨营中南校十人分教之，公或亲至卒伍中，手自舞剑用枪而教之甚勤。余以其事驰启行在，此我国训练之所由起也。既而骆公还中原，余请留教师数人。公临行在西郊，为留闻愈、鲁姓人而去。二人体公之意，二年在国中，训士昼夜，几尽成才，且教营阵之法。"① "闻愈"，朝鲜史料也记作"闻喻""闻俞"，骆尚志所率浙兵千总。"鲁"，即浙兵教练鲁天祥。《朝鲜宣祖实录》记载，闻愈"尝与戚继光同事，其作《纪效新书》也亦同参云"。② 说闻愈曾是当年戚继光的属下，而且还参与了《纪效新书》的编写。闻愈能参与《纪效新书》的编写，说明应是戚继光非常欣赏的浙兵将领。时任朝鲜兵曹判书的李德馨也记载："千总闻俞，自戚继光在时，从事于行阵间，熟谙火炮制度。"③ 这都说明，骆尚志之所以回国前把闻愈留在朝鲜，帮助朝鲜训练新兵，是因为闻愈曾是当年戚继光非常信任的属下，不仅跟随戚继光打过仗，熟悉戚继光带兵打仗布阵的方法，而且熟悉火炮等新式火器的制造和使用。

在柳成龙的另一段资料中，当时柳成龙之所以从京都汉城挑选新兵送到骆尚志所率浙兵中学习，是因为想让这些朝鲜新兵尽快掌握新式火炮技术。这一点，柳成龙在呈报给宣祖国王的《募京城军卒，练习浙江火炮状》中就有记载："抄出年少勇锐之军，配于天将，传习南方器械阵法，乃是第一件事。而适骆参将为我国惓惓如此，臣近于城中，募得七十余人，其中多火炮匠。自今日为始，送于参将处，择一空旷屋子，使之学习。"④ 柳成龙认为，学习南兵（浙兵）的"器械阵法"，是当时朝鲜的"第一件事"，为落实好这件首要的事情，所以挑选了七十余名新兵，其中多数人是学习新式火炮技艺的。

---

① （朝鲜）柳成龙：《西厓先生文集》卷9，《韩国文集丛刊》第52辑，韩国首尔：景仁文化社，1990，第194页。

② （朝鲜）《朝鲜宣祖实录》卷48，宣祖二十七年二月，韩国首尔：探求堂1973年影印本，第22册，第215页。

③ （朝鲜）李德馨：《汉阴先生文稿》卷8，《韩国文集丛刊》第65辑，韩国首尔：景仁文化社，1991，第392页。

④ （朝鲜）柳成龙：《西厓先生文集》卷6，《韩国文集丛刊》第52辑，韩国首尔：景仁文化社，1990，第126页。

　　柳成龙多次提到骆尚志为了朝鲜的国家安危"惓惓如此",念念不忘,这也说明,抗倭援朝的浙兵将领赢得了朝鲜的信任。这也是柳成龙让骆尚志等浙兵将领帮助朝鲜训练军队的一个重要原因。前面宣祖国王提到的训练朝鲜新兵要"教一而教十,教十而教百,教百而教千万",就出自浙兵参将骆尚志给柳成龙的信函:"教习武艺,修整器械,以一教十,以十教百,以百教千,以千教万,务成精兵,虽倭奴有复来之念,我有精兵待之,……此亦富国强兵之道,百姓安堵,居民乐业,岂不美哉?"① 这一点,柳成龙在《与骆参将尚志书》中也有记载:"前日老爷所教操练之法,以一教十,以十教百,以百教千,甚为切要。……近于城中召募年少伶俐之人得数十,伏愿老爷先下营中,各以南兵一人主教一人,如教阅歌舞者之依趁节奏。择城内房屋闲旷之处而处之,逐日训习,以试其成否如何?""又已令京畿诸道,挑选习斗骁健者各数千余人,以相传习,千万怜察而指挥之。使小邦生灵永蒙老爷之恩,以有辞于万世也。"② 上述记载说明,当时朝鲜王室接受了骆尚志提出的"以一教十,以十教百,以百教千"的"操练之法",而且时任朝鲜训练都监都提调的柳成龙,为培训好首批朝鲜士兵,"以南兵一人主教一人","逐日训习",并且从朝鲜各地"挑选习斗骁健者各数千余人",让骆尚志派人指导训练,这不能不说,柳成龙在依照《纪效新书》训练朝鲜新兵方面,考虑得既周全,又有魄力。骆尚志训练朝鲜新兵的情况,前面已述,不仅非常尽力,还亲自为朝鲜士兵授课,即使回国了,还留下了闻愈等熟悉《纪效新书》的浙兵军官继续帮助朝鲜训练士兵。

　　柳成龙领衔朝鲜训练都监期间,非常尊重浙兵教练的意见,《朝鲜宣祖实录》宣祖二十八年(万历二十三年,1595)四月记载,训练都监上书宣祖国王曰:"今教师唐官,派分各道,若不及此机,粗得头绪,则唐官虽欲勤勤训诲,而在我无尽心协力干事之人,势必不可成矣。……兵之所以贵乎练者,只以练手、练足,以至练心、练胆,艺高而勇生,手熟而胆大,惟此之为急耳。浙人尝曰:'炮手、射手,所谓不过一举手之

　① 见杨海英《书〈唐将书帖〉后》,《中国社会科学院历史研究所学刊》第7集,商务印书馆,2011,第418~419页。
　② (朝鲜)柳成龙:《西厓先生文集》卷9,《韩国文集丛刊》第52辑,韩国首尔:景仁文化社,1990,第193页。

劳耳。练兵工夫，则专在杀手上，习阵节目，则分练为最切。'其谙委兵法者，无不以是为言，我国之人，全然不解此等妙理。"①"浙人"，这里指朝鲜训练都监从抗倭援朝的浙兵中聘请的教练。这说明，训练都监认真接受了浙兵教练的意见，即对士兵的训练重在"练手、练足，以至练心、练胆"，这也是戚继光在《纪效新书·手足篇》和《练兵实纪·练胆气》中所阐述的观点，其中对"练手、练足"和"练心、练胆"的训练方法和达到的要求均有具体表述。这也说明，训练都监聘请的浙兵教练，也是在依照戚继光的练兵方法训练朝鲜士兵。

3. 依戚继光"练将为重"抓好军官训练

为了按照《纪效新书》的要求把训练朝鲜士兵的工作做好，柳成龙领衔的训练都监还特别注重对将官的训练。《朝鲜宣祖实录》宣祖二十七年（万历二十二年，1594）四月记载，训练都监上书宣祖国王："练将尤重于练兵"，"今宜于京外武士中，搜访将来可堪统兵者，为训练部曲之任，学习阵法，自大将以下，以及哨官、旗队总，皆于平日，自练其兵，临战自用其军，然后庶几所养即所用，所用皆所养也。此《（纪效）新书》所以既言练兵，而以练将终之者也。"宣祖国王对这一提议非常赞赏，批示曰："至矣。"②训练都监的上书说，训练好军官比训练士兵更重要，建议从朝鲜武士中选拔可以带兵的人，让他们参加训练，学习阵法，大将以下的军官，包括哨官、旗队总平日都要训练好所属的士兵，战时带着自己所属的士兵打仗。这样一种安排，也是来自《纪效新书》。训练都监提到的"练将尤重于练兵"的观点，来自戚继光《纪效新书·练将篇》："必练将为重，而练兵次之。夫有得彀之将，而后有入彀之兵。练将譬如治本，本乱而末治者，未之有也。"③"得彀"，这里指治军。"彀"，张满的弓弩。训练都监提到的《纪效新书》中"练将终之者也"，指《纪效新书·练将篇》提到的如何练将，及为将者应具备

---

① （朝鲜）《朝鲜宣祖实录》卷62，宣祖二十八年四月，韩国首尔：探求堂1973年影印本，第22册，第486页。
② （朝鲜）《朝鲜宣祖实录》卷50，宣祖二十七年四月，韩国首尔：探求堂1973年影印本，第22册，第250页。
③ （明）戚继光撰，范中义校释《纪效新书》（十四卷本），中华书局，2001，第331页。

的二十六项标准："正心术""立志向""明死生""辨利害""做好人"
"坚操守""宽度量""尚谦虚""惜官箴""勤职业""辨效法""精兵
法""习武艺""正名分""爱士卒""教士卒""饬恩威""严节制"
"辨职守""惩声色""轻货利""忌刚愎""恶胜人""戒逢迎""忌萎
靡""薄功名"。① 这也说明，柳成龙在担任训练都监都提调期间，对朝
鲜军官的训练，也是依据《纪效新书》的。

　　为了推动各级军官重视练兵活动，柳成龙领衔的训练都监还依照
《纪效新书》中的要求，实行"连坐之法"，一级负责一级，下级出了问
题，上一级要负责，并以此进行考核和奖惩。《朝鲜宣祖实录》宣祖二
十七年（万历二十二年，1594）四月记载，训练都监上书宣祖国王：
"今训练之军，以哨统队，以队总伍，一伍长所率，则只是四人也，一队
所统，则只是六伍也，一哨所统，则乃是三队也。如使哨官责队长，队长
责伍长，则所操者约，而所及自广，此军政之大纲也。惟其如是，故
《（纪效）新书》又有申连坐之法。一伍中，军士未精，器械钝弊，号令
不行，则并与军卒、伍长而治之；一哨中如此，则并与哨官、队长而治
之。其道也，如目网之隶纲，如枝叶之附干。所谓哨官、队长、伍长等，
各尽其心，各操其属，昼夜刻意，其庸劣者汰之，未习者熟之，如恐不
及，而时月之间，兵无有不精者矣。大抵我国，自前全不知练军规模，
今幸得天将遗法，兵曹又极致意，渐次成就，颇有可观。"宣祖国王对这
一提议也是大力支持，批示曰："至矣。"②

　　"哨官""队长""伍长"，前面已经提到，均是朝鲜依照《纪效新
书》编制的军队中基层头目的称谓，载于《纪效新书·束伍篇》。"《（纪
效）新书》又有申连坐之法"，载十八卷本《纪效新书·临阵连坐军法
篇》，③ 在《练兵实纪》中也有记载。④ "天将"，这里指明军将领。"天
将遗法"，指抗倭援朝的明军军官传授的《纪效新书》练兵之法。

---

① （明）戚继光撰，范中义校释《纪效新书》（十四卷本），中华书局，2001，目录第
　　7页。
② （朝鲜）《朝鲜宣祖实录》卷50，宣祖二十七年四月，韩国首尔：探求堂1973年影印
　　本，第22册，第250页。
③ （明）戚继光撰，曹文明、吕颖慧校释《纪效新书》（十八卷本），中华书局，2001，
　　第71～77页。
④ （明）戚继光撰，邱心田校释《练兵实纪》卷8，中华书局，2001，第144～145页。

上述《朝鲜宣祖实录》的记载说明，朝鲜训练都监实行了戚继光的"连坐之法"之后，训练新兵的情况"渐次成就，颇有可观"，收到了很好的效果。这与前面提到的"练将尤重于练兵"相一致，落实好各级责任，从最基层抓起，训练好各个层次的军官，层层负责，"各尽其心，各操其属"。这也是说，柳成龙领衔的训练都监在全方位地学习和落实《纪效新书》中的内容，无论是训练的内容还是管理的机制，无论是练兵还是练将，都在依照《纪效新书》的要求去做，而且收到了明显的成效。

4. 依《纪效新书》进行城防建设，装备新式武器

朝鲜宣祖时期，柳成龙领衔的训练都监不仅将《纪效新书》作为军队训练的教科书，而且在城防设施建设及军队武器配备上，身为领议政的柳成龙也是依照《纪效新书》中的内容来做。

《朝鲜宣祖实录》宣祖二十六年（万历二十一年，1593）十月记载，宣祖国王曾询问如何在城楼上安装火炮，以增强城防能力，领议政柳成龙回答说："大概如烟台之制，且《纪效新书》有之。城外周回，筑垣如牛马墙，上穿大铳筒穴，下穿小铳筒穴，千步置一。贼犯近，则一时俱发。且设于壕内，故贼不敢毁矣。"[①] 记载说明，宣祖国王一行回到收复的京都汉城不久，柳成龙就开始谋划按照《纪效新书》记载的城防标准进行城防建设了。"牛马墙"，指用于防务的城外矮墙，因夜间可以收避牛马之类的牲畜而得名。《纪效新书·守哨篇》记载，牛马墙"在城外濠岸内。以城身下濠岸，不拘宽狭，狭即一丈或八尺皆可，宽不可逾二丈，于其外为墙，……墙身每对一雉下，底开一大将军铳眼，以不能钻入人身为度。凡此墙每高三尺，平去五尺，为一小铳眼，可容狼机。"[②] "一大将军铳"，当时的一种新式火炮。"狼机"，佛郎机铳，大口径火绳枪。柳成龙按照《纪效新书》要求进行城防建设的意见，也得到了宣祖国王的大力支持，《朝鲜宣祖修正实录》宣祖二十六年（万历二十一年，1593）十二月就记载："领议政柳成龙上札陈时务，请筑城州

---

① （朝鲜）《朝鲜宣祖实录》卷43，宣祖二十六年十月，韩国首尔：探求堂1973年影印本，第22册，第112页。

② （明）戚继光撰，范中义校释《纪效新书》（十四卷本），中华书局，2001，第313页。

县，颁行炮楼之制，从之。"① 这说明，朝鲜当时有了指导各地修建城防
"炮楼"的标准，而这个"炮楼"标准是依照《纪效新书》制定的。
《纪效新书·守哨篇》有"重门大楼制""重门大楼解"内容，对如何建
筑城防"炮楼"有详细记载，还附有图片。②

　　壬辰战争期间，柳成龙不仅依照《纪效新书》的记载领导制定了
城防"炮楼"的修建标准，对城墙的设计和建设也依照《纪效新书》
做出了规划。《朝鲜宣祖实录》宣祖二十八年（万历二十三年，1595）
十一月记载，领议政兼四道都体察使柳成龙上书宣祖国王，希望各地
进行城防建设和操练时，"如《纪效新书》所言，每五垛为一伍，五
十垛为一队，队各有将，垛各有预定之军，平时，依法操练，临急，
如行熟路。众力合一，又必静暇不挠，城中寂无人声，然后可无偾
败之患"。③ 柳成龙上书提到的"如《纪效新书》所言，每五垛为一伍，
五十垛为一队"等内容，记载在《纪效新书·守哨篇》中的《派守
解》。④ 柳成龙上述建议，同样得到了宣祖国王的支持，这说明，《纪效
新书》也是朝鲜宣祖时期城防建设和城防训练的教科书。

　　在依照《纪效新书》制造武器和装备朝鲜军队问题上，柳成龙同样
发挥了重要作用。据《西厓先生年谱》记载，万历二十一年（宣祖二十
六年，1593）六月，柳成龙"上状乞练兵，且仿浙江器械，多造火炮诸
具，以备缓急之用。……鸟铳、虎蹲炮、火箭、火轮炮此等器械，皆切
于战用。臣意以为以此匠人，分送于州郡财力完实处，多聚匠人，昼夜
打造。因抄出胆勇之人，使之学习。至于布阵守城之法及旗帜之色，一
依浙军模样，使贼有所畏惮。"⑤ 柳成龙不仅提出朝鲜要"仿浙江器械"，
即仿照《纪效新书》中记载的各式火器的尺寸标准和制造方法进行制

---

① （朝鲜）《朝鲜宣祖修正实录》卷 27，宣祖二十六年十二月，韩国首尔：探求堂 1973
年影印本，第 25 册，第 645 页。
② （明）戚继光撰，范中义校释《纪效新书》（十四卷本），中华书局，2001，第 310 ~
311 页。
③ （朝鲜）《朝鲜宣祖实录》卷 69，宣祖二十八年十一月，韩国首尔：探求堂 1973 年影
印本，第 22 册，第 601 页。
④ （明）戚继光撰，范中义校释《纪效新书》（十四卷本），中华书局，2001，第 320 页。
⑤ （朝鲜）《西厓先生文集·西厓先生年谱》卷 1，《韩国文集丛刊》第 52 辑，韩国首尔：
景仁文化社，1990，第 511 页。

造，对《纪效新书》提到的"鸟铳、虎蹲炮、火箭、火轮炮此等器械"，要"多聚匠人，昼夜打造"，组织技术人员，不分昼夜加班加点进行制造。而且朝鲜军队还要学习"浙军"的"布阵守城之法"，包括军队的"旗帜之色"，样式和颜色，也要"一依浙军模样"。这里说的"浙军"，前面已经提到，就是戚继光当年训练和带领过的在平壤大捷中夺得头功的"浙兵"，也称"南兵"。"浙兵"的"布阵守城之法"和使用的各种旗帜的样式和颜色，《纪效新书》均有详细的记载，"布阵守城之法"，前面已多次提到，军队的"旗帜之色"，包括样式和颜色，见《纪效新书·耳目篇》中的《辨旗帜》《塘报旗》，其中不仅记载了各色军旗的样式、尺寸、颜色，还附有各色军旗的图片示意图。① 《西厓先生年谱》的记载，不仅说明柳成龙对《纪效新书》进行了非常认真的学习研究，熟悉其中方方面面的内容，也说明了柳成龙在朝鲜军队建设中全方位地推行戚继光的《纪效新书》。

　　《西厓先生年谱》记载的"上状乞练兵，且仿浙江器械"，指柳成龙给宣祖国王的上书《再乞练兵，且仿浙江器械，多造火炮诸具，以备后用状》中谈道："多数聚会匠人，使如自海者，昼夜监造。仍于各邑，抄出有胆勇之人，勿论公私贱士族庶孽，广加学习。……其打造匠人及善于放火者，厚加赏典，优恤妻子，使无厌苦之弊。"② 为了仿造戚继光当年在浙江一带抗倭时使用的新式兵器，柳成龙特别提出，要"多数聚会匠人，使如自海者，昼夜监造"，对于那些突出的"匠人"和善于制造火器和使用这些火器的人，还要"厚加赏典"，加大奖励的力度，并抚恤他们的妻、子，使他们无后顾之忧。这也进一步说明了，柳成龙为加快新式武器的制造，快速武装军队，采取了各项措施。

　　柳成龙高度重视新式武器的制造，在他撰写的《记鸟铳制造事》一文中有："戚氏《纪效新书》，亦以鸟铳为神器，良有以也。我国之人，素号善射。而前世倭，但以长枪短刃来寇，我以弓矢，制之于数十步之外而有余。……及壬辰之变，内外靡然，旬日之间，都城失守，八方瓦

---

① （明）戚继光撰，范中义校释《纪效新书》（十四卷本），中华书局，2001，第24～28、30～42页。

② （朝鲜）柳成龙：《西厓先生文集》卷6，《韩国文集丛刊》第52辑，韩国首尔：景仁文化社，1990，第125页。

解。虽出于升平百年，民不知兵而然，实由于倭贼有鸟铳之利，能及于数百步外，中必洞贯，来如风雹。而弓矢莫能与之相较故耳。"① 柳成龙认为朝鲜人擅长射箭，之前倭寇来犯，手持的是"长枪短刃"，即冷兵器中的长枪短刀，但这次壬辰年（万历二十年，1592）倭寇（日军）来犯，手持的鸟铳，数百步外就可以射击，"来如风雹。而弓矢莫能与之相较"，朝鲜人的弓箭无法与之抗衡，所以"旬日之间，都城失守，八方瓦解"。柳成龙的意思也是说，与日军对阵，朝鲜军队也必须学习"戚氏《纪效新书》，亦以鸟铳为神器"。壬辰战争几乎亡国的血的教训，戚继光在《纪效新书》中对鸟铳等新式火器的认知，是柳成龙等朝鲜高官，包括宣祖国王下定决心要大量制造新式火器的主要原因。

为了加快推动朝鲜各地新式武器的制造，万历二十二年（宣祖二十七年，1594）春，柳成龙给宣祖国王上书说："鸟铳为器，极为精巧，造作甚难。故《纪效新书》亦以一月钻穴为上。是鸟铳一柄，用一人一月之力，然后方为可用。其难成而可贵也如此。……若择取京中善手铁匠五六人，来习于都监匠人，艺成之后，分送黄海道、忠清道、海边各官炭铁有裕处为都会，连续打造，使精巧勤干晓解鸟铳之人为守令，专掌其事，责其成效。则鸟铳之用，其路日广，而人无不习。此等条件，皆系今日急务。请别为事目，广布中外，刻日施行。"柳成龙的上书，同样得到了宣祖国王支持。② 柳成龙的上书强调了制造鸟铳的难度，"极为精巧，造作甚难"，而当时朝鲜为了快速武装军队，形成有战斗力的反击日军入侵的有生力量，需要大量的鸟铳，制造鸟铳的技术也来自戚继光的《纪效新书》。《纪效新书·手足篇》记载有"鸟铳全制""鸟铳分形""鸟铳解""火药制""习法""铳歌"等内容，③ 对鸟铳的制造、鸟铳所需火药的制造、鸟铳的使用有详细的介绍，还附有十多张图片及其说明。为了加快制造鸟铳，并确保鸟铳的质量，柳成龙建议先在朝鲜京都培训匠人，艺成之后，分送各道（省），"连续打造"；再是要"使精

---

① （朝鲜）柳成龙：《西厓先生文集》卷16，《韩国文集丛刊》第52辑，韩国首尔：景仁文化社，1990，第320页。

② （朝鲜）柳成龙：《西厓先生文集》卷7，《韩国文集丛刊》第52辑，韩国首尔：景仁文化社，1990，第143页。

③ （明）戚继光撰，范中义校释《纪效新书》（十四卷本），中华书局，2001，第51~59页。

巧勤干晓解鸟铳之人为守令，专掌其事，责其成效"，选拔熟悉制造鸟铳
的人担任地方官员，并依次对他们进行考核。柳成龙上书一事，《西厓柳
先生行状》也有记载，柳成龙给宣祖国王上书提道："贼之所恃以全胜者
惟鸟铳耳，我国亦日夜训练，使军士无不学习，则贼之长技，我亦有之矣。
又言及此浙兵未还之前，大炮、狼筅、枪剑、器械，一一传习。以一教十，
以十教百，以百教千，则数年之间，可得精卒数万，贼来可以待之矣。仍
择其丁壮者送浙江参将骆尚志，习火炮诸技。"① 这说明，壬辰战争期间，
柳成龙一边依照《纪效新书》加快鸟铳等新式武器的制造，一边采取许
多很有成效的措施加快对使用这些新式武器的炮手的培养。

　　为加速更新朝鲜军队的武器装备，柳成龙不仅组织朝鲜各地仿照
《纪效新书》制造鸟铳，而且在其他新式火炮的制造上也是仿照《纪效
新书》。柳成龙曾撰文称："今于《纪效新书》得子母炮。其制与震天雷
相类，而颇简省易致。……《纪效新书》所谓用之惊营，或夜间放入贼
垒，少停于贼垒中铳发。无制之兵，乌合之众，夺气之寇，势必惊惶。
我得乘之，此器最妙，诚哉是言。至于我军城守，或据山城，贼从外来
围，夜间用之，亦可惊散。因使精卒翼而射之尤好。"② 这里提到的"子
母炮"，载于《纪效新书·手足篇第三》，其中有"子母铳制""子母铳
解"等内容记载，并附有图片及其说明。③ 柳成龙在另一篇文章中还记
载："《纪效新书》有六合炮，其制以木六片相辏为之，用以摧破墙壁舟
舰。而未详其制造之法，癸巳甲午间，唐将戚金，乃戚继光亲侄，自言
晓解其制。余请教之，既成而试之。"④ "六合炮"，载《纪效新书·舟师
篇》，其中有"六合铳制""六合铳解""六合铳铭""习法"等内容，
也附有图片及其说明。⑤ 柳成龙的上述记载，既说明当时朝鲜是参照

① （朝鲜）李埈：《苍石先生文集》卷17，《韩国文集丛刊》第64辑，韩国首尔：景仁文
　化社，1991，第542页。
② （朝鲜）柳成龙：《西厓先生别集》卷4，《韩国文集丛刊》第52辑，韩国首尔：景仁
　文化社，1990，第480页。
③ （明）戚继光撰，范中义校释《纪效新书》（十四卷本），中华书局，2001，第62～
　63页。
④ （朝鲜）柳成龙：《西厓先生文集》卷16，《韩国文集丛刊》第52辑，韩国首尔：景仁
　文化社，1990，第320页。
⑤ （明）戚继光撰，范中义校释《纪效新书》（十四卷本），中华书局，2001，第274～
　275页。

《纪效新书》制造新式武器，也说明柳成龙在新式武器制造上的决心和力度，不仅认真学习《纪效新书》中相关内容，还亲自向赴朝参战的明军将领请教制造技术。

在朝鲜壬辰战争即将结束之际，虽说因党派之争，柳成龙于宣祖三十一年（万历二十六年，1598）底受诬告而被罢官，但柳成龙倡导建立的训练都监机制，不仅在宣祖时期一直运行，而且影响了后来朝鲜王朝的多位君王，这在后面还会提到。《宣祖修正实录》也记载："（柳）成龙于壬辰乱后建议，始置训练都监，仿戚继光《纪效新书》，抄选炮、射、杀三手，以为军容"，"成龙去位，皆废不行，独训练都监仍存，至今赖之"。① 意思说，柳成龙被免职，他在任时做的许多事情也被废止了，但他建议设立的训练都监，以及"仿戚继光《纪效新书》"训练士兵、整肃军队的机制仍在正常运转。这也说明，柳成龙"仿戚继光《纪效新书》"训练朝鲜士兵，推动朝鲜军队建设，不仅为壬辰战争的胜利做出了贡献，也为朝鲜军队的改革和发展奠定了坚实的基础。

第四节　高官推行戚继光兵书

朝鲜壬辰战争期间，除宣祖国王李昖、领议政柳成龙外，宣祖朝的其他高官，如朝中重臣李德馨、郑琢，还有地方大员尹承吉等，都是将戚继光的兵书作为朝鲜军队教科书的积极推动者。

1. 兵曹判书训练士兵"皆仿戚继光书"

李德馨，字明甫，号汉阴，据《领议政汉阴李公神道碑铭》记载，李德馨二十岁中进士，第二年壬午（1582），殿试第一。壬辰战争（1592）爆发后，李德馨"主军饷，增秩大司寇"，后任刑曹判书、兵曹判书。甲午（1594）任吏曹判书，"陈时务八条，凿凿中端，若俞、扁之用药，皆可以起死回生也。其中谷饥民丁壮，充禁旅，号曰训练都监。凡戈楯炮铍，皆仿戚继光书也"。丁酉（1597）拜右议政，即副首相，

① （朝鲜）《宣祖修正实录》卷41，宣祖四十年五月，韩国首尔：探求堂1973年影印本，第25册，第701页。

"时年三十八"。壬辰战争结束后，己亥（1599），任中枢院判事。壬寅（1602）升领议政（首相）。癸卯（1603）任中枢院领事（正一品）。光海君时，己酉（1609）秋，"复拜领议政"。① "判书"，正二品官员，类似明朝的尚书。"吏曹判书"，位列吏、兵、户、礼、工、刑六曹之首，主管官员任免、考课、升降、调动、封勋等事务，因职位显赫，有的被授予从一品，甚至正一品职衔。"俞"，指俞跗，传说是黄帝时的名医，《韩诗外传》有记载。"扁"，指扁鹊，中国战国时期的名医，详见《史记·扁鹊仓公列传》。说李德馨的陈时务八条中，设立训练都监，招募士兵，制造新式兵器等方面的建议，都是来自戚继光的兵书。在陈时务八条中，李德馨还写道："戚继光变南兵为精锐，荡扫倭寇。……我国多有丘陵水田，真合于用步。而捍御倭贼，又莫尚于步兵也。中原南方，十年为倭窟，累用骑兵而不利。戚继光教练步兵，而后始得荡平。"② 说戚继光把中国的南兵训练成了能打仗的精兵，打败了入侵的倭寇，而朝鲜的地形多丘陵水田，也适宜于步兵作战，所以，朝鲜要像戚继光那样训练步兵，只有这样才能把日军赶出朝鲜半岛。上述记载说明，李德馨不仅在当时有很大影响，在宣祖朝、光海君朝担任要职，而且在壬辰战争期间，也是朝鲜军制改革和推行戚继光军事思想的积极倡导者和践行者。

　　《汉阴先生年谱》记载："公从游击戚金，得戚太师继光《纪效新书》，……遂启进是书，请依此教练。上许之，以西厓公为提调，以公副之，以赵儆为大将。公协心规画，张大其事，设法募丁，逐日操练，置阵制器，皆仿浙法。置把总、哨官，演习三手之技，数月而成军容。"③ 记载说，李德馨从抗倭援朝的浙兵游击将军戚金那里得到了戚继光的《纪效新书》，并呈送给宣祖国王，希望朝鲜能以此为教科书训练士兵，得到了宣祖国王同意，并为此成立了训练都监。这样的记载，与前面提到的《纪效新书》如何进入朝鲜王室，宣祖国王如何决意要成立训练都监并不完全一致，但有一点应该是肯定的，李德馨也是将《纪效新书》

① 见（朝鲜）《汉阴先生文稿·附录》卷3，《韩国文集丛刊》第65辑，韩国首尔：景仁文化社，1991，第548～551页。

② （朝鲜）李德馨：《汉阴先生文稿》卷8，《韩国文集丛刊》第65辑，韩国首尔：景仁文化社，1991，第399～400页。

③ （朝鲜）李德馨：《汉阴先生文稿·附录》卷1，《韩国文集丛刊》第65辑，韩国首尔：景仁文化社，1991，第483页。

传入朝鲜王室，并倡导将《纪效新书》作为朝鲜军队建设教科书的高官之一。《朝鲜宣祖实录》宣祖二十七年（万历二十二年，1594）二月记载，兵曹判书李德馨上书宣祖国王："上年，始教鸟铳，人皆笑其难成，且贱鄙其事，入属之人，相继谋避，自上特为劝奖，又磨练于科举，然后两班颇有来学者。今此各样武艺，用剑用枪之法，能中《纪效新书》规式者，别为论赏，并试于科举，以变沉痼难改之习，恐不无利益。"宣祖国王批示："试于科举，此亦予所欲为之意。启辞，并依启。"① 记载说，朝鲜在军队中推行学习鸟铳等新式武器，有人认为是"无用之技"，甚至耻笑朝鲜士兵学不会鸟铳，但在国王的大力支持下，提倡把《纪效新书》中的有关内容纳入科举考试，才推动了学习《纪效新书》中新式武器技艺的积极性。所以，李德馨提议要把练习"各样武艺"同《纪效新书》中内容结合起来，符合要求的，要给予奖赏，而且要把《纪效新书》中的有关内容正式纳入科举考试。李德馨的建议得到了宣祖国王支持，并批准予以实行。

宣祖时期，李德馨曾担任兵曹判书，作为副手协助领议政（领相）柳成龙主持训练都监的日常活动，是柳成龙十分满意和依赖的助手。《汉阴先生年谱》记载，万历二十二年（1594）四月，"上幸慕华馆，亲阅操练。毕以匹缎赐柳相曰：'今见习阵，我国所未有之事，且已习熟，此领相之功，以此为表。'柳相辞曰：'此皆李德馨及唐将奖劝之力也。'"② 说宣祖国王检阅训练都监组织的士兵操练，非常满意，高度赞赏，并要对训练都监的总负责人、领相柳成龙予以奖赏，但柳成龙予以婉拒，说士兵操练取得这样好的成绩，是李德馨和明军教练的功劳。柳成龙的婉拒虽说是谦辞，但也反映出李德馨在依据《纪效新书》训练士兵方面发挥了很重要的作用，包括聘请明军浙兵教练协助训练朝鲜士兵方面，也做得非常突出，这一点《汉阴先生年谱》也有记载，说李德馨万历二十二年（1594）正月，"启请留贾大才、闻喻，教练兵技。启略曰：'骆总兵手下，有中军贾大才，各样武艺，妙绝无双。千总闻喻（愈），自戚继光在时，从事于

① （朝鲜）《朝鲜宣祖实录》卷 48，宣祖二十七年二月，韩国首尔：探求堂 1973 年影印本，第 22 册，第 220 页。

② （朝鲜）李德馨：《汉阴先生文稿·附录》卷 1，《韩国文集丛刊》第 65 辑，韩国首尔：景仁文化社，1991，第 484 页。

行阵间，熟谙火炮制度，两人甚温雅，而才又如此。教兵大事，机会不可失。移咨于总兵，恳请留置，则不无勉从，而渠等，亦必以此事为重矣。'"①"闻喻（愈）"，前面已经介绍过，曾是戚继光的得意部属，不仅跟着戚继光清剿过倭寇，还参与过《纪效新书》的编写。"贾大才"，浙兵参将骆尚志的属下，也应是当年戚继光的部属，熟悉《纪效新书》的内容，否则李德馨不会恳请他留下来帮助朝鲜训练士兵。这也说明，李德馨为依照《纪效新书》训练朝鲜士兵，做了很有成效的工作，因而才能取得很好的训练效果，得到了宣祖国王和领议政（领相柳成龙）的高度评价。

为了发挥好明军教练的作用，李德馨与帮助朝鲜训练士兵的明军教练建立了非常好的友谊，除前面提到的闻愈外，《汉阴先生年谱》还记载了李德馨与明军游击将军叶鏐之间的往来。万历二十三年（1595）二月，"见叶游击鏐，议守城方略。游击曰：'都城广阔，城制不好，改为缮守可也。不若防备于庆尚等处，使贼不得来，为上策。贼过汉江而后欲守城，下策也。又曰：'尚书才贤闻于中朝，今为兵部（尚书），可贺本国得人。日候稍暖，则俺与尚书，阅操于教场，而请教云云。'"②"叶鏐"，也是当年戚继光的部属，他自己就对朝鲜领议政柳成龙说过："吾随戚（继光）总兵有年，颇熟军机。往年浙江，亦被倭祸甚酷，赖戚爷得以扫荡。"柳成龙也说："（叶鏐）深得戚爷妙法"，"得以教练军卒。"③"戚总兵""戚爷"，均指戚继光。"尚书"，这里指判书，具体指兵曹判书李德馨。《汉阴先生年谱》的记载说，李德馨向叶鏐请教如何确保朝鲜京都的安全，叶鏐告诉他，确保京都安全的上策，是加强朝鲜东南沿海庆尚道一带的防卫，使日军不能登陆朝鲜半岛。叶鏐还称赞李德馨执掌兵部，是朝鲜最合适的人选，他要与李德馨一起，到教场阅兵。这里实际也表达了叶鏐希望帮助李德馨一起训练朝鲜军队。上述记载说明李德馨非常看重叶鏐，这应该与叶鏐跟随戚继光多年，"深得戚爷妙法""得以教练军卒"有关，所以李德馨才请教叶鏐如何加强朝鲜防务，

①　（朝鲜）李德馨：《汉阴先生文稿·附录》卷1，《韩国文集丛刊》第65辑，韩国首尔：景仁文化社，1991，第484页。

②　（朝鲜）李德馨：《汉阴先生文稿·附录》卷1，《韩国文集丛刊》第65辑，韩国首尔：景仁文化社，1991，第487页。

③　（朝鲜）《朝鲜宣祖实录》卷76，宣祖二十九年六月，韩国首尔：探求堂1973年影印本，第23册，第10页。

和叶鲿一起"阅操于教场"。记载也说明，叶鲿也非常尊重和看重李德馨，主动提出要协助李德馨训练好朝鲜士兵，指导好阅兵操练。据朝鲜王朝史料记载，叶鲿在朝鲜期间，协助朝鲜王室做了许多卓有成效的工作，对指导朝鲜国防及军队建设发挥了重要作用，得到了朝鲜人民的高度评价。《朝鲜宣祖实录》宣祖二十九年（万历二十四年，1596）八月记载："叶游击，清谨之操，终始如一，经过各邑，无毫发求取"，"无非为我国尽力"。① 说叶鲿不仅清正谨严，丝毫不侵占朝鲜百姓利益，而且在朝鲜所做的一切事情，都是为了朝鲜的国家利益。叶鲿在朝鲜各地考察的基础上，还对朝鲜王室提了"九条"建议，也引起了很好的反响。《朝鲜宣祖实录》宣祖二十九年（万历二十四年，1596）六月记载："叶游击所陈九条，其于我国今日之势，大概几尽揣摩，而所言，皆凿凿可行之策"，"如此至诚告戒之言，苟能行之，则利益必多"。② 而当时的李德馨与叶鲿，二人志同道合，且有着良好的关系，所以，叶鲿在朝鲜的言行，包括所提建议，也是与李德馨分不开的。还有前面提到的李德馨"见叶游击鲿，议守城方略"，叶鲿对朝鲜的城防建设，依照戚继光的《纪效新书》提了许多很有价值的建议，也得到了朝鲜王室的赞同，朝鲜"一依叶制之议"，③ 即依照叶鲿的建议，修筑建设了朝鲜各地的城防。

《汉阴先生年谱》还记载，万历二十八年（1600）春，李德馨"复拜训练都监都提调"，万历二十九年（1601）四月，"启请韩峤管岭南操练事。癸巳（万历二十一年，1593），置训练都监，时公以戚太师继光《纪效新书》教练。然其书多用方言，未易究竟，且多不备，公与西厓公，益加厘正，撰阵法以演习，谱武艺以翻译。更令训练金正韩峤，较勘为三卷，印颁中外。至是，公以为岭南濒倭，操练军卒，视他道尤急。而韩峤素练习有材力，启请带来专管是事，岭兵益精。"④ 万历二十九年

---

① （朝鲜）《朝鲜宣祖实录》卷78，宣祖二十九年八月，韩国首尔：探求堂1973年影印本，第23册，第41页。

② （朝鲜）《朝鲜宣祖实录》卷76，宣祖二十九年六月，韩国首尔：探求堂1973年影印本，第23册，第21页。

③ （朝鲜）《朝鲜宣祖实录》卷86，宣祖三十年三月，韩国首尔：探求堂1973年影印本，第23册，第172页。

④ （朝鲜）李德馨：《汉阴先生文稿·附录》卷1，《韩国文集丛刊》第65辑，韩国首尔：景仁文化社，1991，第503页。

四月，李德馨已升任左议政，并担任训练都监都提调。"岭南"，指朝鲜半岛东南沿海一带，因这里临近日本，为防止日本再次入侵朝鲜，李德馨聘用原朝鲜训练佥正韩峤负责岭南地区的士兵训练。之所以要聘请韩峤，是因为他熟悉《纪效新书》，训练都监成立之初，还依据《纪效新书》编写过适合朝鲜士兵训练的教科书。韩峤到了岭南之后，"专管是事，岭兵益精"，不负李德馨期望，训练出一支很有战斗力的朝鲜军队。朝鲜光海君时期，韩峤仍为训练朝鲜士兵做出了贡献，这在下面还会提到。上述记载说明，李德馨一直都将戚继光《纪效新书》作为士兵训练的教科书，无论是聘请明军教练，还是聘用朝鲜军官，都始终以熟悉《纪效新书》作为主要条件，这也充分说明，戚继光的军事思想在其心目中有着重要的地位。

万历二十八年（1600）春，李德馨兼任训练都监都提调之后，即依据《纪效新书》训练朝鲜士兵，《朝鲜宣祖实录》宣祖三十三年（万历二十八年，1600）七月记载，训练都监上书宣祖国王："《（纪效）新书》所谓：'炮手、杀手、枪手、藤牌、镗把等手，合技成阵，然后随时应变，各效其能。'……则炮手亦当习剑，而杀手又可兼习放炮。况今制其北胡，莫利于炮，前后启请，必要炮手。若此不已，则连续替防，将无以继之。自今以后，都监操练枪、杀手，亦令兼习放火，炮手亦使之习剑，射手中不能射者，并令习炮以备缓急之用。"训练都监的提议得到宣祖国王赞赏："甚当。"[①] 上述记载说明，李德馨领衔的训练都监在全方位地依照《纪效新书》训练士兵，既培养掌握刀、剑一类冷兵器技艺的杀手，也培养会使用新式火器的炮手，而且还依照《纪效新书》的要求培养"随时应变，各效其能"的一专多能的朝鲜士兵，即在需要的时候，"炮手亦当习剑，而杀手又可兼习放炮"。这也说明，李德馨根据当时朝鲜兵源和财力情况，在按照《纪效新书》训练军队时，适当调整训练计划，更好地确保了训练效果。

在谈到当时训练都监的工作时，朝中大臣金命元在宣祖三十四年（1601）十月说过："训练都监，则为《纪效新书》之规。"[②] 说李德馨

---

① （朝鲜）《朝鲜宣祖实录》卷127，宣祖三十三年七月，韩国首尔：探求堂1973年影印本，第24册，第103页。

② （朝鲜）《朝鲜宣祖实录》卷142，宣祖三十四年十月，韩国首尔：探求堂1973年影印本，第24册，第304页。

主管的训练都监是依照《纪效新书》制定训练大纲的。李德馨主管训练都监的工作也得到了宣祖国王的充分认可，宣祖三十五年（万历三十年，1602）春，李德馨升任领议政。

2. 一品高官撰文宣传戚继光练兵之法

郑琢（1526～1605），字子精，号药圃。据《朝鲜国忠勤贞亮扈圣功臣、大匡辅国崇禄大夫，领中枢府事，西原府院君药圃郑先生行状》记载，郑琢于嘉靖戊午（1558）登第，历官朝鲜宣祖朝承政院都承旨，成均馆大司成，江原道观察使，汉城府判尹，礼曹判书，司宪府大司宪，吏曹判书，刑曹判书，兵曹判书，议政府右赞成、左赞成。乙未（1595）二月，"特拜大匡辅国崇禄大夫（正一品），议政府右议政（副相）兼领经筵，监春秋馆事。五月，递为行知中枢府事。戊戌（1598）冬，行判中枢府事"。郑琢曾两次出使明朝，第一次是宣祖壬午年（1582），"是年冬，出使赴京。癸未（1583）春，复命"。第二次是"庚寅（1590）八月"。① 从上述记载可以看出，郑琢在宣祖朝官居要职，有着很重要的地位和影响。"议政府右赞成、左赞成"，均官居从一品。"领经筵，监春秋馆事"，即经筵厅领事，春秋馆监事，均官居一品。"判中枢府事"，即中枢府判事，代表国王掌管全国军事，包括王宫卫队。

壬辰战争爆发后，郑琢一直伴随宣祖国王左右，壬辰（1592）夏，以左赞成"兼内医院提调，扈驾西幸"，② 乙未（1595）二月，郑琢官居右议政（副相），参与和决策了宣祖王室的一些重大事件，包括训练都监的设立，所以也知悉戚继光的《纪效新书》在朝鲜军队中的作用和影响。万历壬寅年（1602）十一月，身居大匡辅国崇禄大夫（正一品），已出任中枢府判事的郑琢撰写了《〈纪效新书〉节要序》一文，记载了壬辰战争期间明军抗倭援朝的一些情况及他对戚继光及《纪效新书》的认知。

《〈纪效新书〉节要序》全文如下：

① （朝鲜）《药圃先生续集》卷4《附录》，《韩国文集丛刊》第39辑，韩国首尔：景仁文化社，1989，第610页。
② （朝鲜）《药圃先生续集》卷4《附录》，《韩国文集丛刊》第39辑，韩国首尔：景仁文化社，1989，第610页。

夫炮杀之法，新行于中国，我朝鲜未之知也。岁壬辰（1592）夏，倭贼大举入寇，连陷三京。李提督如松，承帝命东征，而体府李相德馨，为接伴使，始得之，即戚侯继光御侮之法也。其法概本于倭，而戚以鸳鸯加之。远铳近剑，各适其宜。牌筅、枪钯、火箭、弓弩之用，迭为捍御。此戚侯妙运独智，校艺长短，以取必胜者也。前世中国苦倭患，入皇明尤甚，窟闽广，骚荆蛮，自出此法，如山压霆摧，海不复扬。戚侯之法神矣，仍为教卒，乃作此书。故多用方言，支蔓重复，未易究竟。且武艺有图无谱，阵法散出不备，上命训练都监删焉。时前首台柳公成龙，今体府为提调，撰阵法以演习，谱武艺以翻译，选韩峤勘较及草本成。厘为三卷，遂楷书投进，命以为将士操练之规。乃用铸字，印数百本，颁中外矣。

厥后，体府以首揆，体察四道，以岭南邻倭，操练视他道尤紧，启请韩峤管操练事。时李公时发以推选为方伯兼巡察，才长文武，心专操练，欲布此书。梓安东府，府使黄公克中，垂成而罢。今府使洪公履祥，踵以成之，巡使示琢一本，且教叙事。琢拜受以辞曰："呜呼！壬辰之祸，十年于兹。鱼化百万，辱出玉碗。臣子之所痛愤怨疾，枕戈县胆，不与共戴天，万世必报者。而况狺然邻岛，伺我不备，若不置巨防，无以障狂澜。今巡使能超然远怀，寝不忘雠，既巡阅教练，信赏必罚，又广布此书，习熟寻常。使家自为兵，人自为战。一心同力，亲上死长，坐令南土。将智卒锐，灼知彼己，节适坐作。他日张皇威武，靖邦安民，必在于斯。我祖宗列圣无穷之羞，可痛雪。我臣子万世必报之雠，可追复君臣父子大伦。天经地义，所谓民彝者庶几不坠。此书此法之行，果如何哉。噫！体府位总百揆，翊赞中兴。巡使专守一方，志切勘靖。凡所施设，并急先务。峤且以过人之才，际会此时，克殚心力，吾知数公不负所望也。夫书不自行，待人而行，今得此人，行此书，吾知戚侯不得专美矣。琢臂力既惫，无复致身于陈力之列，然而怀愤之心，不自后于诸公，喜布戚侯炮、杀之法，且感巡使能得人而行，于是乎言。"时万历壬寅十一月丙子，大匡辅国崇禄大夫。行判中枢府事郑琢，谨叙。①

　　朝鲜协助国王主管军事的一品高官郑琢撰写的《〈纪效新书〉节要序》，首先交代了《纪效新书》传入朝鲜的背景："夫炮杀之法，新行于中国，我朝鲜未之知也"，使用新式火炮消灭敌人的方法，在中国也刚刚开始实行，当时朝鲜并不了解和知晓这些新式武器。"倭贼大举入寇，连陷三京"，明军"李提督如松，承帝命东征"，李德馨当年作为"接伴使"，负责与明军将领的联络、沟通，"始得之"，从明军那里得到了《纪效新书》，开始知道这些新式武器了。"三京"，指朝鲜的南京，即朝鲜的京都汉城（今韩国首尔）；开京，又称"松京"，曾是高丽王朝及朝鲜李朝初期的都城；西京平壤，今朝鲜都城平壤。也有一说，"三京"指当时朝鲜的南京汉城、西京平壤、东京庆州（今韩国庆州市）。"庆州"，高丽时称为东京。"李相德馨"，指领相李德馨。李德馨的情况，前面介绍过，丁酉（1597）拜右议政，即副相，壬寅（1602）升领议政，郑琢撰写《〈纪效新书〉节要序》时，李德馨正担任领议政，即领相。

　　《〈纪效新书〉节要序》接着介绍了《纪效新书》的内容："即戚侯继光御侮之法也。其法概本于倭，而戚以鸳鸯加之"，是当年戚继光抵御倭寇的作战方法和经验总结。"鸳鸯"，指前面提到的"鸳鸯阵"，是戚继光在中国浙江、福建沿海一带抗倭实战中创立的一种以11人为一队，各种兵器搭配，"远铳近剑，各适其宜"，变化灵活的战斗队形，以形似鸳鸯结伴而得名。"铳"，指前面多次提到的鸟铳。记载提到的其他武器前面都已解释过。"荆蛮"，古代中原人对楚越或南人的称呼，这里指中国南部。郑琢称赞《纪效新书》记载的与倭寇作战的方法，"此戚侯妙运独智，校艺长短，以取必胜者也"，"自出此法，如山压霆摧，海不复扬。戚侯之法神矣"。说戚继光巧妙地运用这些方法，发挥各种武器的不同效能，所以取得了压倒性胜利，恢复了中国沿海一带的安宁。故而郑琢高度赞誉：戚继光的作战方法真是太神奇了。正是因为这样，戚继光

____
① （朝鲜）郑琢：《药圃先生文集》卷3，《韩国文集丛刊》第39辑，韩国首尔：景仁文化社，1989，第481页。

才"仍为教卒，乃作此书"，把这些作战方法编写成书，作为训练士兵的教材。

《〈纪效新书〉节要序》还交代了朝鲜军队学习《纪效新书》的一些情况，由于《纪效新书》"多用方言""武艺有图无谱"，朝鲜为了便于官兵学习，对《纪效新书》做了翻译说明，"命以为将士操练之规"，作为朝鲜军队训练的教科书。两任朝鲜领议政，即领相柳成龙、李德馨还安排朝鲜军队依照《纪效新书》"撰阵法以演习"，展示朝鲜军队学习《纪效新书》的成果。为了指导朝鲜地方军队学习《纪效新书》，还"用铸字，印数百本，颁中外矣"，分发到朝鲜京都内外，作为朝鲜军制改革和训练新兵的兵学指南。"中外"，这里指朝鲜京城内和京城外，意指朝鲜全国各地。

郑琢在《〈纪效新书〉节要序》中还谈到了壬辰战争结束之后，朝鲜依照《纪效新书》训练军队的一些情况及自己撰写序言的原因。

李德馨担任领议政（领相）之后，到京都汉城以南的四道（指当时的江原道、忠清道、全罗道、庆尚道）巡查，认为朝鲜东南部庆尚道所辖的岭南地区靠近日本，为防止日本再次入侵，必须加强岭南地区的防务，抓紧操练士兵，所以，"启请韩峤管操练事"。李德馨为什么要推荐韩峤负责岭南地区的军队操练，前面已经解释过，因为韩峤熟悉《纪效新书》的内容，在壬辰战争期间曾任训练都监训练金正，而且为训练朝鲜士兵做出了贡献。

朝中官员李时发被任命为地方官员兼巡察之后，"心专操练，欲布此书"，为了操练好所辖地区的士兵，要印刷宣传《纪效新书》这本书，就安排安东府使黄克中做好这件事，黄克中很快就印制好了，并派人送给了郑琢一本，让朝鲜王室主管军事的中枢府判事郑琢为新版的《纪效新书》写序。"方伯"，指中国春秋时期一方诸侯之长，后泛指地方长官。"安东府"，今韩国庆尚北道安东市一带。

郑琢在《〈纪效新书〉节要序》中交代了自己当时所写的内容，主要讲了这么几点，一是，日军侵略朝鲜带来的"壬辰之祸"，使朝鲜人民"枕戈县胆，不与共戴天"，同时，朝鲜也必须从中接受教训，"若不置巨防，无以障狂澜"，没有强大的国防，就无法抵御日本的入侵。二是,李时发作为地方大员兼巡使非常有远见，"寝不忘雠"，时刻不忘国难家仇，一边视察地方的军队训练情况，"信赏必罚"，一边"广布此书"，宣传和推广《纪效新书》，让地方军民都学习其中的内容，"使家自为兵，人自为战。一心同力，亲上死长"，使当地百姓都参与到保家卫国的行列中，全民皆兵，军民齐心同力，誓死保卫国家和国王。"亲上死长"，出自《孟子·梁惠王章句下》："斯民亲其上，死其长矣。"意思是说，老百姓亲近他们的长官，甚至誓死保护他们的长官。郑琢还强调，只有军队和国力强盛，才能"靖邦安民"，使军队和国力强盛，"必在于斯"，即学好《纪效新书》，按照《纪效新书》中内容训练好朝鲜的军队。也正是基于这一点，作为岭南地区最高长官的李时发"坐令南土。将智卒锐"，亲自坐镇，依照《纪效新书》进行训练，使得领兵的将军有智慧，懂兵法，而士兵有战斗力，锐不可当。郑琢还进一步强调说，无论身为领相"位总百揆"的李德馨，还是作为"巡使专守一方"的地方大员李时发，"凡所施设，并急先务"，均把国防建设、增强军队战斗力作为第一要务。"百揆"，百官事务，即总理国政之官，出自《尚书·舜典》："纳于百揆，百揆时叙。"三是，赞赏熟悉《纪效新书》的韩峤有"过人之才"，李德馨、李时发"今得此人，行此书，吾知戚侯不得专美矣"，意思说，岭南地区有了韩峤这个人，又依照《纪效新书》训练士兵，《纪效新书》所带来的训练效果，就不是戚继光当年的专属了。这里也是说，韩峤如同当年的戚继光，能训练出像戚家军一样能打胜仗、保家卫国的士兵。四是，郑琢再次说明，自己也是戚继光军事思想的积极追随者，"喜布戚侯炮、杀之法"，喜欢研究戚继光使用新式火炮作战的方法，学习《纪效新书》中各种冷兵器的技艺。

综上所述，可以看出，"壬辰战争"结束之后，朝鲜人民，特别是亲历过壬辰战争的朝鲜高官，并没有忘记侵朝日军给他们带来的国破家亡，"不与共戴天"的血海深仇，并没有忘记抗倭援朝的明军为朝鲜人民做出的牺牲和贡献，特别是戚继光依照《纪效新书》训练出来的"浙兵"在平壤大捷中的英勇表现，促使朝鲜进行认真的反思，得出的结论就是要加强军队和国防建设，而经过实战检验的戚继光的《纪效新书》，就是最好的教科书，所以，在"壬辰战争"结束之后，领议政李德馨，地方大员李时发，包括代表国王主管全国军事的一品大员中枢府判事郑琢都非常重视依照《纪效新书》来训练朝鲜军队。鉴于当时郑琢的身份，他在《〈纪效新书〉节要序》中对"壬辰战争"的反思及对《纪效新书》的认知也应是代表了朝鲜王室的立场，表达了宣祖国王的旨意。

3. 地方大员教授戚氏《纪效新书》

由于宣祖国王和朝中要员对戚继光军事思想的重视，宣祖时期的地方大员也依照戚继光的兵书治理地方军务，如宣祖朝有影响力的地方官员尹承吉，字子一，号南岳，官至左参赞（正二品），去世后，追赠左赞成（从一品），后又追赠领议政（正一品）。宣祖二十七年（1594），尹承吉任职江原道监司时，即依照戚继光的《纪效新书》管束地方军队，训练地方新兵。

朝鲜王朝时期的史料记载，甲午（1594）三月，尹承吉"受命以来，多方设计。赈饥恤死间抽丁壮，分作队伍，启请教师以戚氏《纪效（新书）》新法，从事以时行。列邑试其艺，赏罚之犒飨之。守令黜陟，亦用教练勤慢。列郡承风，上下耸励。岁未一周，手足行伍之法，精习可用。旗麾武服，一新其制。器械兵杖，罔不坚利。教师唐将，临阵叹曰：'虽比南兵，无以过也。'及入京为言曰：'自入贵国，阅历多矣。器械军容，未有如江原一道。可谓隐然长城矣。'宣祖大悦。"① "唐将"，这里指抗倭援朝的明军将军。记载说，尹承吉去到江原道之后，经过多方筹划，从赈济的灾民中挑选年轻力壮的充实到地方的军队中，聘请教练按照戚继光《纪效新书》中的内容和训练方法进行训练，在当地成为很时兴的一件事情。尹承吉还定期对所属各地的训练情况进行检阅，并依据训练的情况给予奖惩。对所属地方官员的升降，也依据教练的情况来决定。这样一来，所属的各郡都按照尹承吉的意图行动起来，一年的时间，江原道的地方军队掌握了《纪效新书》中步兵的各种技艺和队伍中的各种规章，形成了很强的战斗力。队伍中军旗和士兵穿戴，也是依据《纪效新书》的要求做的；部队中的兵器和设施，也都非常坚固而锐利。尹承吉聘请的明军教练在现场看到操练后，赞叹地说：和明军中的浙兵比起来，一点都不差。这些明军教练回到朝鲜京都汉城后还说：看

---

① （朝鲜）《白湖先生文集》卷20，《韩国文集丛刊》第123辑，韩国首尔：景仁文化社，1994，第362～363页。

过朝鲜不少地方军队的情况，其兵器装备，士兵的军容，没有比得了江原道的，江原道的军队就像一座无形的长城守卫着朝鲜边防。宣祖国王听到后，特别高兴。记载说明，宣祖时期的地方官员也非常重视依照《纪效新书》推动地方军队建设，而且这样的举动也得到了宣祖国王的大力赞许。

尹承吉在江原道依照《纪效新书》管理地方军队，关于训练地方新兵的情况，《左参赞尹公行状》也有相似的记载："公讳承吉，……三月，拜江原监司。……时关东酷经兵荒，饿莩相枕籍。公多方赈救，民稍回苏。间抽丁壮，束队演武。又请于朝，别置教师。以新颁戚氏书，从事巡历课试，明示纪律，守令黜陟，视此为准，上下竞劝。不期年，手足行伍之法，皆精习可用。唐将见而称之，至见上言贵国军容关东最也。上悦，……加阶嘉善。秩满，备局启请仍任。"① 说尹承吉"以新颁戚氏书"，即戚继光的《纪效新书》作为地方军队管理和训练士兵的教科书。"关东"，指朝鲜关东地区，即当时的朝鲜江原道。由于尹承吉治理江原道，包括依照《纪效新书》管理地方军队做出了成绩，由正三品的江原道监司升职为从二品的嘉善大夫，但仍在江原道任原职，这等于对尹承吉做了破格的提拔，也是对他在江原道任职的高度认可。

由于宣祖国王对地方军队依照《纪效新书》管束军队、训练士兵的大力支持，一直到宣祖朝后期，朝鲜各地仍把《纪效新书》作为地方军队建设的教科书。《朝鲜宣祖实录》宣祖四十年（万历三十五年，1607）二月记载，当时的兵曹判书韩孝纯向宣祖国王汇报说："臣往在平安道时，各官守令皆报曰：'本道方以唐阵之制，作队伍，教练军卒。'"② "平安道"，在朝鲜半岛西北部，辖地今属朝鲜平安南道、平安北道。这说明，当时朝鲜地方军队实行的也是"唐阵之制"，即《纪效新书》中的队列建制和练兵方法。这也同时说明，当年尹承吉在江原道所推行的办法，由于宣祖国王的大力支持，后来在朝鲜各地推广开来。

---

① （朝鲜）《泽堂先生别集》卷8，《韩国文集丛刊》第88辑，韩国首尔：景仁文化社，1992，第401~404页。
② （朝鲜）《朝鲜宣祖实录》卷208，宣祖四十年二月，韩国首尔：探求堂1973年影印本，第25册，第309页。

第五节　抗倭援朝将士对《纪效新书》的传播

宣祖时期之所以能在较短的时间内依照《纪效新书》训练出有战斗力的朝鲜军队，还得益于抗倭援朝的明军将领，特别是浙兵将领对《纪效新书》的传播；得益于朝鲜王室邀请了许多抗倭援朝的浙兵将士到朝鲜各地指导训练，"教师唐官，派分各道"。① 明军教练培训朝鲜教练，然后再由朝鲜教练训练朝鲜士兵骨干，士兵骨干再指导其他士兵学习，这样"教一而教十，教十而教百，教百而教千万"。② 前面提到受邀担任教练的明军浙兵将士，多是戚继光当年的部属，熟悉《纪效新书》中的训练内容，有的甚至还参与了《纪效新书》的编写；壬辰战争后期，明军赴朝参战的最高统帅邢玠在中朝联军中推行《纪效新书》，也为《纪效新书》在朝鲜半岛的传播起到了很大的推动作用。

1. 壬辰战争初期，浙兵将领将《纪效新书》传入朝鲜

赴朝参战的浙兵将领在平壤大捷中的表现对《纪效新书》传入朝鲜起到了重要的推动作用。前面提到了浙兵参将都指挥使骆尚志、浙兵游击将军戚金、浙兵千总闻愈为传播《纪效新书》所做的贡献。这里除对骆尚志、戚金再做较详细的介绍外，还要介绍浙兵游击将军吴惟忠、千总邵应忠为传播戚继光的军事思想及其《纪效新书》所做的贡献。

浙兵参将都指挥使骆尚志协助朝鲜训练士兵的情况，主要是在平壤大捷之后至万历二十二年（1594）初这段时间。由于骆尚志没有参加万历二十五年（1597）的第二次入朝战斗，在朝鲜的时间只有一年左右，时间虽短，却为训练朝鲜军队做出了很大贡献，得到了朝鲜王室的高度肯定和赞誉。

前面提到平壤大捷之后，朝鲜领议政柳成龙邀请骆尚志协助训练朝鲜士兵，不仅骆尚志的属下向朝鲜士兵传授了各种武器的使用方法，骆

---

① （朝鲜）《朝鲜宣祖实录》卷 62，宣祖二十八年四月，韩国首尔：探求堂 1973 年影印本，第 22 册，第 486 页。

② （朝鲜）《朝鲜宣祖实录》卷 39，宣祖二十六年六月，韩国首尔：探求堂 1973 年影印本，第 22 册，第 21 页。

尚志也亲自给他们传授。柳成龙还把骆尚志协助训练朝鲜士兵，作为朝鲜训练都监依照《纪效新书》训练新兵的起始："此我国训练之所由起也。"① 骆尚志帮助朝鲜训练士兵，开启了壬辰战争期间朝鲜大练兵的序幕。宣祖王室赋予骆尚志这样一种地位，不能不说极其显赫和荣耀，这也反映出，骆尚志等浙兵将领用自身的行动影响了朝鲜王室。

柳成龙在给骆尚志的信函中有这样的记载："平壤之役，先登陷阵，摧破劲寇。……是则东人之保有今日，惟老爷是赖。""至于拣练之方，守御之策，保邦之要，屡蒙提诲，莫非至教。""闻、鲁二子体奉老爷分付，尽心纲纪之效，敝邦之人，方以为幸。"② 柳成龙一是感谢骆尚志在平壤大捷中所做的贡献；二是说骆尚志给朝鲜提出了很好的守护疆土和军队训练的建议；三是通报和感谢了骆尚志所派遣的帮助朝鲜训练士兵的"闻、鲁二子"，即前面提到的浙兵千总闻愈、浙兵教练鲁天祥。闻愈和鲁天祥按照骆尚志的吩咐，尽心尽力地传授技艺，受到了朝鲜军民的欢迎。

抗倭援朝期间，共同反击日军侵略的大目标，使骆尚志与柳成龙建立了深厚的友谊。骆尚志与柳成龙有多次书信来往，信中谈到了骆尚志协助朝鲜训练士兵之事。前面提到骆尚志曾致信柳成龙，说朝鲜在依照《纪效新书》"教习武艺，修整器械"时，可"以一教十，以十教百，以百教千，以千教万"。③ 骆尚志的这一建议，得到宣祖国王和柳成龙的高度赞同，宣祖国王还指示训练都监要照此办理。柳成龙在给骆尚志的另一封信函中说："伏闻老爷明日又将南行，……今欲抄择伶俐数人，随行学习。而其间有年幼不便远行者，且恐路中多事，妨于训习，如蒙老爷留下数人，使之仍前提撕，不日可以成才"。④ 在骆尚志率部南下与日军作战时，柳成龙提出安排朝鲜士兵随骆尚志南下"随行学习"，向"浙兵"

① （朝鲜）柳成龙：《西厓先生文集》卷9，《韩国文集丛刊》第52辑，韩国首尔：景仁文化社，1990，第194页。

② （朝鲜）柳成龙：《西厓先生文集》卷9，《韩国文集丛刊》第52辑，韩国首尔：景仁文化社，1990，第193~194页。

③ 见杨海英《书〈唐将书帖〉后》，《中国社会科学院历史研究所学刊》第7集，商务印书馆，2001，第418~419页。

④ （朝鲜）柳成龙：《西厓先生文集》卷9，《韩国文集丛刊》第52辑，韩国首尔：景仁文化社，1990，第193页。

学习实战中作战的本领。对有些跟不上队伍的朝鲜士兵，柳成龙又提出让骆尚志留下明军教练"仍前提撕"，继续训练提携他们。"提撕"，提携；教导。柳成龙提到的这些请求，从前面的介绍已经得知，骆尚志不仅答应了，而且做得非常尽力，即使骆尚志率所部回国了，仍留下了千总闻愈、教练鲁天祥帮助朝鲜训练士兵。

骆尚志对朝鲜士兵的训练，使朝鲜军队的战斗力有了很大提升，《朝鲜宣祖实录》宣祖二十七年（1594）四月就记载，兵曹向宣祖国王提议，应该重赏"骆总兵差备通事"李亿礼，因为"练兵时，最有奔走，句当传译之劳"。宣祖国王则指示："今此阵法及放炮，皆我国所未有，勤于训练，阵法整齐，放炮又能，极为可嘉，不可不论赏。"[①]"骆总兵"，指骆尚志。记载说，经过骆尚志所部训练后的朝鲜军队"阵法整齐，放炮又能"，军容及战斗力都有了很大的提升，是朝鲜军队从来没有过的。朝鲜肃宗朝左议政（第一副相）李颐命也撰文记载："万历壬辰天兵征倭，其中多荆楚奇才善技击，盖传戚少保遗法云。游击将军骆尚志，力劝我兵学习炮手、杀手之艺。此训局之所以创设，而此谱之印行于其时也，至今百有余年，炮手几遍一国。"[②]朝鲜肃宗朝高官不仅将骆尚志建议朝鲜依照"戚少保遗法"，即戚继光的兵法训练朝鲜士兵，作为朝鲜设立训练都监的起因，而且说骆尚志训练朝鲜士兵成效一直影响了朝鲜"百有余年"，"炮手几遍一国"。这样一些评价都充分说明，骆尚志训练朝鲜士兵在朝鲜军队建设中有着重要的地位和深远的影响。

由于骆尚志为朝鲜军队建设做出了贡献，骆尚志率部回国之前，宣祖国王还写信给骆尚志，除表达对骆尚志的感激之情外，再是希望能留下几人继续指导朝鲜的军队建设。《朝鲜宣祖实录》宣祖二十七年（1594）一月记载，宣祖国王拟定的给骆尚志的信函，其中写道："大人视小邦如一家，前后惓惓，无所不用其极。小邦专恃大人，将学习兵器武艺，而不期大人遄归，不胜缺然。愿得麾下深于剑枪之法、妙于火器之制者一二人，姑留京城，教习小邦之人，则自今以往，至于万世，小

---

① （朝鲜）《朝鲜宣祖实录》卷50，宣祖二十七年四月，韩国首尔：探求堂1973年影印本，第22册，第252页。

② （朝鲜）李颐命：《疏斋集》卷10，《韩国文集丛刊》第172辑，韩国首尔：景仁文化社，1996，第266页。

邦得以御贼保邦，实是大人今日之赐也。曷胜感恩！"① 宣祖国王说，您（指骆尚志）把朝鲜人民的解放事业看作自己家里的事情，对朝鲜的军队建设念念不忘，一直在尽力地帮助我们。在朝鲜军队建设上，我们也依赖着您，向您学习各种武艺和兵器的使用方法，没想到您这么快就要回国了，我们感到非常失落，希望您回国前，能将手下熟悉各种武艺，又能制造新式火器的人，各留下几个在我们京城，像之前那样继续指导我们，只有这样，朝鲜才能"御贼保邦"。您的大恩大德，我们怎样做也难以报答。宣祖国王给骆尚志的信函进一步说明，骆尚志为指导朝鲜士兵训练，为朝鲜军队建设做出了突出的贡献，否则朝鲜王室不会给予这么高的评价和期望。

　　戚金同骆尚志一样，壬辰战争期间在朝鲜半岛也只有一年的时间，时间虽短，但同样为抗倭援朝做出了杰出贡献，除前面提到的在平壤大捷中的亮眼表现外，戚金训练朝鲜士兵和军队建设，并将《纪效新书》引入朝鲜王室，也受到了宣祖王室的高度赞誉，这在朝鲜宣祖时期的史料中也多有记载。

　　戚金入朝参战的身份是"嘉湖苏松调兵游击将军"。② "嘉"，指浙江嘉兴府，"湖"，指浙江湖州府。戚金不仅是浙兵将领，还是戚继光的亲侄子，曾跟随戚继光多年，不仅熟悉戚继光练兵治军的方法，入朝参战时还将戚继光的《纪效新书》带在身边。前面提到当戚金得知朝鲜急需《纪效新书》以训练士兵时，即将《纪效新书》赠送给了朝鲜兵曹判书李德馨，李德馨"遂启进是书，请依此教练。上许之"，将《纪效新书》呈送给宣祖国王，并请示宣祖国王，要按照戚金赠送的《纪效新书》训练朝鲜士兵，得到了宣祖国王的支持。李德馨依照《纪效新书》"逐日操练，置阵制器，皆仿浙法。置把总、哨官，演习三手之技，数月而成军容，……国家赖之"。③ 这收到了很好的训练成效，提升了朝鲜军队的战斗力。

　　戚金赠送《纪效新书》的目的，在给朝鲜王室的信函中也表达得非

① （朝鲜）《朝鲜宣祖实录》卷 47，宣祖二十七年一月，韩国首尔：探求堂 1973 年影印本，第 22 册，第 203 页。

② （朝鲜）申钦：《象村稿》卷 39，《韩国文集丛刊》第 72 辑，韩国首尔：景仁文化社，1991，第 274 页。

③ 见（朝鲜）《汉阴先生文稿》附录卷 1，《韩国文集丛刊》第 65 辑，韩国首尔：景仁文化社，1991，第 483 页。

常清楚："倭贼情形不测，（戚）金亦知有变诈状，故临别时以《纪效新书》为别后赠，欲贵邦知此书而教此法，富国强兵以拒贼耳。"①当时的背景是，中朝联军取得平壤大捷，收复京都汉城等，日军愿意坐下来进行退兵谈判。但戚金提醒朝鲜方面，要提高警惕，日军太狡诈，要防止他们卷土重来。戚金还说，之所以要将长期伴随自己的《纪效新书》赠送给朝鲜，是因为得知朝鲜要学习这本书，要依照这本书训练士兵，目的是为了富国强兵，抵御倭寇的入侵。

无论是《朝鲜宣祖实录》，还是时任朝鲜兵曹判书的李德馨，都把戚金赠送《纪效新书》作为重要事件记录下来，而且把赠书与提升朝鲜军队的战斗力联系到了一起，说明朝鲜王室非常看重戚金赠书这一举动，故给予了很高的评价。

戚金不仅将自己心爱的《纪效新书》赠送给了朝鲜，在具体指导朝鲜军队练兵方面，也做出了重要贡献，在这一点上，朝鲜王朝学者把戚金与骆尚志相提并论。朝鲜英祖、正祖时期官员，著名学者黄胤锡就曾撰文记载："名将南塘戚继光，南御倭北御胡，有所撰《纪效新书》行天下，……领议政柳文忠成龙建选丁壮，往学火炮、狼筅、枪剑诸用于天朝东援浙兵参将骆尚志及戚金等。"②说当年领议政柳成龙把招募的新兵送到浙兵将领骆尚志、戚金等处进行训练，学习戚继光《纪效新书》中"火炮、狼筅、枪剑"等技艺。这说明，戚金和骆尚志一样，也依照《纪效新书》为朝鲜训练了大批士兵。我们下面还会提到浙兵千总朱文彩也为训练朝鲜士兵做出了贡献，而朱文彩就是戚金推荐的，这在宣祖时期领议政李恒福给宣祖国王的上书中就提道："千总朱姓者来寓，……自言与戚游击金，同里闬相善，戚金方为南边参将。朱千总者，从征而来，戚将愿付书，转致于上前故赍来，使臣上达其书。"③"千总朱姓"，即浙兵千总朱文彩。说戚金回国以后，托朱千总给朝鲜国王捎信，朱千总把信给了领议政李恒福，让李恒福转交给国王。这里虽然没交代信函

① （朝鲜）《朝鲜宣祖实录》卷97，宣祖三十一年二月，韩国首尔：探求堂1973年影印本，第23册，第390页。

② （朝鲜）黄胤锡：《颐斋遗稿》卷13，《韩国文集丛刊》第246辑，韩国首尔：景仁文化社，2000，第286页。

③ （朝鲜）《朝鲜宣祖实录》卷97，宣祖三十一年二月，韩国首尔：探求堂1973年影印本，第23册，第390页。

的内容，但可说明戚金与朝鲜宣祖国王良好的关系。千总朱文彩与戚金既是同乡，而且关系很好，朱文彩当时是千总，而回国的戚金已升为副总兵，朱文彩从远在江南的戚金处为其捎信，说明朱文彩应是戚金的下属，熟悉《纪效新书》，也应是当年戚家军的成员，朱文彩到朝鲜帮助训练士兵，也应是受戚金派遣。

前面提到戚金还向朝鲜方面传授过"六合炮"的制造技术。这一情况，来自柳成龙撰写的《记火炮之始》。柳成龙将其记载为朝鲜生产新式"火炮之始"，给予了很高的地位，并把戚金向朝鲜传授"六合炮"的制造技术也记于其中，充分肯定戚金的贡献。

平壤大捷中，戚金擅长的毒矢制造技术也发挥了作用。壬辰战争期间，以兵部左侍郎身份经略朝鲜、蓟辽等处军务的明朝高官宋应昌在《经略复国要编》中记载，明军收复平壤时，"悬重赏召死士，俟黎明时，每人含戚金所合解药二三丸，……攀援登城"。① 明军在第二次攻打平壤城时，向平壤城发射了起麻醉、昏迷作用的毒火箭，攻城的明军先头部队为防止自身中毒，嘴里含着戚金配制的解药。戚金能配制解药，说明也会制作毒火箭，这点《朝鲜宣祖实录》宣祖二十七年（1594）二月就有记载，宣祖国王指示说："戚总兵毒矢之制，亦不可不及时学得。此两制或恳请于戚将，或征问于他天朝人，使之传习。"② 说戚金懂得制造毒火箭，我们应该立即向戚将军请教，或者询问请教赴朝参战的其他人，让他们教会我们。记载虽然没有提到戚金是否向朝鲜传授过制造毒火箭的方法，但依据前面提到的戚金与朝鲜高官建立的亲密关系，宣祖国王提出的向戚金学习制造毒火箭的要求，戚金不仅会满口应允，而且还会实心实意地传授。

浙兵将领吴惟忠曾两次入朝参战，第一次以游击将军衔在平壤大捷中勇立头功，并以自身行动传承了戚家军纪律严明、爱戴百姓的优良传统，因功勋卓著，被升副总兵。万历二十五年（1597），日军再次大规模入侵朝鲜时，吴惟忠再次入朝参战，带领"步兵三千九百九十"，"六

① （明）宋应昌：《经略复国要编》卷5，《四库禁毁书丛刊》史部第38册，台北：华文书局，1986年影印万历刊本，第348页。
② （朝鲜）《朝鲜宣祖实录》卷48，宣祖二十七年二月，韩国首尔：探求堂1973年影印本，第22册，第214页。

月渡江南下，驻忠州，往来岭南剿贼"。①"忠州"，今韩国忠清北道忠州市。吴惟忠率兵驻扎忠州的情况，宣祖朝一品高官郑琢在《龙湾见闻录》中记载，吴惟忠"丁酉（1597）来驻忠州，……号令明肃，所过不折一草。虽瓜菜之微，必出其价而买之，岭南一路皆立碑颂之"。②说吴惟忠严于治军，所经过之处不损坏百姓一草一木，所需蔬菜瓜果，都按市价购买，因而朝鲜百姓"一路皆立碑颂之"。《朝鲜宣祖实录》也记载："吴惟忠老实清约"，③"持身清简，钤束下卒，亦难得之将也"。④说吴惟忠不仅老实忠厚，自身清廉节俭，还能约束下属不做违规之事。《朝鲜宣祖实录》记载的吴惟忠第二次入朝参战的情况，实则在第一次入朝参战时也是这样，如宣祖朝官员赵靖《辰巳日录》癸巳（1593）八月二日记载："吴游击惟忠方领大众，入驻城中。号令严明，志行廉洁，所留万余之卒，秋毫不敢有所犯。且取本国流殍之人，散米赈救，务令安集。"⑤说吴惟忠带领的浙兵不仅秋毫无犯，而且救济战乱中的朝鲜百姓。朝鲜训练判官吴克成《辰巳日记》癸巳（1593）七月二十四日也有着类似记载："吴游击惟忠，号令严明，志行廉洁。万余军卒，秋毫不敢犯。"⑥《朝鲜宣祖实录》宣祖二十六年（万历二十一年，1593）七月还记载："（吴游击）手下精兵，皆素训练，故冠于诸军。"⑦说吴惟忠训练的浙兵，在明军中是最有战斗力的。这说明，吴惟忠及所统领的浙兵不仅展现了当年戚家军的风采，也体现了吴惟忠依照当年戚继光训练"戚家军"的方法，训练出来的浙兵在朝鲜有很大的影响，这也是朝鲜王室

① （朝鲜）申钦：《象村稿》卷39，《韩国文集丛刊》第72辑，韩国首尔：景仁文化社，1991，第287页。
② 杨海英：《书〈唐将书帖〉后》，《中国社会科学院历史研究所学刊》第7集，商务印书馆，2001，第437页。
③ （朝鲜）《朝鲜宣祖实录》卷107，宣祖三十一年四月，韩国首尔：探求堂1973年影印本，第23册，第539页。
④ （朝鲜）《朝鲜宣祖实录》卷111，宣祖三十二年四月，韩国首尔：探求堂1973年影印本，第23册，第601页。
⑤ （朝鲜）赵靖：《黔涧先生文集》，《韩国文集丛刊》第61辑，韩国首尔：景仁文化社，1991，第299页。
⑥ （朝鲜）吴克成：《可畦先生文集》卷8，《韩国文集丛刊·续集》第9辑，韩国首尔：景仁文化社，2005，第468页。
⑦ （朝鲜）《朝鲜宣祖实录》卷40，宣祖二十六年七月，韩国首尔：探求堂1973年影印本，第22册，第45页。

赞誉吴惟忠，并让吴惟忠帮助训练朝鲜军队的主要原因。

正是因为吴惟忠所带领的浙兵在平壤大捷中的杰出表现，前面提到吴惟忠是当年戚继光得意的部属，熟悉当年戚继光的治兵之道和《纪效新书》中的内容，所以在平壤大捷之后，朝鲜就把招募的新兵放到吴惟忠所辖的浙兵（南兵）中，"令其所服衣甲与南兵同，所执器械与南兵同，令各营教师训练起伏击刺之法与南兵同"。①

朝鲜王朝时期的史料，还记载了平壤大捷之后吴惟忠的下属训练朝鲜士兵的一些情况。宣祖朝官员车天辂曾撰写《答平壤练兵千把总刘光远、屠料揭帖》一文，说赴朝参战的明军千总刘光远和把总屠料受命训练平壤的朝鲜士兵，"指挥勤矣，教成六千，可使即戎，遂激不振之气。一变至勇，孙武之练，不是过也。……其治气也、治心也、治力也、治变也，井井有法。进退之形，击刺之节，无非教也"。其中还提到把总屠料"曾与吴游击据鞍……勤劳我家，荣问且畅。激昂佩服，尤有所款款也"。②"治气也、治心也、治力也、治变也"，原出于中国春秋时期的军事家孙武《孙子兵法·军争第七》。戚继光在《纪效新书》《练兵实纪》中均对治气、治心、治力、治变的观点做了具体阐述，并应用到军队训练中。这里提到"其治气也、治心也、治力也、治变也"，是指依照《纪效新书》训练朝鲜士兵收到了成效："遂激不振之气。一变至勇"，即使孙武在世，训练的士兵也不过如此："孙武之练，不是过也。"这里既是赞赏明军教练刘光远、屠料，也是在赞赏戚继光的《纪效新书》。"据鞍"，跨着马鞍，这里说把总屠料曾和吴惟忠一起行军作战。

平壤大捷之后，朝鲜聘请的教练中，明军千总邵应忠也是其中的佼佼者，他依照《纪效新书》训练朝鲜士兵，也受到朝鲜王室的赞许。

邵应忠是朝鲜宣祖二十六年（万历二十一年，1593）十月训练都监成立后不久，去到朝鲜指导朝鲜军队进行训练的。《朝鲜宣祖实录》宣祖二十六年（万历二十一年，1593）十二月记载："邵千总聚炮手，教阵法，亲走行伍间，东西指挥，极其劳苦。放炮变阵，一依《纪效新书》之法。""千总谓译官曰：'我来到这里勘合放粮，禁革弊端，今又教演兵法。

① （明）宋应昌：《经略复国要编》卷10，台北：华文书局，1986，第805页。
② （朝鲜）车天辂：《五山集》卷5，《韩国文集丛刊》第61辑，韩国首尔：景仁文化社，1991，第432页。

此意愿启知国王，移咨致谢于刘总兵，其草稿见我。'""上从之。"①"邵千总"，即邵应忠。"刘总兵"，指抗倭援朝的明军南兵将领副总兵刘綎。记载说，邵应忠依照《纪效新书》训练朝鲜炮手如何布阵、变阵，在演练现场亲自指挥，"极其劳苦"。邵应忠对朝鲜翻译官说，我来到朝鲜，本来是检查监督军队的粮饷供应情况的，现在又在这里传授戚继光当年布阵打仗的方法，你们应该行文感谢派我到这里的刘总兵。宣祖国王完全同意邵应忠的建议。这说明，邵应忠依照《纪效新书》训练朝鲜军队很有成效，得到了朝鲜方面的称赞，但邵应忠认为，要感谢的应该是指派他来的刘总兵。这也说明，当时抗倭援朝的明军南兵将领均受到朝鲜方面的请求，派出熟悉《纪效新书》的军官协助朝鲜训练军队。

邵应忠"依《纪效新书》之法"训练朝鲜军队，说明他非常熟悉《纪效新书》，这一点，时任朝鲜领相，并兼任训练都监总负责人的柳成龙在给邵应忠的信函中也说："去夏鄙生卧病城中，始得戚爷书一部，读之累日而不厌。……真将家之指南，而兵法之要诀也。第其中微辞奥义及营阵器械等条，尚多有难晓处，恒以为歉，伥伥然如瞽之无相，思一就正于高见。今蒙来谕，即明师良匠临于几席之近。""戚将军事业，因大人而益有光于海东矣。谨当启知寡君，拨将官领赴麾下，听候指挥。"②柳成龙说，他在学习戚继光的《纪效新书》时，其中有许多看不懂、理解不了的地方，如同盲人得不到帮助，不知该怎么做，正在这时，您（指邵应忠）来到朝鲜，蒙您指教，如同贤明的老师和高明的匠人来到我的身旁指点迷津。您的到来，也使得戚继光的军事思想在朝鲜半岛得到传承光大。我要上报给我们的国王，让他派遣将官归您指挥，向您学习。这里可以说明二点，一是，邵应忠是戚继光军事思想的积极传承者，非常了解和熟悉《纪效新书》的内容，是解析《纪效新书》的专家，否则他不会得到正在学习《纪效新书》、"读之累日而不厌"的柳成龙这样高的评价。二是，邵应忠指导朝鲜军队将官依照《纪效新书》进行了训练，并得到朝鲜方面的充分肯定，这点，前面的记载就是很好的

---

① （朝鲜）《朝鲜宣祖实录》卷46，宣祖二十六年十二月，韩国首尔：探求堂1973年影印本，第22册，第195页。

② （朝鲜）柳成龙：《西厓先生文集》卷9，《韩国文集丛刊》第52辑，韩国首尔：景仁文化社，1990，第192页。

证明，下面的记载，仍可说明这一点。

邵应忠因依照《纪效新书》训练朝鲜军队政绩突出，万历二十二年（1594）正月，明军大部队撤离朝鲜之时，兼任朝鲜训练都监总负责人的领相柳成龙希望邵应忠能留下来继续帮助朝鲜训练士兵，为此，邵应忠于正月十四日致函柳成龙："忠本鄙陋武夫，不谙文事，……若能保留谋勇天将数人，传授火器，演习阵法，教其进止，且兵且农，数年间足成富国强兵矣。"① 邵应忠谦虚地说，我是一介武夫，没有文化，朝鲜方面最好留下明军将士多人，既能传授如何制造、使用新式火器，又能教授阵法及各种武艺，既教练军队士兵，也辅导当地百姓，这样不出几年，朝鲜就会"富国强兵"。《朝鲜宣祖实录》宣祖二十七年（万历二十二年，1594）一月还记载："上接见天将千总邵应忠、司守仁、施汝泽，委官冯梦鹏、冯芳，把总王禄于时御所。"② 朝鲜宣祖国王这次接见邵应忠等人，应与邵应忠一行人留在朝鲜继续训练朝鲜士兵有关。从《朝鲜宣祖实录》的有关记载看，邵应忠没有随大部队于万历二十二年（1594）初回国，而是继续留在了朝鲜。《朝鲜宣祖实录》记载，宣祖二十九年（万历二十四年，1596）九月，"守备称号邵应忠，来到晋州"；③宣祖三十一年（万历二十六年，1598）四月，"军门差官邵应忠，于庆州地擒得降倭一名"。④"晋州"，今韩国庆尚南道晋州市。"庆州"，今韩国庆尚北道庆州市。宣祖二十九年（万历二十四年，1596），邵应忠由"千总"成了"守备"，守备职衔高于千总，说明邵应忠协助朝鲜训练新兵有功而得到升职。宣祖三十一年（万历二十六年，1598），邵应忠又成了"军门差官"，即明军都督，抗倭援朝最高长官的代表。这说明，邵应忠在朝鲜期间的工作也得到明军高官的赞赏。万历二十六年（1598）四月明军在朝鲜前线的"军门"，是加尚书衔的兵部侍郎邢玠，

---

① 〔韩国〕韩国国学振兴研究事业推进委员会编辑《古文书集成》第16册，韩国精神文化研究院，1994，第177~178页。

② （朝鲜）《朝鲜宣祖实录》卷47，宣祖二十七年一月，韩国首尔：探求堂1973年影印本，第22册，第200页。

③ （朝鲜）《朝鲜宣祖实录》卷99，宣祖二十九年九月，韩国首尔：探求堂1973年影印本，第23册，第73页。

④ （朝鲜）《朝鲜宣祖实录》卷46，宣祖三十一年四月，韩国首尔：探求堂1973年影印本，第23册，第411页。

他指挥中朝联军将日军赶出了朝鲜半岛，夺取了壬辰战争的最后胜利。邵应忠作为邢玠身边的助手，也应为抗倭援朝的最后胜利做出了重要贡献。

朝鲜训练都监设立之后，聘请的第一批浙兵教练中，浙兵参将骆尚志的属下，当年戚家军成员，曾参与《纪效新书》编写的千总闻愈，也为训练朝鲜士兵做出了重要贡献，得到了朝鲜王室的高度赞誉。闻愈训练朝鲜士兵的情况，前面已涉及部分内容，这里再做些补充。

由于闻愈"尝与戚继光同事，其作《纪效新书》也亦同参云"，[①] 所以，当时朝鲜负责翻译和讲解《纪效新书》的官员韩峤也请教过闻愈。《朝鲜宣祖实录》宣祖二十七年（万历二十二年，1594）五月记载："郎厅韩峤，闻千总（教师唐人，失其姓名）在时，将《纪效新书》专意学习。"[②] "闻千总"，即浙兵千总闻愈。正因为闻愈熟悉《纪效新书》内容，又在依照《纪效新书》训练朝鲜士兵方面做出了贡献，所以，当万历二十二年（1594）正月，明军大规模撤离朝鲜时，朝鲜希望能留下闻愈等人。时任兵曹判书的李德馨上书宣祖国王说："千总闻喻，自戚继光在时，从事于行阵间，熟谙火炮制度。""人甚温雅，而才又如此，留之必大有利益。"[③] 说千总闻喻（愈）是当年戚继光的部属，跟随戚继光行军打仗，并熟悉火炮的制作和操练。而且为人温文尔雅，朴实厚道，有才有德，留下他继续训练朝鲜士兵，必定有很大的收益。

浙兵参将骆尚志于万历二十二年（1594）正月率领所部回国后，闻愈留在了朝鲜继续训练朝鲜士兵，但不久就病逝于朝鲜。《朝鲜宣祖实录》宣祖二十七年（1594）三月记载："传于政院曰：'闻千总（名愈）既逝，鲁天祥又殁，非但警惨，国事不幸如此。'"[④] 就是说，骆尚志率所部回国二三个月后，闻愈、鲁天祥二人就去世了，二人因何相继去世，史

---

① （朝鲜）《朝鲜宣祖实录》卷48，宣祖二十七年二月，韩国首尔：探求堂1973年影印本，第22册，第215页。

② （朝鲜）《朝鲜宣祖实录》卷51，宣祖二十七年五月，韩国首尔：探求堂1973年影印本，第22册，第272页。

③ （朝鲜）李德馨：《汉阴先生文稿》卷8，《韩国文集丛刊》第65辑，韩国首尔：景仁文化社，1991，第392页。

④ （朝鲜）《朝鲜宣祖实录》卷49，宣祖二十七年三月，韩国首尔：探求堂1973年影印本，第22册，第233页。

料没有交代。但宣祖国王把闻愈和鲁天祥去世看作朝鲜"国事不幸",说明闻愈等二人为训练朝鲜士兵做了很大贡献,有着很大影响。柳成龙在写给骆尚志的信函中也说闻愈、鲁天祥"都城八方操练之事,头绪渐见","尽心纲纪之效,敝邦之人,方以为幸","二年在国中,训士昼夜,几尽成才,且教营阵之法。不幸相继而死"。① 闻愈等人为了朝鲜人民的解放事业,为了依照戚继光的《纪效新书》训练朝鲜士兵,把生命留在了朝鲜半岛,用大爱和热血谱写了抗倭援朝将士热爱和平、无私奉献的赞歌。

闻愈训练朝鲜士兵的情况,朝鲜兵曹判书沈忠谦在宣祖二十七年(万历二十二年,1594)七月给宣祖国王的上书中说:"闻愈乃有职将官,而人物与技艺皆可观。"② 其也对闻愈的人品和专业水平给予了很高的评价。

闻愈去世后,"手下胡汝和、王大贵二人",③ 仍在朝鲜训练士兵,也得到了朝鲜方面的好评。"胡汝和",浙兵把总。"王大贵",浙兵教练。《朝鲜宣祖实录》宣祖二十八年(万历二十三年,1595)五月记载,朝鲜备边司上书:"胡汝和等,请为移咨于孙军门。此人等来我国,累年受苦。都监军如彼粗成,是谁之功? 勤劳之意,似当移咨。……胡把总等协同教练,已过半年,受苦甚多。依上教,叙其劳绩,移咨军门。"④"依上教",即依照国王的指示。这说明,宣祖国王指示朝鲜有关部门,要记下胡汝和等人的劳苦和成绩,上报给明军都督,为他们请功。胡汝和回国后升职为"指挥使",职级在"千总"之上,这应与朝鲜王室为其请功有关。这一点,胡汝和在写给朝鲜王室的信函中就提道:"往年练兵贵邦,为贵邦捍暴客也。礼优馆谷,惠实筐篚,资斧克攘,行旅是籍。未归,蒙东道之隆恩,既归,辱曹丘之洪德。"⑤"暴客",强盗,盗贼,

---

① (朝鲜)柳成龙:《西厓先生文集》卷9,《韩国文集丛刊》第52辑,韩国首尔:景仁文化社,1990,第193~194页。

② (朝鲜)《朝鲜宣祖实录》卷53,宣祖二十七年七月,韩国首尔:探求堂1973年影印本,第22册,第309页。

③ (朝鲜)《朝鲜宣祖实录》卷53,宣祖二十七年七月,韩国首尔:探求堂1973年影印本,第22册,第309页。

④ (朝鲜)《朝鲜宣祖实录》卷63,宣祖二十八年五月,韩国首尔:探求堂1973年影印本,第22册,第500页。

⑤ (朝鲜)《朝鲜宣祖实录》卷93,宣祖三十年十月,韩国首尔:探求堂1973年影印本,第23册,第326页。

这里指侵朝日军。"曹丘"，指中国汉代楚人曹丘生，曾赞扬楚人季布为天下名士。典出《史记·季布栾布列传》，后以"曹丘"或"曹丘生"作为荐引、颂扬的代称，这里是说朝鲜王室曾向明军都督举荐、赞誉过胡汝和。浙兵教练王大贵也得到过朝鲜高官的好评，《朝鲜宣祖实录》宣祖二十八年（万历二十三年，1595）十一月就记载，时任朝鲜兵曹判书李德馨对宣祖国王说："教师王大贵久在我国，情意相亲，往来无弊。"[1] 其中对王大贵的人品及其与朝鲜人民所建立的真挚友谊大加赞赏。除胡汝和、王大贵外，朝鲜史料还提到过李二、张六三，也都是骆尚志、闻愈的属下，因在训练朝鲜士兵中政绩突出，宣祖二十八年（万历二十三年，1595）三月八日，胡汝和、王大贵、李二、张六三同时受到宣祖国王的接见："午时，上御时御所，接见教师唐官胡汝和、王大贵、李二、张六三。"[2] 时任朝鲜礼曹判书的李廷龟在给张六三、胡汝和的信函中还说："两足下为小邦勤劬数年，留练不教之民，一变恬嬉之习，稍习节制之方，敝邦之受赐多矣。"[3] 赞扬张六三、胡汝和用自己的辛勤劳动，改变了朝鲜士兵之前的嬉戏逸乐、松松垮垮的军纪，使朝鲜受益匪浅。以上都说明，闻愈的手下在继续依照戚继光的《纪效新书》训练朝鲜士兵方面，也做出了突出贡献，并以自身的行动传承了浙兵优良品德，得到了朝鲜高层的认可。

2. 壬辰战争中期，明军教练传授《纪效新书》

壬辰战争中期，即中日议和时期，时间从万历二十二年（朝鲜宣祖二十七年，1594）初，至万历二十五年（朝鲜宣祖三十年，1597）初。这一时期，虽然取得抗倭援朝的初步胜利，大批明军回国，但除前面提到的浙兵将领骆尚志、戚金等留下的浙兵军官、教练继续帮助朝鲜训练士兵外，坐镇国内的抗倭援朝明军高层还派遣多批明军教练到朝鲜指导训练。派到朝鲜的明军教官，大都熟悉戚继光的《纪效新书》，有的还

---

[1]（朝鲜）《朝鲜宣祖实录》卷69，宣祖二十八年十一月，韩国首尔：探求堂1973年影印本，第22册，第602页。

[2]（朝鲜）《朝鲜宣祖实录》卷61，宣祖二十八年三月，韩国首尔：探求堂1973年影印本，第22册，第460页。

[3]（朝鲜）李廷龟：《月沙先生集》卷25，《韩国文集丛刊》第69辑，韩国首尔：景仁文化社，2002，第529页。

是戚继光当年的部下，他们均为训练朝鲜士兵做出了重要贡献，得到了朝鲜王室的高度评价。

　　明军千总陈良玑，是这一时期第一批被派到朝鲜的明军教练总负责人。陈良玑，浙江义乌人，据浙江义乌《葛峰陈氏宗谱》介绍，陈良玑跟随戚继光"从戎十余载，优考数十余次"，"戚公爱之如子，恒侍帷幄"。① 说戚继光非常喜欢陈良玑，待他就像自己的亲儿子，陈良玑也长期在军营陪伴在戚继光左右。这说明，陈良玑是戚继光的贴身随员和得力干将，应该非常熟悉戚继光的军事思想及《纪效新书》的内容，这也应是陈良玑作为明军教练队伍负责人进入朝鲜的主要原因。

　　《朝鲜宣祖实录》记载："孙军门先遣陈良玑等十六员。"② "孙军门"，指明朝经略朝鲜事务的兵部侍郎孙鑛。这说明，陈良玑是明军十六人的先遣教练队的负责人，是受明朝兵部派遣进入朝鲜的。所以，陈良玑进入朝鲜不久，就受到宣祖国王的接见。《朝鲜宣祖实录》宣祖二十八年（万历二十三年，1595）二月记载："上御时御所，接见教师唐官千总陈良玑，把总朱虎、陈白奇。……上曰：'小邦不闲军旅之事，故曾请于经略矣。大人等出来，其于操练之事，必甚有益。多谢。'教师曰：'经略既委送俺等，敢不尽力？但才到贵邦，即赐接见重礼，多拜。'"③ 陈良玑一行得到宣祖国王的接见，并被赐以"重礼"，说明朝鲜王室对陈良玑一行的高度重视。

　　陈良玑一行帮助朝鲜军队训练士兵的情况，《朝鲜宣祖实录》多有记载。

　　《朝鲜宣祖实录》宣祖二十八年（万历二十三年，1595）二月记载，宣祖国王询问："陈良玑之法，与前教师同乎？"户曹判书金晬："与前稍益，盖似乎多诚之人矣。"④ 说陈良玑一行教授的方法比前面的明军教

---

① 杨海英、任幸芳：《朝鲜王朝军队的中国训练师》，《中国史研究》2013 年第 3 期，第 196 页。

② （朝鲜）《朝鲜宣祖实录》卷 72，宣祖二十九年二月，韩国首尔：探求堂 1973 年影印本，第 22 册，第 649 页。

③ （朝鲜）《朝鲜宣祖实录》卷 60，宣祖二十八年二月，韩国首尔：探求堂 1973 年影印本，第 22 册，第 450 页。

④ （朝鲜）《朝鲜宣祖实录》卷 60，宣祖二十八年二月，韩国首尔：探求堂 1973 年影印本，第 22 册，第 454 页。

练稍好一些，而且陈良玑一行大多是诚实忠厚之人。前面提到几乎所有明军教练得到了朝鲜方面的好评，陈良玑一行做得比前面的还好，而且人品也得到了朝鲜高官的赞许，这完全可以想象到陈良玑一行为朝鲜军队建设所做出的贡献。

《朝鲜宣祖实录》宣祖二十八年（万历二十三年，1595）六月还记载，朝鲜训练都监向宣祖国王汇报说："陈良玑诚心教练，且欲采银以资军食，其奉委致力之意，不可不慰。"宣祖国王则指示说："上国特差官人于外国，训练兵卒，曾于前史见此否？况如是诚心教练，至于图绘阵形以送，不胜感激。固当作帖致谢，而不可不并致礼物。"① 训练都监说陈良玑不仅诚心诚意地传授各种技艺，而且还要筹措资金补贴受训的士兵伙食。宣祖国王说能帮助外国训练士兵，这种情况本来就很少有，况且陈良玑一行不仅真心诚意地训练我们的士兵，而且还绘制了阵形图送给我们，我们不仅要致信表示感谢，还要送礼以表达我们的心意。这可从中看出，仅仅几个月的时间，陈良玑一行就做出了成绩，得到了朝鲜王室的高度赞赏。

陈良玑一行在朝鲜传授的仍然是戚继光《纪效新书》中的内容，这一点，《朝鲜宣祖实录》宣祖三十年（万历二十五年，1597）七月有记载："盖都监军所习之法，出于闻俞、陈良玑，乃骆家军中之法。"② 说朝鲜训练都监操练士兵的方法，都是闻俞（愈）、陈良玑一行传授的骆尚志军中实行的方法。"骆家军中之法"，即前面提到依照《纪效新书》操练和管理士兵的方法。这也再一次说明，这一时期进入朝鲜的明军教练，传授的都是当年戚家军的操练之法。

陈良玑一行除训练朝鲜士兵外，还帮助朝鲜制造新式火器，《朝鲜宣祖实录》宣祖二十八年（万历二十三年，1595）三月记载："京城造火箭、火器之人，则陈千总亲丁吴天明、吴守仁。"③ 这说明，当时在朝鲜京城汉城指导制造新式武器的是陈良玑一行人。这也可说明，陈良玑一行十六人，有着朝鲜急需的各个方面的人才，而他们也是当时朝鲜在依

---

① （朝鲜）《朝鲜宣祖实录》卷64，宣祖二十八年六月，韩国首尔：探求堂1973年影印本，第22册，第515页。

② （朝鲜）《朝鲜宣祖实录》卷90，宣祖三十年七月，韩国首尔：探求堂1973年影印本，第23册，第261页。

③ （朝鲜）《朝鲜宣祖实录》卷61，宣祖二十八年三月，韩国首尔：探求堂1973年影印本，第22册，第467页。

照戚继光的《纪效新书》促进军队建设所需的各种人才。

在朝鲜期间，陈良玑还为朝鲜军队建设的诸多方面献计献策。《朝鲜宣祖实录》宣祖二十八年（万历二十三年，1595）三月记载："陈千总揭帖，辞意恳至，实非偶然。……凡百兵务，废弛益甚，猝遇酷变，一败涂地。收拾余烬，力加修举，正是今日急务。陈公所言，其为我国致勤之意至矣。以佩服遵守，毋负盛教之意。"① "陈千总"，即陈良玑。这是当时朝鲜最高军政议事、决策机构备边司写给宣祖国王的呈文，说陈良玑建议朝鲜应下大力气整顿"兵务"，即军队事务，将其作为"今日急务"，国家当前最紧迫的国家大事，"收拾余烬"，将仍占据朝鲜领土的日军全部赶出朝鲜半岛。朝鲜备边司还称赞陈良玑的建议"辞意恳至"，为了朝鲜的解放事业"致勤之意至矣"。记载虽然没有谈到陈良玑建议的具体内容，但也充分说明，陈良玑的建议得到了朝鲜高层的赞同，"佩服遵守，毋负盛教之意"，完全接受了陈良玑的意见，并遵照执行，以不辜负陈良玑的一片诚意。《朝鲜宣祖实录》宣祖二十八年（万历二十三年，1595）六月的记载还提到训练都监对宣祖国王汇报说："今陈良玑以为：'束伍之法，必整齐无脱阙，然后可以备其貌样。'责令合二哨为一哨，使充定额，前后帖谕，意甚勤恳。教师之言，固不得不从，依其言施行，何如？"宣祖国王指示："从之。"② 陈良玑向朝鲜建议，军队的编制只有满员才有战斗力，鉴于朝鲜军队编制严重缺员的情况，可以"二哨为一哨"，使每"哨"的士兵数量都足额。陈良玑的建议，再次得到朝鲜方面的赞同并遵照执行："前后帖谕，意甚勤恳"，"依其言施行"。这都说明，朝鲜王室对陈良玑的高度信任和充分尊重，同时也说明，陈良玑为朝鲜军队的建设做出了重要贡献。

由于陈良玑为朝鲜军队建设做出了重要贡献，当陈良玑一行人于万历二十四年（1596）二月准备撤离朝鲜之时，朝鲜训练都监，包括宣祖国王希望"尽撤诸教师，而只留（陈良玑）一人"。③ 但明朝兵部是否同

① （朝鲜）《朝鲜宣祖实录》卷61，宣祖二十八年三月，韩国首尔：探求堂1973年影印本，第22册，第461页。

② （朝鲜）《朝鲜宣祖实录》卷64，宣祖二十八年六月，韩国首尔：探求堂1973年影印本，第22册，第519页。

③ （朝鲜）《朝鲜宣祖实录》卷72，宣祖二十九年二月，韩国首尔：探求堂1973年影印本，第22册，第649页。

意陈良玑继续留在朝鲜不得而知，笔者没有查询到这方面确切的资料。但这说明，陈良玑在朝鲜仅一年的时间，就被朝鲜王室如此看重，可见其在当时朝鲜军队建设中的地位和影响。

明军千总叶大潮，也是奉明朝经略朝鲜事务的兵部侍郎孙矿之命进入朝鲜的，进入朝鲜的时间应与陈良玑相差无几，因为宣祖国王接见叶大潮的时间，也是万历二十三年（1595）二月。叶大潮一行的主要职责也是协助朝鲜训练士兵。《朝鲜宣祖实录》宣祖二十八年（万历二十三年，1595）二月记载："上御时御所，接见教师千总叶大潮，把总胡文桂、杨贵等三人。礼如初。"叶大潮对宣祖国王说："俺等承孙大人之命，来到贵邦，于操练之事，敢不悉心？……然兵不在多，若得练精，一以当百，俺等当赤心教之"，"此时岂知俺等之善教乎？若观其终则可知矣"。① "孙大人"，即兵部侍郎孙矿。这说明，叶大潮一行人也是收到明朝兵部的指令去朝鲜的，叶大潮是千总，还有两个把总跟随，前面提到的陈良玑，也是两个把总跟随，人数"十六员"，叶大潮带领进入朝鲜的人数也应与陈良玑相当。叶大潮向宣祖国王表示，"操练之事"一定"悉心""赤心教之"，而且非常自信，一定能把朝鲜军队训练成"一以当百"的精兵，让宣祖国王等待他们的训练结果。

同前面提到的陈良玑一样，兵部侍郎孙矿之所以让叶大潮带领教练队伍进入朝鲜，也是因为叶大潮是当年戚继光的部下，熟悉《纪效新书》的内容，熟悉戚继光练兵带兵的方法。《朝鲜宣祖实录》宣祖二十八年（万历二十三年，1595）三月记载："叶大潮，武艺胜人，曾从事于戚继光军中，多有所闻见之事。叶大潮先往全罗教训后，及于庆尚则何如？"② 这说明，宣祖国王接见叶大潮的第二个月，他留给朝鲜王室的印象是"武艺胜人"，而且了解很多戚继光练兵、打仗的一些情况，这是因为叶大潮"曾从事于戚继光军中"，跟随戚继光练过兵，打过仗。这也就不难理解，叶大潮为什么能在训练朝鲜士兵时言传身教，做出令人信服的示范动作，而且还能结合自己跟随戚继光作战时的一些经历和

---

① （朝鲜）《朝鲜宣祖实录》卷60，宣祖二十八年二月，韩国首尔：探求堂1973年影印本，第22册，第454页。

② （朝鲜）《朝鲜宣祖实录》卷61，宣祖二十八年三月，韩国首尔：探求堂1973年影印本，第22册，第467页。

体会，传授《纪效新书》中的内容了。记载还提到叶大潮一行在朝鲜全罗道做得这样好，庆尚道怎样做才能和全罗道一样好呢？这也可以说，叶大潮一行训练朝鲜士兵取得了优异成绩。"全罗道"，在朝鲜半岛西南部，今韩国全罗南道、全罗北道。"庆尚道"，在朝鲜半岛东南部，今韩国庆尚南道、庆尚北道。两地均是当时朝鲜抵御日军入侵的最前线，这说明叶大潮一行当时主要在朝鲜全罗道训练朝鲜士兵，因为训练很有成效，所以朝鲜王室也希望叶大潮一行能帮助训练庆尚道的士兵。

这一时期，派往朝鲜训练士兵的，还有前面提到的与明军浙兵游击将军戚金"同里闬相善"的明军千总朱文彩。朱文彩一行之所以能被派往朝鲜训练士兵，同前面提到的陈良玑、叶大潮一样，也因为他曾是戚家军的一员，熟悉戚继光的《纪效新书》。

朱文彩一行进入朝鲜的时间可能比陈良玑、叶大潮略晚些，他们抵达朝鲜京都汉城的时间应是万历二十三年（1595）三月，《朝鲜宣祖实录》宣祖二十八年（万历二十三年，1595）三月记载："上御时御所，接见教师千总朱文彩，把总陈文亮、屠科等三人。"① 宣祖国王接见了朱文彩及他带领的两个把总。当月，宣祖国王还下达指示说："朱千总依其执筹，可送于平安道。……朱千总既往平壤，则一道之军，自当总摄训练。""且我国所习剑、枪之术，乃其糟粕，所见龃龉，……教师十二员中，精于剑、枪诸艺二三员，须留于京中，使都监诸军，日夜学习，期传白猿之术。"② 这说明，朱文彩一行十二人，除留在京都汉城"二三员"外，大部分人员被分派到了朝鲜平安道。平安道在朝鲜半岛西北部，辖地今朝鲜平安南道、平安北道。平壤是当时平安道的首府，所以朱文彩驻平壤，"总摄训练"，指导整个平安道的朝鲜军队训练。宣祖国王还提议，从朱文彩带领的明军教练中，留下"精于剑、枪诸艺二三员"，指导驻京都汉城军队的军事训练。宣祖国王希望朝鲜士兵"日夜学习"，学会明军教练传授的"白猿之术"。"白猿之术"，剑术的代名词，这里指使用刀、枪、剑、戟等冷兵器的技艺。由此可见，宣祖国王对朱文彩

---

① （朝鲜）《朝鲜宣祖实录》卷61，宣祖二十八年三月，韩国首尔：探求堂1973年影印本，第22册，第460页。

② （朝鲜）《朝鲜宣祖实录》卷61，宣祖二十八年三月，韩国首尔：探求堂1973年影印本，第22册，第466页。

一行极为看重并有着很高的期盼。

朱文彩一行应同前面提到的陈良玑一行一样，在朝鲜训练士兵的时间应是一年左右，也为训练朝鲜士兵做出了贡献，得到了朝鲜方面很好的评价。朱文彩一行回国后，日军第二次大规模入侵朝鲜。万历二十五年（1597），朱文彩和当年随行的把总陈文亮又随明军大部队进入了朝鲜抗倭援朝。这在《朝鲜宣祖实录》中都有记载，而且通过这些记载，还可以了解到朱文彩一行在朝鲜训练士兵的情况。宣祖三十年（万历二十五年，1597）十月记载，宣祖国王在给把总陈文亮的信函中说："曾于往岁，足下承命东来，蒙教阅之勤，使下邦不教之民，稍知坐作进退之节，至今赖以为用。且想足下冰蘖之操，无以少报，而铭于肺肝矣。今者足下，又以戎事，重临弊境。"① 从宣祖国王的信函中可以看出，朱文彩一行在朝鲜训练士兵成绩突出，"教阅之勤""至今赖以为用"，说陈文亮所训练的朝鲜军队能够严守军纪，两年多以后，仍能看到当年训练的成果。而且陈文亮等人还有极好的人品，"冰蘖之操""铭于肺肝矣"，在条件艰苦的情况下保持了高尚的操守，使朝鲜人民深受感动而念念不忘。通过宣祖国王对把总陈文亮的评价，我们也可以想象到朱文彩一行当时在朝鲜的影响。《朝鲜宣祖实录》宣祖三十一年（1598）二月的记载提到了当年去朝鲜帮助训练士兵的"朱千总者，从征而来"。② 这说明，万历二十五年（1597），把总陈文亮再次随千总朱文彩去到朝鲜，只是任务不同而已，第一次是训练朝鲜士兵，第二次是与侵朝日军作战。

明军练兵游击胡大受是万历二十三年（1595）进入朝鲜的，时间比前面提到的陈良玑稍晚些。《朝鲜宣祖实录》记载："孙军门先遣陈良玑等十六员，复遣胡游击一行之人。……胡游击，又是一家之人，有姻娅之厚。"③ 这说明，胡大受也是被明朝兵部侍郎孙鑛派遣去朝鲜的。胡大受和陈良玑来自同一个部队，而且二人还是姻亲。陈良玑跟随戚继光

---

① （朝鲜）《朝鲜宣祖实录》卷93，宣祖三十年十月，韩国首尔：探求堂1973年影印本，第23册，第311页。

② （朝鲜）《朝鲜宣祖实录》卷97，宣祖三十一年二月，韩国首尔：探求堂1973年影印本，第23册，第390页。

③ （朝鲜）《朝鲜宣祖实录》卷72，宣祖二十九年二月，韩国首尔：探求堂1973年影印本，第22册，第649页。

"从戎十余载","戚公爱之如子,恒侍帷幄"。① 《朝鲜宣祖实录》记载,胡大受是"浙人",② 清代(嘉庆)《义乌县志》记载,胡大受,义乌县义亭镇上胡人,曾任绍兴卫指挥、福建左营都司、蓟镇左营游击,山东青州参将,万历二十三年(1595)奉旨通练朝鲜八道民兵。③ 胡大受也是戚继光当年的属下,戚继光在《誓师》一文中记载"各营路中军千把百旗总胡大受、李时茂等",④ 这说明胡大受当时是戚继光手下的"千总",也非常熟悉戚继光练兵带兵的方法和《纪效新书》的内容,所以也被选中派往朝鲜训练士兵。

胡大受是万历二十三年(1595)六月进入朝鲜的,负责指导朝鲜全国各地的军队训练,前面提到的陈良玑、叶大潮、朱文彩的职务均是千总,级别低于胡大受的游击将军,他们负责训练的朝鲜士兵多是一两个道(省),在胡大受进入朝鲜之前,应是驻朝鲜京都汉城的陈良玑临时负责在朝鲜的明军教练的有关事宜,胡大受进入朝鲜后,整个朝鲜八道,即在朝鲜全国的明军教练均受胡大受领导。《朝鲜宣祖实录》就明确记载:"总督孙爷,选委游击胡,统练本国八道军兵。"⑤ "孙爷",即前面提到的明朝经略朝鲜事务的兵部侍郎孙鑛。《朝鲜宣祖实录》宣祖二十八年(万历二十三年,1595)六月还记载,宣祖国王指示说:"观孙侍郎牌文,则胡游击,以我练兵、防守事出来。所关非轻,又不无周旋学习之事,接伴官,以智略才士有将来之人,更为差遣。"⑥ 说明胡大受不仅负责指导朝鲜全国的士兵训练,还指导朝鲜边防、城防建设等事宜,所以宣祖国王指示要选好得力的"接伴官"陪伴胡大受。由于宣祖国王的指示,胡大受进入朝鲜后,受到沿途地方官员的热情款待,到达京都

① 杨海英、任幸芳:《朝鲜王朝军队的中国训练师》,《中国史研究》2013年第3期,第196页。
② (朝鲜)《朝鲜宣祖实录》卷70,宣祖二十八年十二月,韩国首尔:探求堂1973年影印本,第22册,第607页。
③ (清)(嘉庆)《义乌县志》,见杨海英、任幸芳《朝鲜王朝军队的中国训练师》,《中国史研究》2013年第3期,第197页。
④ (明)戚继光撰,王熹校释《止止堂集》,中华书局,2001,第228页。
⑤ (朝鲜)《朝鲜宣祖实录》卷121,宣祖三十三年一月,韩国首尔:探求堂1973年影印本,第24册,第26页。
⑥ (朝鲜)《朝鲜宣祖实录》卷64,宣祖二十八年六月,韩国首尔:探求堂1973年影印本,第22册,第518页。

汉城后，宣祖国王即接见了胡大受。《朝鲜宣祖实录》宣祖二十八年（万历二十三年，1595）七月记载："上御时御所别殿，接见游击将军胡大受。……游击曰：'沿途荡残之邑，以盛礼待俺，今又躬行酒礼，不敢当。'上曰：'大人经过平壤，平壤炮、杀手，得知向方了否？'游击曰：'一日习阵，试以武艺，刀、枪诸技，颇有成材者。若及时教训，则足以御敌矣。……奉行唯在于贵国。倘能终始操练，则自可高枕而无虞矣。'"① 这说明，胡大受一进入朝鲜，就在沿途视察先期进入朝鲜的明军教练指导朝鲜士兵训练的情况，其中包括在平安道首府平壤视察了千总朱文彩一行训练朝鲜炮手、杀手的情况。胡大受在宣祖国王接见之际，除通报了驻平壤的朝鲜军队训练的情况外，还提醒宣祖国王，我们只是协助朝鲜军队进行训练，训练能否有成效，"奉行唯在于贵国"，关键还在朝鲜，只要国王能重视这件事，"终始操练"，朝鲜就能"高枕而无虞矣"。

　　胡大受在朝鲜京都汉城住了约两个月时间，除了与朝鲜国王及王室高层接洽、交流有关事宜外，再是视察明军教练在京畿地区的训练情况，之后，即到朝鲜各道视察。《朝鲜宣祖实录》宣祖二十八年（万历二十三年，1595）九月记载，胡大受对朝鲜训练都监的接伴官员说："欲往江原道，操练曹千总教训之兵，留驻不多日，还向忠清、全罗，转向庆尚，移入江原沿海郡邑，历咸镜道、平安、黄海道，还于京城，将八道练兵形止，覆报军门。"接伴官员劝他有些接待条件差、沿途辛劳的地方就不必去了，如"江原道，在大山长谷，地险人稀，经乱后板荡尤甚，若台下发行，则接应等事，不成模样"，胡大受回答说："军门有命，俺不可以劳苦为辞。"② "曹千总"，指明军千总曹忠，带领殷文龙、陈应龙二位把总共十二人，受兵部侍郎孙鑛派遣进入朝鲜，入朝鲜时间与前面提到的陈良玑相当。当时朝鲜全国共八道，胡大受已经视察了京都汉城所在的京畿道，还要到其他的江原道、忠清道、全罗道、庆尚道、咸镜道、平安道、黄海道视察，并要视察江原道"沿海郡邑"，在当时的交通条件下，有的朝鲜军队驻地在"大山长谷，地险人稀"之处，不能不

---

① （朝鲜）《朝鲜宣祖实录》卷65，宣祖二十八年七月，韩国首尔：探求堂1973年影印本，第22册，第539页。

② （朝鲜）《朝鲜宣祖实录》卷67，宣祖二十八年九月，韩国首尔：探求堂1973年影印本，第22册，第554页。

说应非常辛苦。胡大受在江原道江陵府视察时，朝鲜宣祖朝官员、诗人宋柟寿还创作有七律诗《闻胡游击大受，驻江陵府，征兵阅武，领到茂松台口占》，① 诗歌首联第一句就是"漠漠行尘染客衣"，说胡大受一行在漠漠荒原到处奔波，一身尘土，非常辛苦；诗歌的尾联"豆笾军旅何须说，许国初心愿莫违"，则说胡大受为了朝鲜的军队建设，不负大明王朝的使命，不忘以身许国的初心。这说明，胡大受为了不负兵部侍郎孙鑛所托，即为了把朝鲜士兵训练好，增强朝鲜的军队战斗力，甘愿吃苦受累。这也使我们从胡大受身上，看到了当年戚家军将领身先士卒、带头吃苦的影子。

胡大受在朝鲜期间，"领百数之爪士"，管理着一百多名明军教练。② "爪士"，本指禁卫军将士，这里指军队的教官。个别明军教练素质不高，出现了一些问题。《朝鲜宣祖实录》宣祖二十八年（万历二十三年，1595）十一月记载，胡大受接到有的明军教练"作弊之报"，即弄虚作假的报告，准备借此将这一批明军教练全部撤回国内，朝鲜方面则极力挽留，训练都监经宣祖国王同意，致函胡大受："小邦兵火之余，残破尤甚，钱粮、鱼菜，亦不得依例办给，重贻本府从者之怨苦，而外方教施之际，各将及各兵言语不通，情志相隔，扞格难成，事多不便。"③ "外方"，指朝鲜京都汉城之外的各道。朝鲜方面对个别明军教练出现的问题承担了责任，说有的地方条件太差，对明军教练应供给的"钱粮、鱼菜"，没有"依例办给"，加上"言语不通"，导致"情志相隔"，明军教练与朝鲜官兵感情上出现裂痕，故而造成了互相抵触的局面。由于朝鲜方面的挽留，胡大受一行继续留在了朝鲜，但万历二十四年（1596）二月，胡大受因朝鲜王室将明军教练存在的一些问题通报给了明朝负责朝鲜事务的兵部侍郎孙鑛，其中还有一些不实之词，胡大受受到了批评，所以，胡大受率明军教练队伍撤离了朝鲜。《朝鲜宣祖实录》宣祖二十九年（万历二十四年，1596）二月记载，宣祖国王"接见游击将军胡大

①　（朝鲜）宋柟寿：《松潭集》卷2，《韩国文集丛刊·续集》第4辑，韩国首尔：景仁文化社，2005，第476页。

②　（朝鲜）《槐院文录·帖回胡游击大受》，《韩国文集丛刊》第49辑，韩国首尔：景仁文化社，1990，第371页。

③　（朝鲜）《朝鲜宣祖实录》卷69，宣祖二十八年十一月，韩国首尔：探求堂1973年影印本，第22册，第605页。

受"，表达了对胡大受一行没有接待好的歉意："老爷远来，地方残破，供亿凉薄，寡人是惧。"胡大受则说明了自己与明军教练回国的原因："俺之来贵邦虽久，而既不能操练军兵，又不能禁约管下，致令作拏于贵邦，皆俺之罪也。其所作拏者，岂皆俺之管下哉？无籍棍徒，职为作拏，而贤王转咨于军门，俺实无颜。"宣祖国王则再次表达歉意："老爷经年异邦，尽力操练，得成头绪，其赐多矣。今蒙下教，寡人惶踖。……老爷送辩士以释纷，老爷恩德，终始无比。请再拜以谢。"①胡大受主动承担了没有管束好下属的责任，"皆俺之罪也"，同时也强调了这些明军教练并不是自己原来的下属，有的人原来素质就不高，又分散在朝鲜各地，是很难管理的。宣祖国王则对胡大受在朝鲜所做的工作给予了充分肯定，说胡大受"尽力操练，得成头绪，其赐多矣"，"老爷恩德，终始无比"。对于因朝鲜写信给兵部侍郎孙矿造成胡大受回国的这些事，朝鲜当时著名的文臣、文章大家崔岦在给宣祖国王的上书中说："胡游击者，以我咨告军门以卒徒扰害地方之事，遭薄责而去，是何我之不幸。"②说因为我们致函明朝都督，告发明军教练侵害朝鲜地方之事，让胡大受受到责备而回到中国，这其实是我们朝鲜的大不幸。这也可以从中看出，胡大受一行当时在朝鲜的影响和贡献。

　　胡大受一行回国，也意味着这一时期明朝官方派遣明军教练协助朝鲜训练军队的结束，虽说这一时期，仍有明军教练在朝鲜指导军队训练，这或是明军大部队回国前，通过与抗倭援朝的浙兵将领沟通，有的自愿留下做朝鲜军队教官的，或是有的入朝参战的明军士兵不愿回国，主动找到朝鲜方面要求留下的，这在朝鲜王朝史料中均有记载。当时抗倭援朝的浙兵许多是自愿入伍，可以来去自由的，自己可以支配去向，这也为朝鲜方面招募明军教练提供了方便，这样一些非明朝官方派遣的明军南兵教练，同样为朝鲜士兵训练做出了贡献，这在朝鲜王朝史料中也多有记载。

---

① （朝鲜）《朝鲜宣祖实录》卷72，宣祖二十九年二月，韩国首尔：探求堂1973年影印本，第22册，第646页。
② （朝鲜）崔岦：《简易集》卷1，《韩国文集丛刊》第49辑，韩国首尔：景仁文化社，1990，第192页。

3. 壬辰战争后期，赴朝明军总督推介《纪效新书》

壬辰战争后期，指万历二十五年（朝鲜宣祖三十年，1597）初，日军再次大规模入侵朝鲜，明军再次大规模入朝参战，至日军退出朝鲜半岛，壬辰战争结束，万历二十七年（朝鲜宣祖三十二年，1599）闰四月抗倭援朝的明军大规模回国。

壬辰战争后期，在朝鲜前线指挥对日作战的明军最高统帅是加兵部尚书衔的邢玠。邢玠原是右都御史兼兵部左侍郎，万历二十五年（1597）三月，邢玠加尚书衔以蓟辽总督，经略朝鲜抗倭。万历二十五年（1597）六月，日军再次大规模入侵朝鲜，并重新占领了朝鲜半岛东南部的釜山（今韩国庆尚南道釜山广域市）等多座城市。八月，来势凶猛的日军向北推进，"逼王京"，① 即朝鲜京都汉城。因担心日军再次占领汉城，汉城百姓纷纷逃离，当时抗倭援朝的明军驻汉城总兵麻贵因"我兵单弱""请于（邢）玠，欲弃王京退守鸭绿江"，建议放弃汉城，将进入朝鲜的明军和朝鲜王室成员撤离到鸭绿江边，但此提议，遭到邢玠反对，"玠既身赴王京，人心始定"。② 邢玠率轻骑进入汉城，稳定了人心，也鼓舞了在前线与日军作战的中朝联军的斗志。

当时与日军作战的朝鲜军队也受明军节制，作为抗倭援朝的明军总督，邢玠实际上也是中朝联军的总指挥。邢玠进入朝鲜京都汉城之后，不仅稳定了军心民心，而且由于指挥得当，中朝联军由防守转为主动进攻，接连打了几次漂亮的胜仗，使得日军由大肆进攻变为步步退缩，最后不得不退出朝鲜半岛，壬辰战争以中朝联军的胜利，全部收复被日军侵占的朝鲜领土而告终。由于邢玠为壬辰战争的最后胜利做出了重要贡献，万历二十七年（1599）闰四月，邢玠率抗倭援朝明军大部队凯旋时，"朝鲜君臣焚香泣送，为邢玠建祠塑像，铸铜柱纪功釜山"。③ 前面提到的朝鲜正一品高官，撰写《〈纪效新书〉节要序》的郑琢还撰文提道："军门总督邢公玠将还，以'再造藩邦'四字固请上书赠，上辞不

---

① （清）张廷玉等：《明史》（简体字本）卷320，中华书局，2000，第5554页。
② （清）张廷玉等：《明史》（简体字本）卷320，中华书局，2000，第5554～5555页。
③ 邢其典：《邢玠生平纪略》附录《邢玠大事年表》，山东人民出版社，2009，第215页。

获，书以赆之。"① 宣祖国王手书"再造藩邦"四字赠给邢玠，说邢玠带领抗倭援朝的明军挽救了朝鲜，使得被日军蹂躏的朝鲜半岛得以重生。当时许多朝鲜官员还写了赠别诗送给邢玠，赞颂邢玠为朝鲜人民所做出的巨大贡献，如卢稷的赠别诗《凯旋赠行诗文》，其中就有"提封依旧三千里，社稷重新二百年""功高上国山河裂，名动藩邦草木知"句，② 称颂邢玠使被日军侵占的三千里江山重新回到了朝鲜的怀抱，也使得朝鲜李氏王朝二百年的社稷得以延续，还说邢玠功高震国，朝鲜半岛的老老少少，草木皆知。这都可以看出邢玠在朝鲜人民心目中的地位和影响。

邢玠在朝鲜期间的另一大贡献，就是在中朝联军中推介戚继光的《纪效新书》，为戚继光军事思想在朝鲜半岛的传播起到了极大的推动作用。

万历二十五年（1597）冬天，在朝鲜前线指挥作战的邢玠撰写了《重刻〈纪效新书〉序》，邢玠在序言中回顾了自己与戚继光交往的情况；记叙了戚继光的卓越战绩和《纪效新书》《练兵实纪》的成书背景及相关内容，强调了依照《纪效新书》练兵的重要性；说明了在朝鲜重新刊印《纪效新书》的背景及其原因。

邢玠在回顾与戚继光交往的情况时说："余令檀时，适公镇蓟，犹及与公周旋，每从公行间，睹壁垒旗帜，无不曲中有法，退未尝不三叹，服公真有古名将风。""余犹忆为令时，尝与公深言兵法。公亦壮余，掀髯为余论用兵要纱，且笑曰：'将兵者，余辈事。将将者，异日公等事。'"③ 记载说，我担任密云县令时，正值戚继光镇守蓟州，因而有机会与戚公多次接触。每次到戚公军营时，见到的防御、戒备工事和各种军旗，没有不符合章法的，每次离开军营时都非常感叹，打心眼里佩服戚公有古代名将之风。记载还说，我至今还记得当密云县令时，曾与戚公深入探讨兵法，戚公当时身体强壮，很激动地为我讲述用兵的要诀，并且笑着对我说："领兵打仗，是我这一类武官的事情，而指挥武官的，是将来你这

---

① （朝鲜）郑琢：《药圃先生文集》卷 3，《韩国文集丛刊》第 39 辑，韩国首尔：景仁文化社，1989，第 482 页。

② 刘凤鸣：《山东半岛与古代中韩关系》，中华书局，2010，第 396 页。

③ 张德信、王熹编《戚继光研究资料粹编》（中），黄海数字出版社，2016，第 762、764 页。

些做文官的。"上述记载说明，邢玠与戚继光有着深层次的接触，因而对戚继光的军事思想及兵书有着深入的了解，同时，戚继光也对邢玠非常看重，并有很高的期待："将将者，异日公等事"，这也是作者交代自己有资格为《纪效新书》再版写序的重要原因。

　　邢玠在记叙戚继光的卓越战绩和《纪效新书》《练兵实纪》成书背景、内容时说："《纪效新书》者，前大将军孟诸公所著也，后更推演为《练兵实纪》。……其二书凿凿行之，非空言无事实者而会。"① "孟诸公"，孟兄，长者的意思。邢玠生于 1540 年，比戚继光小十多岁。意思说，《纪效新书》是年龄比我大的已去世的大将军（戚继光）所著，后来他又撰写了《练兵实纪》。这两本经过认真打磨的书，不是泛泛而谈没有事实依据的。邢玠接着列举了戚继光南方抗倭、北方御边的实例以说明这两本书是来自实战和练兵的经验总结。记载还说："世之称戚将军者，皆盛推其功在南，而不知其功在北；皆言其善用兵，而不知其妙在以南法练北卒。今观《（纪效）新书》，自'练兵'至'水兵'凡十八篇，皆行之闽者也。《（练兵）实纪》自'练伍'以至'练将'，凡九卷，皆行之蓟者也。夫兵何常，善用者，市人可战，女人可吏，何有于南北？浙兵未始有名，浙兵有名，自公帅闽始。"② "市人"，这里指普通百姓。意思说，十八卷本的《纪效新书》是戚继光在福建一带抗倭时练兵、实战经验的总结，而闻名朝鲜半岛的浙兵就是依据《纪效新书》训练出来的。九卷本的《练兵实纪》是戚继光镇守蓟州时练兵的条令汇编和经验总结。邢玠还记载，戚继光镇守蓟州时，针对北兵不能抵御外敌入侵的情况曾上书说："兵不任战，弊在北将不练兵。"而戚继光带领的经过训练的军队，"军容甚盛，冠于诸镇。虏谍知之，愈益慑不敢动。其后稽首请封"。③ 邢玠的上述记载，重点是强调了练兵的重要性，除了能打胜仗外，还能威慑敌人，不战而屈人之兵。

　　邢玠在序言中还说明了重新刊印《纪效新书》的背景及其原因："余别（戚）公二十余年，而以属国之难出督于兹土。……而余则谓能读公书，能用公法，公固在也。乃檄工为重梓二书，以授诸将士。……

---

① 张德信、王熹编《戚继光研究资料粹编》（中），黄海数字出版社，2016，第 762 页。
② 张德信、王熹编《戚继光研究资料粹编》（中），黄海数字出版社，2016，第 763 页。
③ 张德信、王熹编《戚继光研究资料粹编》（中），黄海数字出版社，2016，第 763 页。

今读公书，固不无山阳之感，亦不胜钜鹿之思矣。"① 意思说，我和戚继光分别二十多年了，现在因为日本侵略朝鲜而总督战事来到了朝鲜。我今天仍在学习戚继光的兵书，用戚继光当年布阵打仗的方法来抵御日本对朝鲜的入侵，就如同戚继光在现场指挥一样。所以我下令再次刻印戚继光的《纪效新书》《练兵实纪》两本书，以分发给在朝鲜战场作战的将士们。前面提到邢玠当时是对日军作战的中朝联军的总指挥，所以新刻印的《纪效新书》《练兵实纪》两本书，也会分发给朝鲜军队的将士们。记载还说，我今天重读戚继光的兵书，特别怀念这位故去的老朋友，当依照戚继光的兵书打了胜仗的时候，对戚继光的思念更加深切。"山阳之感"，套用了成语"山阳闻笛"，即怀念故友，表达对故友的思念。邢玠在这里进一步强调戚继光的兵书对抗击日军入侵的作用和影响，以期引起中朝联军对学习戚继光军事思想的重视，这无疑也推动了《纪效新书》在朝鲜军队的传播。

邢玠在序言中注明了时间和自己身份："万历丁酉仲冬朔日吉旦，赐进士资政大夫，奉敕总督蓟辽保定等处军务兼理粮饷，经略御倭，兵部尚书兼都察院右副都御史，……邢玠撰。"② 写序的时间是万历丁酉年（1597）十一月初一，身份是进士出身的正二品高官，职责是奉皇帝之命，以"兵部尚书兼都察院右副都御史"职衔全权负责朝鲜战场上对日作战的军政要务。这一时期，也是邢玠进入朝鲜后，中朝联军取得稷山大捷，重创日军，使朝鲜京都之困得解，中朝联军扭转了被动局面，准备开始战略反攻的重要时期。《明史》记载，万历二十五年（1597）"十一月，玠征兵大集，帝发帑金犒军，赐玠尚方剑"，③ 中朝联军开始了战略反攻。在战略反攻之前，中朝联军的总指挥邢玠下令刊印戚继光的《纪效新书》《练兵实纪》，实际也是大战前思想总动员的一个重要组成部分，无论是邢玠当时的身份和威望，还是重要的战略时期，这都为戚继光的兵书在朝鲜军队的传播起到了极大的推动作用。邢玠在朝鲜战场第一线亲自指挥中朝联军对日作战，捷报频传，于万历二十六年

---

① 张德信、王熹编《戚继光研究资料粹编》（中），黄海数字出版社，2016，第764页。
② 张德信、王熹编《戚继光研究资料粹编》（中），黄海数字出版社，2016，第764页。
③ （清）张廷玉等：《明史》（简体字本），中华书局，2000，第5555页。

（1598）十一月将侵朝日军赶出朝鲜半岛，"诸倭扬帆尽归"，①壬辰战争以邢玠指挥中朝联军的胜利而告终。壬辰战争的胜利，原因是多方面的，但邢玠学习戚继光的兵书，不仅按照戚继光的用兵之法指挥与日军的作战，而且用戚继光的兵书训练和激励中朝联军将士，也应是重要方面之一。壬辰战争的最后胜利，同前面提到的平壤大捷一样，也为戚继光的军事思想及其著作在朝鲜半岛的传播起到了重要的作用。

　　壬辰战争后期，由于中朝联军最高统帅邢玠对戚继光兵书的推介，在朝参战的明军将士也积极在朝鲜军队中传授戚继光的兵书，明军副总兵吴惟忠、游击将军许国威都是其中重要成员，也得到了朝鲜方面的高度赞赏。

　　浙兵将领吴惟忠在壬辰战争初期帮助朝鲜训练士兵做出了重要贡献，所以，吴惟忠以副总兵衔第二次入朝参战时，朝鲜训练都监即请求吴惟忠选派明军教练继续训练朝鲜士兵。《朝鲜宣祖实录》宣祖三十年（万历二十五年，1597）七月记载，训练都监上书宣祖国王曰："吴总兵处，其时即令中军赵谊，往请教师，则总兵即发军中善于武艺者六人，连日来教于都监。""近日更观天兵各阵之法，取其所长，渐次惯熟，则似为便益。"宣祖国王则批示："须就吴总兵门下，广习诸技，尽得其妙法。"②"吴总兵"，即吴惟忠。这说明吴惟忠派了"善于武艺者"，即熟悉《纪效新书》内容，又能按其中要求做出示范动作，并会操作各种新式武器的明军教练，协助朝鲜训练士兵。宣祖国王对这一做法也非常支持，还做出批示，要派人到吴惟忠所属的军队里学习，全面学习他们的各种技艺，尽可能多地掌握其中的奥秘，把吴惟忠训练士兵、管理军队的好经验学到手。这说明，宣祖国王和朝鲜训练都监对吴惟忠非常信任和期待。前面多次提到壬辰战争初期，训练都监把戚继光的《纪效新书》作为训练士兵的教科书，而吴惟忠跟随戚继光多年，他带领的浙兵又多是参照当年戚继光的练兵方法，即按照《纪效新书》中的要求训练出来的，吴惟忠又是戚家军优良传统的忠实传承者，所以，朝鲜才倚重他，让他帮助朝鲜训练士兵。

①　（清）张廷玉等：《明史》（简体字本），中华书局，2000，第5557页。
②　（朝鲜）《朝鲜宣祖实录》卷90，宣祖三十年七月，韩国首尔：探求堂1973年影印本，第23册，第261页。

　　前面提到吴惟忠第一次入朝参战收复平壤之后，曾派其属下在平壤城帮助朝鲜训练士兵，吴惟忠第二次入朝参战，他的下属训练朝鲜士兵的情况，《朝鲜宣祖实录》宣祖三十四年（万历二十九年，1601）五月也有记载。训练都监曰"吴惟忠标下人""剂药人孙龙，曾送于全罗监司处及统制使营，使之传习药法及炮法，而毒药喷火等法，尽为传习，只地雷炮，则火药甚贵，故不得传习。且海上焰硝，亦将煮取于扶安地，因都监催促，未成而来云。地雷则最关于陆战，海硝亦多利益，皆非我国人之所能。"宣祖国王曰："海硝，不可不传习，仍留传习可也。且厚给赏物亦当。"① 这说明，吴惟忠的下属不仅在教朝鲜士兵学习新式火炮的使用方法，也在传授火药的制造技术，包括"毒药喷火等法"，宣祖三十四年（万历二十九年，1601）壬辰战争已经结束，抗倭援朝的大批明军已经回国，吴惟忠的下属仍留在朝鲜半岛为朝鲜强军建设做着贡献，并得到了朝鲜宣祖国王和训练都监的高度认可。

　　许国威也是南兵将领。《朝鲜宣祖实录》宣祖三十一年（万历二十六年，1598）二月记载："威，闽人也，奉旨统兵应援，走万里四千有奇，始达王国。"② 说许国威是福建人，奉命抗倭援朝，走了一万四千多里路才来到朝鲜。清乾隆《福建通志》卷二十《职官》记载，许国威，福建晋江人，明万历年间任都指挥金事。《朝鲜宣祖实录》宣祖三十一年（万历二十六年，1598）七月记载："天将中许游击，自谓得妙于诸技，洞晓《纪效新书》之法。"③ 前面邢玠提道："浙兵有名，自公帅闽始"，说"浙兵"之有名，是从戚继光在福建抗倭开始的，戚继光当年统领的"浙兵"，也包括来自福建的士兵，许国威"洞晓《纪效新书》之法"，也应是当年戚家军成员。

　　因许国威"自谓得妙于诸技，洞晓《纪效新书》之法"，所以负责翻译《纪效新书》的朝鲜官员韩峤，对《纪效新书》中不甚了解的内容，就请教在朝鲜参战的许国威。"宣庙欲试戚法，……峤问其妙谛于许

① （朝鲜）《朝鲜宣祖实录》卷137，宣祖三十四年五月，韩国首尔：探求堂1973年影印本，第24册，第257页。

② （朝鲜）《朝鲜宣祖实录》卷97，宣祖三十一年二月，韩国首尔：探求堂1973年影印本，第23册，第380页。

③ （朝鲜）《朝鲜宣祖实录》卷102，宣祖三十一年七月，韩国首尔：探求堂1973年影印本，第23册，第474页。

游击，游击先以粗术教之曰：'一胆二力三精四快。'崎又问枪势之二十有四，游击教之曰：'一势之变耳，推可为百势。'崎又问易之六十四卦，是亦一卦之变，而一卦减不得。则枪势之二十四势奚间。游击教之曰：'道本一体，散为万殊。如棋之势，多多万万。精得百势，可称国手。'他日请益，游击教之曰：'身法腰法手法足法，可学也。'于是，崎退而成诸谱，教三手法于国中，一曰射，二曰炮，三曰技。技者，俗称杀手也。"① 说宣祖国王要在朝鲜军队中推行戚继光的练兵之法，韩崎询问明军游击将军许国威戚继光之法的奥妙所在，韩崎依据许国威所教，编写了训练朝鲜士兵的教材。

上述记载许国威所传授给韩崎的"一胆二力三精四快""枪势之二十有四""身法腰法手法足法"等，均是十四卷本《纪效新书》中的内容，《纪效新书》中的《耳目篇》《胆气篇》《手足篇》有相关记载。如"枪势之二十有四"，来自《纪效新书·手足篇第四》"长枪制""长枪解""习法"，还附有二十四枪势图及解说，即"夜叉探海势""四夷宾服势""指南针势""十面埋伏势""青龙献爪势""边拦势""铁翻竿势""跨剑势""铺地锦势""朝天势""铁牛耕地势""滴水势""骑龙势""白猿拖刀势""琵琶势""灵猫捉鼠势""美人认针势""苍龙摆尾势""太山压卵势""闯鸿门势""伏虎势""推山塞海势""鹞子扑鹌鹑势""太公钓鱼势"。② 这说明，许国威向韩崎讲解的是《纪效新书》中的内容。"三手法"，即前面提到的射手、炮手、杀手三技法，也是《纪效新书》中记载的内容，是当年戚继光训练浙兵的方法，这一点，朝鲜王朝史料也有记载："韩崎为郎，质问三手练教之法于东征游击许国威，部分练习，尽仿浙兵之制。"③ 说韩崎为官时，曾向去朝鲜抗倭的明军游击将军许国威学习"三手练教之法"，然后传授给朝鲜士兵，这"三手练教之法"，都是来自浙兵的规章制度和训练方法。许国威"妙于诸技，洞晓《纪效新书》"，传授给朝鲜军队的练兵技巧"尽仿

---

① （朝鲜）李恒：《凌虚关漫稿》卷7，《韩国文集丛刊》第251辑，韩国首尔：景仁文化社，2000，第130～131页。

② （明）戚继光撰，范中义校释《纪效新书》（十四卷本），中华书局，2001，第94～105页。

③ （朝鲜）李祘：《弘斋全书》卷13，《韩国文集丛刊》第262辑，韩国首尔：景仁文化社，2001，第218页。

浙兵之制"，这进一步说明，当时朝鲜军队学习的军事教材就是戚继光的《纪效新书》。

当时的朝鲜训练都监，不仅派官员韩峤当面向许国威请教，还派出精干士兵到许国威所辖的军队学习，这在《朝鲜宣祖实录》宣祖三十一年（1598）七月中就有记载，训练都监给宣祖国王上书曰："拣都监炮、杀手十二人，学艺于许游击军中。……都监抄出杀手中最为精习者十二人，名为教师队，使加设主簿韩峤领之，就正于游击阵中，颇有所学。艺成之后，当以此辈为教师，编教中外军人，则其法庶可流行于我国，不至湮废，而所谓以一教十，以十教百者在此矣。"宣祖国王批示："依启。此意甚善。予亦当亲试其才论赏。但十二人似少矣。"① 这说明，派往许国威所部的朝鲜士兵不止十二人，这"最为精习者十二人，名为教师队"，也就是说，许国威是在为朝鲜军队培养教练队伍，这些教练学成后，再在朝鲜军队中"一教十，以十教百"。许国威安排明军教练所传授的方法和技能必然也是"尽仿浙兵之制"，朝鲜士兵学习的必然也是《纪效新书》中的内容。

由于许国威为训练朝鲜士兵做出了重要贡献，许国威在随大部队归国时，宣祖国王还题扇面诗相赠："四月清和雨乍晴，南山当户转分明。更无柳絮因风起，惟有葵花向日倾"，②表达了朝鲜王室忠于大明王朝的信念坚定不移，如同葵花始终朝向太阳。这也可以从中看出，宣祖国王对许国威等抗倭援朝明军将领的感激和感恩之情，同时也说明，朝鲜王室对许国威一行依照《纪效新书》训练朝鲜士兵给予充分肯定。

宣祖时期反击日军入侵的"平壤大捷"之后，朝鲜王室全方位地依照戚继光军事思想指导军队建设，设立训练都监，组建专职的朝鲜军队，依照"戚制"改革朝鲜军队建制；聘请抗倭援朝的明军教练依照戚继光的《纪效新书》训练朝鲜士兵；依照《纪效新书》进行城防建设，制造更新武器等。宣祖时期依照戚继光军事思想指导军队建设，在较短的时间里就提升了军队的战斗力，为反击日军入侵和保卫国家安全做出了重

① （朝鲜）《王朝宣祖实录》卷102，宣祖三十一年七月，韩国首尔：探求堂1973年影印本，第23册，第474页。

② （朝鲜）《悠然堂先生文集》卷3，《韩国文集丛刊·续集》第7辑，韩国首尔：景仁文化社，2005，第529页。

要贡献，这也是后来的朝鲜王朝继续在军队中传播戚继光军事思想的重要原因。

戚继光军事思想在朝鲜半岛的影响之大、普及面之广，远远超过了当时在中国国内的影响。

第二章 光海君时期：军队操练皆法戚氏之制

朝鲜宣祖之后是光海君时期（1608～1623）。光海君，名李珲，壬辰倭乱爆发后被册封为朝鲜世子。李珲经历过壬辰战争，也与入朝参战的明军将领多有交往，因而也了解受戚继光军事思想影响的浙兵将领在抗倭援朝中的作用和影响，同时更知悉宣祖时期将《纪效新书》作为军队建设的教科书，对训练朝鲜士兵和强化朝鲜国防建设发挥的重要作用，所以，光海君李珲即位后，延续了其父宣祖国王李昖的做法，仍然把戚继光的军事思想作为指导朝鲜军队建设的法宝。

第一节 重用熟悉《纪效新书》的官员训练士兵

光海君时期，朝鲜面临着南边日本和北方后金的威胁，其强化军队建设的目的，就是为了"北可以御胡，南可以御倭"，而且由于中国东北地区后金的崛起，对朝鲜的威胁日益加大，朝鲜在军队训练时，也把防止后金骑兵的入侵作为重点，侧重于用戚继光《练兵实纪》中的"车骑步之法"训练和武装军队。《朝鲜王朝实录·光海君日记》光海君三年（万历三十九年，1611）三月记载：

> 先是，朝廷以"副司勇韩峤，习知兵事"，令往西边，与议操练一事。至是还京师，上疏曰："车骑步防胡之法，本出于中朝戚将军继光。盖继光在南征倭，则用《（纪效）新书》炮杀之法，至于在北防胡，则用《（练兵）实纪》车骑步之法，其因敌制胜之妙，出寻常万万。然《（纪效）新书》炮杀则皆是步兵也，若用之西北铁骑驰突，则必见蹂躏，无以住足矣。至如《（练兵）实纪》车骑步之法，则亦可以通用于南倭。盖远则放铳，近则持剑突进，倭之

长技也。我军之于倭，在远不能防其铳，在近不能制其剑，此所以每战必败也。若以炮车、战车，相间列阵，夹以炮杀用骑为翼，贼远则车中大炮，车下小炮，更迭放打，而我之战车遮板，可防倭铳。贼近则战车所排枪钯，可以制剑，杀手骑兵，又从而并力，则彼恶敢当我乎？诚能讲行《（练兵）实纪》之法，而若骑若步若车，皆得以练习，则北可以御胡，南可以御倭矣。……"答曰："疏辞具悉，当令庙堂议处。"①

上述记载是朝鲜训练士兵的官员韩峤给时任朝鲜国王光海君李珲的上疏，其中主要强调了朝鲜军队不仅要学习戚继光《纪效新书》中的"炮杀之法"，以防日本军队的再次入侵，更要学习戚继光《练兵实纪》中的"车骑步之法"，以对付后金军队的骑兵骚扰。而且"车骑步之法"，也可以"通用于南倭"，防止倭寇（指日军）的入侵。所以，朝鲜军队要学习"《（练兵）实纪》之法，而若骑若步若车，皆得以练习，则北可以御胡，南可以御倭矣"。说朝鲜军队只要学习戚继光《练兵实纪》中的训练方法，不仅可以对付朝鲜北方的胡人（指后金军队）骑兵，也可抵御从南边入侵的持倭铳的倭寇（指日军）。这说明朝鲜光海君时期戚继光的军事著作仍然是朝鲜军队训练的教科书，而且训练士兵的朝鲜官员能够较全面地领会戚继光军事著作，掌握其实质，并有针对性地选用戚继光军事著作中的内容，用以指导朝鲜军队的训练。韩峤上疏的观点，得到了朝鲜国王光海君的认可，朝鲜王室也给予了韩峤很大支持。

前面提到戚继光修订十四卷本《纪效新书》时，补充了《练兵实纪》中的许多相关内容，其中就有朝鲜官员韩峤提到的"车骑步之法"。

韩峤在壬辰战争期间，曾任朝鲜翻译官，与赴朝参战的明军将领多有接触，并依据戚继光的《纪效新书》编纂了《武艺诸谱》，作为朝鲜训练新兵的教材。光海君继任朝鲜国王后，韩峤继续担任训练朝鲜士兵的官员。《朝鲜王朝实录·光海君日记》光海君四年（万历四十年，1612）九月十八日记载，朝鲜敦宁府领事、一品高官李恒福向光海君国

① （朝鲜）《朝鲜王朝实录·光海君日记》卷39，光海君三年三月，韩国首尔：探求堂1973年影印本，第31册，第615页。

王汇报说："战车造置，而或云：'极好，不可不多造用之。'或云：'宜于防倭，不宜于防胡矣。'韩峤颇知军法，都监称为教训官而听其造车。柳珩在平安道时，亦招致韩峤，造车试验，则甚好云矣。"① 这说明光海君时期，熟悉《纪效新书》《练兵实纪》的韩峤，不仅在朝鲜训练都监指导军队训练，制造炮车等新式火器，也到朝鲜的地方部队，指导制造新式炮车，"极好""甚好"的评价，说明非常成功，极大地提升了朝鲜军队，包括地方武装的战斗力。

李恒福，宣祖时期曾任朝鲜领议政（首相），光海君即位后，任敦宁府领事。敦宁府领事虽无具体实权，但由于敦宁府的人员由王亲外戚组成，对朝鲜王室有较大的影响力。"战车"，指当时承载新式火器的炮车，《纪效新书》《练兵实纪》均提到炮车制造、使用方法，如《练兵实纪》有"载无敌大将军车图""无敌大将军解"。② "无敌大将军"，指当时一种威力很大的火炮，陆地使用放在车上，水面使用放在船上，《纪效新书·舟师篇》中就有"无敌神飞炮制""神飞炮解""（神飞炮）习法"等内容。③ 上述记载提到的韩峤指导制造"战车"，就是依照《纪效新书》《练兵实纪》中记载的制造方法进行制造。"都监"，指训练都监，是壬辰战争期间朝鲜成立的招募和训练新兵的机构，训练都监由领议政担任总负责人，依照《纪效新书》《练兵实纪》中记载的内容进行训练。光海君时期仍然延续了训练都监这一机制。

光海君五年（万历四十一年，1613）四月，朝鲜司宪府因训练朝鲜士兵的官员韩峤曾在科举考试时"擅改其父之名""请命拿鞫"，光海君"依启"。④ 光海君批准了对韩峤实施刑拘，但当年八月，朝鲜备边司就上书光海君，以韩峤肩负训练士兵职责，"能解《纪效新书》"为由，要求释放韩峤。《朝鲜王朝实录·光海君日记》光海君五年（万历四十一年，1613）八月记载：

---

① （朝鲜）《朝鲜王朝实录·光海君日记》卷57，光海君四年九月，韩国首尔：探求堂1973年影印本，第32册，第106页。

② （明）戚继光撰，邱心田校释《练兵实纪》，中华书局，2001，第311页。

③ （明）戚继光撰，范中义校释《纪效新书》（十四卷本），中华书局，2001，第271～273页。

④ （朝鲜）《朝鲜王朝实录·光海君日记》卷65，光海君五年四月，韩国首尔：探求堂1973年影印本，第32册，第165页。

备边司启曰："……臣等窃念自初江浙防倭之法，传布一事，专
委于韩峤，峤又能解《纪效新书》，故都监及南北操练之事，多是
此人所为。……其时宪府，以峤为擅改父名，削去仕版，而其父生
时，自改其名之事，误为峤罪，事极暧昧，故乙巳年间，蒙先王恩
命，已为荡涤。今者又以擅改父名被囚，而已经大赦。若以教诲官
称号下送，如年前送于两界之为，以责成效，则似或有益。而但方
在狱中，未及蒙放，自下擅便为难，惶恐敢禀。……"传曰：
"允。"①

　　"备边司"，原为朝鲜王室总领中央和地方军务的正一品衙门，壬辰
战争之后，备边司成为朝鲜中央文武合议机构，负责国家军政及外交全
面事务，备边司提调由领议政兼任。

　　以上记载说明，光海君时期，朝鲜王室主管训练士兵的训练都监，
及朝鲜地方军队的训练业务，都由"能解《纪效新书》"的韩峤予以指
导。正因为如此，朝鲜权力很大的备边司向光海君提议应该立即释放韩
峤，朝鲜军队包括地方军队急需他这样熟悉《纪效新书》的官员，更何
况，韩峤"擅改其父之名"并不成立，在先王（指宣祖国王）时期已经
澄清了，其父之名是他父亲在世时自己改的。韩峤被监禁了几个月后，
再次因"能解《纪效新书》"得到重用，1623 年 3 月，光海君被罢黜国
王之位，朝鲜仁祖登基后，韩峤仍然负责训练朝鲜士兵。

　　光海君时期，为了提升军队官员的军事技能，朝鲜王室还把戚继光
《纪效新书》作为朝鲜武科考试、选拔武举的重要内容，《朝鲜王朝实
录·光海君日记》光海君二年（万历三十八年，1610）十月二十一日的
记载就提道："武科殿试命官启辞，有曰：'《纪效新书》杀手所用剑，
有长短尺寸，斤两轻重，亦无定规，有乖习艺习法。'"② 这说明，当时
朝鲜国家的武科考试，参加考试的人员不仅要熟悉《纪效新书》中的内

---

① （朝鲜）《朝鲜王朝实录·光海君日记》卷 69，光海君五年八月，韩国首尔：探求堂
1973 年影印本，第 32 册，第 239 页。
② （朝鲜）《朝鲜王朝实录·光海君日记》卷 34，光海君二年十月，韩国首尔：探求堂
1973 年影印本，第 31 册，第 572 页。

容，而且还要按照《纪效新书》中的要求进行武艺演练。这样的举措，确保了进入朝鲜军队的官员熟悉戚继光的《纪效新书》，能够按照《纪效新书》的要求去训练和带领士兵。这也进一步说明，戚继光的《纪效新书》在壬辰战争之后，在宣祖国王去世后，仍然是朝鲜军队建设的重要参考和行动指南。

第二节　军队训练"悉遵戚氏之法"

光海君时期，朝鲜对士兵的训练，无论是中央政府直管的训练都监还是各道（省）、府管辖的地方军队，都是以戚继光的军事著作作为教科书。

《朝鲜王朝实录·光海君日记》光海君五年（万历四十一年，1613）十二月十三日记载：

> 传曰："训练都监军兵，十分优恤，勿为使唤于私处。自今现露者，令法司纠劾重治。"壬辰以后，国朝依《纪效新书》，创置训练都监，哨军募游手壮丁充之。应募者，皆市井富人子及庶族子弟。盖廪给优而名号新，比六军，颇闲逸故也。其后将不得人，酷加贱役，非旧属丁壮之类，皆求落籍。饥寒老弱之流，托名糊口，奸细无赖者，借以作弊。大抵已为无用之军矣。[①]

以上记载说，朝鲜国王光海君认为训练都监招募的士兵得到了很优厚的抚恤，而这些优待照顾没有体现在日常严格的训练上，而成了他们炫耀的资本，监察部门对出现的问题，要严加整治。记载还说，训练都监招募士兵，训练士兵，是从宣祖朝壬辰抗倭战争开始的，是依据戚继光的《纪效新书》进行的，凡是招募的士兵，都"廪给优"，给予了优厚的抚恤，这样的抚恤都可以"比六军"了，和国王身边的禁军相差无几了。"六军"，这里指禁军。但由于后来"将不得人"，没有好的军官、

---

① （朝鲜）《朝鲜王朝实录·光海君日记修正实录》卷26，光海君五年十二月，韩国首尔：探求堂1973年影印本，第28册，第143页。

教官去招募、训练这些士兵，结果一些"饥寒老弱之流""奸细无赖者"都混进了士兵队伍，使得训练都监招募、训练的士兵，成了"无用之军矣"。记载说明，朝鲜国王光海君发现了问题，但并没有放弃训练都监招募、训练士兵的机制，而是要恢复到壬辰抗倭战争期间的做法，严格按照《纪效新书》要求来做好。这也说明，光海君时期仍然是在依照《纪效新书》训练军队。

光海君时朝中官员崔起南（1559～1619，字兴叔，号养庵）因不满光海君的一些做法，要求到地方做官，被授永兴府使，在永兴府期间，"尤留意戎事，明束伍练技击，造战车习野操，悉遵戚氏之法"。① "永兴府"，今属朝鲜咸镜南道。崔起南的《墓志铭》也记载："一日，光海开筵，公力陈革弊之方，光海不悦。……公求补外，暨受永兴，慨曰：'此不足以试吾志乎。'罢不正之税，聚州髦士，教以诗书。人皆砥砺感发，有齐鲁弦诵之风，明束伍练技艺，造战车习野操，祖戚继光《练兵实纪》之规，蕲以行于北而得控御之效焉。"② "髦士"，英俊之士，语出《诗经·甫田》"攸介攸止，烝我髦士"。上述记载说，朝中官员崔起南任职地方官后，尤其"留意戎事"，重视地方军队建设，无论是"明束伍练技击"，列队操练，还是"造战车习野操"，制造战车等武器装备和实战演练，都是"悉遵戚氏之法"，按照戚继光训练"戚家军"的方法去做。崔起南还召集才能出众的青少年，教育他们读书，学习儒家经典，树立远大志向，并将这些学有所成的年轻人充实到地方军队中，"祖戚继光《练兵实纪》之规"，按戚继光《练兵实纪》中的要求训练他们，"蕲以行于北而得控御之效焉"，以求得他们有能力到朝鲜北部边境去抵御来犯之敌。这里主要指的是防止后金入侵朝鲜的北部边境。

韩国国立中央博物馆收藏有当年崔起南保存的光海君二年（万历三十八年，1610）依据戚继光《纪效新书》编纂的《武艺诸谱续集》，图片中人物练武的跨虎、顺鸾肘、一条鞭、悬脚虚饵四种姿势图，均来自十八卷本《纪效新书》卷十四《拳经捷要篇》，《拳经捷要篇》对每一个

---

① （朝鲜）《溪谷先生集》卷 13，《韩国文集丛刊》第 92 辑，韩国首尔：景仁文化社，1992，第 212 页。
② （朝鲜）《象村稿》卷 24，《韩国文集丛刊》第 72 辑，韩国首尔：景仁文化社，1991，第 64～65 页。

练武姿势图都有详细的文字说明。① 这说明光海君时期朝鲜军队训练指导思想来自戚继光的《纪效新书》，也可见证崔起南对戚继光军事著作的重视及其推行、落实的情况。

朝中官员权盼（1564～1631），字仲明，号闭户。光海君癸丑年（万历四十一年，1613），权盼以嘉善大夫（从二品）衔出任庆尚道长官，其所辖釜山一带与日本隔海相望，是朝鲜抵御日本入侵的战略要地。权盼上任后建军港，并按戚继光训练士兵的方法治理当地纪律松散的军队，收到了很大的成效。《资宪大夫刑曹判书吉川君权公行状》记载："釜山旧无藏舟之所，积年所备战船，每为风浪所荡折。公巡视海岸可掘处，凿成大港以藏之。至于易羸卒为骁健，变朽器为坚利。操练之规，皆法戚氏之制。于是而纪律之弛紊者无不整理，一路耸然改观。……乙卯（万历四十三年，1615）二月，差圣节使，既而传曰：'此人熟谙边事，可使之整理舟师。'遂拜三道巡检使。凡所施设，皆有条理，如轻车之就熟路，利器之遇盘根。所奏筹边四十余策，皆次第修举。自是兼备局总舟师。或躬自巡检，或遣从事句检者前后十年。"② 说采用戚继光训练士兵的建制和方法，不遵守军纪的朝鲜士兵竟然发生了明显的变化。记载说，权盼于万历四十三年（1615）以圣节使身份出使明朝，归国后，因其熟悉海防事务，而被任命为总管朝鲜南部三道（省）海疆水师的"三道巡检使"，权盼上任之后，因为曾有在釜山"皆法戚氏之制"，管理水师的经验，所以"轻车之就熟路"，在三道巡检使任上，取得了很好的成绩，并"兼备局总舟师"，确保朝鲜南部海疆"前后十年"平安无事。"备局"，指前面提到的"备边司"，壬辰战争之后，备边司负责国家军政及外交事务，权盼"兼备局总舟师"，应是兼管朝鲜全国的水师。

朝鲜仁祖朝时，权盼官至刑曹判书，去世后，《刑曹判书吉川君权公神道碑铭》还记载："朝廷以保障为急，出公守江华。设施兴作，动中肯綮，签丁缮械，悉仿戚将军书。兵民大和，特进阶通政。"③ "江华"，

① （明）戚继光撰，曹文明、吕颖慧校释《纪效新书》（十八卷本），中华书局，2001，第237、238、236、233页。

② 见（朝鲜）《苍石先生文集》卷18，《韩国文集丛刊》第64辑，韩国首尔：景仁文化社，1991，第583页。

③ 见（朝鲜）《东州先生文集》卷7，《韩国文集丛刊》第94辑，韩国首尔：景仁文化社，1992，第382页。

今韩国江华岛。"动中肯綮",意指常常切中要害或抓住问题的关键。"签丁缮械",这里指管理当地百姓、士兵和修缮城防设施、器械。"通政",指通政大夫,正三品。意思说,权盼任职江华郡守时,按照戚继光的军事著作管理当地的百姓、士兵,实施城防和军队建设,因军民团结,政绩突出而升职通政大夫。权盼在江华的任职时间是1616年至1619年,这在《资宪大夫刑曹判书吉川君权公行状》中有明确记载:"丙辰(1616),除罗州牧使,俄以西警紧急,移授江华。两邑之民,境上相争,有哭送而歌迎者。己未(1619),拜贩曹亚卿,其生财之道,息费之政,皆可以为后法。"①丙辰(1616)至己未(1619)期间,正是光海君当政时期,权盼之所以由罗州牧使"移授江华",是因为"西警紧急",朝鲜西部边境告急,权盼能够"法戚氏之制",治理好地方军队,故而被朝鲜王室紧急认命。

这都说明,光海君时期朝中官员任职地方后,"悉遵戚氏之法","悉仿戚将军书","操练之规,皆法戚氏之制",仍然按照戚继光的军事思想治理军队,处理军民关系,因而也收到了很好的成效。

光海君时期,朝鲜依据戚继光的练兵方法进行军事训练,还包括朝鲜的水师,这从光海君朝官员申之悌的一首诗作《水操》就可以看出:

水操

联柁齐桡割翠浪,天明一一集前洋。

蛟龙避窟分旗影,霜雪回光耀剑铓。

奇正旧闻诸葛算,指挥新出戚公方。

相门沛泽沾群下,重慰鱼饥费饵香。②

申之悌(1562~1623),字顺夫,号梧峰,历官朝鲜礼安县监、礼曹正郎、全州判官、司宪府持平、全罗道暗行御史、昌原府使、承政院同副承旨兼经筵参赞官春秋馆修撰官等职,去世后,追赠嘉善大夫(从二

---

① 见(朝鲜)《苍石先生文集》卷18,《韩国文集丛刊》第64辑,韩国首尔:景仁文化社,1991,第584页。

② (朝鲜)申之悌:《梧峰先生文集》卷2,《韩国文集丛刊·续集》第12辑,韩国首尔:景仁文化社,2006,第422~423页。

品）、吏曹参判。申之悌有《梧峰先生文集》传世。《梧峰申先生行状》记载，宣祖壬辰年（万历二十年，1592）申之悌任礼安县监时，正值日本大举入侵朝鲜，"列郡守令，皆弃城逃窜"，而申之悌临危不惧，"招集两邑兵民，亲领赴龙宫地，遮截贼路。兵散而还。贼自安东犯本县，公更谋举兵，贼退乃止"。申之悌代表朝廷视察地方时，"时岁荒民饥，公尽力赈救，……全活者甚众"，"公在宣城，当大饥，血诚赈救，全活者累千人"。任职全州判官时，"公一切挥斥，抑强扶弱，威惠并行，吏民莫不畏服。递后州人立碑颂之"。①

　　申之悌的《水操》诗，创作于其任职昌原府使期间，收录在《梧峰先生文集》卷二《桧山杂咏上》中，作者自注："桧山即昌原也。癸丑（1613）赴任，戊午（1618）递还。"②《水操》是《海录》组诗的第三首，描写了朝鲜水师按照"戚公方"训练，即按照戚继光训练方法训练水师的场景。"昌原府"，在今韩国南部庆尚南道境内，昌原市是今韩国庆尚南道行政中心（相当于省会城市）。

　　《水操》诗首联"联柁齐桡割翠浪，天明一一集前洋"，意思说，水师的战船一艘又一艘地划破海面的碧波，在天亮时都一一聚集在前洋的海面上进行操练。"柁"，这里是"舵"的意思。"联柁"，指许多船只。"桡"，同撑，这里是撑船、行船的意思。

　　颔联"蛟龙避窟分旗影，霜雪回光耀剑铓"，意思说，战船如同蛟龙离开了躲避的洞穴，桅杆上旗帜的影子在海面上晃动，还有船上士兵们舞动的刀剑寒光闪耀。"霜雪"，这里指刀剑寒光。"回光"，晃动的光影。

　　颈联"奇正旧闻诸葛算，指挥新出戚公方"，意思说，过去谈兵法时，常说诸葛亮神机妙算，而现在学习的是新出的戚继光打胜仗的兵法。"奇正"，中国古时兵法术语，古代作战以对阵交锋为正，设伏掩袭等为奇，这里代指兵法、阵法。"诸葛算"，说诸葛亮神机妙算。"戚公方"，戚继光打胜仗的方法、兵法。申之悌任职昌原府使期间，也是前面提到

---

① （朝鲜）《梧峰先生文集》附录上，《韩国文集丛刊·续集》第 12 辑，韩国首尔：景仁文化社，2006，第 513 页。

② （朝鲜）申之悌：《梧峰先生文集》卷 2，《韩国文集丛刊·续集》第 12 辑，韩国首尔：景仁文化社，2006，第 422 页。

的权盼任职总管朝鲜南部三道（省）海疆水师的"三道巡检使"期间，"三道"，就包括昌原府在内的庆尚道，这也与权盼"操练之规，皆法戚氏之制"相吻合。

尾联"相门沛泽沾群下，重慰鱼饥费饵香"，意思说，我们这些享受着朝廷盛大恩泽的官员们聚集在这里检阅水师操练，也要加倍地抚慰这些辛苦操练的士兵，关心他们的疾苦。"相门"，宰相之门，这里代指官府、衙门。"沛泽"，盛大的恩泽。"慰"，这里是安慰、抚慰的意思。"群"，聚集。"鱼饥费饵香"，出自中国唐代著名诗人杜甫《送顾八分文学适洪吉州》"邦以民为本，鱼饥费香饵"，意思说，国家要以民为本，老百姓就像水里饥饿的鱼一样，如果有香饵就会上钩，言外之意，如果百姓活不下去，就会背离朝廷，跟着反叛者造反。"费饵香"，即招徕的意思。我们下面会提到当时朝鲜王朝的官员在学习戚继光军事思想时，把戚继光关心士兵及家庭的疾苦、爱戴百姓的言行，也作为学习效仿的主要内容，作者既然在颈联中提到"指挥新出戚公方"，这里应是联想到了戚继光，要像戚继光那样关心士兵，这样才能使操练的士兵无后顾之忧，一心一意训练打仗。

《水操》诗的前二联描述的是"水操"的场景，第三联颈联交代是在按照"戚公方"，即戚继光的练兵之法进行操练。前三联层次分明，层层递扣，有描述，有说明，逻辑性很强，可第四联尾联作者却提出了"邦以民为本"的观点，看似与水师操练无关，但这才是诗歌的主题，即水师操练是为了海疆的安宁，是为了百姓的平安，而戚继光军事思想的核心是练兵为民，是为了保护老百姓。戚继光爱兵如子，所以才能时时处处关心士兵疾苦，更何况当年戚家军的来源主要是下层能吃苦的百姓子弟。前面提到朝鲜学习戚继光军事思想，进行军制改革，兵员也大多来自饥民，所以当看到这些操练的士兵时，诗歌作者也就很自然地联想到杜甫的"邦以民为本，鱼饥费香饵"诗句，并运用到自己的诗歌中，这也与前面的"指挥新出戚公方"诗句，与戚继光的军事思想相吻合。

诗文如其人，申之悌表达这样的诗歌主题，也与他的官品人品相一致，前面介绍过，申之悌关心灾民，时刻关注百姓疾苦，这一点在作者的诗文中也多有体现，朝鲜肃宗至英祖时期的著名学者、散文家李光庭

（1674～1756）在撰写的《梧峰先生文集·序》中评价申之悌说："其言温厚和平，虽寻常吟咏之作，无不发诸性情，……至其爱君忧国伤时隐俗而不能自已，忠厚恻怛蔚然风人之遗音矣。信所谓蕴之为德行，发之为文章，仁义之人，其言蔼如也。"① 这也可说明申之悌在视察水师操练时，在联想到戚继光练兵带兵的经历时，为什么能抒发出忧国爱民之情。作者之所以赋诗赞扬"戚公方"，不仅是赞扬用戚继光的练兵之法训练出来的如同"蛟龙"的朝鲜水师，更是赞扬戚继光的忠心报国、一心为民、"封侯非我意，但愿海波平"的高尚情操。

第三节　城防建设"一如《纪效新书》"

宣祖国王于宣祖四十一年（万历三十六年，1608）二月去世，光海君李珲即位后，在城防建设上"一如《纪效新书》"，《朝鲜王朝实录·光海君日记》记载：

> 备边司启曰："……平壤、宁边为一道主镇，缮器械、贮粮饷，一如《（纪效）新书》'城守哨编'所纪，虽大贼猝发，而有老黑当途之势。"②

"宁边"，在今朝鲜平安北道宁边郡，当时朝鲜设宁边大都督府。"城守哨编"，指《纪效新书》中城防《守哨篇》。前面提到《纪效新书·守哨篇》有城防建设的详细记载，包括城墙及城防器械的配备、粮饷的储备等。"老黑当途"，即老黑当道，比喻猛将镇守要塞。

《光海君日记》上述记载说，朝鲜在北部重镇平壤、宁边修建城防设施时，无论是城防器械，还是粮饷的储备，都是依照《纪效新书》中的《守哨篇》来做的，即使大批强敌突然来犯，也如老黑当道，猛将镇守，能够抵御进犯之敌。这说明，光海君时期在城防建设上仍然将《纪

① （朝鲜）李光庭：《梧峰先生文集·序》，《韩国文集丛刊·续集》第12辑，韩国首尔：景仁文化社，2006，第394页。

② （朝鲜）《朝鲜王朝实录·光海君日记》卷3，光海君即位年八月，韩国首尔：探求堂1973年影印本，第26册，第159页。

效新书》作为重要的参考标准。

　　光海君时期依照戚继光的军事著作进行城防建设的情况，当时的朝鲜资料也有记载。据《资宪大夫户曹判书迷翁崔公行状》记载，崔瑾（1563～1630），又名崔琇，字莹中，号迷翁，壬辰战争爆发时，"拜兵曹佐郎，四月倭乱，扈驾到平壤"，癸丑（光海君五年，1613），时任户曹参判的崔瑾"出任咸镜道观察使，巡察山川险阻，修筑城津山城，甚得岭海守御形势之胜"。仁祖朝时，崔瑾官至汉城判尹（正二品）、户曹判书。①"城津山城"之所以能"甚得岭海守御形势之胜"，成为防御外敌入侵的优秀的城防设施，是因为它是参照戚继光《纪效新书》中城建标准建设成的。崔瑾修筑城津山城的情况，仁祖朝官至朝鲜吏曹判书、大提学（正一品）的郑经世（1563～1633）于万历乙卯（1615）夏在《城津山城岭海楼记》中也写道：

　　　　（城津山城）其规模大略仿戚氏《（纪效）新书》之制，就后峰最峻处，设大炮楼以临之。城之高壮坚完，甲于八路。军民之役于是者，皆知其经远之虑。必守之形，有所乐而不怨，有所恃而不惧焉。城之左右，皆设谯门，合而扁之于其左曰"岭海楼"，摭形势也。城尽处积以巨石，设亭障其上，恰与山海关之望海亭相似，则扁之曰"望海亭"，慕中华也。轩曰"朝日"，不忘敬也。台曰"斩鲸"，志歼贼也。既讫工，率将士以落之。……公名瑾，字莹中，历扬中外，所至有声绩，是役也。②

　　《城津山城岭海楼记》记载说，新建的城津城"其规模大略仿戚氏《（纪效）新书》之制"，在城的"后峰最峻处"还设有"大炮楼"，以防外敌的入侵。城墙"高壮坚完，甲于八路"，说新建的城津城是当时朝鲜全国最好的城防建筑。这里提到的"其规模大略仿戚氏《（纪效）新书》之制"，应是仿照戚继光十四卷本《纪效新书》卷十三《守哨篇》

---

①　见（朝鲜）《顺庵先生文集》卷27，《韩国文集丛刊》第230辑，韩国首尔：景仁文化社，1999，第351、354页。

②　（朝鲜）郑经世：《愚伏先生文集》卷15，《韩国文集丛刊》第68辑，韩国首尔：景仁文化社，1991，第275～276页。

中"城制""城制解""重门大楼制""重门大楼解"等样式、尺寸标准建设的，如大城"高，除垛，城身必四丈或三丈五尺，至下亦三丈，面阔（指城墙顶部的宽度）必二丈五尺，底阔六丈。次城，除垛，城身高二丈五尺，面阔二丈，底阔五丈。小城，除垛，城身二丈，面阔一丈五尺，底阔四丈。此其大较。若再加宽、阔益善，势不可再减"。① "重门大楼制""重门大楼解"记载了"大炮楼"的建设样式和尺寸标准。② 《纪效新书·守哨篇》中还附有各自的图片。城津山城因为是依据戚继光的《纪效新书》中"城制"标准建设的，所以才能"高壮坚完，甲于八路"，是当时朝鲜城防标准和建筑质量最好的。

记载还提到不仅新建的城津城"其规模大略仿戚氏《（纪效）新书》之制"，就连在城头上建的亭子，也"与山海关之望海亭相似"，并命名"望海亭"，之所以形似名同，是因为"慕中华也"，仰慕中华文化，敬仰戚继光这样的中华英雄。中国长城最东段的山海关城楼，就是当年戚继光镇守蓟州时带领部属所增建的。清康熙九年《山海关志》记载："万历七年增筑南海口入海石城七丈，都督戚公继光、行参将吴惟忠修。"③《明史·戚继光传》也提道："自嘉靖以来，边墙虽修，墩台未建。继光巡行塞上，议建敌台。略言：'蓟镇边垣，延袤二千里，一瑕则百坚皆瑕。比来岁修岁圮，徒费无益。请跨墙为台，睥睨四达。台高五丈，虚中为三层，台宿百人，铠仗糗粮具备。令戍卒画地受工，先建千二百座。……'督抚上其议，许之。……五年秋，台功成。精坚雄壮，二千里声势联接。"④《明史·戚继光传》虽然没有具体提到山海关的增建，但山海关当时在戚继光所辖的区域内，而且在长城的最东段临海处，是重点的防御之地，所以，重点改建山海关的防御设施是必定的。记载还提到崔璡将城楼命名为"朝日"，是因为"不忘敬也"，不忘明朝的皇帝和中国军民；将城台命名为"斩鲸"，是因为"志歼贼也"，要立志歼

---

① （明）戚继光撰，范中义校释《纪效新书》（十四卷本），中华书局，2001，第306~307页。

② （明）戚继光撰，范中义校释《纪效新书》（十四卷本），中华书局，2001，第310~311页。

③ 义乌丛书编纂委员会编《长城有约：义乌与长城的历史对话》，上海人民出版社，2013，第140页。

④ （清）张廷玉等：《明史》（简体字本）卷212，中华书局，2000，第3742页。

灭从海上来的入侵之敌，这里主要指日本军队。崔瓘经历过壬辰战争，当时还官拜兵曹佐郎，对日本入侵给朝鲜带来的灾难，对中国军队为朝鲜人民反击日军侵略所做出的巨大贡献和牺牲都铭记在心，特别是戚继光当年训练出来的"浙兵"在朝鲜的卓越表现，崔瓘更是充满了敬意，所以才会有着这样的举动：仿照《纪效新书》中"城制"标准建设城津城，增建"望海亭"，将城楼命名为"朝日"，将城台命名为"斩鲸"。撰写《城津山城岭海楼记》的郑经世，同样经历过壬辰战争，与崔瓘有着同样的感受，所以才能撰文对崔瓘的举动大加赞赏。崔瓘、郑经世都是光海君、仁祖朝很有影响的文臣，他们对戚继光的推崇，也推动了戚继光军事思想及其著作在朝鲜半岛的传播。

　　除前面提到的城津山城，当时朝鲜各地进行城防建设时，也以《纪效新书·守哨编》中的记载作为参照标准。历官朝鲜吏曹参议、司宪府大司宪、大护军等职的金德諴（1562～1636），光海君七年（万历四十三年，1615）任输城察访时，写有《敌忾楼记》。

　　　　沿江巨镇，棋布有六，而虏犯上流，则鳌山先受敌，宁山为之次。守御之急，兵家所谓要害也。故其始也，择形便而置府，实曰富宁。……张侯晚巡察于北，身历城池，谓其城大兵尠，病不能守。缩其周而增其高，土其郭而设重险，架廊起楼于两城之上。一仿戚帅《纪效新书》。……明年乙卯，民安事省，乃于东门少南，南门近东，量形势之最卑，占梯冲之先犯，以子母城为础，以丁戊面正位。空中楼阁，突兀于粉堞第一层，其制依炮楼而广之。三其架六其楹，楼之三壁，上以土，下以板，而有炮穴焉，矢穴焉，枪穴焉。临敌而为俯攻之规。……万历乙卯（1615）八月日，输城督邮金德諴记。①

　　"输城"，指河流输城川，在今朝鲜咸镜北道中部，自北而南经今朝鲜清津市一带入海。"虏犯上流"，这里指的是东北地区的后金军队对朝

---

①　（朝鲜）金德諴：《醒翁先生遗稿》卷2，《韩国文集丛刊·续集》第12辑，韩国首尔：景仁文化社，2006，第334～336页。

鲜境内的骚扰。"富宁"，在今朝鲜咸镜北道富宁郡。

《敌忾楼记》记载说，为了加强朝鲜北方重镇富宁城的防御能力，地方官员依据富宁城的地形，"仿戚帅《纪效新书》"，重建了富宁城，除了"缩其周而增其高"外，也"设重险，架廊起楼于两城之上"。这里说的"架廊起楼""其制依炮楼而广之"，就是《纪效新书》中提到的在城墙上设置"大炮楼"，按照其中记载的"重门大楼制"的样式、标准进行建设。新建的城墙、炮楼"有炮穴焉，矢穴焉，枪穴焉"，这在《纪效新书·守哨篇》中也有详细记载，其中记载的"悬眼制""悬眼解"，① 就是这方面的内容，并附有图片。

以上记载说明，朝鲜光海君时期，无论是训练朝鲜的士兵，还是进行城防建设，包括配置火炮等新式火器，都"仿戚氏新书之制"，以戚继光的军事思想及其著作作为指导，由此也可见，即使壬辰战争结束之后，甚至王室更迭，戚继光的军事思想及其著作仍对朝鲜产生着重要影响。

光海君时期，戚继光的军事思想仍然对朝鲜军队建设产生着重要影响，朝鲜的军队建设延续了前朝的一些做法，继续将戚继光的军事著作作为朝鲜军队训练的教科书，包括朝鲜的水师操练。由于朝鲜北方后金的崛起，朝鲜军队把防止后金骑兵的入侵作为训练重点，学习的军事教材主要是戚继光的《练兵实纪》，将其中的"车骑步之法"作为训练的主要内容。光海君时期，朝鲜王室除了与明王朝保持着既往的关系外，还与北方的后金私下里保持着联系，南部沿海一带也没有了日军入侵的压力，因而强军的力度，及戚继光军事思想对朝鲜军队的影响，都远远不及宣祖时期。

---

① （明）戚继光撰，范中义校释《纪效新书》（十四卷本），中华书局，2001，第308～309页。

第三章　仁祖时期：军队训练
只行戚继光法

明朝天启三年（1623）3 月，光海君在朝鲜王室权力之争中被赶下台，朝鲜进入了仁祖时期（1623～1649）。仁祖，名李倧，光海君的侄子。光海君时期，朝鲜王室曾对后金采取观望态度，也曾秘密与后金进行沟通，但李倧上台之后，摒弃了光海君的观望态度，而是明确以明王朝为宗主国，反对与明王朝为敌的后金政权，因而也更加推崇中华文化，更加感恩派兵抗倭援朝的明朝万历皇帝和在壬辰战争期间为挽救朝鲜所做出巨大贡献和牺牲的明军，特别是浙兵及其将领们，也就对戚继光的军事思想及其著作更加重视。仁祖期间，朝鲜训练士兵，只传授戚继光《纪效新书》《练兵实纪》的内容，并用其中的内容来考核各级军官。这一时期，戚继光的著作仍然是朝鲜军队，包括地方军队建设的教科书。

第一节　步兵训练"只教《纪效新书》"，
骑兵"依《练兵实纪》"

仁祖时期，朝鲜仍实行宣祖时期军制改革后的训练都监制，即由朝鲜领议政领衔的训练都监，负责朝鲜新兵的招募和训练。训练新兵的教材也延续了宣祖、光海君时期的做法，以戚继光《纪效新书》中的内容为基础编纂教材作为教科书，如《朝鲜仁祖实录》记载，仁祖六年（崇祯元年，1628）十月，朝鲜兵曹判书李贵在给仁祖国王的上书中说："训练都监新抄募军，只教《纪效新书》，祖宗朝教练之法，废而不举。"[1] 说训练都监在训练新招募的士兵时，只传授《纪效新书》中的内容，而对朝

---

① （朝鲜）《朝鲜仁祖实录》卷 19，仁祖六年十月，韩国首尔：探求堂 1973 年影印本，第 34 册，第 297 页。

鲜过去的一些练兵方法，都废止不学习了。当时背景是，朝鲜仁祖五年（天启七年，1627），后金军队入侵朝鲜，明朝自顾不暇，无力救援朝鲜，仁祖国王李倧逃至江华岛（今属韩国，在韩国西北部），并被迫与后金议和，并认后金为兄长之国。即使在这样的情况之下，朝鲜仍然推崇明王朝认可的民族英雄戚继光，戚继光的军事著作仍在仁祖时期的朝鲜军队建设中占有非常重要的位置。

《朝鲜仁祖实录》仁祖七年（崇祯二年，1629）七月记载：

> 上谓（李）曙曰："畿内之军，卿操练已久。予欲亲阅，而以国家多事，尚未为之。今于农隙，阅视何如？"曙曰："臣之操练，今已五年矣。上欲亲阅，初冬望间，为之可也。但军数几至万八千，臣恐慕华馆前地狭矣。"上曰："一时聚会，势难毕阅于短晷，可三分其军，而阅其一。水原军二千，先令上来。"曙曰："习阅之法有二，今则废五行阵法，只行戚继光法。若用戚法，必连营，自上未能详阅其优劣矣。"①

上述记载是仁祖国王与负责训练士兵的朝鲜官员李曙的一段对话。记载说，仁祖国王要检阅经过训练的守护京都汉城的朝鲜军队。"畿内之军"，指驻扎在京都及周边的军队。李曙说，这些军队已经按照"戚继光法"操练五年了，接受检阅的人数是"几至万八千"，需要一个很大的场所，慕华馆前的场地太小了。"慕华馆"，当时朝鲜的国宾馆，是举行郊迎等礼仪的主要场所。仁祖国王说，可以在慕华馆前分批分期检阅。李曙说，这些军队不是按照朝鲜过去"五行阵法"训练的，而是"只行戚继光法"，是用戚继光训练士兵的方法训练的。用"戚继光法"操练的士兵，只有一起检阅，才能看出训练的效果。"五行阵法"，是中国古代冷兵器时代的一种布阵方法，按照金、木、水、火、土五行的生克关系布阵。"戚继光法"，指的是面对持有鸟铳等新式火器的倭寇，为减少士兵的伤亡，戚继光创立的一种以疏散战斗队形为主的鸳鸯阵法，适合

---

① （朝鲜）《朝鲜仁祖实录》卷21，仁祖七年七月，韩国首尔：探求堂1973年影印本，第34册，第337页。

在地势平坦的地方散开作战。

上述《朝鲜仁祖实录》的记载说明，仁祖时期，朝鲜军队在训练时，"只行戚继光法"，按照戚继光的军事思想及其著作训练士兵，这也与《朝鲜仁祖实录》仁祖六年记载的"只教《纪效新书》"相吻合。

仁祖时期，戚继光的《练兵实纪》也是朝鲜训练都监训练士兵的重要教材，这在《朝鲜仁祖实录》中也有记载，仁祖十二年（崇祯七年，1634）五月记载：

> 训练都监启曰："都监三手军，皆是步兵，其有马者，只若干别武士，故只出别武士将一人，使之领率矣。数年以来，都监办得马匹，且募得无役人及本军中拙于炮杀之技者，移定马兵，其数五百余人，而将领则只是一员。请依《练兵实纪》骑、步参用之法，加出将官，以明其分数。"上从之。①

"三手"，指杀手、射手、炮手。杀手，指使用刀、枪、剑、戟等冷兵器的士兵；射手，指使用弓箭的士兵；炮手，指使用鸟铳、火炮等火器的士兵。"杀手"也称"技手"，朝鲜英祖时期，庄献世子李愃关于壬辰战争期间依照戚继光《纪效新书》训练朝鲜士兵时说："教三手法于国中，一曰射，二曰炮，三曰技。技者，俗称杀手也。"②"武士"，习武练兵之人，这里指朝鲜训练新兵的军官。

仁祖十二年（崇祯七年，1634）五月的记载说，训练都监向仁祖国王提议：训练都监之前训练的新兵都是步兵，学习的内容是三手（杀手、射手、炮手）技艺，现在要在新兵中组建马兵（骑兵）部队，要依照《练兵实纪》的内容进行训练，配备将官。训练都监的提议，得到了仁祖国王的支持。

前面介绍过，戚继光的《纪效新书》，是戚家军抗倭实战的经验总结，作战对象主要是持有新式火器的倭寇，戚继光的《练兵实纪》是抵

---

① （朝鲜）《朝鲜仁祖实录》卷29，仁祖十二年五月，韩国首尔：探求堂1973年影印本，第34册，第550页。

② （朝鲜）李愃：《凌虚关漫稿》卷7，《韩国文集丛刊》第251辑，韩国首尔：景仁文化社，2000，第131页。

御长城以北少数民族侵扰的作战经验总结，作战对象主要是持有冷兵器的骑兵军队。虽然后来十四卷本的《纪效新书》纳入了《练兵实纪》中的部分内容，但对《练兵实纪》中骑兵训练的许多具体内容并没纳入。仁祖时期既然仍将戚继光的军事思想及其著作作为朝鲜军队的指导思想和教科书，所以不仅在训练朝鲜步兵时"只教《纪效新书》"，而且在组建和训练骑兵时，也依照戚继光的《练兵实纪》。《练兵实纪》卷一《练伍法》第一部分讲的就是"骑兵"，包括"第一，选骑兵""第二，骑旗鼓""第三，骑杂流""第四，骑队牌""第五，骑旗号""第六，骑什器""第七，骑神器""第八，拒马柞"八部分内容，① 从如何选拔、训练和管理骑兵，到如何抵御敌人骑兵的攻击都有详细的记载。"骑杂流"，指骑兵队伍中勤杂人员。"骑什器"，指骑兵队伍中的各种器具。"骑神器"，指骑兵使用的各种火器。"拒马柞"，指古代用于抵御敌人骑兵队伍的障碍物。除了上述八部分内容外，《练兵实纪·杂集》卷五《军器解》中还有"马兵（什物）""马上器械"等内容，② 对骑兵队伍中兵器等器械配备、制造、使用有着更为具体的记载；《练兵实纪·杂集》卷六《车步骑营阵解》中，有"马营解"的内容，其中画有"马队图""马营图"，还有"马营解"，③ 具体记载了骑兵军队的编制及人员、武器、杂物配备的数量、标准。这也说明，仁祖时期，无论是朝鲜训练使用各种兵器的步兵，还是训练使用各种兵器的骑兵，包括队伍建制、兵器配备，都是以戚继光的军事著作作为主要教材。

朝鲜将戚继光的《练兵实纪》作为训练士兵的教科书，实际早在仁祖登基不久就开始了。这主要是因为仁祖即位后与明王朝建立了更加紧密的关系，也就招致了后金政权更大的敌意，为防止后金的入侵，朝鲜军队在训练士兵时，也以后金军队作为最大的假想敌。由于《练兵实纪》针对的目标是以骑兵为主的胡人，即中国北方的少数民族，也包括后金在内，所以，仁祖初期朝鲜就非常重视《练兵实纪》在朝鲜军队建

---

① （明）戚继光撰，邱心田校释《练兵实纪》卷1，中华书局，2001，第11～27页。
② （明）戚继光撰，邱心田校释《练兵实纪·杂集》卷5，中华书局，2001，第300～304页。
③ （明）戚继光撰，邱心田校释《练兵实纪·杂集》卷6，中华书局，2001，第335～337页。

设中的指导作用，并将其作为考核将官的主要内容。

《朝鲜仁祖实录》仁祖五年（天启七年，1627）四月记载："各邑守令、将官，率所抄军兵，自十月望后，至二月望前，每朝再次练艺，各于其邑为之。营将则自十月望后，至二月望前，三次习阵，仍为练艺。每年岁末，监、兵使会同，通五营习阵一次。一，教练，用《练兵实记（纪）》《兵学指南》。兵使巡行时考讲，将官不通者，决棍，连五次不通，两朔自备粮罚防，三次能通者，复其户役。"① "监"，指负责训练士兵的训练都监。"兵"，指兵曹。"《兵学指南》"，是朝鲜训练都监依据戚继光的《纪效新书》编纂的军队教科书。朝鲜正祖国王（1776～1800）李祘在《兵学指南·序》中就提道："戚帅继光，……其所撰《纪效新书》十八篇，精粗悉备，显微无间。……而我东之《兵学指南》，又节约《（纪效）新书》之编也。"② 肃宗朝官至朝鲜领议政的金锡胄（1634～1684），在担任兵曹判书主持朝鲜军务时撰写的《行军须知·序》中也记载："昔在壬丁，我国再遭倭难，明天子为之发兵东救，而其时总戎受脉，多是宿帅，能识边事、晓军机者。我之将士，亦得以扣质疑难于帷幢之暇，仍取戚氏《（纪效）新书》，撮其操练之要，名之曰《兵学指南》，则今国家之设厅讲授，称为能么儿者，即此法也。"③ "壬丁"，指朝鲜宣祖时期日本两次大规模入侵朝鲜的时间壬辰年（万历二十年，1592）、丁酉年（万历二十五年，1597）。金锡胄的记载说明，明军抗倭援朝期间，朝鲜将领从赴朝参战的明军将领那里学习了《纪效新书》，依据《纪效新书》的要点，编纂了《兵学指南》，并进入朝鲜国家讲堂，成为指导朝鲜军队建设的法典。

上述《朝鲜仁祖实录》记载说，朝鲜各地、各级将官都要在每年十月至下一年二月这段时间集中进行练兵，学习技艺。年底，训练都监、兵曹要进行演练考核，要用《练兵实记（纪）》《兵学指南》作为训练、考核朝鲜将官的教材，兵曹要依据巡查学习的情况，对考核成绩没有过

---

① （朝鲜）《朝鲜仁祖实录》卷16，仁祖五年四月，韩国首尔：探求堂1973年影印本，第34册，第194页。

② （朝鲜）李祘：《弘斋全书》卷9，《韩国文集丛刊》第262辑，韩国首尔：景仁文化社，2001，第142页。

③ （朝鲜）金锡胄：《息庵先生遗稿》卷8，《韩国文集丛刊》第145辑，韩国首尔：景仁文化社，1995，第245页。

关的，要处以棍责，连续五次考核还没过关的，要处以自备粮饷到边关戍边两个月的处罚。经过三次考核能过关的，可以恢复其正常的户役身份。这说明，仁祖时期，仍将戚继光的著作作为朝鲜军队的教科书，并制定了严厉的考核监察措施，以确保戚继光军事思想的贯彻落实。光海君时期，朝鲜王室要求参加武科考试的人员必须熟悉戚继光的《纪效新书》，并要按照《纪效新书》的要求进行武艺演练，把住了选拔朝鲜军官的入口关。仁祖时期则对在职的朝鲜军官，依照戚继光的兵书进行严厉的考察和考核，更有力地确保了戚继光的军事思想在军队中的贯彻落实。

关于仁祖时期重视《练兵实纪》的情况，《朝鲜仁祖实录》仁祖六年（崇祯元年，1628）九月记载，朝鲜兵曹在给仁祖国王的上书中说："都监所练，只御倭之技，至于防胡之策，则详在《练兵实纪》。"① 兵曹的上书说，朝鲜训练都监在训练士兵时，只学习抵御倭寇入侵的一些技艺，忽视了学习防御北方后金入侵的策略和技艺，而这方面的内容主要在《练兵实纪》一书中。"御倭之技"，这里指《纪效新书》中记载的关于抵御倭寇入侵的技艺。兵曹的上书并不是说不要学习戚继光的《纪效新书》，而是强调在面临后金入侵的背景之下，朝鲜军队还要学习戚继光的《练兵实纪》，因为《练兵实纪》就是当年戚继光为防御后金这样一些胡人骑兵而编写的。

前面提到光海君当政时重用熟悉《纪效新书》的韩峤训练朝鲜士兵，仁祖朝时，韩峤继续得到重用，仁祖元年（天启三年，1623）四月，辅佐仁祖登基的有功之臣崔晛就对仁祖国王说："韩峤善知兵，尝言车战之利。臣往宁边，令峤试用车战而观之矣。……臣观韩峤车战之法，三面用防牌，以防贼之冲突。后面空虚，以为运转之地。环列四面，有如筑城然，贼不敢穿入矣。"② 这说明，仁祖登基后韩峤仍担任朝鲜训练士兵的总教官，而且得到了朝鲜王室的信任。记载中提到的"韩峤车战之法"，即光海君时期韩峤在给光海君李珲上疏中提到的戚继光"《（练

---

① （朝鲜）《朝鲜仁祖实录》卷19，仁祖六年九月，韩国首尔：探求堂1973年影印本，第34册，第294页。

② （朝鲜）崔晛：《䚇斋先生文集》卷6，《韩国文集丛刊》第67辑，韩国首尔：景仁文化社，1991，第276页。

兵）实纪》车骑步之法"。① 韩峤在朝鲜军队中传授的"车战之法"，来自戚继光的《练兵实纪》，《练兵实纪·杂集》卷六《车步骑营阵解》有"车营图""车营解"等内容，② 记载了车战布阵及人员、火器等配备情况。这都说明，仁祖时期仍然非常重视戚继光的军事著作在朝鲜军队建设及训练士兵中的指导作用。

第二节　练兵场纪实："以戚将军之书操军伍"

仁祖时，朝中官员吴翿（1592～1635）写有《寿春练军图序》，记载了其于仁祖六年（崇祯元年，1628）去朝鲜军队练兵现场见到的场景，以及和练兵现场总指挥、朝鲜三镇使董某的一段对话，赞赏了戚继光的《纪效新书》指导朝鲜练兵所带来的"千万心为一心""千万人之勇""千万人之义"的整齐划一、勇往直前、无坚不摧的军容。

吴翿，字肃羽，号天坡，进士出身，殿试第三，朝鲜仁祖朝时，官至左承旨（正三品）兼承文副提调、黄海监司。吴翿曾于光海君十二年（万历四十七年，1619）、仁祖二年（天启四年，1624）两次出使明朝，仁祖二年出使明朝时，"过齐赵之墟，历数百千里，公容止闲雅，又善华语，华士见者，无不敬而慕之，争投诗以求"。吴翿撰写的给明朝的陈奏中有"天朝诸公，莫不首肯赞叹，事竟准请。即还，仁祖嘉之，赐土田减获，以酬其功。时乙丑（仁祖三年，1625）四月也"。③ 这既说明吴翿精通汉语，极具文学才华，其诗文在中国很受欢迎，也说明吴翿出色地完成了出使使命，因表现优异而得到仁祖国王的嘉奖。当时吴翿一行乘船于仁祖二年（天启四年，1624）四月二十三日从山东半岛登州（今属蓬莱市）港登陆，于九月十二日离开登州城，经齐（山东）、赵（河北）进入北京。次年（仁祖三年，天启五年，1625）三月，吴翿一行返程时再经登州城。因登州府城驻地是戚继光的故里，下面会提到仁祖时期出

---

① （朝鲜）《朝鲜王朝实录·光海君日记》卷39，光海君三年三月，韩国首尔：探求堂1973年影印本，第31册，第615页。

② （明）戚继光撰，邱心田校释《练兵实纪·杂集》卷6，中华书局，2001，第331～334页。

③ （朝鲜）崔锡鼎：《明谷集》卷22，《韩国文集丛刊》第154辑，韩国首尔：景仁文化社，1995，第306～308页。

使明朝的朝鲜使臣路经登州城时多次提到戚继光，笔者虽然没有查到当年吴翔一行路经登州城时对戚继光的相关记载，但既然吴翔一行路经登州城，又在登州城住了多日，必然也会关注在朝鲜半岛有着很大影响的戚继光的故里。

　　吴翔是仁祖朝很有正面形象的官员，出任槐山郡守时，"岁大饥，公悉心周赈，……未满百日，政声已著。"任司宪府持平时，外戚"数人恃恩纵恣，公弹治抵罪，风裁凛然，朝纪日严"，"吴翔颖悟多才，以国事死于道，……特为追赠该吏曹参判（从二品）兼两馆提学"。[①] 说吴翔在地方为官执政为民，政绩突出；在朝中为官公正执法，不惧权贵。仁祖十一年（崇祯六年，1633），吴翔受命接待明朝使者，带病赴任而死于途中。去世后，朝鲜王室给予追赠官职的奖励和抚恤。吴翔去世后，其弟将其文集结集为《天坡集》刊行，仁祖朝著名文臣，官至领相的李景奭为《天坡集》作序，赞吴翔的诗文"弥中彪外，发而为辞，名章迥句，迭作间起，晔然其彩，铿然其音，大抵皆可讽也。文亦纡余遒丽，彬彬然有古作者之风，其于不朽之业，一何盛也。"[②] 这都可见吴翔在当时的地位和影响。

　　吴翔的《寿春练军图序》收录在《天坡集》中，节录如下：

　　　　三镇使董率其属州府郡县将士，合营于寿春昭阳之野，大约五千，（吴）翔晨入壁申约束。用中朝戚将军《纪效新书》，自卯而作，尽申而止。其法方而静者象地，圆而动者象天。或曲而横，或直而纵，或翼如鹤翥，或长如蛇走。奇不失正，正不失奇，探之无间，操之无形，神施而鬼设，杂出于八阵六花而无遗秘矣。于是士无不投石超距，抵掌鸣剑，思一当匈奴者。翌日大飨劳军，酒半（吴）翔举觯而称曰："戚将军欲千万耳之为一耳，则有金鼓之声；欲千万目之为一目，则有旌旗之色。是具著于《（纪效）新书》，自千夫长，下至厮养，不言而喻。以千万心为一心，则其妙在于《（纪效）新

————————

① （朝鲜）崔锡鼎：《明谷集》卷22，《韩国文集丛刊》第154辑，韩国首尔：景仁文化社，1995，第306~308页。

② （朝鲜）李景奭：《天坡集·序》，《韩国文集丛刊》第95辑，韩国首尔：景仁文化社，1990，第3页。

书》之外。此非（吴）翾与三镇使所宜揣摩者哉。"三镇使作而对
曰："养叔治射，庖丁治牛，扁鹊治病，梓庆之镶，轮扁之斫，有数
存于其间。臣不得献之于其君，兄不得授之于其弟。戚将军制心之
妙，胡可得而易耶。"（吴）翾喟曰："水行不避蛟龙者，渔父之勇
也。陆行不避兕虎者，猎夫之勇也。白刃交于前，视死若生者，烈
士之勇也。欲一千万人之心，则先倡千万人之勇。欲倡千万人之勇，
则先倡千万人之义。以义而往，何敌不摧乎？"三镇使谢曰："有味
乎其言之也。昔汉武帝以孙吴兵法，教骠骑将军。骠骑不肯受曰：
'顾方略如何。'昨既以戚将军之书操军伍，而今以戚将军之妙操吾
辈者，亦非吾巡相之方略也耶。"余笑而谢三镇使，出而言于众。请
书以为练军图序，是岁崇祯元年也。[①]

　　"三镇使"，从《寿春练军图序》开头的记载看，指的是"原州镇
使"等；"原州"，今韩国江原道西南部的原州市。
　　《寿春练军图序》先记载了吴翾自己作为朝中官员到练兵场巡视，也
要"入壁申约束"。"壁"，这里指营垒，如坚壁清野。"入壁"，进入军
队驻地。之所以受到这样的限制，作者也做了说明："用中朝戚将军
《纪效新书》"指导训练，任何人都不能干扰士兵训练。士兵训练的时间
是"自卯而作，尽申而止"。"卯"，指卯时，上午 5 时至 7 时，为古时
官署开始办公的时间，故称点卯；"申"，指申时，下午 3 时至 5 时。这
说明士兵训练时间长，强度大。士兵训练的现场情况，作者也做了形象
性的描述："或曲而横，或直而纵，或翼如鹤翥，或长如蛇走。奇不失
正，正不失奇，探之无间，操之无形。神施而鬼设，杂出于八阵六花而
无遗秘矣。"士兵跃起如仙鹤升空，行进如龙蛇飞奔，队形变化无穷，神
出鬼没，如中国三国时诸葛亮的八阵图和唐初李靖的六花阵一样神秘莫
测。作者对朝鲜军队用戚继光的《纪效新书》指导训练的现场大加赞
赏，并给予了极好的评价。"八阵"，指八阵法，是战国时期《孙膑兵
法》提出的八种最基本的阵法，三国时期诸葛亮巧用八阵法创立八阵图。

　　① （朝鲜）吴翾：《天波集》第四，《韩国文集丛刊》第 95 辑，韩国首尔：景仁文化社，
　　　　1992，第 97 页。

《三国志·诸葛亮传》记载："（诸葛亮）推演兵法，作八阵图，咸得其要云。"① 元末明初的著名小说家罗贯中所著《三国志通俗演义》，则给诸葛亮创立的八阵图披上了神秘的面纱。《三国志通俗演义》在明嘉靖年间已流传，明代中朝往来密切，也应已传入朝鲜半岛。"六花"，指六花阵，系唐代名将李靖在八阵图基础上创立的一种阵法，见于《武经七书》之一的《李卫公问对》。

　　《寿春练军图序》还记载了吴翻在劳军的酒宴上与三镇使董某的对话，再次阐述了吴翻对戚继光及《纪效新书》的一些看法。吴翻先是赞扬用《纪效新书》训练的士兵，"千万耳之为一耳"，听到的只有"金鼓之声"，即前进杀敌的号令；"千万目之为一目"，看到的只有"旌旗之色"，即战场上我方勇往直前的战旗；"以千万心为一心"，所有的士兵都听从主帅的指挥，同心合力，其利断金，"则其妙在于《（纪效）新书》之外"，用《纪效新书》训练出来的士兵，在战场上的表现，远远超出了《纪效新书》所带给我们的想象。三镇使董某则用中国历史上的一些名人，如春秋时著名的神射手楚臣养叔（养由基）、善于宰牛的著名厨师庖丁、战国时善于治病的神医扁鹊、善于制作镶（古代一种乐器）的著名工匠梓庆、春秋时齐国有名的造车工人轮扁等，说这些人都有其神奇之处，不是常人所能做到的，而"戚将军制心之妙，胡可得而易耶"，戚继光训练士兵"千万心为一心"，也不是很容易就能办到的。吴翻则强调说："欲一千万人之心，则先倡千万人之勇。欲倡千万人之勇，则先倡千万人之义。以义而往，何敌不摧乎？"说我们只要学到了戚继光的军事思想和《纪效新书》的精华，就能训练出一支无坚不摧的劲旅。三镇使董某非常赞同吴翻的观点，这也说明，朝鲜仁祖时期（1623～1637），无论是朝中官员，还是军队一线的指挥官，都仍然非常重视用戚继光的军事思想及其著作来指导朝鲜军队的建设和练兵活动。

　　《寿春练军图序》中提到的"养叔治射，庖丁治牛，扁鹊治病"，见于韩愈《送高闲上人序》："养叔治射，庖丁治牛，……扁鹊治病。"②

① （西晋）陈寿：《三国志》（简体字本）卷35，中华书局，2000，第689页。
② 孙昌武选注《韩愈选集》，上海古籍出版社，2013，第437页。

"养叔"，养由基，春秋时楚国人，善射。"庖丁"，名字称"丁"的厨师，战国时人，事迹载《庄子·养生主·庖丁解牛》。"扁鹊"，春秋时郑国人，著名的医学家，事迹载《史记·扁鹊仓公列传》。"梓庆之镰"，来自成语"梓庆为镰"，出自《庄子·达生》："梓庆削木为镰，镰成，见者惊犹鬼神。""梓庆"，人名。"镰"，古代的一种乐器，本为木制，后改用铜铸。"轮扁之斫"，来自成语"轮扁斫轮"，出自《庄子·天道》："桓公读书于堂上，轮扁斫轮于堂下。""轮扁"，人名。"斫轮"，用刀斧砍木制造车轮。"骠骑将军"，指汉武帝时著名将领霍去病。《史记·卫将军骠骑列传》记载："天子尝欲教之孙吴兵法，对曰：'顾方略何如耳，不至学古兵法。'"[①] 说武帝曾想教他《孙子兵法》和《吴起兵法》，霍去病说："战争只要看你自己的作战方略就够了，不必学习古代兵法。"这里提到这样一些中国的典故，主要还是强调戚继光的军事思想和《纪效新书》的博大精深，及学习戚继光的军事思想和《纪效新书》时要突出重点，学习其精髓。

我们从上述仁祖朝官员吴翻撰写的《寿春练军图序》可以看出，仁祖时期，朝鲜不仅仍以《纪效新书》作为士兵训练的教科书，而且朝中官员和地方大员都非常迷信戚继光的军事思想，高度崇尚戚继光的军事著作。

第三节　高官赞誉戚继光

光海君、仁祖时期，有不少朝鲜官员撰文赞扬戚继光及其军事著作。

1. 一品高官：戚继光"近世善用兵者也"

仁祖朝官居一品的高官申翊圣（1588～1644），字君奭，自号乐全堂，又号东淮居士。申翊圣撰文称赞戚继光说："嘉靖间，倭��闽、浙，千里骚然，挽用戚大将军继光，以一旅捣而覆之，若承蜩然。万历初，虏梗西北，趣召大将军以备虏，虏辄引去。终大将军在，西北不南牧焉。壬辰以后，诸将之东征者，其法大抵皆用大将军《（纪效）新书》。大将

---

① （汉）司马迁：《史记》（简体字本）卷111，中华书局，2000，第2246页。

军固近世善用兵者也。"① "蜩"，蝉。"承蜩"，以竿取蝉。原意为粘蝉，把蝉粘住。说嘉靖年间，倭寇蹂躏中国福建、浙江沿海一带，千里疆域民不安生，朝廷起用戚继光，戚继光率领所部将倭寇荡平，就像以竿取蝉一样，将蝉粘住，一举擒获；万历初年，胡兵（指长城以北的少数民族骑兵）骚扰中国北方，朝鲜又召戚继光镇守中国北方边境，胡兵闻风退兵，戚继光率兵驻守期间，胡兵再也不敢南下侵扰；壬辰年（1592），日本军队入侵朝鲜半岛发生壬辰倭乱，受邀入朝参战的明军将领在与日军的战斗中，也大都采用戚继光《纪效新书》中的战术战法取得了胜利，所以说，戚继光是"近世善用兵者也"。

仁祖朝高官申翊圣的上述记载，和后来成书的《明史》中关于戚继光的记载相吻合。《明史·戚继光传》记载："'戚家军'名闻天下。"四十一年（1562），"倭大举犯福建……闽中连告急，宗宪复檄继光剿之。先击横屿贼。人持草一束，填壕进。大破其巢，斩首二千六百。乘胜至福清，捣败牛田贼，覆其巢，余贼走兴化。急追之，夜四鼓抵贼栅。连克六十营，斩首千数百级。……闽宿寇几尽。""继光在（蓟）镇十六年，边备修饬，蓟门宴然。继之者，踵其成法，数十年得无事。……继光更历南北，并著声。在南方战功特盛，北则专主守。所著《纪效新书》《练兵纪实》，谈兵者遵用焉。"② "宗宪"，指直浙总督胡宗宪。《明史》成书于清雍正年间，申翊圣关于戚继光的信息应主要来自壬辰战争期间入朝参战的明军将领传到朝鲜的信息，或出使明朝的朝鲜官员带回朝鲜的信息。

申翊圣关于戚继光的记载来自《奉送李参判显英航海朝天序》，写于光海君十四年（天启二年，1622），或仁祖元年（天启三年，1623）。"李参判显英"，指朝鲜参判李显英。李显英（1573～1642），光海君、仁祖朝官员，仁祖朝历官大司谏、大司宪、吏曹判书等，去世后，追赠"议政府领议政"，"谥曰忠贞公"。③《明实录》记载，天启二年（1622）

---

①　（朝鲜）申翊圣：《乐全堂集》卷5，《韩国文集丛刊》第93辑，韩国首尔：景仁文化社，1992，第223页。

②　（清）张廷玉等：《明史》（简体字本）卷212，中华书局，2000，第3740、3743页。

③　（朝鲜）《朝鲜仁祖实录》卷43，仁祖二十年十二月，韩国首尔：探求堂1973年影印本，第35册，第198页。

十一月，"朝鲜国王李珲遣陪臣李显英等进表文方物……庆贺万寿圣节，宴赏如例"，① 说朝鲜国王光海君李珲派遣李显英出使明朝，庆贺明熹宗，即天启皇帝朱由校的生日。李显英于天启三年（1623）六月回到朝鲜，此时仁祖国王已即位，朝鲜备边司向仁祖国王汇报说："天朝于冬至使李显英行，特给焰硝累万斤。"② "天朝"，指明王朝。"焰硝"系明朝禁止外销物品，明朝赏赐朝鲜"焰硝累万斤"，也说明李显英出访的成功及当时紧密友好的中朝关系。李显英去世后，《朝鲜仁祖实录》的评价是："显英为人端重，处身谦慎，在昏朝，不易素守，临事不择夷险。及反正，为士论所推重。"③ "昏朝"，指光海君时期。"反正"，指仁祖国王登基。这说明，李显英在仁祖时期有着非常高的威望。

申翊圣是宣祖朝驸马，领议政申钦的长子，虽说在光海君时期遭到冷落，但仁祖即位后，即受到重用，是仁祖朝非常有影响力的官员。据仁祖朝左议政金尚宪撰写的《东阳尉申公神道碑铭并序》记载，申翊圣因辅佐仁祖有功，"位与宰相班"，"公性气豪爽，魁颜美髯。秀出班行，威仪烨然，人望而畏之。然外严毅而中实宽豁，以此趋慕者众"，"文章鸿畅朗俊，读之令人神耸。……书法无所不规，小楷骎骎二王，兼工八分篆籀。一时金石之刻，以不得公书为愧"。④ 记载说，仁祖即位后，申翊圣位列宰相，得到了许多官员的拥戴；申翊圣写的文章言词畅达，语言俊美，非常有感染力，而且写的一手好字，特别是写的小楷，可以与中国东晋时期的大书法家王羲之、王献之父子媲美，当时朝鲜的金石篆刻名家，如果得不到申翊圣写的字，会觉得非常羞愧。朝鲜王朝中期著名诗人南龙翼（1628～1692）编纂的影响很大的诗歌总集《箕雅》收录申翊圣诗歌"七绝二首、五律一首、七律二首"，⑤ 这都看出，申翊圣在当时的地位和影响，他对戚继光的盛赞，也必定会在当时的朝鲜产生较

---

① 李国祥等：《明实录类纂·涉外史料卷》，武汉出版社，1991，第390页。
② （朝鲜）《朝鲜仁祖实录》卷2，仁祖一年六月二日，韩国首尔：探求堂1973年影印本，第33册，第536页。
③ （朝鲜）《朝鲜仁祖实录》卷43，仁祖二十年十二月，韩国首尔：探求堂1973年影印本，第35册，第146页。
④ （朝鲜）金尚宪：《清阴先生集》卷26，《韩国文集丛刊》第77辑，韩国首尔：景仁文化社，1991，第364～365页。
⑤ 赵季、张景昆：《〈箕雅〉五百诗人本事辑考》，人民文学出版社，2013，第882页。

大的影响。

申翊圣除赞扬戚继光的军事才能外，还赞扬了戚继光的文学才华，他曾写道："皇朝之郭武定登、李临淮言恭、戚少保继光，词翰彬彬，俱称名家，何尝以兜鍪让衿绅哉。"① 这说明朝宪宗时甘肃总兵、入朝掌中军都督府事、总神机营兼提督十二营诸军事的定襄侯郭登（？～1472）、神宗时总督京营戎政、临淮侯李言恭（1541～1599）、神宗时少保戚继光这些武将，都是会作诗的名家，其诗作的水平不亚于文臣、诗人。"兜鍪"，古代战士戴的头盔，这里借指武士、武将。"衿绅"，穿儒服，这里借指文人、文臣。

2. 地方大员：练兵要用"戚将之法"

仁祖朝官员崔睍也在行文中赞扬戚继光的练兵思想。

崔睍（1563～1640），字季升，自号讱斋。崔睍经历过朝鲜壬辰战争，是宣祖、光海君、仁祖三朝官员，据《讱斋先生年谱》记载，壬辰（1592），日本侵略朝鲜，崔睍"与一乡同志倡起义旅"，发动乡里百姓反击日寇入侵。万历三十六年（1608）八月，崔睍"以冬至使书状官赴京"，出使明朝，十月十六日"到山海关。有诗二律"。仁祖时，崔睍历官议政府舍人、督战御史、中枢府知事、兵曹参知、司谏院大司谏、刑曹参议、礼曹参议、成均馆大司成兼承文院副提调、江原道观察使兼兵马水军节度使等。崔睍于仁祖十八年（崇祯十三年，1640）六月去世，八月"赠纯忠补祚功臣，资宪大夫礼曹判书"，封"完城君"。② 这说明崔睍也是仁祖朝有影响的官员，崔睍有《讱斋先生文集》传世，《讱斋先生文集》卷八有《答张监司书》，其中提到"戚将之法"和"《纪效新书》"：

> 兼授器技，非出于臆见创智，乃是戚将之法，详见《（纪效）新书·手足篇》内。今所抄《兵学指南》第二卷第五条是也，其法

① （朝鲜）申翊圣：《乐全堂集》卷9，《韩国文集丛刊》第93辑，韩国首尔：景仁文化社，1992，第300页。

② 见（朝鲜）《讱斋先生文集·讱斋先生年谱》，《韩国文集丛刊》第67辑，韩国首尔：景仁文化社，1991，第496～509页。

曰：每一兵，必授以远器，御敌于百步之外。远器，即鸟铳、弓矢也；必授以近器，为角于手足所接。近器，即牌、筅、枪、棒也。又曰：远多近少者，合刃则致败；近多远少者，未接而气夺。此言远近之不可偏授也。又曰：远近不兼授，虽众亦寡。今有兵百人焉，以五十人授远器，以五十人授近器，则是只得五十人，远御近接之力也。若兼授远近于百人，贼远则放近器于地上而用远器御之，贼近则收远器于腰间而用近器接之。如是则百人而得二百人之力也，此非变寡为众之道乎，此实南方步兵之法也。若以为北方车兵之制，则不亦左乎。……贼在百步之内，则用远器齐击。而贼近五十步，则执近器而鏖战。此所谓节短如发机也。……但所病者，本国取人，偏于弓矢，而不用杀艺。故所习，亦偏于弓矢而不用短器。壬辰之败，非弓矢之不利也。彼以短接而吾无以应之，其势不北而何。今日之所以惩旧图新而必用戚法者，以其长短相救。远近兼授之利也。……闽浙之兵，既皆有铳有矢，而往时东征之役，必以牌、筅、枪、棒等器，肩荷背负，而艰涉于数万里者，岂乐为担挑哉。兵法曰："兵不杂则不利"，所谓杂者，杂以远近长短而用之也。①

崔晛的《答张监司书》，应是崔晛在仁祖朝担任督战御史、中枢府知事、兵曹参知、江原道兵马水军节度使等与军务有关的职务时所写，其主要内容是倡导朝鲜军队在训练士兵时，要远近兵器"兼授"，士兵既要会使用"鸟铳、弓矢"等"远器""御敌于百步之外"，也要会使用"牌、筅、枪、棒"等"近器"，与来犯之敌"手足所接"厮杀。"牌、筅、枪、棒"，即下面《纪效新书·手足篇》中提到的藤牌、刀枪、狼筅、大棒等短兵器。

为了支撑自己提出的"兼授器技"的观点，崔晛先是说明这一观点"非出于臆见创智"，不是自己凭空想象出来的，也不是自己的独创，而是"戚将之法"，来自戚继光的《纪效新书·手足篇》和依据《纪效新

---

① （朝鲜）崔晛：《㲽斋先生文集》卷8，《韩国文集丛刊》第67辑，韩国首尔：景仁文化社，1991，第318~319页。

书》内容编撰的《兵学指南》。再是进一步说明，这个训练士兵的方法不仅是"南方步兵之法"，也是"北方车兵之制"，说戚继光当年在中国南方抗倭时，训练的"南兵"，即"浙兵"，就是使用的这个方法；戚继光在中国北方驻守边关时，训练的载火炮的"车兵"，也是使用的这个方法。崔晛还以壬辰战争期间入朝参战的"闽浙之兵"，即当年戚继光在福建、浙兵训练过的士兵为例，再次说明"兼授器技"的正确，说"闽浙之兵，既皆有铳有矢，而往时东征之役，必以牌、筅、枪、棒等器，肩荷背负，而艰涉于数万里"，他们之所以携带这么多的兵器，不辞劳苦，就是为了在战场上"远近长短而用之也"，根据敌情，需要什么样的兵器，就用什么样的兵器。由此可以看出，在崔晛心目中，戚继光的练兵之法就是朝鲜军队练兵需要学习的方法，戚继光当年训练出来的"闽浙之兵"，就是朝鲜军队学习的榜样。

崔晛《答张监司书》中提到的"《（纪效）新书·手足篇》"，见戚继光十四卷本《纪效新书》卷三至卷五。卷三《手足篇》，主要讲述了鸟铳、新式火炮火箭、弓矢等"远器"的制造和使用方法。[1] 卷四《手足篇》、卷五《手足篇》主要讲述了藤牌、刀、枪、狼筅、大棒等"近器"，也称短兵器、冷兵器的制造和使用方法。[2]

《答张监司书》中提到的《兵学指南》，是宣祖时期训练都监依据戚继光的《纪效新书》编纂的朝鲜训练士兵的教科书，朝鲜肃宗朝担任兵曹判书的金锡胄在《行军须知·序》中就提道："昔在壬丁，……仍取戚氏《（纪效）新书》，撮其操练之要，名之曰《兵学指南》。"[3]

《答张监司书》中提到的"兵不杂则不利"，出自中国春秋时期的兵书《司马法》："兵不杂则不利，长兵以卫，短兵以守，太长则难犯，太短则不及。"[4]

崔晛的《答张监司书》也说明，仁祖朝的官员不仅非常熟悉戚继光

---

① （明）戚继光撰，范中义校释《纪效新书》（十四卷本），中华书局，2001，第47～74页。

② （明）戚继光撰，范中义校释《纪效新书》（十四卷本），中华书局，2001，第75～131页。

③ （朝鲜）金锡胄：《息庵先生遗稿》卷8，《韩国文集丛刊》第145辑，韩国首尔：景仁文化社，1995，第245页。

④ 刘小树主编《中国历代兵书荟萃》，北京燕山出版社，2008，第19页。

《纪效新书》中的内容，而且还能结合朝鲜军队的实际情况，学习运用《纪效新书》中的要点和领会其中的精髓。

3. 出使明朝的使臣：戚继光"表表者也"

朝鲜仁祖时期，出使明朝的朝鲜使臣路经戚继光故里登州城时多次提到戚继光，如仁祖元年（天启三年，1623）六月，朝鲜奏闻使书状官李民宬在《癸亥朝天录》中记载："戚继光之宅亦在城中"①；朝鲜仁祖六年（崇祯元年，1628）七月，朝鲜冬至、圣节使一行路经登州城时，书状官申悦道在《朝天时闻见事件启》中记载："戚继光，嘉靖间讨平倭寇，官至总督，此其表表者也。"② 说戚继光因在嘉靖年间讨伐平定了倭寇而成为很突出、很优异的人物。"表表"，优异、突出的意思。李民宬、申悦道都是当时很有正面形象的官员。李民宬（1570～1629），字宽甫，号敬亭，进士出身，历官司宪府掌令、成均馆司成、承政院左承旨、左道义兵大将等职。李民宬还是著名诗人，出使明朝时，"中朝学士大夫间，与之唱和诗什，敬爱之殊甚，称李谪仙。此公之名不朽也"。③ 说李民宬的诗歌在中国文人、官员中也有很大影响。"李谪仙"，指中国唐代著名诗人李白。申悦道（1589～1659），字晋甫，号懒斋，进士出身，任地方官员时，"所历州邑，皆有治绩，土民追思立碑以颂德"；申悦道在朝中为官，因秉公执法，曾"四为掌令也"，多次担任负责纠察朝廷官员的司宪府掌令（正三品）；申悦道"立朝恬静自守，不肯苟同而诡随"，病危之时，仍念念不忘国事，"处置身后事，无一语及于家业，其平生所守之正又可见"。④ 申悦道的《行状》也记载说，申悦道"为文词不事雕琢，而温雅有体裁。其奉使上国也，大小文字，皆为华人所称"。⑤

---

① 〔韩国〕林基中编《燕行录全集》第14册，韩国首尔：东国大学校出版部，2001，第334页。

② 〔韩国〕林基中编《燕行录续集》第106册，韩国首尔：尚书院，2008，第146页。

③ 见（朝鲜）《敬亭集·附录》，《韩国文集丛刊》第76辑，韩国首尔：景仁文化社，1990，第423页。

④ 见（朝鲜）《懒斋集》卷9，《韩国文集丛刊·续集》第24辑，韩国首尔：景仁文化社，2006，第146～147页。

⑤ 见（朝鲜）《懒斋集》卷9，《韩国文集丛刊·续集》第24辑，韩国首尔：景仁文化社，2006，第145页。

说申悦道写的文章、诗词朴实典雅，出使明朝时，写的各式文字均受到了中国人的赞誉。这说明，申悦道也是当时很有才华、很有影响的朝鲜官员。李民宬、申悦道等一些很有正面形象的朝鲜使臣，回国后必定会将他们路经戚继光故里的感受带回朝鲜，进而扩大戚继光在朝鲜半岛的影响。

仁祖时期出使明朝的朝鲜官员高用厚也撰文赞扬戚继光："故唐室遣李世勣而遏胡锋，塞北有长城之倚。在皇朝任戚继光以备倭寇，浙东获高枕之安。用舍之间，存亡所系。"[1] 说中国唐朝时派李世勣去遏止北方突厥的侵犯，大败突厥，李世勣犹如塞北长城一样，守卫了唐初北部边境的安全。现在中国的明朝，因为任命戚继光率军平倭，使得中国东南沿海浙江一带没了倭寇侵扰，老百姓也可以高枕无忧，安居乐业了。朝廷用什么样的将才，关系到社稷的存亡。记载也是说，中国唐朝的李世勣、明朝的戚继光都是捍卫国家安全，有大功于社稷的将才。"李世勣"，唐初名将，原名徐世勣，字懋功，唐高祖李渊赐李姓，后避唐太宗李世民讳，改名为李勣。李世勣是唐初开疆拓土的主要战将之一，被封为英国公。《旧唐书·李勣传》记载："勣在并州凡十六年，令行禁止，号为称职。太宗谓侍臣曰：'隋炀帝不能精选贤良，安抚边境，惟解筑长城以备突厥，情况之惑，一至于此。朕今委任李世勣于并州，遂使突厥畏威遁走，塞垣安静，岂不胜远筑长城耶？'"[2] 唐太宗李世民称赞李勣驻守并州（今山西太原）时，其作用和影响胜过隋朝修筑的长城。朝鲜官员高用厚将戚继光与徐世勣并列，也可见戚继光在高用厚心中的地位和影响。

高用厚（1577~?），字善行，号晴沙，其父高霁峰，在壬辰倭乱时举兵抗倭，父子三人同时以身殉国，高用厚少年时，"能厉志功学，不坠父兄之志"。[3] 高用厚继承父兄之志，带着其兄长的孩子一起发奋读书，宣祖三十八年（万历三十三年，1605），高用厚与其侄中同榜进士，高

---

① （朝鲜）高用厚：《晴沙集》卷2，《韩国文集丛刊》第84辑，韩国首尔：景仁文化社，1992，第181页。

② （后晋）刘昫等：《旧唐书》卷67，中华书局，1975，第2486页。

③ 见（朝鲜）《晴沙集·序》，《韩国文集丛刊》第84辑，韩国首尔：景仁文化社，1990，第136页。

用厚居魁，其侄中三等第五名，"一世荣之"。① 高用厚后历官礼曹佐郎、兵曹正郎、南原府使、高城郡守等职。据《朝鲜王朝实录》记载，高用厚曾两次出使明朝，第一次是朝鲜光海君五年（万历四十一年，1613）秋，以贺节使书状官身份出使明朝，第二次是朝鲜仁祖八年（崇祯三年，1630）秋，以冬至使正使身份出使明朝。高用厚第二次出使明朝时路经戚继光故居登州城，还写有《登州见月》②《〈蓬莱阁〉见东坡〈海事诗〉》③《登州海上》④ 等诗作。高用厚有《晴沙集》传世，《晴沙集》收录有作者出使明朝时所写的文书、随记、诗歌等，上面提到的高用厚对戚继光的赞颂语，就收录在《晴沙集》卷二中。《晴沙集》有两篇序，一篇是时任明朝礼部尚书徐光启于崇祯辛未（1631）春所作。徐光启是当时朝中重臣，天子师，不久又为内阁次辅（副首相）。徐光启称赞《晴沙集》："所称事依于忠孝，语出于和平者也。故其诗不为奇丽，自有真意；不为旷达，自有远思。"⑤ 第二篇序系朝鲜时任领议政金寿恒所作。金寿恒评价说："公之著述本不多，然其诗与文，蔚有风韵，不失家庭遗则。至其造次吟咏，犹拳拳忠贞二字。"⑥ 徐光启、金寿恒均是当时在中、朝很有影响的高官、文人，能为《晴沙集》写序，也足见他们对高用厚及其《晴沙集》的看重，也说明高用厚在当时的地位和影响。

申翊圣、崔晛、申悦道、高用厚这样一些有正面影响的朝鲜官员对戚继光及其军事著作的颂扬，必将推进戚继光及其军事思想在朝鲜半岛的传播。

---

① （朝鲜）《耳溪集》卷30，《韩国文集丛刊》第241辑，韩国首尔：景仁文化社，1990，第551页。
② 〔韩国〕林基中编《燕行录全集》第16册，韩国首尔：东国大学校出版部，2001，第143页。
③ 〔韩国〕林基中编《燕行录全集》第16册，韩国首尔：东国大学校出版部，2001，第145页。
④ 〔韩国〕林基中编《燕行录全集》第16册，韩国首尔：东国大学校出版部，2001，第146页。
⑤ 见（朝鲜）《晴沙集·序》，《韩国文集丛刊》第84辑，韩国首尔：景仁文化社，1990，第135页。
⑥ 见（朝鲜）《晴沙集·序》，《韩国文集丛刊》第84辑，韩国首尔：景仁文化社，1990，第136~138页。

仁祖时期，朝鲜官员歌颂戚继光及其军事著作，主要有三个方面的原因，一是这些官员经历了壬辰战争，目睹或耳闻了经戚继光训练过的浙兵将领在抗倭战斗中的英勇表现及不拿百姓一草一木的良好军纪。二是因为壬辰战争期间，朝鲜王室将戚继光的著作作为朝鲜军队建设的教科书，对提高朝鲜军队的战斗力发挥了重要作用。仁祖时期，朝鲜王室仍然重视戚继光军事思想对朝鲜军队建设的指导作用。三是因为明朝军队在壬辰战争中挽救了朝鲜，戚继光是明王朝所推崇的民族英雄，当时朝鲜上上下下对明朝有着特殊的情感，念念不忘对明王朝的感恩之情。虽说仁祖十五年（崇祯十年，1637），朝鲜王室被迫向清军投降，但仁祖国王在给清皇太极的信函中写道："曾在壬辰之难，小邦朝夕且亡，神宗皇帝动天下之兵，拯济生灵于水火之中，小邦之人，至今铭镂心骨，宁获过于大国，不忍负皇朝，此无他，其树恩厚，而感人深也。"① 这说明，朝鲜王室对壬辰战争期间明王朝为挽救朝鲜所做出的贡献和牺牲仍铭刻在心。即使清王朝入主北京多年，崇祯皇帝去世多年，朝鲜国内仍有许多人认明王朝为中国的正宗，仍以崇祯年号纪年。前面提到的仁祖朝高官申翊圣，还因反对清王朝，"为大明守节"，被清军拘捕至沈阳，后经朝鲜王室多方营救，才"得释既归"。② 这样一些官员，对明王朝弘扬的民族英雄戚继光，更是多了一份崇敬之情。

朝鲜壬辰战争之后，明天启、崇祯年间，朝廷都对戚继光进行过再次追赠和褒奖。《明实录·熹宗哲皇帝实录》天启元年（1621）十二月七日记载：

> 大学士叶向高题："目击时艰兴思良将。如故左都督戚继光，当嘉靖季，倭寇海上浙直闽广，无不摧残，独继光在浙数有战功，迨闽告急，势在然眉，继光提偏师入闽，累战俱捷，所捕斩首级载在实录者殆将二万。时兴化已陷，赖继光而复。省城将危，赖继光而存。此勋在东南者也。迨移蓟镇，……虏不敢入蓟，此勋

① （朝鲜）《朝鲜仁祖实录》卷34，仁祖十五年一月，韩国首尔：探求堂1973年影印本，第34册，第664页。
② （朝鲜）金尚宪：《清阴先生集》卷26，《韩国文集丛刊》第77辑，韩国首尔：景仁文化社，1991，第364页。

在西北者也。乃生前不蒙延世之封，没后尚靳易名之典，功大赏薄，可为扼腕。乞特予锦衣一荫，或即以原荫百户优升职级，仍予谥，以慰英魂，使海内英雄豪杰知朝廷悯念劳臣，虽久不忘。当必闻风兴起为国家出力，或亦激劝之一道乎。……"得旨："戚继光素著勋劳，未蒙优叙，着该部即行议覆，……称朕悯念劳臣至意。"①

　　《明实录·熹宗哲皇帝实录》天启二年（1622）正月十五日记载："荫故太保右都督戚继光子昌国锦衣卫指挥使世袭。"②《明实录·附录·崇祯实录》崇祯三年四月十三日记载："赐故都督戚继光表忠祠。"③《明实录·附录·崇祯长篇》崇祯三年四月还记载："都指挥使戚昌国请父继光祠额并乞春秋赐祭，帝命祠额曰：'表功予祭如其请。'"④

　　明末天启、崇祯年间，明朝廷对戚继光战功的再次认可和追封，既是当时明王朝面临东北地区后金崛起的压力，希望能有像戚继光一样的良将来护卫明王朝，也应是受到戚继光训练和带领的"浙兵"在朝鲜壬辰战争中的表现所鼓舞。明王朝对戚继光战功的再次认可和追封，也必然影响朝鲜王室的官员，特别是天启、崇祯年间，出使明朝的朝鲜使臣多路经登州城，如前面提到的李民宬、申悦道、高用厚，还有撰写《寿春练军图序》的吴翾等。登州城有朝廷追赠和褒奖戚继光的纪念牌坊，更有戚继光南征北战的各种传闻，为朝鲜官员赞颂戚继光及其军事思想提供了丰富的素材。

　　仁祖时期，朝鲜明确反对后金政权，比光海君时期更加重视戚继光军事思想在朝鲜军队建设中的指导作用。朝鲜军队在依照戚继光军事著作进行训练时，有了更强的针对性，重点学习戚继光的《纪效新书》如

---

① 《明实录·熹宗实录》卷17，天启元年十二月，中研院历史语言研究所，1962年影印本，第834~835页。
② 《明实录·熹宗实录》卷18，天启二年正月，中研院历史语言研究所，1962年影印本，第920页。
③ 《明实录·附录·崇祯实录》，崇祯三年四月，中研院历史语言研究所，1962年影印本，第89页。
④ 《明实录·附录·崇祯长编》，崇祯三年四月，中研院历史语言研究所，1962年影印本，第1928页。

何使用鸟铳、火炮等新式火器，在组建和训练骑兵时，主要依照戚继光的《练兵实纪》。但由于仁祖时期后金军队多次侵扰朝鲜，朝鲜的军队建设受到严重干扰，也导致戚继光军事思想在朝鲜军队的传播受到严重影响。

第四章　孝宗时期：治戎练卒，
依《纪效新书》

朝鲜仁祖之后是孝宗时期（1649～1659）。孝宗名李淏，字静渊，是仁祖次子，生于1619年，七岁时被封为凤林大君。朝鲜仁祖十四年（崇祯九年，1636），清兵入侵朝鲜后，李淏和哥哥昭显世子李澄、弟弟麟坪大君李浚被清军掳到沈阳，作为人质被清廷拘押，仁祖二十三年（清顺治二年，1645）6月，李淏才被释放回到朝鲜都城汉城，因提前几个月回到汉城的昭显世子李澄病亡，同年11月，清朝册封李淏为朝鲜世子。仁祖二十七年（清顺治六年，1649）五月仁祖大王去世后，李淏继任朝鲜国王。因为曾目睹清军对朝鲜的入侵，又被清军拘押九年，孝宗李淏对清王朝表面迎合，内心则恨之入骨，即位后便以反清复明为己任，倡议北伐。为了扩军备战，孝宗时期把军队建设放到了首要位置，戚继光的军事思想及其著作再次成为朝鲜军队建设的指导思想和教科书。

第一节　依《纪效新书》训练士兵

朝鲜孝宗时期，为了扩充兵力，负责训练新兵的训练都监，增加了招募新兵的数量，特别是增加了对骑兵和炮兵的培训数量。《朝鲜显宗实录》显宗四年（康熙二年，1663）十一月记载说，训练都监自宣祖癸巳年（1593）以后，"教之以炮、杀、射，及戚继光阵法"。仁祖朝以后，增加了训练新兵的数量，"孝宗朝李浣为大将，又加马兵一哨，戊戌（孝宗九年，1658）又加步军十哨，号前部"。"孝宗戊戌（1658），加置别马队，以海西军保及良丁有武艺者抄选，分为十四番，轮回上番。又有别破阵五百十一人，分为十五番，轮回立番。所谓别破阵，专习大炮者也。"①

---

① （朝鲜）《朝鲜显宗实录》卷10，显宗四年十一月，韩国首尔：探求堂1973年影印本，第37册，第353页。

记载说明，孝宗时期的训练都监延续了前朝训练新兵的一些做法，培训的仍然是炮手、杀手、射手，而且学习戚继光布阵打仗的方法，不过和前朝相比，招募新兵的数量比仁祖朝又增加了十一哨，其中"马兵一哨""步军十哨"，而且增加的步军中"五百十一人""专习大炮"，学习破阵攻坚的战术战法。孝宗的这一系列举措，也是在为反清复明的北伐做准备。

　　"炮手、杀手、射手"，朝鲜俗称"三手军"，在前面多次提到，朝鲜培训"三手军"的教材，主要是戚继光的《纪效新书》《练兵实纪》，或朝鲜按照《纪效新书》编纂的《兵学指南》。"哨"，戚继光《纪效新书》《练兵实纪》中的提到士兵组成单位，"百人为哨也"。①

　　记载中提到的"李浣"，字澄之，生于明万历壬寅（1602），卒于清康熙甲寅（1674），享年七十三。孝宗"癸巳（孝宗四年，1653），（李浣）为训练大将，特拜汉城府判尹"，② 后历官工曹判书、兵曹判书，显宗朝官至右议政（副首相）。壬辰战争期间训练都监成立之初，训练大将由武宰相担任，"武宰臣赵儆为大将"。③ 之后确定训练大将由正二品或从二品武官出任，"大将则专管练习，以武臣习兵者为之"，④ "大将一人，从二品"。⑤ 由于训练大将掌管着相当一部分实权，而且训练的新兵是朝鲜王室卫队和国家精锐部队的主要来源，所以在李浣之前，训练大将都是由有功勋的王亲国戚担任，"癸亥反正后，非勋戚为是任者自公始"，⑥ 说自仁祖朝开始，担任训练大将的不再是王亲国戚是从李浣开始的，也说明孝宗国王对李浣的信任，李浣也是孝宗实施反清复明秘密计划所倚重的重要人员之一，所以委派他训练朝鲜新兵。李浣"为训练大将，特拜汉城府判尹"。"汉城府判尹"，正二品官员，是朝鲜当时京畿

---

① （明）戚继光撰，范中义校释《纪效新书》（十四卷本），中华书局，2001，第 5 页。
② 见（朝鲜）《宋子大全》卷 158，《韩国文集丛刊》第 113 辑，韩国首尔：景仁文化社，1993，第 387 页。
③ （朝鲜）《朝鲜宣祖修正实录》卷 28，宣祖二十七年二月一日，韩国首尔：探求堂 1973 年影印本，第 25 册，第 646 页。
④ （朝鲜）申厚载：《葵亭集》卷 7，《韩国文集丛刊·续集》第 42 辑，韩国首尔：景仁文化社，2007，第 371 页。
⑤ （朝鲜）柳馨远：《磻溪随录》卷 15，韩国首尔：明文堂，1982，第 307 页。
⑥ 见（朝鲜）《畏斋集》卷 10，《韩国文集丛刊》第 125 辑，韩国首尔：景仁文化社，1994，第 497 页。

地区的负责人。

孝宗时期强化军队建设的情况，朝鲜肃宗时期官至左议政（第一副首相）的朴世采（1631～1695）于戊辰（康熙二十七年，1688）六月十三日给肃宗国王的上疏中也提道："粤自孝庙以来，治戎练卒，惟日不给，而两局之徒，号称精锐，足为一国之强兵。然念岁月已久，教法或弛，今当使依《纪效新书》例，参以古法，不懈教阅。"① "孝庙"，指朝鲜孝宗李淏。这说明，朝鲜孝宗时期，依靠《纪效新书》"治戎练卒"，训练出来的士兵，"号称精锐，足为一国之强兵"。这既说明朝鲜孝宗时期是在用戚继光的《纪效新书》作为教材训练士兵，也说明了用《纪效新书》训练出来的士兵很有战斗力。

孝宗时期，由于朝鲜王室仍然把戚继光的《纪效新书》作为训练士兵的教材，而《纪效新书》针对的作战对象主要是持有新式火器的步兵，而当时孝宗王朝强军的目标是反清复明，把以骑兵为主的清军作为假想敌，所以，有的朝鲜官员提出，没有必要学习戚继光的防倭阵法，如官至朝鲜嘉善大夫（从二品）中枢府同知事的金得臣曾在己亥（孝宗十年，1659）仲夏撰写的《兵家节要跋》中提道："壬丁天将之来也。请学阵法。则天将教以戚继光方营阵法。此法合于防倭，乖于防胡。此非战阵通用之良法也。"② 这说明，孝宗时期的朝鲜军队学习的仍然是"戚继光方营阵法"，而这个阵法有利于"防倭"，不适用于"防胡"，所以不能通用。金得臣在这里并不是反对学习戚继光的防倭阵法，而是说，既然国家要把"防胡"作为军队建设的目标，学习的重点也要有所变化，这与前面提到的要学习戚继光的"《（练兵）实纪》车骑步之法"是一致的，这点在下面还会提到。

朝鲜正祖国王李祘在《群书标记》中也记载：

> 《武艺诸谱》所载棍棒、藤牌、狼筅、长枪、镋钯、双手刀六技，本出于戚氏《（纪效）新书》，而宣庙朝命训局郎韩峤，遍质东

---

① （朝鲜）朴世采：《南溪先生朴文纯公文正集》卷 12，《韩国文集丛刊》第 138 辑，韩国首尔：景仁文化社，1994，第 247 页。

② （朝鲜）金得臣：《柏谷先祖文集》第 6 册，《韩国文集丛刊》第 104 辑，韩国首尔：景仁文化社，1993，第 166 页。

征将士撰成者也。……宣庙既平倭寇，购得戚继光《纪效新书》，遣训局郎韩峤，遍质东来将士，究解其棍棒等六技，作为图谱。而孝庙光承前烈，频行内阅，某手某技，益大以阐。则击刺之法，于是乎稍广团练矣。①

朝鲜军队的《武艺诸谱》中训练士兵的"棍棒等六技"，出自戚继光的《纪效新书》。朝鲜军队学习《纪效新书》，从宣祖时期就开始了，孝宗时期，继续把《纪效新书》作为朝鲜军队训练的教科书，孝宗国王还经常亲自批阅，并对其中的一些内容进行阐释，指导朝鲜军队的训练活动，使得戚继光的军事著作在朝鲜军队中得以大力推广。这也说明，孝宗国王本人也非常熟悉《纪效新书》，不仅亲自指导朝鲜军队依照《纪效新书》进行训练，而且还对其中有的内容有自己独到的见解。

孝宗在位仅十年，去世时年仅41岁，他与宋时烈、李浣等近臣秘密策划的反清复明的"北伐"计划，也最终失败，但他强化了朝鲜军队建设，把朝鲜军队打造成了"号称精锐，足为一国之强兵"。孝宗时期，依照戚继光的军事著作训练的朝鲜军队，虽说在反清复明上没派上用场，但在协助清军反击沙俄入侵黑龙江流域的战斗中，依照《纪效新书》训练的持有鸟枪等新式火器的士兵大显神威，这在中朝史料中都有记载。孝宗五年（清顺治十一年，1654）5月，朝鲜武官边岌带领包括一百名鸟枪兵在内的共一百五十多名朝鲜士兵进入中国东北地区，6月，边岌一行在松花江下游与沙俄军队遭遇，朝鲜军队"依蔽而放炮，贼船渐退。其船体大而无橹，故不能进斗，顺流而下，至黑龙江与后通江合流处，贼初则欲战，会东风起，遂扬帆而去，贼船男女，不满四百，所持惟火器耳，其容貌，皆类蛮贼，衣皆黄锦"。② 这次与沙俄军队的遭遇战，朝鲜鸟枪兵精确射击，沙俄士兵多中丸而死，朝鲜军队大获全胜。《朝鲜孝宗实录》孝宗五年（清顺治十一年，1654）七月还记载："备边司启曰：'边岌领孤军，深入异域，全师而还，不可无赏，请令兵曹论赏。军人则

---

① （朝鲜）李祘《弘斋全书》卷180，《韩国文集丛刊》第267辑，韩国首尔：景仁文化社，2001，第504页。

② （朝鲜）《朝鲜孝宗实录》卷14，孝宗六年四月，韩国首尔：探求堂1973年影印本，第36册，第11页。

令所居郡县，蠲户役、赐米布，且设犒馈以劳之。'上从之，特命边岌加资。"① 孝宗国王批准了备边司的请示，同意给边岌一行人犒赏，这也说明，边岌一行人在反击沙俄入侵的战斗中战功卓著。孝宗九年（清顺治十五年，1658），为歼灭入侵中国的沙俄军队，清王朝要求朝鲜派出更多的鸟枪兵参战，这次朝鲜共派出了包括"鸟枪兵200名，火兵20名"在内的共计"304名"朝鲜官兵，在与沙俄军队战斗中，"朝鲜军战功卓著，牺牲8名，伤者25名"。② 孝宗时期，朝鲜依照戚继光的军事思想及其著作强化军队建设的动机，是为了反清复明，无意中却在协助清军反击沙俄入侵的战斗中发挥了重要作用。

第二节　依照戚继光兵书练将

孝宗时期，多位官员或撰文或上疏王室赞誉戚继光及其军事著作，希望朝鲜能够依据戚继光的军事思想来强化军队建设。孝宗朝官员柳元之不仅给孝宗国王上疏，希望朝鲜王室能依照戚继光"《纪效新书》练将之法"，选拔和培养军队将官，还写有《记戚家车战法》，希望朝鲜军队学习戚继光《练兵实纪》中的"车战法"，以增强军队的战斗力。

1. 推行《纪效新书》练将之法

柳元之（1598～1674），字长卿，号拙斋，其祖父是壬辰战争期间的朝鲜领议政柳成龙（1542～1607）。前面提到柳成龙不仅是朝鲜壬辰战争期间依照戚继光的军事思想改造朝鲜军队的主要倡导者和推行者，也是朝鲜训练都监的首任总负责人，是当时朝鲜依照戚继光的《纪效新书》训练朝鲜士兵的积极推动者和主要执行者。柳元之自小就受到了祖父柳成龙的很大影响，据《拙斋先生墓志》记载："（柳元之）八岁而孤，鞠于文忠公。颖悟端序，有至性。文忠公奇爱之，教示加勤。""文忠公临终遗诫，惓惓于忠孝二字，又有力念善事、力行善事之语。公佩服在心，

---

① （朝鲜）《朝鲜孝宗实录》卷13，孝宗五年七月，韩国首尔：探求堂1973年影印本，第35册，第680页。

② （朝鲜）《通文馆志》卷9，孝宗九，转引自王小甫《中韩关系史》古代卷，社会科学文献出版社，2014，第319页。

恒以是自饬。"①"文忠公"，即柳成龙，谥号文忠。说柳元之八岁时父亲去世了，由祖父柳成龙抚养。柳元之自小就特别懂事，柳成龙也特别喜欢他，还尽力培养他。柳成龙去世前，曾反复告诫他，做人要"忠孝"，要"行善事"，这都对柳元之产生很大影响。柳成龙对戚继光军事著作的倚重，必然也会影响到柳元之。据《拙斋先生墓志》记载，柳元之历官昌乐道察访、通礼院引仪兼汉城府参军、司宪府监察、主军资监簿、黄涧县监、镇安县监、瓦署别提、乐院主簿、安奇道察访等职。"其在官，律己清苦，莅事仁明，所至皆有惠政，民爱戴之，治行常为第一。镇安有去思碑云：'以世受国恩，不敢以疏野自处。凡有除命，必赴曰不敢偃蹇。一念向国，闻时政有失，忧形于色。'"②这说明，柳元之是一个受到百姓爱戴、很有正面形象的好官。

柳元之的《拟上应旨疏》写于孝宗朝壬辰年（孝宗三年，1652），这段时间他在家闲居。据《拙斋先生墓志》记载，柳元之"戊寅（1638）出为黄涧县监，考满而归。家居十余年，乙未（孝宗六年，1655）起为镇安县监"。③《拟上应旨疏》共十二条，其中第十一条《制兵》写了对当时朝鲜军队建设的一些建议：

> ……国家于壬辰兵乱之后，内设训练都监，外修镇管之制，使统辖分明，有所管摄，其所以制一时之变而为经远之图者亦大矣。当其设立之初，不可不重其事，使其专意训习，故别立都监以主之，其势则然矣。……臣之愚意，以为为今之计，莫如尽罢都监与大将之权位太重者，而别择武臣中品秩稍卑、才局可堪者二人，为左右大将，分统都监之军，而使听节制于兵曹。……而预储将才，教养成就，如《纪效新书》练将之法。临时选择，务得忠勤干办。……至于外之营将，亦皆革罢，仍以军兵还属各邑守令。如旧时所为，择其有将才忠实奉公之人，为中军千总，各择哨官，使以农隙，董

① 见（朝鲜）《寓轩先生文集》卷7，《韩国文集丛刊》第147辑，韩国首尔：景仁文化社，1995，第128~129页。
② 见（朝鲜）《寓轩先生文集》卷7，《韩国文集丛刊》第147辑，韩国首尔：景仁文化社，1995，第129页。
③ 见（朝鲜）《寓轩先生文集》卷7，《韩国文集丛刊》第147辑，韩国首尔：景仁文化社，1995，第129页。

其技艺，常令习熟。治其器械，使之精利。监兵使巡到之际，课其能否，以凭殿最。则莫不竞劝，而废坠之患，非所忧矣。[①]

柳元之给孝宗国王的上疏，肯定了国家设立训练都监的必要性，也对壬辰战争期间设立的训练都监独立于兵曹给予了肯定："别立都监以主之，其势则然矣"，是在当时国家处在战争的背景之下，为了加快训练新兵、充实防御力量的重要举措。但由于训练都监不受兵曹管辖，而且级别高于兵曹，不利于朝鲜国王对军队的统一管理，所以，柳元之提议训练都监应降低级别，安排一些级别比现在低的军官担任"左右大将""听节制于兵曹"，训练新兵的事宜由兵曹（相当于明朝的兵部）管理。在选拔、培养朝鲜军队的各级军官时，要依据"《纪效新书》练将之法""教养成就"。柳元之还提议，地方军队交由"各邑守令"管理，对地方军官的配备，仍照"旧时所为"，按过去已实行的办法，"择其有将才忠实奉公之人"，国家派官员负责对地方军队和军官的巡查。

柳元之的上疏至少可以说明两点，一是，孝宗时期仍然延续了壬辰战争以后所设立的训练新兵的体制，由权力很大、级别很高的训练都监负责新兵的训练。柳元之的祖父柳成龙做领议政时，兼任训练都监的总提调，时任兵曹判书（相当于明朝的兵部尚书）、户曹判书、武宰相都是训练都监的领导成员，训练大将开始由武宰相担任，后来虽然确定由从二品的武官担任，但也都出自王亲国戚或国王最信任的人。前面提到当时之所以设立训练都监，是因日军入侵朝鲜，朝鲜需要培养大批能走上战场、能使用新式火器、敢与日军抗衡的士兵，而训练新兵的基本教材就是戚继光的《纪效新书》。二是，孝宗时期对军队各级军官选拔、培养仍照"旧时所为"，依据"《纪效新书》练将之法"进行。"练将之法"载于《纪效新书》第十四卷《练将篇》，其中对将官在军队建设中的重要性，及如何选拔、培养各级军官都有记载，如"必练将为重，而练兵次之。夫有得彀之将，而后有入彀之兵。练将譬如治本，本乱而末治者，未之有也"。[②]前面提到《纪效新书·练将篇》对如何做一个称职

① （朝鲜）柳元之：《拙斋先生文集》卷3，《韩国文集丛刊·续集》第28辑，韩国首尔：景仁文化社，2006，第39~41页。
② （明）戚继光撰，范中义校释《纪效新书》（十四卷本），中华书局，2001，第331页。

的军官还提了二十六项要求，这就是"正心术、立志向、明生死、辨利害、做好人、坚操守、宽度量、尚谦虚、惜官箴、勤职业、辨效法、精兵法、习武艺、正名分、爱士卒、教士卒、饬恩威、严节制、辨职守、惩声色、轻货利、忌刚愎、恶胜人、戒逢迎、忌萎靡、薄功名"。① 《纪效新书·练将篇》还对这二十六项要求做了具体的解释。柳元之祖父柳成龙领衔训练都监时也提出过"练将尤重于练兵"，要依照《纪效新书》的要求"练将终之者也"。② 这说明，孝宗时期仍然延续了训练都监成立之初的一些思路和做法。柳元之的上疏虽然对训练都监的体制提出了建议，但并未降低对训练新兵的要求，而是强调应延续"旧时所为"，依照《纪效新书》要求，强化对地方官员和各级军官的考核监察，这也说明，依照《纪效新书》指导朝鲜军队建设仍然是当时朝鲜上下的共识。柳元之写此上疏时，正赋闲在家，不久就"起为镇安县监"，被重新起用，应该说此上疏也得到了孝宗的认可，否则不会起用一个已经"家居十余年"的官员。

2. 为将者，必知戚继光兵书

柳元之还写有《记戚家车战法》一文，具体写作时间不详，柳元之曾任朝鲜汉城府参军、军资监簿，可能是这一时间所作，也可能是在撰写给孝宗的《拟上应旨疏》期间所作，其中记载：

> 王世贞论戚家以意间古法教车，以南方短兵法教步。以车抗锋，以步挟车，以骑承步。利则以骑追北，不利则殿而自卫，虏闻不敢近边。车制见《秦风·小戎》篇，未知戚氏所用之车，就古法加减用之耶。……今按戚家即浙江名将戚继光，在南时作《纪效新书》以御倭。后为北将，作《练兵实纪》并杂集，专用车战法以御虏。其用兵甚缜密有法度，所谓节制之师。东汉马融讨凉州叛羌，亦用扁箱车，以三千人破平数万羌兵。苟能依此用之，万无一失。后之

---

① （明）戚继光撰，范中义校释《纪效新书》（十四卷本），中华书局，2001，目录第7页。
② （朝鲜）《朝鲜宣祖实录》卷50，宣祖二十七年四月，韩国首尔：探求堂1973年影印本，第22册，第250页。

为将者，不可不知。①

王世贞（1526~1590），中国明代著名文学家、史学家，嘉靖二十六年（1547）进士，官至南京刑部尚书，卒赠太子少保。戚继光的十四卷本《纪效新书》附有王世贞所写《戚将军〈纪效新书〉序》，实际上，王世贞是为十八卷本《纪效新书》写的序，写于"丙寅季春"，即嘉靖四十五年（1566）春末，其中也提到"（《纪效新书》）自《束伍》以至《水兵》，篇凡十有八"。② 万历十二年（1584），戚继光校对、刊刻十四卷本《纪效新书》时，将王世贞所写《戚将军〈纪效新书〉序》放在正文之前作序。柳元之在《记戚家车战法》中提道："王世贞论戚家以意间古法教车，以南方短兵法教步。以车抗锋，以步挟车，以骑承步。利则以骑追北，不利则殿而自卫，虏闻不敢近边。"以上记载见王世贞所作《寿戚大将军序》，其中记载"大将军谓敌骑壮甚，卒难用骑争。于是以意间古法教车，而以南短兵法教步。俾车抗锋，步夹车骑，承步利则骑追北，不利则车殿以自卫。敌稍稍闻之缩，弗敢问阑入，则请款塞。"③这里主要是说，戚继光在北方戍边时，采用古代战车的办法对付入侵的外来骑兵，取得了很好的效果。柳元之这里引用王世贞对戚继光的评述，称赞戚继光训练的军队，"虏闻不敢近边"，同时也是在呼吁朝鲜应强化对炮车的建设，以有力量抗衡外来的骑兵，这里也应指清朝的军队，因为在整个孝宗时期，朝鲜上下都梦想着如何实现反清复明的大业。

《记戚家车战法》中提到的"车制见《秦风·小戎》篇"，来自《诗经·秦风·小戎》，《小戎》诗主要描述了西周时期秦国的一位妻子怀念出征丈夫的情景，其中提到她的丈夫驾驶着"小戎"出征。④ "小戎"，指轻型战车，因车厢较小，故称小戎。柳元之这里提到"秦风·小戎"，主要是说中国兵车的历史久远，戚继光在北方戍边时制造的兵

---

① （朝鲜）柳元之：《拙斋先生文集》卷12，《韩国文集丛刊·续集》第28辑，韩国首尔：景仁文化社，2006，第180~181页。

② 见（明）戚继光撰，范中义校释《纪效新书》（十四卷本），中华书局，2001，第2页。

③ 张德信、王熹编《戚继光研究资料粹编》（中），黄海数字出版社，2016，第750页。

④ 张明林主编《四书五经》卷1《诗经》，中央民族大学出版社，2002，第170页。

车，是在前人的基础上发展而来的："戚氏所用之车，就古法加减用之耶。"

《记戚家车战法》中还记载说，戚继光的《纪效新书》《练兵实纪》，都是从实战中总结出来的经典之作，特别是"《练兵实纪》并杂集，专用车战法以御虏"。"《练兵实纪》并杂集"，指《练兵实纪》有正集九卷外，还有《杂集》六卷。《练兵实纪》正集卷一《练伍法》第三部分即专门讲的"车兵"，共有十五部分内容："第一，选车兵；第二，车旗鼓；第三，车杂流；第四，车兵牌；第五，车旗号；第六，车什器；第七，车神器；第八，计车乘；第九，车分数；第十，车责成；第十一，车战队；第十二，车行营；第十三，苏骡力；第十四，明战法；第十五，严巡车。"①《练兵实纪·杂集》卷六《车步骑营阵法》还有"车营解"内容。② 上述"车兵"部分对车兵的组成、武器的配备、平日的训练、战术战法等诸多方面都有详细的记载，主要针对的目标是拥有大量骑兵的北方胡兵。前面我们提到车兵部队还配有杀伤力很大的炮车，这在其中都有记载，所以说戚继光"专用车战法以御虏"，而当时孝宗朝要实现反清复明的大业，面对的主要对手就是清军的骑兵，所以，柳元之也希望朝鲜王室能够大力重视发展"车兵"，学习戚继光的御虏"车战法"。柳元之还提到要学习戚继光"其用兵甚缜密有法度，所谓节制之师"。"节制之师"，指遵守军纪的军队。

柳元之为了支撑自己大力发展"车兵"的观点，还在《记戚家车战法》中提到了中国东汉时期马融依靠车兵大败羌兵的史料："东汉马融讨凉州叛羌，亦用扁箱车，以三千人破平数万羌兵"。这里提到的"马融"，应为"马援"，史料出自《后汉书·马援列传》："十一年夏，玺书拜援陇西太守。援乃发步骑三千人，击破先零羌于临洮，斩首数百级，获马、牛、羊万余头。守塞诸羌八千余人诣援降，诣种有数万，屯聚寇抄，拒浩亹隘。援与扬武将军马成击之。"③ 柳元之举例东汉时期"以三千人破平数万羌兵"的典故，是为了再次强调要重视"车兵"在战场中的作用："苟能依此用之，万无一失。后之为将者，不可不知。"意思也

① （明）戚继光撰，邱心田校释《练兵实纪》，中华书局，2001，目录第2页。
② （明）戚继光撰，邱心田校释《练兵实纪》，中华书局，2001，目录第14页。
③ （南朝宋）范晔：《后汉书》（简体字本），中华书局，2000，第558页。

是说，朝鲜军队的将军们，应该学习戚继光的《纪效新书》《练兵实纪》，并在朝鲜军队中加大"车兵"的配备和训练。

孝宗时期，戚继光的军事思想继续为朝鲜军队建设和中朝军事文化交流做出了贡献。

孝宗时期，朝鲜继续将戚继光的军事思想及其著作作为朝鲜军队建设的指导思想和教科书，还依照戚继光的《纪效新书》《练兵实纪》，加强了对朝鲜军官的训练，新式火器制造、训练的内容主要是破阵攻坚的"大炮"，因而打造了自宣祖时期之后的"一国之强兵"。但由于孝宗时期只有十年，在军队训练中，也重在准备反清复明，与清军作战，而不是防止持有先进火器的日军再次入侵，也使得朝鲜军队在全面学习和领会戚继光军事思想方面受到一定局限。

第五章　显宗时期：兵制行戚继光之法

朝鲜孝宗之后是显宗时期（1659～1674），显宗名李棩（1641～
1674），字景直，是孝宗李淏的嫡长子。李棩于朝鲜显宗十五年（康熙
十三年，1674）病故，终年三十四岁，在位十五年。显宗曾随其父孝宗
李淏被清军作为人质扣押在沈阳，后又随其父一起归国，其父孝宗李淏
反清复明的观点也对其有很大影响，所以即位后，更加重用孝宗时的儒
家学派宋时烈等人，强力推行崇儒国策，在军队建设中，也继续实行
"戚继光之法"，整个显宗时期，戚继光的军事思想及其著作仍然是朝鲜
军队建设的指导思想和教科书。

第一节　印发《纪效新书》《练兵实纪》，
"使之习行"

壬辰战争结束之后，在壬辰战争中发挥巨大作用的戚继光军事思想
及其著作是否仍然作为朝鲜军队建设的指导思想和教科书，一直在朝鲜
国内有着不同意见，特别是当朝鲜和日本的紧张关系缓和之后，朝鲜军
队建设以"防胡"作为训练士兵的重点，而以防倭作为训练士兵教科书
的《纪效新书》已经过时的论调，也一度在朝鲜官员中盛行。

《朝鲜显宗实录》显宗五年（康熙三年，1664）正月记载，朝鲜庆
尚道监司李尚真向朝鲜显宗国王李棩"进梁山郡守安命老所撰《演奇新
编》。命老自认为独得握奇之法，变戚继光兵制，自撰《演奇新编》。至
是，尚真刊行"。李尚真不仅刊行了安命老的《演奇新编》，还上疏显祖
国王说："今日军阵之所行用者，只是戚继光之法，反不及五卫旧制。请
下询掌兵之臣，而用命老之法。"李尚真希望朝鲜军队停止使用"戚继
光之法"，而学习、实行安命老在《演奇新编》中所倡导的军阵之法，
显祖国王让"上下其议"，兵曹反馈的结果为："该曹以为不可率易变

通，事遂寝。"① 由于兵曹仍坚持实行多年的"戚继光之法"，所以李尚真的意见没有被采纳。这说明，当时朝鲜有的地方官员认为"戚继光之法"已经不合时宜了，还不如朝鲜已经废止的"五卫旧制"，所以，庆尚道监司李尚真提议推行梁山郡守安命老编写的《演奇新编》。但这一提议，被主管朝鲜军事的兵曹所否定。

在谈到兵曹否定庆尚道监司李尚真的提议时，《朝鲜显宗实录》显宗五年（康熙三年，1664）一月十日还有如下记载："命老，妄庸人也。见孝宗朝以后留意兵事，自称有将略者，辄蒙超擢，为广州、水原、义州、平安监司等职，心忻然慕之，妄撰兵书，欲变国制。戚继光之法，虽非旧制，亦自久在行间，经历试用，累有功于南方者。此岂命老等辈，所可论其得失者哉！命老，其后所望不遂，乃追逐贼党，受刑远配。其人之无状如此，固不足道，而崇信其人，表章其书，至以刊进于朝，欲以此施用于一世者，此其人，亦可知矣。"② 记载说，安命老是个凡庸妄为的人，因为看到孝宗国王热衷于军队之事，便自称懂得军事，蒙骗了王室。安命老通过欺骗的手段得到了越级提升，担任了地方"监司"职务后，就有点忘乎所以了，撰写了兵书，企图改变壬辰战争以后朝鲜国家实行的军队体制。而当时国家实行的军队体制是按照戚继光当年所实行的军队体制设立的。这个体制虽然不是中国和朝鲜传统的"旧制"，但也"经历试用"，经过了实践的检验，而且很有成效，这岂是安命老等人所能评头论足的？安命老因为自己的愿望实现不了，就加入了反对派的行列，最后被"受刑远配"。记载还说，安命老等人不足为道，但崇拜迷信他，宣扬他的学说，还刊印他写的书，并上呈国王，要求推行他的主张，这样的人，也要清楚他的动机。这里显然是在批判庆尚道监司李尚真，同时也可看出当时显宗王室在军队中推行"戚继光之法"中的坚定立场。

"五卫旧制"，前面提到即朝鲜在壬辰战争之前实行的兵制，闲时为农，战时为兵，有战事则临时抽调上前线，这样的军队很难预防入侵的

---

① （朝鲜）《朝鲜显宗实录》卷 7，显宗五年一月，韩国首尔：探求堂 1973 年影印本，第 36 册，第 394 页。

② （朝鲜）《朝鲜显宗修正实录》卷 10，显宗五年一月，韩国首尔：探求堂 1973 年影印本，第 37 册，第 361 页。

强敌。壬辰战争初期平壤大捷之后，宣祖国王觉得戚继光《纪效新书》中提到的军队体制（即募兵制）很好，所以就设立了专职的国家军队。"五卫"，指军队中、左、右、前、后五卫，这也是中国明初开始实行的卫、所兵制。朝鲜庆尚道监司李尚真、梁山郡守安命老等人的提议，实际上就是要恢复到壬辰战争之前的朝鲜"五卫旧制"，但朝鲜兵曹仍坚持按照戚继光的《纪效新书》来编制朝鲜军队和训练士兵。

《朝鲜显宗实录》显宗五年（康熙三年，1664）八月记载："兵曹判书金佐明进《纪效新书》。《纪效新书》者，皇朝名将戚继光之所著也。继光于嘉靖年间，起自行伍，募浙闽乡兵，屡珍倭寇，以其练兵制敌之方，常所历试，而取胜者，著为一篇。壬辰之难，故相臣李德馨从李提督如松于平壤之战，观浙兵之布阵用技攻城鏖贼之状，因询其教练训习之方，遂得是书，以献于朝。癸巳（朝鲜宣祖二十六年，万历二十一年，1593）之后，首设训局军兵，其制置之法，实遵乎此。且以印颁布于国中，今垂七十年，屡经变乱，散逸殆尽。佐明以为：'是书真是今日练兵制敌之要法，而中外大小将领之人，所不可一日无者也。'于是，印出若干件，分送于三南各营镇，而以妆缋五件，上疏投进，以备睿览。上嘉其留意于戎务，优答之。"① 兵曹判书金佐明将新刊印的《纪效新书》上呈了显宗国王，并为此上疏说明情况。显宗国王非常支持金佐明刊印《纪效新书》并分发给各营镇的做法，还对金佐明的上疏予以了充分肯定。《显宗纯文肃武敬仁彰孝大王行状》也记载："兵曹判书金佐明，投进中朝《纪效新书》及《练兵实纪》等事，王即令颁布，使之习行，新设训练别队。又设精抄军，令本兵兼行大将军。盖欲团束精勇，储峙粮械，以为缓急之备。……王曰：'非予好兵而然也。若或深思，可知予意非出于置国家危亡之势，徒以兵为事者也。'"② 显宗国王李棩还谈到了在朝鲜军队中推行《纪效新书》《练兵实纪》，不是因为"好兵"，热衷于好战攻杀，也不是因为国家处于"危亡之势"，受到了外敌的入侵，而是有着更深层的考虑，即更远大的目标。这里虽然没有交代强军的更

① （朝鲜）《朝鲜显宗实录》卷9，显宗五年八月，韩国首尔：探求堂1973年影印本，第36册，第428页。
② （朝鲜）《白湖先生文集》卷19，《韩国文集丛刊》第123辑，韩国首尔：景仁文化社，1994，第349~350页。

远大的目标是什么，但显然是要继承其父孝宗国王李淏的遗愿，以反清复明作为强军的目标。

金佐明的《进〈纪效新书〉札》上疏原文如下：

> 伏以臣待罪本兵之后，得接能么儿厅文牒，则被选武官等演习阵法之际，只凭《兵学指南》一册，以为讲试之资，虽有论难证质之事，常患无所考据，愿得《纪效新书》全本以相凭阅云。臣问于本曹，则元无此书。问于他局，亦无所有。遂求得唐乡本各一件，令能么儿堂上及武官中晓解兵书者，再三雠校，正其讹误。且以唐本所载新增八阵图式及《练兵实纪》中车骑营阵、登坛口授等篇，以为别集二卷，合成一帙，用活字印出。此书即天朝名将戚继光之所著者也。继光于嘉靖年间，起自行伍，募浙闽乡兵，屡歼倭寇，以其练兵教艺制敌之方常所历试验效者，悉具于篇中。往在壬辰之难，故相臣李德馨从提督李如松于平壤之战，观浙兵之布阵用技攻城鏖贼之状，因求其所以教练训习之制，遂得是书，以献于朝。癸巳（1593）之后，即设训局军兵，而其所制置，实遵此书，且命印颁于国中。今垂七十年矣，屡经变乱，自底散逸，几乎泯绝，诚为可惜。语其为书，则乃圣祖之所尝眷眷于匡复旧物之际者，而论其为用，则目今中外大小将领之臣所不可一日无者也。今以所印若干件，分送于三南各营镇。而先将五件妆缋投进，以备睿览。取进止。①

"能么儿厅"，这里指朝鲜当时讲授戚继光《纪效新书》等军事著作及朝鲜依据《纪效新书》编纂的《兵学指南》的讲堂。肃宗朝担任兵曹判书的金锡胄（1634～1684）就提到壬辰战争期间，"取戚氏新书，撮其操练之要，名之曰《兵学指南》。则今国家之设厅讲授，称为能么儿者，即此法也"。②

"《兵学指南》"，前面提到指宣祖时期朝鲜训练都监依据戚继光的

---

① （朝鲜）金佐明：《归溪遗稿》卷上，《韩国文集丛刊》第 122 辑，韩国首尔：景仁文化社，1994，第 253 页。

② （朝鲜）金锡胄：《息庵先生遗稿》卷 8，《韩国文集丛刊》第 145 辑，韩国首尔：景仁文化社，1995，第 245 页。

《纪效新书》和《练兵实纪》编纂的指导新兵训练的教科书。

"八阵图式"，这里指的是来自戚继光《纪效新书》和《练兵实纪》中关于在战场上布阵的相关内容，载《纪效新书》（十四卷本）卷七《营阵篇》、①《练兵实纪·杂集》卷六《车步骑营阵解》篇，② 其中不仅有文字解释，还附有多幅营阵图。戚继光的"车步骑营阵"，强调车兵、步兵、骑兵相互配合，协同作战，但《纪效新书》和《练兵实纪》中均没有"八阵图式"的表述，后人传说戚继光的"车步骑营阵"是受到了三国时期诸葛亮的"八阵图"的启发而创立的。

"车骑营阵、登坛口授等篇"，指《练兵实纪·杂集》卷六《车步骑营阵解》③、《练兵实纪·杂集》卷四《登坛口授》"④。《登坛口授》是戚继光的部属李超、胡守仁所记录的戚继光平时演讲、训示的一些内容，主要是对将官素质方面的一些要求。

"李德馨"，字明甫，号汉阴，壬辰战争期间任朝鲜兵曹判书，后升任领议政，即领相。这里提到的"相臣李德馨从提督李如松于平壤之战"，明军提督李如松率领明军收复平壤时，李德馨时任朝鲜兵曹判书，还没有升任领相。记载提到的李德馨在壬辰战争期间"遂得是书"，得到《纪效新书》一事，前面也提到过，李德馨从明军游击将军、戚继光的亲侄子戚金那里得到了戚继光的《纪效新书》，并将《纪效新书》上呈给了宣祖国王，希望朝鲜能按照《纪效新书》的内容训练朝鲜士兵，得到了宣祖国王的批准。

金佐明的《进〈纪效新书〉札》上疏主要表达了三个意思。一是，朝鲜显宗时期指导朝鲜军队的《兵学指南》，其主要内容来自戚继光的《纪效新书》。金佐明就职兵曹判书后，在阅读《兵学指南》时，希望参照《纪效新书》，"得《纪效新书》全本以相凭阅"，但由于"壬辰战争"已经过去"七十年矣，屡经变乱，自底散逸，几乎泯绝"，当时朝鲜兵曹并没有《纪效新书》，只好从他处"求得唐乡本各一件"。"唐乡本"，指在中国刊印的版本。二是，为了在朝鲜军队中正确贯彻《纪效

---

① （明）戚继光撰，范中义校释《纪效新书》（十四卷本），中华书局，2001，第 147 页。
② （明）戚继光撰，邱心田校释《练兵实纪·杂集》，中华书局，2001，第 325～341 页。
③ （明）戚继光撰，邱心田校释《练兵实纪·杂集》，中华书局，2001，第 325～341 页。
④ （明）戚继光撰，邱心田校释《练兵实纪·杂集》，中华书局，2001，第 263～299 页。

新书》军事思想，金佐明除组织人员对照《纪效新书》对《兵学指南》"再三雠校，正其讹误"外，还将戚继光的《练兵实纪》一书及其他相关内容也纳入其中，"合成一帙，用活字印出"，分发到所属部队"各营镇"。三是，进一步强调学习戚继光军事思想及其著作的重大意义："乃圣祖之所尝眷眷于匡复旧物之际者，而论其为用，则目今中外大小将领之臣所不可一日无者也。"意思说，壬辰战争之后，朝鲜的君王，特别是孝宗、显宗国王之所以仍眷恋于用戚继光之法治理军队，是因为现在无论在朝鲜京畿地区还是在朝鲜京都之外的地方军队，无论是高级将领，还是基层的军官，大大小小的军官们都离不开它。

上述记载也说明，"壬辰战争"已经过去很久了，《纪效新书》仍是指导朝鲜军队训练的教科书。研究戚继光的著名专家范中义指出："康熙六年（1667），朝鲜又颁布《纪效新书》和《练兵实纪》，令将弁学习。戚继光的军事著作在国内从没有以国家名义下达命令让将士学习，而在朝鲜，国王亲自研读，并命令颁行全国。"① "康熙六年（1667）"，即朝鲜显宗八年，这再次说明，戚继光的军事思想及其著作在朝鲜显宗时期仍有着重大的影响。

显宗时期，朝鲜扩大兵员进行训练，仍以戚继光的著作作为教科书。《朝鲜显宗修正实录》显宗十三年（康熙十一年，1663）九月记载："壬辰乱后，宣庙朝相臣柳成龙，因饥民赈恤，抄其丁壮，教以戚继光兵法。其数初不满数百，而厥后渐加，然丙子前，扈卫军不过二千。今则炮手数至五千五百余人，此外又有别队千人，御营兵千人，精抄五百，禁军七百，各厅军官且近万。比之丙子前，则其数倍蓰矣。"② "壬辰乱"，指朝鲜宣祖二十五年（万历二十年，1592）发生的日军侵略朝鲜的壬辰倭乱。"丙子"，指朝鲜仁祖十四年（崇祯九年，1636）。记载说，宣祖朝壬辰倭乱之后，领相柳成龙召集饥民中的青壮年，"教以戚继光兵法"，但开始人数并不多，到了仁祖朝丙子年之前，经过训练的护卫朝鲜王宫的"扈卫军不过二千"，而现在（指显宗时期）经过训练的仅"炮手数至五千五百余人"，另外还有"别队千人，御营兵千人，精抄五百，禁

① 范中义：《戚继光评传》，南京大学出版社，2011，第393～394页。
② （朝鲜）《朝鲜显宗修正实录》卷26，显宗十三年九月，韩国首尔：探求堂1973年影印本，第38册，第124页。

军七百，各厅军官且近万"。显宗时期，"教以戚继光兵法"的军队数量较仁祖朝也有了"数倍"的增加，而且增加最多的是"炮手"，即学习新式火器的士兵。

　　关于显宗时期的朝鲜军队学习"戚继光兵法"的情况，《朝鲜显宗实录》关于显宗四年（康熙二年，1663）十一月的记载也曾提道："（宣祖朝）聚京师游卒数百人，传习其技，团束作队，教之以炮、杀、射，及戚继光阵法。""初置都提调，未几罢之，号为精抄厅，以兵曹判书为大将，与禁军分作左右队，每月习操，如两局之制。其后丁巳，因大臣议，去精抄厅之号，以其兵还属兵曹，而兵额及他规制，依旧。"① 意思说，朝鲜光海君时期，训练新兵的职责虽然由训练都监转给了兵曹，但其"兵额及他规制"没有变化，也就说，仍然"教之以炮、杀、射，及戚继光阵法"。"炮、杀、射"，指炮手、杀手、射手"三手"技艺。《朝鲜显宗实录》显宗十四年（康熙十二年，1673）十二月的记载还提到朝鲜礼宾寺正都举元上疏，"进阵法册子"，其中就有"戚继光雷轰阵"，显宗国王非常满意，"上赐批优答"。② "戚继光雷轰阵"这一名称，未见于戚继光的相关著作，这里应是朝鲜官员综合了戚继光《纪效新书·营阵篇·营阵解》和《练兵实纪·军器解·军火器》中的相关内容，而命名的戚继光的阵法，这种阵法用当时的西式火炮、火绳枪、火箭等新式火器对敌发起攻击，或惊扰敌阵，或杀伤敌阵有生力量。显宗国王很欣赏"戚继光雷轰阵"，也必定会在朝鲜军队中推广学习和演练。

　　以上《朝鲜显宗实录》的这些记载，与显宗时期其他史料的记载相一致，都说明了戚继光的军事思想在显宗时期的朝鲜军队建设中仍占有非常重要的地位。

第二节　著名学者撰文：朝鲜要用戚继光法

　　受孝宗国王的影响，朝鲜显宗时期的一些官员仍非常关注国家的军

---

① （朝鲜）《朝鲜显宗修正实录》卷 10，显宗四年十一月，韩国首尔：探求堂 1973 年影印本，第 37 册，第 353 页。

② （朝鲜）《朝鲜显宗实录》卷 21，显宗十四年十二月，韩国首尔：探求堂 1973 年影印本，第 37 册，第 57 页。

队建设，希望通过强兵实现反清复明，或至少不受清朝控制的目标。

1. 城防建设，"用戚继光法"

柳馨远（1622～1673），字德夫，号磻溪，进士出身，无意仕途，朝鲜实学派创始人，著名哲学家。鉴于柳馨远当时的影响，显宗王室曾多次征召柳馨远入朝为官，但都被他婉拒。柳馨远终老隐居全罗北道扶安郡愚磻山谷中。《柳馨远传》记载："明烈帝十七年（1644），清人寇陷燕京，自立为帝，馨远自以明陪臣义不出，隐于愚磻山谷中。……馨远尝私记中国道路险易，藏鸟铳美弓箭，以教苍头。其所居海上也，有大船四五号为飞船常置之，有骏马日行三百里常蓄之。其意微，人莫之知也。……馨远既自屏，不求仕宦，然其志恻怛，其思远。"① 很显然，柳馨远同孝宗的想法一致，也不认为清朝是中国的正统，自认是"明陪臣"，认为朝鲜是明朝的附属国，他是明朝的附属国的臣子，所以不能为已是清朝附属国的朝鲜王室效力。他怀念明朝，并渴望着中国有朝一日还能恢复明朝的统治。柳馨远隐居的全罗北道扶安郡愚磻山谷，在今韩国西海岸，与中国大陆隔海相望，他私下了解中国的情况，私藏鸟铳、弓箭等武器，并让自家奴仆学习使用这些武器，而且还置多艘大船，饲养多匹善于奔跑的骏马。"苍头"，古文中有多个含义，这里应指奴仆，以青巾裹头的军队。很显然，柳馨远借隐居之名做的这一切准备，就是渴望有朝一日能为反清复明奔赴疆场。

但新兴的清王朝让国内外反清复明的企图落空了，柳馨远也只能把希望寄托在朝鲜国家的复兴上，但作为一个隐士、学者，柳馨远把精力投入到了从事学术研究和社会改革活动上。柳馨远反对空谈，提倡研究联系实际的有用之学，以达到"富国强兵"之目标。他著作颇丰，有《磻溪随录》传世。《磻溪随录》第二十一卷至二十四卷，专门谈到朝鲜"兵制"的现状与改革的设想，其中多次提到要依照戚继光的《纪效新书》来指导朝鲜军队的建设。《柳馨远传》也记载，柳馨远认为"凡兵制先令郡邑修其城池，……城用戚继光法。于是节度使总诸镇，诸镇使

---

① （朝鲜）俞汉隽：《自著》卷15《柳馨远传》，《韩国文集丛刊》第249辑，韩国首尔：景仁文化社，2000，第260页。

兼管郡县，守令总把总，把总总哨官，哨官总旗总，五人为伍，二伍为队，三队为旗。有警俱起"。①

柳馨远关于"凡兵制先令郡邑修其城池，……城用戚继光法"的论述，见于柳馨远《磻溪随录》第二十二卷《兵制后录·城池》：

> 凡城高，必五丈以上。城高，皆除垛而言。京都大城，必六丈以上。若山上城，则因其险夷，量为高卑。用周尺十尺为一丈。《纪效新书》，城高虽以三四丈为言，然彼以官尺，则比周尺实加倍矣。垛高一丈，城底四丈，外开濠。濠广必四丈，深二丈以上，愈深阔愈好，引水成池尤妙。濠岸，亦必筑以砖石。凡城自下二丈，斜倚以筑。二丈以上，斜直渐上。倭城如此。其雉及瓮城、牛马墙并依《纪效新书》法。《（纪效）新书》，每五十垛一雉，更当量其地形，而为之。大约雉出城外四五丈，则横长六七丈。濠岸内筑牛马墙，如其式。若山城地势峻处及有池濠水深，则不必有牛马墙。不然，则必有之。若设雉处，代设炮楼，则尤好，其制见下。如此则不必为牛马墙。濠外开路，路广四五丈。城外三百步内，勿许作家。都城则四百步。②

柳馨远在《兵制后录·城池》的论述中，多次提到城防设施建设要依照戚继光《纪效新书》中提到的标准进行设计和改建，以上只是摘录了其中的一小段，也可从中看出柳馨远对《纪效新书》进行了认真的研读学习，并能用以指导朝鲜的城防建设。

戚继光关于城防建设的有关内容，主要载于十四卷本《纪效新书》卷十三《守哨篇》中。柳馨远在《兵制后录·城池》中提到的"《纪效新书》，城高虽以三四丈为言"，《纪效新书》的记载是："（城）高，除垛，城身必四丈或三丈五尺。"③ 记载中提到的护城河（濠）"愈深阔愈

---

① （朝鲜）俞汉隽《自著》卷15《柳馨远传》，《韩国文集丛刊》第249辑，韩国首尔：景仁文化社，2000，第264页。

② （朝鲜）柳馨远：《磻溪随录》卷22《兵制后录·城池》，韩国首尔：明文堂，1982，第58页。

③ （明）戚继光撰，范中义校释《纪效新书》（十四卷本），中华书局，2001，第306页。

好",《纪效新书》的记载是"愈阔愈好""愈深愈好"。① 记载中提到的
"其雉及瓮城、牛马墙并依《纪效新书》法",这在《纪效新书·守哨
篇》中都有具体记载。"雉",指城雉,城上短墙,《纪效新书·守哨篇》
中有"雉解"篇,② 对城雉建设的尺寸等具体标准有详细记载,并附有
图片。③ "瓮城",指城门外掩护城门的月城,《纪效新书·守哨篇》中有
"瓮城卷门制""瓮城卷门解"篇,对瓮城的作用、建设的尺寸等具体标
准也有详细记载,并附有图片。④ "牛马墙",建在城外的城防设施,有
大小铳眼,使用鸟铳或炮阻击来犯之敌,紧急情况下,人和牛马可于墙
内收避,故称"牛马墙"。《纪效新书·守哨篇》中有"牛马墙制""牛
马墙解"篇,对牛马墙建设的尺寸等具体标准也都有详细记载,并附有
图片。⑤ 记载中提到的"《(纪效)新书》,每五十垛一雉,更当量其地
形,而为之"见于《纪效新书·守哨篇》中"雉解"篇:"每五十垛一
雉,城阔加之。……"⑥ 记载中提到的"代设炮楼,则尤好,其制见
下",这在《纪效新书·守哨篇》中也有记载,见"重门大楼制""重门
大楼解"。⑦ 由此可见,柳馨远希望朝鲜在进行城防建设时,原原本本依
照《纪效新书》中提到的标准要求进行建设,这也可以看出柳馨远对戚
继光军事著作的认可和依赖。

《柳馨远传》提到的柳馨远关于"节度使总诸镇,诸镇使兼管郡县,
守令总把总,把总总哨官,哨官总旗总,五人为伍,二伍为队,三队为
旗。有警俱起",见于柳馨远《磻溪随录》第二十一卷《兵制·各道营
镇镇管》:

　　守令总把总,把总总哨官,哨官总旗总。……
　　戚氏《纪效新书》曰:凡队长,一队二伍,五人为伍也。一队
十二人,即十人为什也。每一旗下,三队、五队皆可,三十为旗也。

① (明) 戚继光撰,范中义校释《纪效新书》(十四卷本),中华书局,2001,第314页。
② (明) 戚继光撰,范中义校释《纪效新书》(十四卷本),中华书局,2001,第308页。
③ (明) 戚继光撰,范中义校释《纪效新书》(十四卷本),中华书局,2001,第308页。
④ (明) 戚继光撰,范中义校释《纪效新书》(十四卷本),中华书局,2001,第311~312页。
⑤ (明) 戚继光撰,范中义校释《纪效新书》(十四卷本),中华书局,2001,第313~314页。
⑥ (明) 戚继光撰,范中义校释《纪效新书》(十四卷本),中华书局,2001,第308页。
⑦ (明) 戚继光撰,范中义校释《纪效新书》(十四卷本),中华书局,2001,第310~311页。

一哨官下，三旗以至五旗皆可。百人为哨也。一把总下，三哨以至五哨皆可。五百人为司也。一千总下，三司以至五司皆可。三千为营也。三千一营，而四千、五千皆可为一营，不必拘定数目。但顺人土之利，相时措之宜，因兵食之额，要之不出乎用法而不泥乎法是也。《兵学指南》，亦因此为制，而曰队止于三，用阵法也。旗止于三，拘兵数也。哨则四五六皆可，通便宜也。每营，不过五六司。每军，不过十营。将力，只当止此也。即什百千万，总是一法，扩充变化之耳。非执此为定法，无复可增损也。由此观之，则古今兵制，皆不胶定其数也。①

柳馨远上述记载提到的"戚氏《纪效新书》曰：凡队长，……"，见于戚继光的十四卷本《纪效新书》卷一《束伍篇》："凡队长，三队以至五队皆可，一队二伍，五人为伍也。一队十二人，即十人为什也。每一旗下，三队、五队皆可，五十为队也。一哨官下，三旗以至五旗皆可，百人为哨也。一把总下，三哨以至五哨皆可，五百人为司也。一把（千）总下，三司以至五司皆可，三千为营也。三千一营，以至四千、五千皆可为一营。三营、五营皆可为一师。……不必拘定数目，……但顺人土之利，相时措之宜，因兵食之额，要之不出乎用法而不泥于法是已。"② 从以上摘录可以看出，柳馨远记载的《纪效新书》中的内容，除个别字句因版本或抄录的问题存在差异外，其内容几乎是一致的，说明柳馨远非常认真地阅读了《纪效新书》，并全面接受了其中的观点。柳馨远记载中提到的"《兵学指南》"，我们前面已经提到，是朝鲜当时依据《纪效新书》的内容编纂的朝鲜军队训练的教科书。这套教科书从宣祖朝壬辰战争期间开始使用，说明到了朝鲜显宗时期仍是朝鲜军队训练的教科书。

2. 戚公之法是朝鲜军队建设的"万全之法"

柳馨远在《磻溪随录》中有多处提到朝鲜的军队建设要依"戚公之

---

① （朝鲜）柳馨远：《磻溪随录》卷21，韩国首尔：明文堂，1982，第20~23页。

② （明）戚继光撰，范中义校释《纪效新书》（十四卷本），中华书局，2001，第5页。

法"，或"《纪效新书》之式"。

《磻溪随录》第二十一卷《兵制·训练都监》记载：

　　戚继光曰："兵贵精选。第一不可用市井油滑之人，第二不可用
奸巧之人。第一可用，只是乡野老实之人。第二可用，乃经战之
人。"戚公真知言哉。今也率使京兵为市井，诱以谋利之途。自数年
以来，为大将者，又启请京兵之为市井者，不使应市役。故京兵尽
化为市井，而与他市井，纷争相诘，疾若仇雠。由是，国制日乱，
京兵益游惰骄横，罔有纪极。此皆不可不及时改之者也。①

　　柳馨远的上述记载说，朝鲜要学习戚继光关于招募士兵的一些标准，
即选用"乡野老实之人"，选用"经战之人"，而当时的朝鲜没有这样
做，选用的多是"市井"之人，即城市里一些游手好闲的人，"诱以谋
利之途"，吸引他们当兵。结果在京城当兵的"游惰骄横，罔有纪极"，
因和地方当兵的相互争夺利益而成了仇人。这样招募的士兵，毫无战斗
力，必须"及时改之"。这说明，柳馨远认为朝鲜的军队建设和兵制改
革应从士兵招募开始，而招募士兵的标准要求，必须依照戚继光的《纪
效新书》，而朝鲜当时没有这样做，所以造成了"国制日乱"。

　　柳馨远在记载中引用的戚继光的话，载于十四卷本《纪效新书》卷
之一《束伍篇·原选兵》："兵之贵选。……第一，不可用市井油滑之
人，但看面目光白、形动伶便者是也。第二，不可用奸巧之人，神色不
定，见官府藐然无忌者是也。第一可用，只是乡野老实之人，所谓乡野
老实之人者，黑大粗壮辛苦，手面皮肉坚实，有土作之色是也。第二可
用，乃惯战之人，曾见贼无功之人。惯战知利害，知利害则奸猾生，但
熟知战阵，势所必用；无功必胆怯，但曾见情状，故以二项为次等。"②

《磻溪随录》第二十二卷《兵制后录·兵车》记载：

　　中国与戎虏战，则尤不可以无车也。近世戚南塘，在南方，平

---

① （朝鲜）柳馨远：《磻溪随录》卷21，韩国首尔：明文堂，1982，第12～13页。
② （明）戚继光撰，范中义校释《纪效新书》（十四卷本），中华书局，2001，第10～
　　11页。

盗御倭，则能以徒成功。而及其镇蓟，则造设车战，然后乃得惩虏。义安边境，其实效于此可见矣。至若本国，则地势不平，用车宜若可疑。然苟深察之，则亦不至不得用车。……相地以成阵，当途而御冲，岂有不得用之理。若夫出奇追击，则车营本配以骑步，车以为卫，骑以为奇尔，便可开营出骑，唯所便当。非可以车，递峻坂驰险陀也。是以，戚公之法，车营常于近便，镇□沿城为卫，使车城相依，御冲出奇，岂非万全之法乎！……大抵万事中国所当行者，东国亦无不可行。古时所能行者，后世亦无不可行也。①

"戚南塘"，即戚继光，号南塘。"镇蓟"，镇守蓟州。戚继光于隆庆三年（1569）二月被朝廷任命以总理衔兼镇守蓟州。在这之前的隆庆二年（1568）五月，朝廷任命戚继光总理蓟州等练兵事务，职务与总督相当。

柳馨远的上述记载，主要强调了要依照"戚公之法""造设车战"，即按照戚继光关于车战的要求制造炮车，并学习戚继光的车战之法，"相地以成阵，当途而御冲""车城相依，御冲出奇"，使之成为捍卫朝鲜城镇安全及主动反击来犯之敌的"万全之法"。上述记载还分析了在朝鲜推行车战的可行性，即使朝鲜山地较多"地势不平"，仍可以推行车战之法。记载提到的车战"戚公之法"，在前面已经提到，即指戚继光在《练兵实纪》卷一《练伍法》②和《练兵实纪·杂集》卷六《车步骑营阵解》中，③讲到的有关炮车车兵的挑选、武器装备、日常训练、车战战术战法等诸多内容。

柳馨远《磻溪随录》第二十二卷《兵制后录·城池》记载：

如中国城制，则底阔必八丈，上面阔三丈。……城腰以下则以大面石钉削，纵叠。腰上则以砖，皆间粘石灰筑之，如此则非但永为坚固。虽是多石之地，城未及半，近石已尽，故未免运于远处，所以费力尤多。燔砖之功，若比远运，不啻减矣。戚南塘曰："凡城

---

① （朝鲜）柳馨远：《磻溪随录》卷22，韩国首尔：明文堂，1982，第17～18页。
② （明）戚继光撰，邱心田校释《练兵实纪》，中华书局，2001，目录第2页。
③ （明）戚继光撰，邱心田校释《练兵实纪》，中华书局，2001，目录第14页。

砖第一，石次之。"此言诚是。垛则，即女墙，必以砖，粘和石灰为
之。其造砖时必依《纪效新书》之式。若以石则垛口、悬眼，难以
如制，又易颓落。本国诸城，皆垛高数尺，仅及人腰，不避贼丸。
垛间阔大，容人有余，又自垛根，成山字形，尤易登越。设高眼而
无悬眼，皆犯至忌。宜令垛高必一丈，垛口亦及半开口，其间狭小，
而两边成脊，便于左右瞭射。改高眼为悬眼，如此然后可以为城。
其详皆具《（纪效）新书》。且近来诸城，石灰涂其外面，一二年内
颓剥无余，徒费民力，实不得分毫之益。①

　　柳馨远的上述记载，同前面提到的其强调朝鲜城防建设要"用戚继
光法"一致，这里主要强调了两点具体内容，一是，建筑城墙时"腰上
则以砖，皆间粘石灰筑之"，即用石头砌的城墙地基高度到人的腰部后，
以上要用砖砌，用粘石灰相互粘结，这样做不仅"永为坚固"，也省工
省力。所以说，戚继光在《纪效新书》中提到的"凡城砖第一，石次
之"，非常正确。朝鲜烧制城墙砖时，也要"依《纪效新书》之式"，城
墙砖的大小、样式都要照着《纪效新书》中提到的标准来做。二是，城
墙之上设"垛口、悬眼"，"其详皆具《（纪效）新书》"，《纪效新书》
中也记载得非常详细，但朝鲜当时并未照着去做，不仅使守城士兵"不
避贼丸"，而且使来犯之敌"尤易登越"，"皆犯至忌"，建设这样的城防
设施，结果"徒费民力，实不得分毫之益"。从上述记载不难看出，柳
馨远反复强调的内容都集中在一点上，这就是朝鲜的城防建设，要以
《纪效新书》记载作为参照标准。
　　记载中提到的烧制城墙砖"依《纪效新书》之式"，载十四卷本
《纪效新书》卷十三《守哨篇·城制解》："凡城身，第一砖，第二
石"；②《守哨篇·垛口砖制》："长若干，横可得长之半；横若干，厚可
得横之半。庶纵横六面，鏊砌皆成方，乃可久。尖砖自尖作尺寸。"③
《守哨篇·垛口砖制》还附有砖的图片。记载中提到的"垛口、悬眼"
"其详皆具《（纪效）新书》"，载于十四卷本《纪效新书》卷十三《守

　　① （朝鲜）柳馨远：《磻溪随录》卷22，韩国首尔：明文堂，1982，第6~8页。
　　② （明）戚继光撰，范中义校释《纪效新书》（十四卷本），中华书局，2001，第307页。
　　③ （明）戚继光撰，范中义校释《纪效新书》（十四卷本），中华书局，2001，第310页。

哨篇·悬眼制》《守哨篇·悬眼解》《守哨篇·垛口砖制》《守哨篇·垛口解》。① 如《守哨篇·悬眼制》记载："每垛当中，自城面平为孔，高九寸，约砖三层，砖厚用二层。平面以下，两方砖对中为弯，渐渐下缩。每砖一模，编成层数字号，烧于砖上，临用只照号垛成，如寻常整砌力同。庶砖皮不削则可久，砖弯不凿则工省。约用几丈尺深，计为若干层。今图内只六层，每砖三寸，只得一尺七寸，示其大略耳。或二十、三十等层，以尽为度。"② 在这段文字下面，还附有十二幅图片，并注有说明。③ 以此可见，《纪效新书》对城防建设有着非常详细而具体的记载，故柳馨远说："其详皆具《（纪效）新书》。"

《磻溪随录》第二十二卷《兵制后录·城池》还记载：

> 或问于戚南塘曰："诸处城池，俱有成制，若如《（纪效）新书》之法，将尽易之，赀且不赡，奈何？"戚公曰："此法，非尽欲易其旧也。夫力屈举赢，岂可不察。即创业之秋，固不能措。圮则修，填则改，不可如其制乎。旧城身固难易，垛口所费甚微，不可如其制乎。平居重迁，众怒难犯，万一贼至，顺人情之所欲，酌量更改，不可如其制乎。改一尺，一尺之利。改一丈，一丈之利，但在适时变通尔。今蓟镇之三屯营城，遵化之县城，如古北各路之新修边墙，俱依图式。言非凿空，而先事人，惟豫则立。"④

"三屯营城"，今中国河北省迁西县三屯营镇，明代为蓟州镇府治所，也是当时戚继光以总理衔镇守蓟州时的所在地。"遵化"，今中国河北省唐山市代管的遵化市，"古北"，指古北口，今北京市密云县古北口镇，古北口长城在今古北口镇东南部，是辽东地区和内蒙古通往中原地区的"咽喉"，也是历来兵家必争之地。戚继光镇守蓟州时，曾对这一带的长城及城防设施进行了扩建。"惟豫则立"，凡事做好计划或准备才

---

① （明）戚继光撰，范中义校释《纪效新书》（十四卷本），中华书局，2001，第308~310页。

② （明）戚继光撰，范中义校释《纪效新书》（十四卷本），中华书局，2001，第308~309页。

③ （明）戚继光撰，范中义校释《纪效新书》（十四卷本），中华书局，2001，第309页。

④ （朝鲜）柳馨远：《磻溪随录》卷22，韩国首尔：明文堂，1982，第7~8页。

能成功。"豫",同"预",预先,这里是预先准备的意思。《礼记·中庸》:"凡事豫则立,不豫则废。"

柳馨远上述记载见于戚继光的十四卷本《纪效新书》卷十三《守哨篇》,① 同前面的摘录一样,除个别字句因版本或抄录的问题存在差异外,其内容基本完全一致。柳馨远这里摘录《纪效新书·守哨篇》这段文字,是要告诉人们,戚继光在《纪效新书》中谈到的城防建设标准和城市守护的有关条令、措施对当时的朝鲜是完全适用的,希望朝鲜官府和各地方长官能够领会其中的实质,结合朝鲜各地的实际情况,做好考察和各项准备工作,"适时变通""惟豫则立"。这也再次说明,柳馨远是在不遗余力地宣传《纪效新书》,宣扬戚继光的军事思想。

显宗时期,像柳馨远这样一些著名的文人都仍热衷于学习和宣传戚继光的军事著作,这也可说明,戚继光的军事思想在显宗时期仍有着很大的影响力。

显宗时期,朝鲜仍把反清复明作为强军的目标,军队建设继续实行"戚继光之法",学习的主要内容是戚继光军事著作中的车战之法,制造、学习使用炮车,以将来对付清军的骑兵。虽说显宗时期有过戚继光的《纪效新书》是否过时的争论,但朝鲜王室仍将戚继光兵法奉为朝鲜军队建设的"万全之法",城防建设也用"用戚继光法"。为了将戚继光的军事思想落实在基层,戚继光的《纪效新书》《练兵实纪》还被刊印分发到军队各营镇,让将士学习。但由于当时清廷加大了对朝鲜的监督,朝鲜依照戚继光军事思想推行强军的力度也受到制约。

---

① (明)戚继光撰,范中义校释《纪效新书》(十四卷本),中华书局,2001,第 304 ~ 305 页。

第六章　肃宗时期：军队专用
戚继光法

朝鲜显宗之后是肃宗时期（1674～1720）。肃宗名李焞（1661～1720），字明普，是显宗李棩的独子，在位四十六年。肃宗在位正值中国康熙时期（1662～1722），康熙二十二年（1683），清朝统一台湾，消除了影响中、朝、日三国关系的一个不稳定因素，朝鲜反清复明的北伐梦想也彻底破灭。但肃宗受之前的朝鲜国王的影响，依然对明王朝在壬辰战争期间拯救朝鲜怀有深厚的感恩之情，肃宗三十年（康熙四十三年，1704），适逢明亡六十年祭，肃宗亲自祭祀崇祯皇帝，还命令在朝鲜京都汉城（今首尔）筑"大报坛"，祭祀万历皇帝，以报答壬辰战争期间万历皇帝出兵抗倭援朝的恩德（朝鲜英祖时，大报坛的祭祀对象增加了明太祖和崇祯帝）。肃宗对壬辰战争期间引入朝鲜的戚继光军事思想及其著作也尊崇有加，这一时期，虽说朝中党争激烈，各派系朝臣更迭频繁，但无论是朝鲜王室还是民间，戚继光的军事著作始终是朝鲜人学习的经典，是指导朝鲜军队建设的教科书。

第一节　重臣称颂戚继光："兵者宗师者也"

肃宗李焞即位之初，就高度重视依照戚继光的军事思想建设朝鲜军队，而且得到了朝中重臣的大力支持。

《朝鲜肃宗实录》肃宗元年（康熙十四年，1675）一月记载：

> 上御昼讲。以尹镌所进册子，授承旨郑维岳，维岳且读且释，一如昨日之为。镌极言武刚车制之可用，金锡胄曰："戚继光赞武刚车之利以为：'不秣之马，有足之城，敌虏之策，诚莫如车战矣。'但车战利于平地，而我国则无广野，此为难矣。"镌曰："不然，独

轮则虽险路可行，顾我国不当用乎？"维岳曰："镌言是矣。"①

尹镌（1617～1680），字斗魁、希仲，号白湖，朝鲜肃宗朝有影响的政治家、思想家，官至朝鲜议政府右赞成（从一品），后在党争中失败被罢官发配。去世后，肃宗十五年（1689）平反，"三月命赠议政府领议政（正一品），遣承旨赐祭"。②"承旨"，朝鲜承政院官员，正三品。"武刚车"，泛指古代战车。《后汉书·舆服志上》："吴孙《兵法》云：'有巾有盖，谓之武刚车。'武刚车者，为先驱。又为属车轻车，为后殿焉。"③"不秣之马，有足之城，敌虏之策，诚莫如车战矣。"见戚继光《练兵实纪·车步骑营阵解》："用之环卫军马，一则可以束部伍，一则可以为营壁，一则可以代甲胄，虏马拥众，无计可逼，诚为有足之城，不秣之马也。但所恃全在火器，火器若废，车何能御？"④

上述记载是朝鲜肃宗国王与几位官员讨论兵车在朝鲜是否可行。肃宗元年（1675），兵曹判书金锡胄提出朝鲜多山地，而"车战利于平地"，如在朝鲜推广戚继光大力倡导的车战，"此为难矣"。金锡胄提出这一点，并不是不同意戚继光车战的观点，而是提出问题：如何在多山地的朝鲜，也能发挥车战的优势。参与讨论的肃宗朝重臣尹镌完全支持在朝鲜推行戚继光的车战之法，"极言武刚车制之可用"，即使在少平原的朝鲜，"独轮则虽险路可行"。肃宗近臣承旨郑维岳也支持尹镌的观点："镌言是矣。"这说明，肃宗所倚重的几位官员，都赞成在朝鲜推行戚继光的车战之法。从下面的记载也得知，朝鲜不久即制造了装备有火铳枪的兵车。

肃宗时期，肃宗非常信任和倚重的金锡胄，极力在朝鲜推介戚继光的军事思想，倡导用《纪效新书》指导朝鲜军队的训练。

金锡胄（1634～1684），字斯百，号息庵，官至肃宗朝右议政（副首相）。据《右议政清城府院君金公行状》记载，金锡胄"丁酉（1657）

① （朝鲜）《朝鲜肃宗实录》卷2，肃宗元年一月，韩国首尔：探求堂1973年影印本，第38册，第234页。

② 见（朝鲜）《白湖先生文集·附录·年谱》，《韩国文集丛刊》第123辑，韩国首尔：景仁文化社，1994，第603页。

③ （南朝宋）范晔：《后汉书》（简体字本），中华书局，2000，第2494页。

④ （明）戚继光撰，邱心田校释《练兵实纪·杂集》卷6，中华书局，2001，第333页。

中进士第一"，"壬寅（1662）春，捷会试第二，又擢殿试第一"。金锡胄历官朝鲜兵曹判书、御营精抄提调、军器寺提调、两馆大提学、吏曹判书、议政府右赞成兼兵曹判书、训练大将、议政府右议政（副首相）兼扈卫大将、禁卫都提调等职，封清城府院君。金锡胄"享年五十有一"，去世后，肃宗指示说："清城府院君，以乔木休戚之臣，当国家危疑之际，竭诚殚力。诛除凶孽，使几危之宗社得以再安。其盖世之勋庸，贯日之忠贞，实无愧于古人，而亦可质于神明矣。……夺我栋梁，国将奚赖？"得知金锡胄去世的信息，"上自公卿大夫庶官流品，下至官司吏隶市井民庶，以及穷乡村氓，闻公殁，莫不惊愕嗟悼。虽一时论议与公不相能者，咸以为国其如何？缓急将谁仗乎！大小武夫将士，亦无不失声相吊，如失所归。"① 肃宗朝辅国崇禄大夫敦宁府领事（正一品），兼两馆大提学金万基（1633～1687）撰写的《右议政清城府院君金公墓志铭并序》也记载："闻公丧，皆惊愕嗟悼曰：'国其如何？缓急将谁仗乎？'武士则失声相吊。所莅诸军门将校卒伍，皆来哭奠。而偏裨受恩深者，或心丧或持服。及启引，执炬以送者亘十数里，悲号震野。此可见公之遗爱矣。"② 以上记载都说明，金锡胄在朝鲜肃宗时期有着极高的威望和重要的影响。

金锡胄任职朝鲜兵曹判书，主管朝鲜军务时，在朝鲜军队中提倡学习戚继光兵法。

《朝鲜肃宗实录》肃宗五年（康熙十八年，1679）九月记载：

> 癸卯，大阅于露梁。上具戎服，羽笠乘马，百官亦以戎服随驾，至露梁教场。……兵曹判书金锡胄曰："古者主将之外，又出客大将，为两阵相对，各出奇兵较艺矣。自倭乱以后，始用戚继光兵法，作假倭，习战斗矣。"柳赫然请出火车，别为一阵，去年自训局新造者也。一车为五层，每层置十枚火铳，进退合战，五十火铳一时齐发，真平地利器也。上命军器寺、训练都监加造。诸军方收营退阵，

---

① （朝鲜）赵显期：《一峰先生文集》卷7，《韩国文集丛刊·续集》第42辑，韩国首尔：景仁文化社，2007，第125、164～165页。
② （朝鲜）金万基：《瑞石先生集》卷16，《韩国文集丛刊》第145辑，韩国首尔：景仁文化社，1995，第73页。

上命金锡胄纵禁军，及其未阵而犯之，禁军屡进屡退。上命收禁军，聚三处，退归信地。车营已布，上又命马兵突阵，而不得入。御营军及精抄、杂色军合数哨布阵，又出假倭一哨，合战轮放，良久而止。[①]

"露梁"，在今韩国南部庆尚南道南海郡雪川面露梁里，万历二十六年（1598）12月，赴朝参战的明军与朝鲜军队在露梁海峡与日本军队发生一场海战，中朝联军获胜，史称"露梁海战"。"柳赫然"，当时任训练都监训练大将。

上述记载是朝鲜肃宗国王到远离京都的南部沿海露梁一带去检阅朝鲜军队的实战训练情况，实战训练的组织者即兵曹判书金锡胄。金锡胄按照"戚继光兵法，作假倭，习战斗"，其中一方军队，使用的兵器有朝鲜新制造的兵车，装备有"五十火铳"，而另一方则为守卫朝鲜都城的禁军。肃宗国王亲自下令双方的攻防。上述记载说明，朝鲜肃宗时期对士兵的训练，学习的是"戚继光兵法"，而且训练时依照戚继光兵法从实战出发的要求，"作假倭，习战斗"，演练双方都是朝鲜当时最强的部队，而且装备了当时最先进的新式火器。在演习过程中，多次变换战场上敌方的态势，或"未阵而犯之"，或"马兵突阵"，或"合战轮放"，比较真实地检验了演练效果。

按实战要求进行练兵、练将，是戚继光军事思想的重要组成部分，戚继光在《纪效新书》和《练兵实纪》中均有过这方面的论述和要求，如《练兵实纪》卷八《练营阵》，开篇就是"第一，练战实"："夫金鼓号令，行伍营阵，皆战事也。必曰'实战'，谓何？只缘往时场操习成虚套，号令金鼓，走阵下营，别是一样家数。及至临战，却又全然不同。……今凡教场内，行一令，举一号，立一旗，排一阵，操一技，学一艺，都是临阵时用的实事。临阵行不得的，今便不操。器械不是临阵实用的，不做与你领。不是临阵实用的舞打之法，不使你学。到彼时实行出，实用出，尔官军方信之。"[②] "家数"，这里指技法、手段等。戚继

---

① （朝鲜）《朝鲜肃宗实录》卷8，肃宗五年九月，韩国首尔：探求堂1973年影印本，第38册，第422页。

② （明）戚继光撰，邱心田校释《练兵实纪》卷8，中华书局，2001，第142～143页。

光"练战实"的观点，也给朝鲜李氏王朝带来很大影响，肃宗时期，从朝鲜国王李焞，到主管军队事务的兵曹判书金锡胄，在军队演练中就是依照"练战实"的要求去操作的。

金锡胄担任兵曹判书时，大力提倡用《纪效新书》指导朝鲜军队的训练，如他在《行军须知·序》中记载：

> 自古为兵家之言者，孙吴尚矣。如诸葛武侯之《心书》，李卫公之《问对》，即后世之孙吴。而宋仁宗朝，尝命枢臣曾公亮等，撰《武经总要》，至皇明嘉隆间，少保戚继光亦著《纪效新书》，备载战阵方略卒伍教练之制，此又挽近言兵者之所取以为宗师者也。昔在壬丁，我国再遭倭难，明天子为之发兵东救，而其时总戎受脤，多是宿帅，能识边事，晓军机者。我之将士，亦得以扣质疑难于帷幢之暇，仍取戚氏《（纪效）新书》，撮其操练之要，名之曰《兵学指南》。则今国家之设厅讲授，称为能么儿者，即此法也。……故于私塾印书之余，复鸠工印出数百本，将与《（兵学）指南》并布诸中外。俾我国中弁耤之饶于武略者，得资其讲习焉。①

《行军须知》，指中国宋朝时期编纂的军事著作，作者不详。"行军"，这里指用兵、指挥作战。"孙吴"，指中国春秋战国时期军事家孙武、吴起，有《孙子》《吴子》传世，也称《孙吴兵法》，流芳百世。《心书》又称《孔明心书》，也是一部重要的军事著作，为三国时期诸葛亮所著。"李卫公"，唐代著名军事家李靖的别称，《李卫公问对》是中国古代的著名兵书，记录的是唐太宗李世民和李靖关于军事问题的问答。《武经总要》，北宋时期官修的一部军事著作，作者为宋仁宗时的文臣曾公亮和丁度。

金锡胄把戚继光的《纪效新书》与中国历史上不同时期的著名军事著作相媲美，还称赞戚继光是当时"兵者之所取以为宗师者也"。正因为如此，所以朝鲜军队在编写《兵学指南》时，"取戚氏新书，撮其操

---

① （朝鲜）金锡胄：《息庵先生遗稿》卷8，《韩国文集丛刊》第145辑，韩国首尔：景仁文化社，1995，第245页。

练之要"，吸收了《纪效新书》中关于操练部队的内容。所以，金锡胄在印刷"数百本"《行军须知》时，还附有《兵学指南》，一起下发到朝鲜军队，并安排熟悉兵法的军官们进行辅导讲解。鉴于当时金锡胄主持朝鲜军务，体现《纪效新书》内容的《兵学指南》，一定会得到很好的贯彻执行。

金锡胄在朝鲜军队推行《行军须知》一事，《朝鲜肃宗实录》肃宗五年（康熙十八年，1679）三月也有记载："丙午，金锡胄进《行军须知》，盖总括《武经七书》要旨，且采前史中切于兵机者，裒集成书者也。"① "《武经七书》"，指北宋时期宋神宗时将《孙子》《吴子》《六韬》《司马法》《三略》《尉缭子》《李靖问对》七本兵书校定而成的一套军事教科书。"裒集"，辑集。前面提到肃宗五年（康熙十八年，1679）九月时，任兵曹判书的金锡胄在朝鲜半岛南部沿海露梁一带组织过一场较大规模的战术对抗演练，他向朝鲜王室呈递《行军须知》时，也是在兵曹判书任内，这一点他在《行军须知·序》中也提及："余自忝本兵以来，每欲更求他军书之最切紧者，继《（兵学）指南》而讲之矣。顷者始于总要中，得《行军须知》一篇，虽不知为何代何人所辑录，而论议明而计昼详，综错乎《（武经）七书》，櫽括乎百家子史而成之者也。"② "继《（兵学）指南》而讲之矣"，这也可说明，当时金锡胄主管朝鲜军务时，排在第一的军队教科书是体现《纪效新书》内容的《兵学指南》，第二才是《行军须知》。"《行军须知》"，作者不详，最早见于《辽金元艺文志》，说明至晚在中国辽金时代就问世了。

金锡胄对戚继光军事思想及其著作高度重视，也应是受到了家庭的影响，《右议政清城府院君金公行状》记载，金锡胄祖父金堉，孝宗朝领议政，"为时贤相"。金锡胄父亲金佐明，"官至辅国兼兵曹判书，久掌中权兼总守御，大为显庙所倚重"。③ "辅国"，指辅国大夫，正一品。"显庙"，指显宗国王。前面提到孝宗、显宗时期的朝鲜王室均把戚继光

① （朝鲜）《朝鲜肃宗实录》卷8，肃宗五年三月，韩国首尔：探求堂1973年影印本，第38册，第406页。
② （朝鲜）金锡胄：《息庵先生遗稿》卷23，《韩国文集丛刊》第145辑，韩国首尔：景仁文化社，1995，第539页。
③ （朝鲜）赵显期：《一峰先生文集》卷7，《韩国文集丛刊·续集》第42辑，韩国首尔：景仁文化社，2007，第125页。

军事著作作为朝鲜军队的教科书，金锡胄的父亲金佐明在显宗朝担任主管军务的兵曹判书时，还刊印了《纪效新书》"若干件，分送于三南各营镇"，下发给朝鲜军队，他认为《纪效新书》是"中外大小将领之臣所不可一日无者也"。[①] 在这样的家庭环境熏陶下，金锡胄自小就应该了解戚继光，读过戚继光的军事著作《纪效新书》等。孝宗、显宗时期，包括肃宗朝，阅读、学习戚继光的军事著作应该是一种风气，下面会提到朝鲜有学童七岁就阅读了《纪效新书》，金锡胄生长在这样的家庭也不会例外。金锡胄为其内弟撰写的《内弟权知承文院副正字申君墓志铭》就提道："居恒好观兵家语，上自膑、武，下至戚氏。谈说伟然真一世奇男子也。"[②] "膑、武"，指中国古代的军事家孙膑、孙武。"戚氏"，指戚继光，这说明当时朝鲜有许多青少年热衷于学习兵书，学习戚继光的军事著作。金锡胄受其前辈的影响，又是在这样的社会环境中，应该也是少年时就接触了戚继光的军事著作，这也为他走上仕途后，特别是主管朝鲜军务后在朝鲜军队中贯彻戚继光的军事思想打下了良好的基础。

金锡胄是肃宗朝非常有影响且正面形象突出的官员，不仅受到肃宗国王的高度信任，也受到同行官员和百姓的大力拥戴，其对戚继光军事思想的认知，及在朝鲜军队中大力推行戚继光军事思想及其著作，对肃宗朝的军队建设也带来重要影响。

第二节 训练士兵，"专用戚继光之阵法"

朝鲜肃宗时期，朝中党争激烈，先是西人派失势，南人派取代西人派，后来西人派再起，南人派被逐，但朝臣的更迭，并未影响戚继光军事思想在朝鲜军队中的重要地位，整个肃宗时期，戚继光的军事思想及其著作一直都是朝鲜军队建设的指导思想和教科书。

上面提到肃宗朝前期，肃宗高度信任和倚重的朝中重臣金锡胄，在

---

① （朝鲜）金佐明：《归溪遗稿》卷上，《韩国文集丛刊》第122辑，韩国首尔：景仁文化社，1994，第253页。

② （朝鲜）金锡胄：《息庵先生遗稿》卷23，《韩国文集丛刊》第145辑，韩国首尔：景仁文化社，1995，第541页。

主持朝鲜军务时，大力倡导用戚继光军事思想指导军队建设。金锡胄属于西人派，但南人派得势时，金锡胄的地位并未受到影响，直到他去世之后，他在朝鲜军队中所倡导推行的戚继光军事思想也一直产生着重要影响。

《朝鲜肃宗实录》肃宗七年（康熙二十年，1681）十一月记载：

> 江华府留守李选上疏，以别单条陈本岛墩台，预定民兵把守信地之宜，有曰："本州环岛三百余里，墩台四十八处，而军兵只是三千余人。脱有事变，以此三千余兵，以此三百余里之地，何以把守墩台，何以留镇本府，何以随处应接乎？……以戚继光兵法言之，阖城近城并入城避患者，不拘大小士夫、举监生员、民人等，皆令派守，此诚守城御敌之良图。……"上可之。①

"江华府"，在今韩国江华岛，岛屿面积约410平方千米，今属仁川广域市江华郡，建有江华大桥与陆地相连。

上述记载说明，当时朝鲜江华府是"以戚继光兵法"部署所辖区域防御的，虽然防御兵力不足，"军兵只是三千余人"，但江华府官员提议，要按照"戚继光兵法"，吸收区域内所有有能力的人参与区域防御。这一提议得到了肃宗国王的批准。江华府依照"戚继光兵法"强化防御力量之事，时任兵曹判书的金锡胄在《江都巡审后书启》中也提及："本府束伍，自经抄选之后，厥数不满三千云，此已太省矣。常时操练，不许分添于要害沿镇，只就府内，习为戚氏方营叠阵之规云。"② 说江华府是按照戚继光"练营阵"的办法在府驻地进行训练。这也说明，肃宗朝前期金锡胄主持朝鲜军务时，海岛上的军兵也是按照"戚继光兵法"进行操练的。"方营叠阵"，戚继光的《纪效新书》《练兵实纪》中均有记载，如十四卷本《纪效新书》卷七《营阵篇》中"营阵解""营垒

---

① （朝鲜）《朝鲜肃宗实录》卷12，肃宗七年十一月，韩国首尔：探求堂1973年影印本，第38册，第563页。

② （朝鲜）金锡胄：《息庵先生遗稿》卷17，《韩国文集丛刊》第145辑，韩国首尔：景仁文化社，1995，第408页。

解""附表解"等，"附表解"中还附有"方营图"。①

　　在金锡胄于肃宗十年（1684）去世后，"戚继光兵法"仍然是朝鲜军队学习、训练的主要内容，如《朝鲜肃宗实录》肃宗十三年（康熙二十六年，1687）九月记载："上命诸军门，习行六花阵法。训练大将申汝哲以为：'六花阵法，出于唐之李靖，而其后无晓知者，我国则专用戚继光之阵法，猝难行之。'上从之。"② 记载说，肃宗十三年九月，肃宗国王下令各领兵都督，要求他们学习演练"六花阵法"，但训练都监训练大将申汝哲提出不同意见，认为六花阵法"无晓知者"，而朝鲜军队学习的是"戚继光之阵法"，应该继续学下去。肃宗国王同意了申汝哲的意见。这说明，无论在肃宗十三年（1687）之前，还是之后，肃宗时期朝鲜军队学习的都是"戚继光之阵法"。"军门"，指领兵都督，也可指兼管军事的省一级地方长官。"六花阵法"，中国唐代著名军事家李靖推衍发明的一种阵法，详载《李卫公问对》。

　　"申汝哲"，肃宗朝有影响的重臣，据《判中枢府事庄武申公墓表》记载，申汝哲，"肃庙丁巳（1677），特除汉城府判尹（正二品）。庚申（1680）授总戎使。明年（1681），又由御将迁训练大将，累叙劳至崇禄阶（从一品）"。后因党派之争到地方任职，任"咸镜北道兵马节度使"等，甲戌（1694），"复授训练大将，仍兼判义禁府事，进辅国阶（正一品），行判中枢府事。班视三事。丙子（1696），拜兵曹判书。秋，复拜训将。辛巳（1701）二月十九日，卒于位。春秋六十八"。③ 这说明申汝哲不仅在肃宗朝前期与金锡胄一起在朝鲜军队中推行"戚继光兵法"，而且在金锡胄去世后，继续在军队训练中"专用戚继光之阵法"。申汝哲三次被授"训练大将"，主持朝鲜军队的训练工作，临终前，任职朝鲜兵曹判书主管全国军务时，仍兼任"训练大将"。这也可说明，一直到肃宗朝的中期，朝鲜军队的练兵事宜都是由熟悉"戚继光兵法"，并主张"专用戚继光之阵法"的申汝哲主导。申汝哲去世后，同样获得了

①　（明）戚继光撰，范中义校释《纪效新书》（十四卷本），中华书局，2001，第158页。

②　（朝鲜）《朝鲜肃宗实录》卷18，肃宗十三年九月，韩国首尔：探求堂1973年影印本，第39册，第111页。

③　（朝鲜）俞拓基：《知守斋集》卷12，《韩国文集丛刊》第213辑，韩国首尔：景仁文化社，1998，第485页。

很高的评价："肃庙在宥，久道化成，元臣硕辅，磊落相望。至若任国家心膂之寄，佩一代安危之重，三十年屹然干城，为上下所倚信，历险履变，而身与名俱全，人到于今，不能忘者，其惟故判中枢府事兼兵曹判书庄武申公乎。"①"庄武申公"，即申汝哲，谥号庄武。肃宗朝先后主管朝鲜军务的金锡胄、申汝哲在朝臣中有如此高的威望，即使去世后，他们所极力推崇的戚继光的军事思想及其著作也会在朝鲜传播带来正面效应。

今韩国国立中央博物馆收藏有康熙二十三年（1684）刊印的《兵学指南》，尾页注明"康熙二十三年甲子春折冲将军守公洪道兵马节度使崔橚谨解"。"康熙二十三年"，即肃宗十年（1684），甲子年。"兵马节度使崔橚"为《兵学指南》"谨解"，谨慎小心地解读《兵学指南》中的内容，除了其身份是主管一方军事的"兵马节度使"外，还因崔橚是当时小有名气的懂兵法的官员。肃宗时期著名的儒学家、官员朴世采（1631～1695）在《答南领相·五月十九日》一文中就提到"崔橚略晓兵法"。②《朝鲜肃宗实录》也记载，肃宗十二年（康熙二十五年，1686）四月二十五日，"御昼讲，武臣崔橚备论鸟岭、竹岭形势"，③说武臣崔橚给肃宗国王讲解当时朝鲜东南沿海鸟岭、竹岭一带的地理位置及边防地位。鸟岭、竹岭均属当时朝鲜的庆尚道管辖，今在韩国庆尚北道辖区。本书多次提到朝鲜军队实行的《兵学指南》，是依照戚继光的《纪效新书》编纂的，兵马节度使崔橚解读《兵学指南》，实际上也是在宣传戚继光的治军思想。

肃宗朝中期，朝鲜在军队中按照戚继光的军事思想及其著作进行训练之事，《朝鲜肃宗实录》也有记载，肃宗十四年（康熙二十七年，1688）六月乙卯，吏曹判书朴世采上疏说："粤自孝庙以来，治戎练卒，惟日不给，两局之徒，号称精锐，足为一国之强兵。然岁月已久，教法或弛，今当使依《纪效新书》例，参以古法，不懈教阅，又必申以仁义

---

① （朝鲜）俞拓基：《知守斋集》卷12，《韩国文集丛刊》第213辑，韩国首尔：景仁文化社，1998，第485页。
② （朝鲜）朴世采：《南溪先生朴文纯公文续集》卷8，《韩国文集丛刊》第142辑，韩国首尔：景仁文化社，1995，第222页。
③ （朝鲜）《朝鲜肃宗实录》卷17，肃宗十二年四月，韩国首尔：探求堂1973年影印本，第39册，第67页。

节制之义，庶几以挞秦、楚之坚利矣。"① "吏曹判书"，职权如同中国的吏部尚书，为朝鲜六曹之首，常由副首相级官员兼任。"朴世采"，字和叔，号玄石、南溪，谥号文纯，肃宗时期著名的儒学家，是肃宗朝很有影响的官员，官至左议政（第一副相）。朴世采上疏主要是说，当时朝鲜的练兵活动，与孝宗朝相比有些松懈，应该继续依照戚继光《纪效新书》要求的标准，结合古代的一些练兵方法，坚持不懈地训练下去。在练兵的同时，还要进行仁爱、正义等方面的教育，这样我们的军队就有可能迎击中国战国时期秦国、楚国那样的强敌。肃宗朝的吏曹判书上疏希望继续"依《纪效新书》例"，强化朝鲜的军队建设，这说明，当时戚继光的军事思想及其著作仍然在朝鲜半岛有着很大影响，而且一些很有地位、很有影响的朝鲜高官倡导推行戚继光的军事思想，必定对戚继光的军事思想在朝鲜军队的传播起到很大的推动作用。

肃宗朝后期，朝鲜仍是依据戚继光的军事思想及其著作指导军队训练。《朝鲜肃宗实录》肃宗三十二年（康熙四十五年，1706）九月记载，肃宗国王会见大臣时说："军门常用戚继光法，故习操时，每用一规，宜有变通。"兵曹判书赵相愚回答说："上教如此，当思变通。"② 这说明，当时朝鲜军队训练学习的是"戚继光法"，所以在操练时，"每用一规"，故肃宗国王希望能有所"变通"，也学习一些其他的操练兵法。兵曹判书赵相愚也同意肃宗国王的提议，"当思变通"。但下面从《朝鲜肃宗实录》肃宗三十五年（康熙四十八年，1709）九月的记载看，朝鲜军队学习的主要内容还是戚继光兵法：

　　己卯，引见大臣、备局诸臣。……上曰："壬辰之乱，平壤收复后，宣庙亲谢于李如松，问前后胜败之异，如松曰：'先来北方之将，恒习防胡，故取败。后来之将，能用戚将军御倭法，故全胜。'宣庙仍请见戚书，如松秘之不出。乃令译官，潜购出来，下于都监，使之练习各军门。即今遵用者，乃戚法，而但无活法，故曾令将兵

① （朝鲜）《朝鲜肃宗实录》卷 19，肃宗十四年六月，韩国首尔：探求堂 1973 年影印本，第 39 册，第 144 页。

② （朝鲜）《朝鲜肃宗实录》卷 44，肃宗三十二年九月，韩国首尔：探求堂 1973 年影印本，第 40 册，第 227 页。

之臣，讲究活法之意，下教于赵相愚为兵判时，而相愚未几递职，因循至今。更令兵曹，依前下教，分付将臣，从容讲究可也。"①

"宣庙"，指朝鲜宣祖国王李昖。"李如松"，即宣祖朝壬辰战争期间明军入朝参战的东征提督、防海御倭总兵官，也是万历二十一年（1593）正月中朝联军收复平壤的总指挥。上述记载提到的宣祖国王李昖与明军东征提督李如松的一段对话，前面已经提到，载于《朝鲜宣祖修正实录》宣祖二十七年（万历二十二年，1594）二月。

上述记载说明，肃宗三十二年（1706）九月，肃宗国王提出朝鲜军队在学习"戚继光法"时要"有变通"后，因不久主管军务的兵曹判书赵相愚的离职，朝鲜军队学习的仍是"戚继光法"，三年来"因循至今"，所以三年之后，即肃宗三十五年（1709）九月，肃宗国王旧事重提，说自壬辰倭乱明军收复平壤之后，我们学习的就是"戚书""今遵用者，乃戚法，而但无活法"，下令兵曹"分付将臣，从容讲究"。这也说明，自壬辰战争以后，一直到肃宗当政后期，朝鲜军队主要学习的是戚继光的军事著作及其兵法。从下面的记载还可以看出，朝鲜军队"专用戚法"，也并非因兵曹判书赵相愚的离职而使肃宗国王的提议没有落实，而是继续使用"戚继光法"提升朝鲜军队的战斗力。

壬辰战争百年后的肃宗后期，朝鲜面临的局势也发生了很大的变化，与清政府的关系进入一个稳定发展时期，与日本的关系也相对融洽，所以朝鲜国内也出现了军队"专用戚法"是否继续下去的讨论。《朝鲜肃宗实录》肃宗三十七年（康熙五十年，1711）二月记载：

> 丙寅，韩城君李基夏上辞疏，仍论阵法曰：
> 我国壬辰以后，专用戚法，今以浅见，辄事变通，诚不容易。习操者所以欲令军卒，耳熟金鼓，目熟旌旗，而教之以坐作进退之节，使无临急龃龉之患也。目今操练，多习方阵，圣教所称习操，每用一规，事涉偏僻者，盖必指此。而筵臣所谓坐作进退，恒用一

---

① （朝鲜）《朝鲜肃宗实录》卷47，肃宗三十五年九月，韩国首尔：探求堂1973年影印本，第40册，第333页。

套，有同儿戏者，似未及深察。今之习操所用者，乃戚法中之前后层阵也。机权之神变，似不及于古法，然而节目无多而易习，变换甚简而不乱，前层才交，后层间出，既寓番休之意，又兼奇伏之制，此非活法而何哉？

又曰：

《五卫阵法》曰："五阵相生相克，其来尚矣，然教习实难。故今权从简便，但教以直阵可也。"据此则祖宗朝习操，亦恒用一法，概可见矣。虽用一法，而活法实寓其中耳。

又曰：

南寇利步，北寇利骑。见今阵法，既曰长于御倭，则所欲变通而讲究者，非御骑之术乎？御骑莫良乎车，而我国地多险隘，不利用车，故车制遂废。今虽变通阵法，而终不得为万全计也。凡事莫如取法于近，故臣窃欲姑守"戚法"。而圣意必欲变通，则国朝《五卫阵法》，最为近古，但须变易军制，改换形名，然后乃可议也。

上答以阵法，令本兵禀处。①

上述记载说明，肃宗三十七年（1711），朝鲜仍在讨论是否在军队训练中"专用戚法"，而且朝鲜高官韩城君李基夏不同意肃宗国王反复提出的要"有变通"的提议，他认为戚继光阵法虽然不如朝鲜之前学习的古代阵法花样多，变化大，但戚继光的阵法不仅容易学习掌握，而且在遇到情况变换阵形时，简单而不乱阵，队形前后变化之后，既可以使士兵轮流休息，又有出其不意制胜的保证，这怎么能说不是灵活多变的阵法呢！"番休"，轮番休息。记载还以朝鲜过去在军队中学习的《五卫阵法》为例，说不仅"教习实难"，阵形变换复杂，将士们不宜掌握，而且"恒用一法"，同"戚法"一样，也是一种阵法，遇到情况时也需临时变换阵形。"五卫阵法"，即五行阵法，是古人依据金、木、水、火、土五行相生相克的原理而创制的一种阵法，相传是在三国时期诸葛

---

① （朝鲜）《朝鲜肃宗实录》卷50，肃宗三十七年二月，韩国首尔：探求堂1973年影印本，第40册，第387页。

亮八卦阵（八阵图）的基础上发展起来的，所以也称五行八卦阵。记载还提到李基夏认为，戚继光的阵法虽然"长于御倭"，主要传授的是对付倭寇（日军）的战术、技艺，但可以根据朝鲜的实际情况学习适用的内容，所以"变通阵法，而终不得为万全计也。凡事莫如取法于近，故臣窃欲姑守'戚法'"。李基夏坚持"姑守'戚法'"，认为在暂时，朝鲜仍然要在军队中学习戚继光的兵法。肃宗国王对李基夏的上疏，没有提出反对意见，只是下达指示："令本兵禀处"，让朝鲜兵曹就这一问题继续进行讨论。这也说明，肃宗三十七年（1711）时，朝鲜军队中仍然是"专用戚法"，学习演练的是戚继光的兵法。

"李基夏"，肃宗朝重臣，据《工曹判书兼知训练院事李公墓志铭》记载，字夏卿，历官肃宗朝总戎使、训练院都正兼捕盗大将、兵曹参判、御营大将兼备局提调、训练大将、刑曹参判兼军器寺提调、工曹判书兼训练院知事、都总府都总管。记载也提到了李基夏上疏谈到"专用戚法"之事："上以我国操兵，专用戚法，令诸大将，相议变通。公疏言阵法理奥，知之实难，率尔变通，诚不容易。目今操练，多用方阵，既有定形，有似拘局。圣教所谓偏而无活法者以此，然节目无多而易习，变幻甚简而不难，前层才交，后层间出。既寓番休之意，又兼奇伏之理，此非活法而何。夫有全胜之将，无全胜之阵。为今日计，宜姑缓变阵之议，先求才智之士。谏官因误传之言，谓公轻侮朝廷，请罢。未久，又特叙，还前职。"李基夏于戊戌年（1718）十一月去世，"享年七十三。讣闻，两宫震悼，辍朝二日，命优给丧葬需"。史评李基夏"资孝为忠，约己励清"。① 李基夏因上疏不同意肃宗的意见，结果"谏官因误传之言"，使得肃宗当时很不高兴，李基夏主动辞去官职，但不久又官复原职，去世后，肃宗国王还给予了很高的礼遇，"辍朝二日，命优给丧葬需"。通过以上介绍我们也可以得知，李基夏为什么要顶着得罪肃宗国王的风险而坚持要在朝鲜军队中"姑守'戚法'"了，主要是因为他有在朝鲜军队中任职的经历，"总戎使、训练院都正兼捕盗大将、兵曹参判、御营大将兼备局提调""训练大将""训练院知事"等职务，都是掌管朝

---

① （朝鲜）李德寿：《西堂私载》卷10，《韩国文集丛刊》第186辑，韩国首尔：景仁文化社，1997，第455～458页。

鲜军务的要职，而且还担任过"训练大将"，主管过训练院，熟悉朝鲜军队训练的情况，加之忠贞为国的信念，所以才敢于提出与肃宗国王不同的意见。肃宗国王虽说当时很不高兴，并同意李基夏辞职，但后来还是尊重了李基夏的意见，并将李基夏官复原职，这既说明李基夏在朝鲜王室中的地位和影响，也说明李基夏所坚持的"专用戚法"之事，得到了肃宗国王的认可。

因肃宗国王曾提出朝鲜军队不要"专用戚法"，一些文臣也随即附和，甚至乘机贬低《纪效新书》的作用和影响，吏曹参判兼守弘文馆大提学、艺文馆大提学（正二品）金楺（1653～1719）在《经筵讲义》中就写道：

> 我国五卫之法，无异于府兵。而祖宗朝美制，自壬辰以后，遂至全废，可胜叹哉。圣明既知府兵之近古可法，则愿先法祖宗朝府兵之制焉。近日所遵用，乃戚继光御倭之法，粗率无可取。而至于其阵法，亦无活法，大不如五卫阵法矣。上曰：即今专用戚继光《纪效新书》，其法不好。儒臣所谓无活法者果然矣。①

尽管两馆大提学金楺也说"专用戚继光《纪效新书》，其法不好"，但肃宗朝军队"专用戚法"，一直到肃宗晚年还是如此。《朝鲜肃宗实录》肃宗四十四年（康熙五十七年，1718）六月记载：

> 前县监崔国亮上书。略曰："五卫阵法，实我圣祖之创自宸衷，所以兼番汉之势，究奇正之变，集大成于诸家，立弘规于后世者，而废阁不修。今已百有余年，国家之所用戚继光之法，虽足以制岛夷，不足以制山戎。今之所可忧者，惟在于北，欲制山戎，必复五卫法而后可也。"仍以兵书八册附进，名曰《坛究捷录》。其书，即就皇朝总兵王鸣鹤所编《登坛必究》者，稍加删节，兼记我国八路城池、镇堡、山川道里及地势形便、贼路要害，为附录二册以进，

---

① （朝鲜）金楺：《俭斋集》卷16，《韩国文集丛刊·续集》第50辑，韩国首尔：景仁文化社，2007，第348页。

世子嘉奖之。册子留中，而卒无所采用。①

上述记载说明，肃宗四十四年（1718）还有退职的官员崔国亮上疏朝鲜王室，说一百多年之前朝鲜军队学习的是体现朝鲜古代国王意愿的"五卫阵法"。"宸衷"，帝王的心意。而"今已百有余年"，朝鲜国家军队推行的是"戚继光之法"。"戚继光之法"，重点是对付"岛夷"，即倭寇，希望能随着形势的变化，"今之所可忧者，惟在于北"，朝鲜主要面临来自北部的清政府的压力，所以应该恢复学习"五卫阵法"。崔国亮还向朝鲜王室奉献了依据中国古代兵书，结合朝鲜地理情况编写的《坛究捷录》，朝鲜世子（即肃宗之后的朝鲜景宗国王）还对崔国亮给予了奖赏。但崔国亮的建议，及奉献的《坛究捷录》，"而卒无所采用"，朝鲜王室并没有采纳。

以上记载说明，整个肃宗时期，朝鲜军队学习的主要内容是"戚继光之法"，军队训练、演练也"专用戚法"。尽管这期间，有过多次"专用戚法"是不是过时的争论，但一直到肃宗晚年，朝鲜军队实行的仍然是"戚继光之法"，这也进一步说明，戚继光的军事思想即使在肃宗晚期仍有着巨大的影响。

第三节　高官撰文推介戚继光兵书

肃宗李焞在位四十六年，在近半个世纪里，朝鲜军队"专用戚法"，无疑也扩大了戚继光及其军事著作在整个朝鲜半岛的影响。肃宗时期，无论是朝鲜文臣，还是普通百姓，包括年幼的孩童，都知道戚继光，知道戚继光的军事著作给朝鲜带去的影响，有的文臣或撰文，或赋诗，或倡导学习戚继光的军事著作，或赞颂戚继光的军事思想，甚至有的少年也学习戚继光的军事著作，这在朝鲜王朝时期的文献中都有记载。

1. 右议政：今之所谓兵学，不过戚法一书

肃宗朝高官吴始寿曾撰文提到当时朝鲜"兵学，不过戚法一书"，

---

① （朝鲜）《朝鲜肃宗实录》卷61，肃宗四十四年六月，韩国首尔：探求堂1973年影印本，第41册，第24页。

主要学习的是戚继光的军事著作，但朝鲜禁军三厅的官员，常常被放到
地方军队任职，他们不熟悉戚继光的兵书，所以也应该学好戚继光的
"兵学一书"：

> 古之名将，亦皆学习兵法，晓达军旅，然后得为良将。今世之
> 人，则专昧兵家，人皆为将，而责以良将之任者，不几于反鉴而索
> 照乎。今之所谓兵学，不过戚法一书。而内而大将，外而阃帅，以
> 下至于千、把总，哨官辈，率皆以此委之于旗牌官。至于三厅武士，
> 则行伍排置，金鼓节次，不知为何事。而阃帅边将，皆出其中。仓
> 卒之际，若无旗牌官，则一哨方阵，亦难成样。军政之疏阔，莫此
> 为甚。臣意则以为旗牌之任，不可一委于中人下卒。而各其将官，
> 不可不一体学习也。若以内三厅被荐武士，于其取才之时，歇其武
> 艺，试其兵学一书，取其能通者，或差哨官，或差旗牌官，或差教
> 练官，以广其付禄之路。而仕满一年，习知阵法，然后许入于内三
> 厅。如先属禁军而许拟内三厅之规，又以三厅时任及曾经武士，讲
> 试孙吴，背讲而能通文义者，抄录成案。阃帅边将，率皆以此除授。
> 则所谓旗牌之任，为将领者，莫不学习。而孙吴兵略，亦皆通晓。
> 古所谓良将之才，亦必由此而出矣。[①]

"阃帅"，地方上的军事统帅。"三厅"，也称"内三厅"（内禁卫、
兼司仆、羽林卫）或"禁军三厅"，是朝鲜护卫京都和国王的禁军组织。
"金鼓"，这里指军队行军和战斗的信号。"孙吴"，这里指孙吴兵法，即
孙子兵法、吴子兵法。

吴始寿针对朝鲜"三厅"武官对朝鲜军队中施行的按戚继光兵书训
练的"行伍排置，金鼓节次"不熟悉的状况，提出了自己的建议。一是
由于地方军队的将官，多由"三厅"武官担任，他们下到地方军队后，
要与所属官兵一起学习戚继光的兵书："而各其将官，不可不一体学习
也。"二是"三厅"选拔武官时，要先做军队中的基础官员，"或差哨

---

① （朝鲜）吴始寿：《水村文集》卷5，《韩国文集丛刊》第143辑，韩国首尔：景仁文化
　社，1995，第111页。

官，或差旗牌官，或差教练官"，熟悉了戚继光的兵法后，才能进入禁军三厅："仕满一年，习知阵法，然后许入于内三厅。"三是进入"内三厅"的武官和在地方军队任职的将官不仅要学习戚继光兵书，还要学习孙吴兵法等中国古代兵书，并要进行宣讲："讲试孙吴，背讲而能通文义"，国家还要对其学习的情况进行检查考核，"抄录成案"。吴始寿认为："古所谓良将之才，亦必由此而出矣"，只有这样，才能培养出良将。吴始寿的记载也说明，肃宗时期朝鲜军队学习的"兵学，不过戚法一书"，与前面提到的朝鲜军队"专用戚法"是一致的，都说明肃宗时期，戚继光的军事思想及其著作始终占据了朝鲜军队建设及训练的主导地位。吴始寿提出的朝鲜"三厅"武官中对学习戚继光兵书重视不够的问题，只是为了进一步强化戚继光的军事思想及其著作的主导地位而已。

吴始寿（1632～1681），据《行状》记载，戊子（1648）进士，丙辰（1676）"五月拜户曹判书"，丁巳年（1677）春"拜行大宪"，己未年（1679）"递拜礼曹判书。六月，拜大匡辅国崇禄大夫议政府右议政兼领经筵监春秋馆"。① "大宪"，司宪府大司宪。"司宪府"，当时朝鲜的监察机构，大司宪为司宪府最高官员。"右议政"，即副首相。这说明，吴始寿在肃宗朝也是很有影响的官员。吴始寿是南人党重要成员，西人党得势后，罗列其罪名，肃宗辛酉年（1681），被肃宗下令赐死，八年后南人党重新得势，吴始寿被平反，肃宗恢复其官爵并派官员致祭。但后来南人党失势后，吴始寿的平反又被撤销。吴始寿的功过是非一直是后人争论的话题，笔者不予置评，这里要说明的是，肃宗时期，无论是哪个党派得势，都非常重视"戚法"在朝鲜军队建设中的指导作用，由此也可见戚继光的军事思想及其著作在当时朝鲜半岛的重要影响。

肃宗朝重臣李玄锡也撰文记载："兵家，《太公六韬》《武侯心书》《纪效新书》《孙武子》《虎钤经》《练兵实记（纪）》为一科，其他将鉴《三略》等书，率皆熟看深究，常使阵法在目，密机运掌。"② "《太公六韬》"，又称《六韬》《太公兵法》，传说是中国西周初期太公望（吕尚、

---

① 见（朝鲜）《水村文集·附录》卷3，《韩国文集丛刊》第143辑，韩国首尔：景仁文化社，1995，第163～164页。

② （朝鲜）李玄锡：《游斋先生集》卷22，《韩国文集丛刊》第156辑，韩国首尔：景仁文化社，1995，第597页。

姜子牙）所著。"《武侯心书》"，又称《武侯将苑》《诸葛亮将苑》，是中国三国时期诸葛亮所著。"《孙武子》"，又称《孙子兵法》，中国春秋时期军事家孙武所著。《虎钤经》，中国宋代著名兵书，北宋吴郡（今江苏吴县）人许洞所著。《三略》，又称《黄石公三略》，是秦末汉初黄石公所著，也是中国古代著名兵书。李玄锡将戚继光的《纪效新书》《练兵实记（纪）》与中国古代著名的兵书《太公六韬》《武侯心书》《孙武子》等并列，也可见戚继光的军事著作在李玄锡心目中的地位和影响。

李玄锡（1647～1703），字夏瑞，号游斋，肃宗时期历官朝鲜司宪府大司宪、承政院都承旨、汉城判尹、议政府左右参赞、义禁府知事、五卫都总府都总管、刑曹判书等要职，是肃宗所倚重的近臣。李玄锡在激烈的党争中不选边站，而是以朝廷大局为重，受到肃宗赞赏，说李玄锡"此人平生不喜党论，乃其所长"。①《资宪大夫议政府左参赞兼知义禁府事五卫都总府都总管李公谥状》也称赞李玄锡说："士流中人，不喜党论。前后圣教，贲若华衮。"②说李玄锡尽管也是文臣，是读书人，但不屑于参与党派之间的论争，所以他历官的前后国王（指显宗、肃宗）都很重用他，给予其很大的恩宠。"贲若"，本意是形容草木丰茂，这里说李玄锡为官显赫，受到国王重用。"华衮"，本指古代王公贵族的多彩礼服，后常用以表示极高的荣宠。这都说明，李玄锡也是肃宗朝很有影响的官员，他对戚继光的军事著作的推崇，也必定会扩大戚继光及其军事思想在朝鲜半岛的影响。

朝鲜肃宗时期，《纪效新书》也流传于朝鲜民间，朝鲜正祖、纯祖朝著名学者成海应（1760～1839）在撰写的《成氏世谱》中提到他的祖父成孝基，肃宗辛巳年（肃宗二十七年，1701）正月十四日生，"七岁得戚氏《纪效新书》而筹之，以究御倭法"。③这说明戚继光的《纪效新书》当时有着很高的知名度，已流传到了朝鲜民间家庭中，还成了七岁学童喜欢的书籍。"成孝基"，史料记载："孝基，进士，官止察访。隐

---

① 见（朝鲜）《景渊堂先生文集》卷6，《韩国文集丛刊》第168辑，韩国首尔：景仁文化社，1996，第503～505页。

② （朝鲜）李玄祚：《药山漫稿》卷20，《韩国文集丛刊》第211辑，韩国首尔：景仁文化社，1998，第140页。

③ （朝鲜）成海应：《研经斋全集》卷48，《韩国文集丛刊》第275辑，韩国首尔：景仁文化社，2001，第11页。

于抱川之乡，以教授为事，成材者甚众。乡人闻其风而化之。"① 成孝基
在童年时就学习《纪效新书》，成年为官，为师后，必定也会对后来者
有所影响，下面会提到成孝基的孙子成海应在朝鲜正祖、纯祖时期撰文
赞颂和推介戚继光的军事思想及其著作，不能不说也受到了祖父成孝基
的影响。

2. 左议政：戚少保遗法，至今百有余年

肃宗朝官至左议政的李颐命曾撰写《〈武艺诸谱〉跋》，以期朝鲜军
队能全面学习和掌握戚继光军事著作中记载的各种技艺：

> ……万历壬辰，天兵征倭，其中多荆楚奇才善技击，盖传戚少
> 保遗法云。游击将军骆尚志，力劝我兵学习炮手、杀手之艺，此训
> 局之所以创设，而此谱之印行于其时也。至今百有余年，炮手几遍
> 一国，而短兵之用殆废。独训局有杀手六哨，他军门廑（仅）有数
> 十人。虽以时试艺，谱亡不传。教师之相口授，多失其旧法。近有
> 人得此谱于金化县者，余亟请训局大将李侯基夏重刻而寿其传，又
> 欲其校杀手之艺，以复其旧。李侯乐闻而锓梓，今示以新本，仍请
> 余识其事。……呜呼！此谱，初成于甲午之岁，重刻于再周之今年，
> 疑若有数存焉，固已兴感于今昔。而天将之教我兵习艺，何可复见
> 也。遂抚卷流涕而题其后。②

"《武艺诸谱》"，是朝鲜宣祖时期训练都监官员韩峤奉命依据戚继光
的《纪效新书》《练兵实纪》所编写的指导朝鲜军队训练的教科书。《朝
鲜宣祖实录》宣祖三十七年（万历三十二年，1604）十二月就曾记载：
"前日内下《纪效新书》八册、《练兵实纪》九册，……《操练图式》
及《武艺诸谱》撰定时，未有疏漏处。今见内下《纪效新书》，则用旗
之节、作战之法，颇似完备，又以拳图，追入于卷末，故即令韩峤，凡

---

① （朝鲜）成海应：《研经斋全集》卷10，《韩国文集丛刊》第273辑，韩国首尔：景仁
　　文化社，2001，第215页。

② （朝鲜）李颐命：《疏斋集》卷10，《韩国文集丛刊》第172辑，韩国首尔：景仁文化
　　社，1996，第266页。

《操练图式》中未备处，皆依此修正，用旗节次，守城操练，其他条目，并添入于其中，而《拳谱》，亦令据此撰定矣。"① 朝鲜正祖国王李祘也提道："《武艺诸谱》所载棍棒、藤牌、狼筅、长枪、镋钯、双手刀六技，本出于戚氏《（纪效）新书》，而宣庙朝命训局郎韩峤，遍质东征将士撰成者也。"② 说《武艺诸谱》是宣祖朝训练都监命韩峤参照戚继光的《纪效新书》编写的，韩峤编写时还征求过赴朝参战的明军将士。这都说明，《武艺诸谱》中的训练内容和训练标准均来自戚继光的军事著作，肃宗朝高官李颐命为《武艺诸谱》写跋，推介《武艺诸谱》，实际就是在宣传和推介戚继光的军事思想。

　　李颐命在《〈武艺诸谱〉跋》中提到了"戚少保遗法"，即戚继光的兵法和训练士兵的方法在当年壬辰战争中的作用和影响："荆楚奇才善技击。""荆楚"，本指今中国湖北省全域及周边地区，这里代指中国南方。"荆楚奇才"，这里指明军赴朝参战中的南兵，主要指戚继光当年的部属骆尚志、吴惟忠、戚金等带领的浙兵将士，他们在收复被日军占领的平壤城等战斗中勇立奇功。李颐命还提到了戚继光当年的部属，赴朝参战浙兵将领骆尚志劝说朝鲜军队要学习"戚少保遗法"，学习戚继光的《纪效新书》中要求的"炮手、杀手之艺"，朝鲜当时接受了骆尚志的建议，成立了训练都监，刊行了依据《纪效新书》《练兵实纪》所编写的《武艺诸谱》，"至今百有余年，炮手几遍一国"，离当年刊行《武艺诸谱》已经过去一百多年了，朝鲜依据《武艺诸谱》培训的会使用新式火器的"炮手"遍布朝鲜全国。当时称为"炮手"的，包括会使用火绳枪（鸟铳）等新式火器的士兵在内。李颐命在《〈武艺诸谱〉跋》中重点强调的是，肃宗时期，朝鲜军队忽视对使用刀枪剑戟等冷兵器的士兵（杀手）的训练，虽然仍设有训练杀手的机构，但学习的人很少，地方军队学习的也仅有"数十人"，而且没有教材，只是"教师之相口授，多失其旧法"，教师教授的内容，已不是当年《武艺诸谱》中的内容，所以要"校杀手之艺，以复其旧"，恢复学习依据戚继光《纪效新书》编写

---

① （朝鲜）《朝鲜宣祖实录》卷182，宣祖三十七年十二月，韩国首尔：探求堂1973年影印本，第25册，第11页。

② （朝鲜）李祘：《弘斋全书》卷180，《韩国文集丛刊》第267辑，韩国首尔：景仁文化社，2001，第504页。

的《武艺诸谱》。李颐命在《〈武艺诸谱〉跋》最后还感慨地说:"天将之教我兵习艺,何可复见也",虽然可以参照《武艺诸谱》训练朝鲜士兵了,但当年向朝鲜士兵传授技艺的明军将士不会再有了。"天将",指壬辰战争期间赴朝参战的骆尚志等明军将领,当年,他们或亲自,或派部属指导朝鲜依照《纪效新书》训练士兵。

李颐命(1658~1722),字养叔,号疏斋,据《忠文公墓表》记载,进士出身,历官肃宗朝江都留守、司谏院大司谏、司宪府大司宪、礼曹判书、吏曹判书、兵曹判书、义禁府判事、领议政右议政,"己丑(1709)升左相",① 即左议政(第一副首相)。这说明,李颐命是肃宗非常信任和倚重的高官。肃宗朝后期,李颐命在军队中推行依据戚继光《纪效新书》编写的《武艺诸谱》,也为整个肃宗时期朝鲜军队学习戚继光的军事思想及其著作画上了句号。肃宗李焞于肃宗四十六年(康熙五十九年,1720)五月去世,肃宗去世后,李颐命受命撰写了《明陵志》,其中还提到了肃宗在病重中仍惦念着军队的训练情况及讨论"戚继光阵法"的事宜:"戊戌(肃宗四十四年,1718),寝疾,时召见宿卫将士,面谕病未试阅之意。又赐酒肉,武士皆感泣欲死。王以戚继光阵法,便于御倭,不利于防胡。命诸将确议变通。"② 这也说明,用"戚继光阵法"指导朝鲜军队的训练,贯穿了整个肃宗时期。

朝鲜景宗国王李昀即位后,在新的一轮党争中李颐命被逮收监,1722年被赐死。"卒后三年,复官赠谥,立祠江上。"③ 三年后,即1725年,在英祖时期平反,其被赠谥号"忠文"。

第四节   文臣颂赞戚继光

肃宗时期,由于朝鲜王室对戚继光爱国精神及其军事思想的弘扬,出使中国的朝鲜使臣也特别关注中国境内的戚继光遗迹,并留下了多篇

---

① (朝鲜)李观命:《屏山集》卷14,《韩国文集丛刊》第177辑,韩国首尔:景仁文化社,1996,第300~301页。

② (朝鲜)李颐命:《疏斋集》卷13,《韩国文集丛刊》第172辑,韩国首尔:景仁文化社,1996,第328页。

③ 见(朝鲜)《疏斋集·后序》,《韩国文集丛刊》第172辑,韩国首尔:景仁文化社,1996,第500页。

弘扬戚继光的诗文。

1. 燕地百年氛祲满，至今犹忆戚将军

肃宗二年（康熙十五年，1676）春，朝鲜官员申晸以朝鲜进贺兼谢恩副使身份出使中国，沿途创作多首诗篇，结集在《燕行录》中，其中有《感事》诗，记叙了百年之后，中国燕地的百姓仍在怀念戚继光的情景，也表达了作者对戚继光的崇敬之意。

感事

辽阳城外尽黄云，落日时逢牧马群。

燕地百年氛祲满，至今犹忆戚将军。①

申晸（1628～1687），字寅伯，少号艮斋，或称梦斋，晚号汾厓，有《汾厓遗稿》传世。申晸历官肃宗朝司谏院大司谏、司宪府大司宪、全罗道观察使、平安道观察使、江华留守兼镇抚使、兼义禁府判事，知经筵春秋馆事，同知成均馆事，弘文馆提学，艺文馆提学、崇禄大夫（从一品）、礼曹判书兼五卫都总府都总管、中枢府知事、汉城府判尹等职。肃宗十三年（康熙二十六年，1687）"十二月二十二日，以疾卒于官舍，寿仅六十。呜呼痛哉！讣闻，上震悼辍朝，特下备忘，命有司吊祭致赙，并如仪有加，更令所经各邑，定差员护丧以还，荐绅士大夫相吊于家。闾巷民庶妇孺，莫不咨嗟曰：'贤宰相亡矣。'"申晸去世后，"赠大匡辅国崇禄大夫（正一品）议政府领议政"。② 由此也可见申晸在肃宗朝的地位和影响。

《感事》第一联"辽阳城外尽黄云，落日时逢牧马群"，说作者一行在黄昏时路经辽阳城外时，正逢牧马群经过，塞外的空中到处弥漫着黄色的沙尘。"黄云"，黄色的云气，也指边塞之云，因塞外沙漠常黄沙飞扬，天空常呈黄色，故称"黄云"。作者一行春季出使，正值北方多风沙时节，故有"辽阳城外尽黄云"的描述。

---

① （朝鲜）申晸：《汾厓遗稿》卷5，《韩国文集丛刊》第129辑，韩国首尔：景仁文化社，1994，第415页。

② 见（朝鲜）《汾厓遗稿》卷14，《韩国文集丛刊》第129辑，韩国首尔：景仁文化社，1994，第591页。

第二联"燕地百年氛祲满，至今犹忆戚将军"，说戚继光当年曾率军在燕地这一带驻防过，虽说一百多年过去了，也改朝换代了，但这里的人们至今还在怀念他。"燕地"，指中国战国时期燕国所辖的区域，包括今河北北部、北京地区和辽东半岛、朝鲜半岛北部的部分区域。这里主要指当年戚继光率军驻防过的蓟州、山海关、辽东一带。"祲"，指不祥之气，这里有贬低清朝统治的意思，因当时朝鲜有许多官员仍认明朝为中国的正统，不认可清朝对中国的统治。据《戚少保年谱耆编》记载，戚继光曾于隆庆二年（1568）五月，奉命"总理蓟（州）、昌（平）、辽（东）、保（定）练兵事务，节制四镇，与总督同"。[①] 隆庆三年（1569）二月，"以总理兼镇守蓟州、永平、山海（关）等处，督帅十二路军戎事"。[②] 直到万历十一年（1583）二月，戚继光才离开塞北南下广东。申晸一行于康熙十九年（1680）路经当年戚继光率军驻守之地，正值百年，"燕地百年"，即指此。

"至今犹忆戚将军"，作者这里至少有两重含义，具体如下。一是当地的百姓怀念戚继光的威武之师，保卫了边境的安宁，这在《明史·戚继光列传》中就有记载："继光在镇十六年，边备修饬，蓟门晏然。继之者，踵其成法，数十年得无事。"[③] 说戚继光镇守蓟州一带时，由于整修了长城等边防设施，训练了一支有战斗力的边防军队，明朝的北部边塞非常安全，即使戚继光调离后，接任戚继光的官员按照戚继光的办法守卫边关，北部边塞也是几十年平安无事。二是当地的百姓怀念戚继光治军之严，对当地百姓秋毫无犯，这在之前的朝鲜使臣笔下也有记载，如前面提到的万历二年（1574）出使明朝的朝鲜使臣一行回国后，质正官赵宪在向朝鲜宣祖国王汇报沿途见闻时就提到戚继光的军队在开赴前线的途中，"蓟州之路，见步卒数千，荷兵粮以行，不敢恃众而掠人之物。又以骡驴驾兵车数十辆，憩于田傍，不敢取田禾一束，以秣其驴"。"军畏其令，而不敢扰民也。"[④] 赵宪在《朝天日记》中也记载说，戚继

① （明）戚祚国汇纂《戚少保年谱耆编》卷7，中华书局，2003，第211页。
② （明）戚祚国汇纂《戚少保年谱耆编》卷8，中华书局，2003，第240页。
③ （清）张廷玉等：《明史》（简体字本），中华书局，2000，第3743页。
④ （朝鲜）赵宪：《重峰先生文集》卷3，《韩国文集丛刊》第54辑，韩国首尔：景仁文化社，1990，第196页。

光的军队，"军不掠途人，驴不饲田禾"。① 戚继光率领的这样一支既能打胜仗、保卫百姓安全，又不侵扰百姓、爱戴百姓的军队，自然会受到百姓的拥戴和怀念，虽说戚继光在这里驻军是百年前的事情了，但当地百姓仍念念不忘，由此也可见戚继光在当地的威望和影响。但作者在这里怀念戚继光，还表达了这样一个意思：如果戚继光在世，清军必过不了山海关。这与作者在"燕地百年氛祲满"句中表达的情感相吻合。纵观全诗，作者表达的是对戚继光及其治军思想的尊崇和敬仰之情。

2. 不尽沧桑感，仍思少保功

肃宗十五年（康熙二十八年，1689）八月，朝鲜官员申厚载以朝鲜谢恩兼陈奏副使身份出使中国，路经蓟州一带时，作有《蓟城是戚少保所筑，途中怀古》，歌颂了戚继光当年镇守明朝北部边关所建立的功勋。

蓟城是戚少保所筑，途中怀古

清晨发古寺，驱马蓟门东。

远树浮天际，孤烟生野中。

衣冠今日异，障塞旧时同。

不尽沧桑感，仍思少保功。②

申厚载（1636～1699），字德夫，号葵亭，肃宗朝历官兵曹参知、江原道观察使、承政院都承旨、礼曹参判、江华留守、开城留守、汉城府判尹（正二品）等职。申厚载有《葵亭集》传世。

肃宗至英祖时期的朝鲜著名哲学家、实学派代表人物李瀷（1681～1763）撰写的《汉城府判尹申公墓碣铭并序》记载："（申厚载）使燕还，又升嘉义阶（从二品），由礼曹参判除江华留守，殚心守御之备，创伏波楼、射潮堂、镇海寺。置甲串上下仓，储峙谷数万石，上开天囱

---

① （朝鲜）赵宪：《重峰先生文集》卷11，《韩国文集丛刊》第54辑，韩国首尔：景仁文化社，1990，第388页。

② （朝鲜）申厚载：《葵亭集》卷5，《韩国文集丛刊·续集》第42辑，韩国首尔：景仁文化社，2007，第330页。

以泄气。设大炮造巨舰，蓄水抒水，各有其具。"① 说申厚载出使清朝回到朝鲜后，为加强海防建设，创建了伏波楼、射潮堂、镇海寺，还在甲串（今韩国仁川广域市江华郡江华邑海岸东路一带）这个地方建起了上、下仓库，储备了数万石的军粮。为了长期保管好这批军粮，还在仓库上方设置了换气的烟囱。还在沿海一带安置了大炮、建造了大型军舰，制作了储水的设施及放水的工具等。申厚载担任江华留守期间创建粮仓之事，《朝鲜肃宗实录》肃宗十七年（康熙三十年，1691）闰七月也有记载："兵曹判书闵字道曰：'江都新造仓舍，其制甚好，谷气疏通，可支累年。盖留守申厚载赴燕时，见通州仓舍之制，仿而为之云。'上令依其制移建。"② 说申厚载出使燕京（北京），路经通州一带时，见到了通州仓库的建造样式，便在江都仿造了，这样的仓库通风透气，谷物可保存多年。肃宗国王听了兵曹判书闵字道的汇报后，下令在朝鲜其他地方也"依其制"建造。当年戚继光镇守蓟州时，修建长城，也改建了粮仓，通过下面的诗歌解读，我们可以看出申厚载路经蓟州城时，对当年戚继光所建防御设施非常欣赏，由此也可以想到，申厚载任朝鲜江华留守时建造的大炮、巨舰、粮仓、炮楼等设施，不能不说是受了戚继光当年建造长城等防御设施的启发，更何况肃宗时期，朝鲜军队"专用戚法"，城防设施建设也仿照《纪效新书》中的要求和标准，所以申厚载在江都建的城防设施也应是参照了《纪效新书》。

申厚载所作《蓟城是戚少保所筑，途中怀古》，从诗歌的题目就可以看出，作者是因为见到了戚继光当年所建的"蓟城"，才有感而作怀古诗，以抒发自己对戚继光的崇敬和怀念之情。"蓟城"，指明代蓟州城，后为蓟县县城，今天津市所辖蓟州区所在地。明代蓟州为北部边塞重镇，戚继光曾率军镇守于此。

首联"清晨发古寺，驱马蓟门东"，说作者清晨从古寺出发，驱马奔驰来到了蓟城东部一带。首联记叙了作者一行人出发的时间"清晨"，路经的地点"蓟门东"。"蓟门"，这里指蓟州城门。

① （朝鲜）李瀷：《星湖全集》卷60，《韩国文集丛刊》第200辑，韩国首尔：景仁文化社，1997，第35页。

② （朝鲜）《朝鲜肃宗实录》卷23，肃宗十七年闰七月，韩国首尔：探求堂1973年影印本，第39册，第249页。

颔联"远树浮天际，孤烟生野中"，说远处的树木如同漂浮在天边，一股炊烟孤零零地在原野上升起。戚继光在《过文登营》一诗中，留下了著名的爱国诗句："遥知夷岛浮天际，未敢忘危负岁华"，[①]"远树浮天际"，应与戚继光的"遥知夷岛浮天际"，表达的是相同的意境，都是飘浮在天边的意思。颔联通过"远树""孤烟"等描述，表达了作者远离故乡的孤独之情，也是为下联作者怀古做铺垫。

颈联"衣冠今日异，障塞旧时同"，说今天的蓟州人虽然穿戴与前朝不同了，穿的是清朝的衣服，留的也是清朝的发式，但明朝所建的边关要塞却原样保留下来了，仍和当年一个样子。"障塞"，这里指边关要塞，防守要路。颈联通过对比人们"衣冠"的变化，而当年戚继光所建的边关设施却没有改变，是为了说明戚继光为捍卫边关所建立的功绩永存，而不单单是戚继光所建的边关设施保存了下来。

尾联"不尽沧桑感，仍思少保功"，这是作者要表达的主题：尽管说不完的世道沧桑巨变，但戚将军建立的功绩至今让人怀念。这也与前面提到的肃宗二年（康熙十五年，1676）出使中国的朝鲜进贺兼谢恩副使申晸所作《感事》诗中"至今犹忆戚将军"句，所表达的主题和情感都是一致的。"少保"，指戚继光。戚继光率军镇守蓟州一带边关要塞时，因功加封少保（从一品），故人称"戚少保"。"少保功"，这里不单指戚继光镇守蓟州边关时建立的功勋，还应指戚继光一生为国家为后人所留下的宝贵的精神遗产，包括其所著《纪效新书》《练兵实纪》等著名兵书等。前面提到的本诗作者申厚载任职江华留守时，在江都城建的城防设施也应是受到了戚继光所建蓟州城的启发。

3. 九州金铸吴王错，百尺墩余戚氏工

肃宗朝官员李器之（1690～1722），字士安，据《墓表》记载，李器之"自幼文辞气度，类非衰世人物，二十六魁进士，名声益大振"。说李器之二十六岁时中了进士第一名，在当时有很大影响。肃宗去世后，其父左议政（第一副首相）李颐命被捕收监，冤死狱中，李器之受牵连亦被捕收监，壬寅（1722）五月五日"死于狱"。英祖即位后，"雪忠文

---

① （明）戚继光著，王熹校释《止止堂集》，中华书局，2001，第5页注释①。

公冤，赠士安司宪府持平（正五品）"。① "忠文公"，即李颐命，谥号
"忠文"。李器之有《一庵集》传世。李器之曾于肃宗四十六年（康熙五
十九年，1720）出使中国，写有《一庵燕记》《燕行诗》，② 《燕行诗》
中有《燕行绝句》十一首，其中第六首谈到戚继光修筑了"天下第一
关"——"山海关"：

燕行绝句（其六）

第一关门锁钥雄，虏酋今不在关东。

九州金铸吴王错，百尺墩余戚氏工。

山海关，扁天下第一关门。吴三桂曾守此关，引清兵入关，至
今汉人犹称吴王关。内外墩台，列千余里。关外有方圆两墩，最高
最工，皆戚继光所筑云。③

诗歌作者在诗后加有自注，除了赞美"山海关"是"扁天下第一
关"外，还提到了与山海关有关系的两段史料，具体如下。一是说，明
末镇守山海关的明军总兵是吴三桂，结果投降了清军，"引清兵入关"。
作者引用这段史料是想说明，当年清军能入"天下第一关"山海关，并
非攻打下来的。二是说，戚继光修筑了山海关外的两个"最高最工"的
墩台，使山海关高大牢固，易守难攻。言外之意，如果不是吴三桂"引
清兵入关"，清军是攻不下山海关的。戚继光修筑山海关一事，地方史料
多有记载，这里提到的"关外有方圆两墩，最高最工"，应指山海关入
海处的老龙头。据乾隆《临榆县志》卷六《边防》记载："万历七年
（1579）增筑南海口关入海石城七丈（都督戚继光行参将吴惟忠修）。"
清康熙《山海关志》卷九也记载，山海关通判陈天植在《重修澄海楼》

---

① 见（朝鲜）《一庵集·附录》，《韩国文集丛刊·续集》第 70 辑，韩国首尔：景仁文化
社，2008，第 299~300 页。

② 韩荣奎、韩梅：《18~19 世纪朝鲜使臣与清朝文人的交流》，中国海洋大学出版社，
2014，第 116 页。

③ （朝鲜）李器之：《一庵集》卷 1，《韩国文集丛刊·续集》第 70 辑，韩国首尔：景仁
文化社，2008，第 274 页。

中记载，老龙头"明故将戚继光所筑"。① 戚继光还作有《山海关城楼》诗，其中有"禹贡万年归紫极，秦城千里静雕题"句，② 表达了戚继光保卫国土、捍卫边境安全的信心和决心。肃宗朝的官员多熟读戚继光的著作，作为"魁进士"的李器之更不会例外，李器之路经山海关，作诗颂扬戚继光，也应是想到了戚继光《山海关城楼》诗，想到了戚继光所抒发的抵御外侮的坚强意志和爱国情怀。

《燕行绝句（其六）》第一联"第一关门锁钥雄，虏酋今不在关东"，意思说，山海关是天下第一的雄关要塞，但戚继光当年在山海关挡住的少数民族的首领已经不在关外了。言外之意是说，他们已经打进关内了。这里指当年的后金，后改为大清的满族统治者已经入主中原，使中国改朝换代了。"虏酋"，这里指清朝统治者。

第二联"九州金铸吴王错，百尺墩余戚氏工"，意思是说，中国修筑的包括山海关在内的铜墙铁壁般的长城没有挡住清军入关，这是明军总兵吴三桂的过错，虽然改朝换代了，但如今的山海关还保留着当年戚继光率军修筑的百尺墩台。这里的一个"错"字，也是在谴责吴三桂的叛国投敌行为，一个"余"字，也是在颂扬戚继光的功绩还在，他的精神永存。"九州"，代指华夏九州，即中国。"吴王"，指吴三桂，吴三桂于崇祯十七年（1644）降清后，被清廷封为平西王，人称"吴王"。

4. 山海关外"烟台"，"戚继光所创"

除诗歌外，朝鲜肃宗朝还有不少文臣撰文颂赞戚继光。

肃宗朝官员李宜显于肃宗四十六年（康熙五十九年，1720）出使清朝路经长城一带时，也提到了戚继光当年增修烟台之事：

> 凡城皆砖筑而高三丈以上，山海关最壮。……自辽沈以后，路上多烟台。烟台之制，或方或圆。方者一面可三丈余，圆者可围十九把，高五丈以上，以砖夹灰筑之，四围如削。近上三分之二，开前后两门，仅容人。其上下，必有云梯矣。台上有一层台，高可半

---

① 见《戚继光研究丛书》编辑委员会、蓬莱旅游度假区管理委员会《戚继光研究论集》，华文出版社，2001，第294页。

② （明）戚继光撰，王熹校释《止止堂集》，中华书局，2001，第61页。

丈，是则将领所坐处也。上下台，皆有垛堞。近则五里，远则十里，棋置相望。一台以百人守之，有警则放炮相报。初出于戚继光所创，其意诚非偶然。而今来见之，多有毁破者矣。①

上述记载除了赞美"山海关最壮"外，还比较详细地介绍了山海关外的"烟台之制"，这种"烟台"组成了一道长城之外的防御体系，"烟台"自身也是易守难攻，"高五丈以上""其上下，必有云梯"，但其重要的作用还是高台瞭望，侦察敌情，"有警则放炮相报"。李宜显之所以详细地介绍并赞美这种"烟台之制"，是因为它是当年"戚继光所创"，借以表达对戚继光的敬佩之情。说戚继光当年创建"烟台之制""其意诚非偶然"，这里虽然没有明确说明戚继光当年的动机是什么，但明眼人一看便知，就是为了防止东北地区后金等少数民族的进犯。李宜显所发感慨"而今来见之，多有毁破者矣"，绝不仅仅是对毁坏的"烟台"所表达的惋惜，而是包括对"戚继光所创"的完备的防御体系没有被后人有效地利用，致使清军入关、明朝灭亡而有的伤感，这里反映的仍然是肃宗朝官员自认明朝是中国正朔的观点。

李宜显（1669～1745）系肃宗、景宗、英祖三朝元老，也是当时非常有影响的官员。据李宜显撰《纪年录》记载，肃宗朝其历官司宪府大司宪、备边司提调、工曹参判、京畿观察使兼兵马水军节度使巡察使、开城府留守、江华府留守、中枢府领事（正一品）等。景宗朝历官汉城府判尹、刑曹判书、议政府右参赞、中枢府知事、礼曹判书、吏曹判书等。英祖朝官至领议政。肃宗、景宗、英祖三朝期间，李宜显均奉命出使过"燕京"，即北京。②

朝鲜英祖、正祖时期有文人提到古籍《东藩大义》，今韩国韩国学中央研究院藏书阁收藏有《东藩大义》木版本。《东藩大义》具体成书刊印年代不详，但应不早于朝鲜肃宗九年（1683），因为《东藩大义》收集并整理了从朝鲜建国（1392）至肃宗九年（1683）期间朝鲜对明、

---

① （朝鲜）李宜显：《陶谷集》卷30，《韩国文集丛刊》第181辑，韩国首尔：景仁文化社，1997，第493页。

② （朝鲜）李宜显：《陶谷集》卷32，《韩国文集丛刊》第181辑，韩国首尔：景仁文化社，1997，第532～551页。

清关系的资料，其中也提到了戚继光军事思想对朝鲜军队的影响，赞颂了戚继光当年的部属为抗倭援朝做出的贡献。从作者尊明贬清的观点看，应是受了孝宗、显宗时期反清复明的影响，作者引用的资料，多是官方资料，由此推断，作者应是在孝宗、显宗时期生活过，应是显宗、肃宗时期文臣，正是因为有这样的经历，才能在肃宗早期写出尊明贬清的《东藩大义》。

朝鲜肃宗时期，因朝鲜与清王朝的关系进入相对融洽时期，朝鲜军队建设的重点转向了防止日军的入侵。这一时期朝鲜军队学习的主要内容仍是"戚继光之法"，军队训练也"专用戚法"。朝鲜军队在编写《兵学指南》《行军须知》时，参照的主要也是《纪效新书》。肃宗时期，在学习和落实戚继光《纪效新书》《练兵实纪》中相关内容时，包括对抗性的演练、新式武器制造等方面，还结合朝鲜当地的实际情况，有所创新。肃宗时期，朝鲜半岛周边安定，王朝内部却党争激烈，这都对朝鲜军队建设有所影响，进而影响戚继光军事思想在朝鲜军队中的贯彻推行。

第七章　英祖时期：好戚继光兵书

朝鲜肃宗之后是景宗时期（1720~1724），景宗李昀在位只有短短的4年，在位期间，其治国治军方略基本延续了肃宗朝的一些做法。景宗于1724年八月去世。景宗在世时，就册立其弟延礽君李昑为王储，景宗去世后，李昑即位，即英祖国王，李昑在位51年（1724~1775），是朝鲜王朝在位时间最长的国王。朝鲜英祖时期，正值中国雍正和乾隆盛世，随着清王朝的日益强大，肃宗时期反清复明的北伐梦想彻底破灭，朝鲜与中国宗藩关系稳固，英祖致力于国内的发展，被后世称为英明君主。英明即位后不仅平息了党派之争，政治清明，本人亦生活俭朴，而且大力发展与中国、日本的贸易，促进了经济和贸易的发展。英祖时期，由于朝鲜与中国建立了更加紧密的宗藩关系，朝鲜的国防重点转向防止日军再次从海上入侵朝鲜，所以英祖非常重视朝鲜半岛南部沿海一带的海防建设，这一时期，英祖国王和庄献世子都非常重视《纪效新书》对朝鲜军队建设的指导作用，戚继光的军事思想及其著作仍然在朝鲜军队建设中有重要影响。

第一节　依据《纪效新书》编写的《兵学指南》

景宗时期，朝鲜国内仍有学者、官员在讨论肃宗时所争论的"戚继光之法"是否继续适用于朝鲜的话题。《南塘韩公元震行状》记载，朝鲜英祖时期著名学者韩元震（1682~1751），字德昭，号南塘，景宗元年（康熙六十年，1721）"入侍诚正阁，参讲书筵。东宫因讲官言闻公经学高明，屡赐顾问"。韩元震入宫讲解经史时，得到东宫世子李昑，即后来的英祖国王赏识，英祖即位后，"上之元年乙巳（雍正三年，1725），进用士类，命复先生官爵，……升六品，除宗簿寺主簿"，"上礼遇隆重，使之毕陈所学，至问经邦之策"。①英祖元年，韩元震被选为经筵官，并得到英祖的厚爱。但不久，因韩元震的言论有悖于英祖为平息党争而制定的"荡平策"而被罢免，后来英祖虽多次任命其担任新的官职，皆被韩元震辞掉。韩元震专注于学问，成了当时很有影响的学者。下面摘录的《拟上时务封事》，应是韩元震在景宗时，或英祖即位不久担任经筵官时所写，反映了这一时期戚继光的军事思想及其著作在朝鲜的影响。

> 今日所用者，乃明将戚继光之遗制也，其法利御步寇，而不利御铁骑，可用于一时，而不可用于万世也。继光名将也，亦岂不知而为此法也。盖当明季，倭奴常侵闽浙，大用兵则难于久戍，小用兵则难于制敌。继光为是也，创为奇制，以此御倭，常获其利，遂记其说，名曰《纪效新书》。盖欲后之御倭者有考乎此也，非谓可为战阵之常法而无处不宜也。……我国壬辰以后，传习此法，遂废五卫。今日所忧，政在北虏。而所恃阵法，专在于此。臣窃恐其复蹈提督之覆辙也。臣谓不可不变，而如欲变改，莫如讲求古制而追复之。如又不能，则无宁追复国朝五卫之阵。五卫之法，其用虽有所不周，而亦略有古意，实为愈于戚法之全无体势者也。若复五卫而兼习戚法，御倭则用戚法，御虏则用五卫，庶乎免于大段疏脱矣。②

韩元震的记载说，当时的朝鲜军队实行的仍然是"明将戚继光之遗制也"，"明将"，这里指明朝的将领，意思是说，中国都改朝换代进入清朝了，可朝鲜军队还在推崇中国明朝将领戚继光治军之制。这里也是强调说，朝鲜也应该随着时代的变化而改用新的治军方法了。但韩元震这样说，并不是想否定戚继光的治军思想，所以他接着解释说，戚继光的《纪效新书》是在中国闽浙一带御倭时的经验总结，是"奇制，以此御倭，常获其利"，但这样的好办法和经验，"可用于一时，而不可用于

---

① 见（朝鲜）《屏溪先生集》卷59，《韩国文集丛刊》第205辑，韩国首尔：景仁文化社，1998，第167页。
② （朝鲜）韩元震：《南塘先生文集拾遗》卷2，《韩国文集丛刊》第202辑，韩国首尔：景仁文化社，1998，第346～347页。

万世也"。韩元震认为"今日所忧,政在北虏",仍然把清政府作为朝鲜的主要威胁,这与英祖后来所推行的要防止日军再次入侵朝鲜,国防重点在南部沿海的国策显然不符。韩元震的观点是:"御倭则用戚法,御虏则用五卫。""五卫",即前面提到的朝鲜在壬辰战争之前在军队中推行的五卫阵法。"体势",情势,形势。"疏脱",这里是疏忽的意思。

韩元震的记载说明,景宗时期及英祖初期,朝鲜军队实行的仍然是"戚继光法",用戚继光的军事思想及其著作治理军队。但从下面的记载可以看出,韩元震的意见未被采纳,整个英祖时期,朝鲜军队仍然以戚继光的军事著作作为教科书。至于韩元震谈到的"戚继光法"只"利御步寇,而不利御铁骑",也并不确,戚继光的《练兵实纪》和十四卷本的《纪效新书》,都包括了"御虏"的内容。韩元震这样说,可能他见到的只是戚继光早期十八卷本的《纪效新书》,前面已经提到戚继光在改写十四卷本的《纪效新书》时,把《练兵实纪》的有关内容纳入其中,而《练兵实纪》针对的敌人就是以骑兵为主的北方少数民族部落。

英祖在位期间,非常重视学习,包括学习戚继光的军事理论,《朝鲜英祖实录》记载,英祖多次请武臣到王宫讲解依据戚继光的《纪效新书》编写的《兵学指南》。

《朝鲜英祖实录》英祖五年(雍正七年,1729)四月记载,朝中官员张鹏翼上疏说,军队军官缺额太多,应该制定选拔办法,填补空缺,其中对军队教官的选拔,应"试讲《兵学指南》填差",英祖批示:"令庙堂禀处。"① 这是《朝鲜英祖实录》明确记载军队教官要熟知《兵学指南》。

朝鲜军队学习的《兵学指南》,在前面已多次提到,是壬辰战争期间朝鲜训练都监依据戚继光《纪效新书》编写的对将官、士兵培训的教科书。朝鲜肃宗朝担任兵曹判书的金锡胄说:"昔在壬丁,取戚氏《(纪效)新书》,撮其操练之要,名之曰《兵学指南》。则今国家之设厅讲授,称为能么儿者,即此法也。"② 英祖时期,传承了肃宗时期的传统,英祖也是"国家之设厅讲授",并且亲自参加学习。

---

① (朝鲜)《朝鲜英祖实录》卷22,英祖五年四月,韩国首尔:探求堂1973年影印本,第42册,第119页。

② (朝鲜)金锡胄:《息庵先生遗稿》卷8,《韩国文集丛刊》第145辑,韩国首尔:景仁文化社,1995,第245页。

《朝鲜英祖实录》英祖三十一年（乾隆二十年，1755）十二月记载：
"上召儒臣讲《诗传》，武臣讲《兵学指南》。"①　说英祖国王召集儒臣讲解《诗经》等中国古代经典名著，让武臣讲解依据戚继光《纪效新书》编写的《兵学指南》。"《诗传》"，一般指有注解的中国春秋时期的诗歌总集《诗经》，也指《诗经》和《春秋三传》（《春秋左氏传》《春秋公羊传》《春秋榖梁传》的合称）。

《朝鲜英祖实录》英祖三十六年（乾隆二十五年，1760）七月也记载："上御景贤堂，召见训练大将具善行，能么儿堂郎，命讲《兵学指南》，哨官尹心恒以能讲，命调右职。"②　说英祖国王在景贤堂召见负责士兵训练的训练大将具善行和善于讲解的教官，让他们讲解《兵学指南》，哨官尹心恒讲解得最好，即下令升职。"能么儿堂郎"，指善于讲解、演讲的教官。"右职"，重要的职位，这里指升职。

《朝鲜英祖实录》英祖四十二年（乾隆三十一年，1766）五月还记载：

> 命入直宣传官入侍，诵《兵学指南》。上曰："古人戒其子曰：'沃土之民不才，淫也；瘠土之民莫不向义，劳也。'今日召见禁军，仍召入直宣传官，能么儿设置意若何？而无势禁军，自初能诵，膏粱京武，抽栍若干行，俱不能诵。若此能么儿讲时，从自愿而讲乎？事甚骇然，《（兵学）指南》阵法，皆诵后其令替直。"③

"沃土之民不才，淫也；瘠土之民莫不向义，劳也"，出自南宋诗人、道学家吕本中《童蒙训》卷下。④　吕本中引自中国最早的国别体史书《国语·鲁语》："沃土之民不材，逸也。瘠土之民莫不向义，劳也。"⑤

①　（朝鲜）《朝鲜英祖实录》卷86，英祖三十一年十二月，韩国首尔：探求堂1973年影印本，第43册，第605页。

②　（朝鲜）《朝鲜英祖实录》卷96，英祖三十六年七月，韩国首尔：探求堂1973年影印本，第44册，第41页。

③　（朝鲜）《朝鲜英祖实录》卷107，英祖四十二年五月，韩国首尔：探求堂1973年影印本，第44册，第220页。

④　楼含松主编《中国历代家训集成》，浙江古籍出版社，2017，第310页。

⑤　邬国义、胡果文、李晓路：《国语译注》，上海古籍出版社，2017，第166页。

"淫""逸"，应均是淫逸的意思。"膏粱"，这里指"膏粱纨绔"，泛指富贵人家子弟。

上述记载说，英祖国王在命宣传官到王宫诵读《兵学指南》时说，中国的古人说过，肥沃土地上的民众不能成才，因为他们生活淫逸，不思进取；而贫瘠土地上的民众都向往道义，因为他们勤劳，渴望正义。我今天召见禁军武士，招呼宣传官来诵读《兵学指南》，在禁军中也设置宣讲《兵学指南》的教官怎么样？而现在的禁军武士没有这样的能力，虽说刚来的时候也能诵读文章，但这些来自京都的武士多是纨绔子弟，最近从中抽查了许多人，都不能诵读《兵学指南》，这次让善于讲解《兵学指南》的宣传官来，有没有愿意跟着学，成为宣讲《兵学指南》的教官的？今天这事你们可能有点惊讶，但禁军武士一定要能诵读《兵学指南》，只有能诵读的才令其担当其职位。

以上《朝鲜英祖实录》的记载都说明，整个英祖时期，英祖李昑都非常重视《兵学指南》在军队建设中的指导作用，这也可说明，英祖时期，戚继光的军事思想及其著作仍然是朝鲜军队建设的教科书。

第二节　庄献世子撰文称颂《纪效新书》

英祖时期，庄献世子李愃（1735～1762）也是戚继光军事思想及其著作的积极推介者，也极力推广宣传朝鲜依据戚继光的军事著作编写的《兵学指南》《武艺诸谱》等。

庄献世子曾写诗赞美《兵学指南》：

题《兵学指南》

一通兵学重添注，号令形名取次明。

帐下诸人多有力，文皇酬答卫公成。[①]

诗歌的第一联"一通兵学重添注，号令形名取次明"，说战鼓擂响

[①] （朝鲜）李愃：《凌虚关漫稿》卷1，《韩国文集丛刊》第251辑，韩国首尔：景仁文化社，2000，第29页。

了，《兵学指南》再次成为朝鲜军队训练的指南了，依照《兵学指南》指挥士兵训练，号令明确，方法得当。"一通"，古代以擂鼓三百三十六槌为一通。这里代指战鼓。"添注"，添入注拟。"注拟"，本指备用官职的册籍，这里指纳入国家，成为国家训练士兵的教科书。"形名"，这里指指挥方式、方法。"取次"，亦作"取此"，随便，任意。

第二联"帐下诸人多有力，文皇酬答卫公成"，说朝鲜军队的将士们坚强有力，一定会为国家勇立战功，朝鲜王室也会像当年唐太宗奖赏卫国公李靖一样，褒奖各位将士的。"文皇"，指唐太宗李世民，因其谥号"文武大圣皇帝"，故后来的诗文中也称唐太宗为"文皇"。"卫公"，指唐初名将李靖，唐太宗时因功晋封卫国公，世称李卫公。李靖还是唐代著名军事家，著有《大唐卫公李靖兵法》，又名《卫公兵法》。

庄献世子李愃还写有《艺谱六技演成十八般说》，其中提到壬辰战争期间"戚氏之法"，即戚继光的《纪效新书》指导朝鲜军队训练的情况：

武艺旧谱，只传六技，出于戚氏《（纪效）新书》。宣庙朝幸提督营，贺其大捷之功，仍问胜绩之所以。提督对以北将习于防胡，吾则用戚帅御倭法，得以全胜。宣庙欲试戚法，购而得之于提督麾下。相臣柳成龙，使其郎僚韩峤，专意讲解后。相臣尹斗寿，又领其事。与赵儆、李德馨，慕丁壮，授以戚氏之法。初天将骆尚志，劝柳相效习戚法，所模仿者，惟枪筅。又因游击许国威之东来，与杨经理亲好，峤以参谋官，往来两帅之府者为有年。峤问其妙谛于许游击，游击先以粗术教之曰：一胆二力三精四快。峤又问枪势之二十有四，游击教之曰：一势之变耳，推可为百势。峤又问易之六十四卦，是亦一卦之变，而一卦减不得，则枪势之二十四势奚间。游击教之曰：道本一体，散为万殊，如棋之势，多多万万。精得百势，可称国手。他日请益，游击教之曰：身法腰法手法足法，可学也。于是，峤退而成《（武艺）诸谱》，教三手法于国中，一曰射，二曰炮，三曰技。技者，俗称杀手也。……峤之所教六技，曰棍棒，曰藤牌，曰狼筅，曰长枪，曰镋钯，曰双手刀。余惟六技，固可为

兼授之用。……①

上述记载提到的《纪效新书》传入朝鲜的背景及涉及的人名，有的前面已经提到过。"宣庙"，指朝鲜宣祖国王李昖。"都督"，指入朝参战的明军提督李如松，李如松指挥中朝联军取得"平壤大捷"。"柳成龙"，壬辰战争期间任朝鲜领议政。"韩峤"，壬辰战争初期是翻译官，后为参谋官，朝鲜训练都监总教官。"尹斗寿"，柳成龙之后的宣祖朝领议政。"赵儆"，时任朝鲜训练大将。"李德馨"，时任朝鲜兵曹判书，壬辰战争后期升任领议政。"骆尚志"，入朝参战的明军浙兵游击将军，因在"平壤大捷"中勇立头功，回国后升任副总兵。"许国威"，入朝参战的明军游击将军。记载提到的"峤问其妙谛于许游击"，韩峤请教明军游击将军许国威的事情，朝鲜正祖国王也撰文提及："韩峤为郎，质问三手练教之法于东征游击许国威，部分练习，尽仿浙兵之制。"②"尽仿浙兵之制"，全部仿照戚继光当年在浙江训练士兵的方法。前面提到许国威因协助朝鲜训练士兵做出了贡献，回国时，朝鲜宣祖国王李昖还题扇相赠，"题扇面曰：'四月清和雨乍晴，南山当户转分明。更无柳絮因风起，惟有葵花向日倾'一绝。识其末曰：'朝鲜国王书与之。'"③"杨经理"，指入朝参战的明朝右金都御史，奉命经略援朝军务的杨镐。

记载中提到的"枪势之二十有四"，指冷兵器中长枪二十四势，载十四卷本《纪效新书·手足篇第四》"长枪制""长枪解""习法"篇。④《纪效新书》还附有二十四枪势图及解说。"六技，曰棍棒，曰藤牌，曰狼筅，曰长枪，曰镋钯，曰双手刀"，也可在十四卷本《纪效新书·手足篇第四》《纪效新书·手足篇第五》中见到相关内容及图片，如"棍

① （朝鲜）李恒：《凌虚关漫稿》卷7，《韩国文集丛刊》第251辑，韩国首尔：景仁文化社，2000，第130~131页。

② （朝鲜）李祘：《弘斋全书》卷13，《韩国文集丛刊》第262辑，韩国首尔：景仁文化社，2001，第218页。

③ （朝鲜）《悠然堂先生文集》卷3，《韩国文集丛刊·续集》第7辑，韩国首尔：景仁文化社，2005，第529页。

④ （明）戚继光撰，范中义校释《纪效新书》（十四卷本），中华书局，2001，第94~105页。

棒"，见《纪效新书·手足篇第五》"大棒制""大棒解""习法"篇，[①]
"藤牌"，即用老粗藤编制的盾牌，见《纪效新书·手足篇第四》"藤牌
制""藤牌解""习法"篇，[②]"狼筅"，用南方茅竹做成的兵器，见《纪
效新书·手足篇第四》"狼筅制""狼筅解""习法"篇，[③]"镋钯"，在
长枪基础上改制的兵器，在长枪头下面加制两片半月形的利刃，见《纪
效新书·手足篇第四》"镋钯制""镋钯解""习法""习钯法"篇。[④]

　　庄献世子的记载说，朝鲜军队训练士兵用的《武艺诸谱》，所传授
的只有棍棒、藤牌、狼筅、长枪、镋钯、双手刀六种技艺，这六种技艺，
均出自戚继光的《纪效新书》。《纪效新书》是宣祖朝抗倭援朝的明军在
"平壤大捷"之后传到朝鲜军队中的，但开始学习"戚氏之法"时，明
军浙兵将领骆尚志所传授的只有《纪效新书》中的"长枪""狼筅"等
操练的内容。后来朝鲜官员韩峤向明军游击将军许国威请教，许国威讲
解了《纪效新书》中有关的内容，其中有"一胆二力三精四快"，有
"枪势之二十有四"，有"身法腰法手法足法"，还有"易之六十四卦"
等，韩峤依据"戚氏之法"，编纂了《（武艺）诸谱》，在朝鲜军队中传
授"三手法"，培养射手、炮手、杀手。当年韩峤所传授棍棒、藤牌、
狼筅、长枪、镋钯、双手刀等六种技艺，今天仍可作为朝鲜士卒学习的
内容。

　　庄献世子李愃后来虽然没有登上王位，但他在当时，及去世后都有
着非常重要的影响。李愃在世时，曾承英祖之命，代理朝鲜政务，后被
朝臣诬告，英祖三十八年（乾隆二十七年，1762），被英祖赐死（赐死
原因至今没有定论，有说因精神疾病，有说是党争牺牲品），年仅二十
八。李愃死后，英祖李昑悲伤、后悔不已，又恢复了李愃世子地位，并
追封尊号"思悼"，故李愃也被称为"思悼世子"。李愃的父亲英祖李

---

①　（明）戚继光撰，范中义校释《纪效新书》（十四卷本），中华书局，2001，第106～
　　124页。

②　（明）戚继光撰，范中义校释《纪效新书》（十四卷本），中华书局，2001，第77～
　　80页。

③　（明）戚继光撰，范中义校释《纪效新书》（十四卷本），中华书局，2001，第91～
　　93页。

④　（明）戚继光撰，范中义校释《纪效新书》（十四卷本），中华书局，2001，第86～
　　90页。

吟，他的儿子正祖李祘都是朝鲜王朝历史上很有正面影响的君主，正祖和英祖时期被后世合称为"英正时代"或"英正盛世"。李祘登上朝鲜王位后，赐李愃谥号"庄献世子"，朝鲜高宗李熙追封为"神文桓武庄献广孝大王"，后又追封帝号为"庄祖懿皇帝"。所以说，同前面提到的英祖国王对《兵学指南》的重视一样，英祖时期庄献世子李愃撰文宣传戚继光的军事思想及其著作，无论在当时，还是在后世，在朝鲜半岛都有着重要影响。

第三节　官员"好戚继光兵书"

英祖时期，由于朝鲜王室对戚继光军事思想及其著作的重视，朝中及地方官员也热衷于学习戚继光的军事著作，指导所在地的军队建设，包括军事设施的建造及兵器的制造等。

1. 依照"戚继光所制"造炮车

曹夏望（1682～1747），字雅仲，号西州，肃宗朝辛卯年（1711）登进士试第一，历官朝鲜工曹佐郎、兵曹参议、司谏院大司谏、广州府尹、江陵府知、宁越府使等职，英祖乙丑年（英祖二十一年，1745）曹夏望被授予承文院副提调，他上疏请辞，并对当时政情提了多条建议，其中"戎政"方面，提到了"先正臣赵宪赴燕"，提到了制作炮车，这两条均与戚继光有关：

> 先正臣赵宪赴燕，目见中原海防制度，归辄陈疏，极论我国海防之可骇。……昔在壬辰，举朝皆曰极东海外之寇，越我国犯天朝，前古所未闻。理势之所必无，其言岂不信哉。防御之具，一不措意，及其变生，剪焉倾覆，悔亦何及。
>
> 古今车制，各随其将之运奇设巧，制固不一。而今之适时宜而可仿效者，最莫若明之戚继光所制也。编厢车、辎车、轻车等制度运用之法，具载于《纪效新书》，今若亟令两局，一依其制，先造略干乘，仍于习阵时，试其用卒安骑之数。及连局营阵户穴矢炮之法，然后即以其制其法，发下于三南及两西，使之急急造试。则临

危制胜，必有倍于十万之师矣。①

　　曹夏望"先正臣赵宪赴燕，目见中原海防制度，归辄陈疏"中，赵宪，字汝式，晚年号重峰。万历二年（1574），赵宪以朝鲜使团质正官身份出使明朝，归国后，向宣祖国王上疏汇报在中国的见闻，说戚继光的军队纪律严明，"军畏其令，而不敢扰民"；经过训练的戚继光军队，作战勇敢，"八倍鞑贼，不敢犯塞"，可以抵御八倍的来犯之敌，其威慑之力，使敌人闻风丧胆，不敢侵犯边塞。除此之外，赵宪在上疏中还提到了戚继光抗击倭寇的一些情况："闻戚继光之备倭于南方也，沿海筑墙，间设烟台，自淮东至于广西，无不如是。而守备甚固，倭寇以此不敢下陆云。"② 说戚继光为防止倭寇入侵，带领军队在中国东南沿海一带设置烽火台，从淮东沿海（今江苏扬州东部沿海）一直到广西沿海，由于防守严备，倭寇不敢下陆入侵。上疏中还说："如戚公之文可以为法于斯人，故臣谨具三帖以进。伏愿圣明以杨兆、戚继光之事，命儒臣作传，而并印其文，广布于中外将士。"③ "三帖"，指戚继光诗文集《止止堂集》中的三部分内容：诗歌、祭文、杂著。万历二年（1574）与赵宪同行的朝鲜使团书状官许篈在《朝天记》中记载："戚总兵《止止堂稿》三帖，一帖录祭文，一帖录杂著，一帖录诗歌。祭文中有别阵亡将士文、祭纛文、祭旧部曲游击将军陈公文。言辞激烈，忠义凛然，使人有兴起之心。斯人殊不可多得也。"④ 赵宪建议朝鲜王室将戚继光的事迹印成册子，让朝鲜军队学习，以增强朝鲜军队的战斗力。但赵宪的建议，并没有引起朝鲜宣祖国王的重视，朝鲜失去了军队改造的良机，以致宣祖壬辰年（1592）日军大举入侵朝鲜时，朝鲜军队不堪一击，仅仅两个月的时间，就让日军打到了鸭绿江边，"剪焉倾覆，

① （朝鲜）曹夏望：《西州集》卷5，《韩国文集丛刊·续集》第64辑，韩国首尔：景仁文化社，2008，第298~299页。

② （朝鲜）赵宪：《重峰先生文集》卷4，《韩国文集丛刊》第54辑，韩国首尔：景仁文化社，1990，第218页。

③ （朝鲜）赵宪：《重峰先生文集》卷3，《韩国文集丛刊》第54辑，韩国首尔：景仁文化社，1990，第197页。

④ （朝鲜）许篈：《荷谷先生朝天记》（中），《韩国文集丛刊》第58辑，韩国首尔：景仁文化社，1990，第439页。

悔亦何及",说当时朝鲜非常后悔,没有引进学习戚继光的治军思想,结果导致朝鲜几乎灭国。曹夏望的上疏提到赵宪的上疏,是要提醒英祖国王,朝鲜要接受壬辰战争的教训,要学习当年的戚继光,把海防建设做好,防止日军再次入侵。

曹夏望的上疏提到的朝鲜制造炮车,"而今之适时宜而可仿效者,最莫若明之戚继光所制也。编厢车、辎车、轻车等制度运用之法,具载于《纪效新书》",说最适合当今朝鲜的是戚继光在《纪效新书》中所提到的编厢车、辎车、轻车等炮车,朝鲜应该先制造一部分用于练兵习阵,然后按此样式制造后分发给沿边一带军队,也让他们照此制造,"临危制胜,必有倍于十万之师矣",一定会在国家受到外敌入侵时发挥重大的作用。"编厢车",即偏厢车,主要运送大型火炮。明代宗时制造的偏厢车,内置火炮,车上可容纳炮手、射手等十人,主要用于防守,车车相连,形成车城。隆庆三年(1569),戚继光镇守蓟州时,曾将偏厢车做了改进。"辎车",主要运送车炮营所需的各种武器装备。"轻车",主要运送小型火炮。戚继光《练兵实纪·杂集》卷六《车步骑营阵解》绘制的"战车图"中,有偏厢车图、轻车图,其中文字说明:"只用向外面一厢,即偏厢车也。每辆重六百斤以外",轻车,"每辆重三百斤以上"。①

关于曹夏望本次上疏的情况,朝鲜大提学洪良浩撰写的《墓碣铭并序》中有:"乙丑(1745),庙堂启差承文院副提调,因辞职极陈时弊曰:科制也,官方也,良役也,戎政也,革旧改制,条列中綮。上优批褒之,因除兵曹参议。"②"庙堂",这里指英祖王室。这说明曹夏望的建议得到了英祖国王的赞赏,不仅没有批准他的辞呈,让他辞职,反而任命他为兵曹参议(正三品)——兵部副部级的高官,让他去落实这些建议,这也说明,曹夏望关于按照《纪效新书》来制造和改进武器的意见应得到了很好的落实。

曹夏望的上疏也可以说明,戚继光的军事思想及其《纪效新书》在英祖时期的朝鲜官员中仍有着重要的影响。曹夏望上疏中提到的依照《纪效新书》来制造和改进武器,在英祖时期已成为朝鲜官员的共识。

---

① (明)戚继光撰,邱心田校释《练兵实纪·杂集》卷6,中华书局,2001,第330页。
② 见(朝鲜)《西州集》卷11,《韩国文集丛刊·续集》第64辑,韩国首尔:景仁文化社,2008,第388页。

英祖朝官员李秀得在地方任职时，就是采用了戚继光兵书上的方法改进了当地军队的武器装备。

2. 官员好戚继光兵书，用其法

李秀得（1697～1775），字仲五，历官朝鲜中枢府同知事、刑曹参判、司宪府大司宪（从二品）等职，并多次到地方任职，在地方任职期间，"好戚继光兵书，用其法，曹伍械物，在所以修"。[①] "曹伍"，指军队。"兵书"，这里指的是戚继光的《纪效新书》等军事著作。记载说，李秀得喜欢研究戚继光的兵书，并按照兵书的办法，治理庆州的军队，制造和整修当地军队的武器装备。这说明，戚继光的《纪效新书》等军事著作，仍是英祖时期朝鲜军队建设的教科书。

英祖时期，朝鲜依据《纪效新书》修建边防设施，《朝鲜英祖实录》英祖四十六年（乾隆三十五年，1770）五月也有记载：

> 兵曹参议申一清上疏，略曰："……烽信之通隔，全系墩台之近远。台近而密则便于候望，而易于觇瞭，台远而阔则茫苍难瞭，而云物易遮。臣谨按《纪效新书》，中国则大约以十里为率。我北道烽台直路远近，自庆兴西水罗堡牛岩新起烽台，至于城津镇岐里洞峰台，近者为七八里十余里，远者为二十里或三十里。自端川至安边铁岭，近者为二三十里，远者为四五十里，较诸城津以北设台之稀阔，烽路之阻远，实有悬殊者。……若相应两烽，各在两境，相距不甚远，炮角相闻之处，则云暗日，用天鹅声，或放炮相应，速于驰人。"……上优批。[②]

上述记载说明，朝鲜在边防设置烽信墩台（俗称烟台、烽火台）也是仿照《纪效新书》修建的，包括烽信墩台间隔的距离，也要"按《纪效新书》，中国则大约以十里为率"。英祖国王批准了兵曹参议的上疏，

---

① 见（朝鲜）《自著》卷 24，《韩国文集丛刊》第 249 辑，韩国首尔：景仁文化社，2000，第 400 页。

② （朝鲜）《朝鲜英祖实录》卷 114，英祖四十六年五月，韩国首尔：探求堂 1973 年影印本，第 44 册，第 356 页。

这也意味着朝鲜全国在边境修建烽信墩台时，都要仿照《纪效新书》的要求和标准去做。记载提到的《纪效新书》"大约以十里为率"，出自十四卷本《纪效新书》卷十三《守哨篇·峰堠解》，烽信墩台"大约以十里内为率，难瞭者三五里亦可，易见者十里以外亦可，每墩一座照旧，高下新添者亦照旧墩。或高山必用瞭望处，原无墩者，有力则筑，无力则用厂，俱名之曰墩。凡传报声息曰烽。每墩设军五名。墩之相去，新旧远近，惟以视见听闻为准，不必拘执"。① 通过《纪效新书》中的记载也可以看出，朝鲜之所以要按照《纪效新书》中的要求和标准去修建边境烽信墩台，是因为《纪效新书》的记载，既有成熟可照搬的经验，又有根据地势情况而灵活掌握的指导意见。

3. 武官以戚继光为榜样治军

英祖时期，朝鲜国防的重点是防范日军对朝鲜的入侵。英祖还在南部临海的庆尚道设立了统营指挥机关，作为防备日军从海上进犯的指挥和训练机构。担任统制使的官员也用戚继光的言行来指导自己的行动，《朝鲜英祖实录》英祖二十八年（乾隆十七年，1752）三月记载：

> 三道统制使具善行上书曰："……昔者皇朝名将戚继光之总督蓟镇也，日接将士存问家产，语及疾苦，泣数行下，继之以俯首叹息。今臣所处之地无异蓟镇，捐躯图报之诚，未尝少弛于军民饥饱，而目下所见无非恻怆哀怜者，则其所尽伤岂但为俯首叹息而止哉？……伏愿邸下，克念祖宗朝设置雄藩，子视军民之至意，亟赐处分。"答曰："书辞令备局，禀于大朝。"②

"具善行"，历官英祖朝三道统制使、捕盗大将、训练大将、平安道兵使、工曹判书、义禁府判事、兵曹判书、禁卫大将、副司直等职，是英祖朝晚年倚重的武臣。"三道统制使"，即三道水师统制使，是当时朝鲜管理水师的最高将官，类似今天的海军司令。"三道"，即朝鲜半岛南

---

① （明）戚继光撰，范中义校释《纪效新书》（十四卷本），中华书局，2001，第 326 页。
② （朝鲜）《朝鲜英祖实录》卷 76，英祖二十八年三月，韩国首尔：探求堂 1973 年影印本，第 43 册，第 437 页。

部的全罗道、庆尚道、忠清道，即今韩国的全罗南道、全罗北道、庆尚
南道、庆尚北道、忠清南道、忠清北道。"大朝"，这里指朝会，国王上
朝会见群臣。

上述记载说明，朝鲜英祖朝三道统制使具善行以戚继光为榜样，关
心下属疾苦，并且将戚继光当年镇守中国北部边塞蓟镇时关心"军民饥
饱"的做法，作为朝鲜治军的一个重要方面，希望朝鲜王室能予以重视，
关注一下守卫朝鲜边塞的军民。前面提到英祖三十六年（乾隆二十五年，
1760）七月，英祖召见训练大将具善行，让他们讲解依据戚继光《纪效
新书》编写的《兵学指南》。这都说明，英祖朝官员非常重视学习戚继
光的军事思想，并以戚继光的军事思想来治理军队。

英祖时期，朝鲜军队注重武器枪炮的改进，特别是注重学习戚继光
关于武器制造的方法和经验，取得了一些很好的成果。前面提到的英祖
朝官员依照《纪效新书》制造和整修军队的武器装备一事，具善行在这
方面也做得很突出。具善行是武臣出身，又担任过训练大将、工曹判书、
兵曹判书这样的要职，所以更是非常关注朝鲜军队的武器设备的改良和
更新，英祖四十九年（乾隆三十八年，1773）十月，具善行上疏说：
"造化循环炮、一窝蜂箭，俱是万人敌也。臣造此数器，果验神机之无出
其右。"① 具善行对英祖国王说，他造出了造化循环炮、一窝蜂箭，可以
射杀一大批来犯之敌。具善行上疏提到的制造"造化循环炮、一窝蜂
箭"之事，《朝鲜正祖实录》正祖五年（乾隆四十六年，1781）十月也
有记载：

　　兵曹参议尹冕东，应旨上疏曰："……有所谓造化炮者，大丸如
鸡子者一，小丸如橡实者三十，力可及四百步之远，散而布之，
广可及五六间之地。又有所谓一窝蜂者，大如镤丸者一百枚，远
之所及，广之所布，亦亚之。其装发之易，亦无殊于行用火铳，
以一人而当百人之用，其雄猛威神，又相万焉。此专为守城长技，
而无出此右者也。向在壬辰、癸巳间，故将臣具善行，建请创用，

① （朝鲜）《朝鲜英祖实录》卷121，英祖四十九年十月，韩国首尔：探求堂1973年影印
本，第44册，第464页。

令总营装铸，试放于练戎台，其爆烈震惊，命中之良，果如所闻。
伊时，先大王，大加称赏，命颁于各军门，亦各自制。"①

　　上述记载中提到的"造化循环炮、一窝蜂箭"，联系前面提到的英
祖朝官员依照戚继光兵书之法制造"曹伍械物"、炮车等武器装备，以
戚继光为榜样的具善行也应是学习了戚继光的军事著作后而改制的。十
四卷本《纪效新书》中提到了"虎蹲炮""无敌神飞炮"，记载有"虎
蹲炮制""虎蹲炮解""无敌神飞炮""神飞炮解"。虎蹲炮"器内吞百
子"，② 无敌神飞炮"生铁子，每出一百丸"。③《纪效新书》中还提到了
"火箭"，其中包括"飞枪、飞刀、飞箭"等，说"三种飞不过一法，即
一大火箭也"，记载有"三飞解""喷筒制""喷筒解"等内容，④ 这都
与当时具善行倡导制造的"造化循环炮、一窝蜂箭"等相似。
　　上述记载还说，当时英祖国王对具善行制造的"造化循环炮、一窝
蜂箭"大加赞赏，让朝鲜各地的军队也依此仿制。具善行担任过工曹判
书、兵曹判书，这两种要职，均对新型武器的制造起到关键作用。

4. 文臣诗颂戚继光兵书

　　英祖朝官员"好戚继光兵书"，从他们创作的诗歌中也可看出。
　　金时敏（1681～1747），字士修，自号东圃居士，朝鲜英祖朝官员，
历官朝鲜司饔主簿，掌隶院司评、社稷宗庙令，狼川县监，司议仪宾都
事、珍山郡守等职。任职狼川县监时，"属岁大歉，赈绩茂著，有升叙
命""邑有去思碑"。⑤ 因救灾和政绩突出而升职，离任时当地百姓树碑
纪念。金时敏去世后，赠职通政大夫、吏曹参议（正三品）。有《东圃
集》传世。《东圃集》有《大报坛亲祭，谨用先君子甲申韵》诗，应是

---

① （朝鲜）《朝鲜正祖实录》卷 12，正祖五年十月，韩国首尔：探求堂 1973 年影印本，
　　第 45 册，第 274 页。
② （明）戚继光撰，范中义校释《纪效新书》（十四卷本），中华书局，2001，第 61 页。
③ （明）戚继光撰，范中义校释《纪效新书》（十四卷本），中华书局，2001，第 271 页。
④ （明）戚继光撰，范中义校释《纪效新书》（十四卷本），中华书局，2001，第 279～
　　282 页。
⑤ 见（朝鲜）《东圃集·附录》，《韩国文集丛刊·续集》第 62 辑，韩国首尔：景仁文化
　　社，2008，第 484 页。

金时敏于英祖壬子年（英祖八年，1732）在朝中任社稷宗庙令时所作：

大报坛亲祭，谨用先君子甲申韵

画像杨经理，兵书戚继光。

中原久胡玺，下国此皇觞。

义渐王春晦，恩难万历忘。

崇坛岁一祭，我后缵宁王。①

"大报坛"，系肃宗时所建祭祀明朝万历皇帝朱翊钧的祭坛，以报答万历皇帝在壬辰战争期间出兵抗击日军入侵朝鲜的恩德，英祖时，大报坛的祭祀对象又增加了明太祖朱元璋和崇祯帝朱由检。"亲祭"，指英祖国王亲自参加或主持祭祀。"谨用先君子甲申韵"，指的是当年肃宗朝"大报坛"落成时，正值甲申年（1704）明朝灭亡六十年祭，金时敏的父亲，肃宗朝官员金盛后参加祭奠活动，并留有诗作，② 金时敏以其父金盛后的诗韵创作了此诗，这里也有纪念父亲的意思。

诗的首联"画像杨经理，兵书戚继光"，意思是说，大报坛的祭祀现场悬挂着壬辰战争期间明朝经略抗倭援朝事务的杨镐的画像，摆放着明朝著名军事家戚继光的兵书。"杨经理"，指杨镐。万历二十五年（1597），日军再次大举进犯朝鲜时，明神宗任命杨镐为右金都御史以经略朝鲜军务，故称"杨经理"。杨镐率军入朝初期屡获战果，但在蔚山岛山城战役中却遭惨败，损兵折将两万余人而被罢官。但当时的宣祖王室认为杨镐功大于过，为杨镐深感不平，并派高官出使明朝为杨镐辩诬，还派使臣求得杨镐画像，将其供奉于朝鲜宣武祠。历届朝鲜王室还先后四次（1598 年、1610 年、1764 年、1835 年）树立"杨镐去思碑"。"兵书戚继光"，指戚继光的军事著作《纪效新书》《练兵实纪》等。自壬辰战争以后，戚继光的《纪效新书》等一直都是朝鲜军队建设的兵学指

---

① （朝鲜）金时敏：《东圃集》卷 5，《韩国文集丛刊·续集》第 62 辑，韩国首尔：景仁文化社，2008，第 420 页。

② 金盛后（1659～1713），字仲裕，号蕉窗，朝鲜肃宗朝官员、诗人、学者，官至户曹正郎。性格豪爽洒脱，喜与文人墨客交游，不仅诗歌造诣颇深，而且擅长琴棋。为地方官时，施行仁政，深受百姓爱戴。

南，为提高朝鲜军队的战斗力做出了重要贡献，所以朝鲜在公祭为朝鲜做出重要贡献的中国皇帝和著名将领时，戚继光也是供奉的对象之一，当然这里也有感恩戚继光的意思，虽然戚继光在世时并没有为朝鲜做过什么，但他训练和带过的浙兵及其将领，为抗倭援朝，特别是在平壤大捷中做出了突出的贡献，他的军事思想也一直在影响着朝鲜王朝，戚继光的军事著作也是他的化身，也受到了朝鲜历代王朝的尊崇。

领联"中原久胡玺，下国此皇舣"，意思是说，中国中原大地被来自中原之外的清朝统治者所占已经很长时间了，但作为当年明朝属国的朝鲜仍在祭奠为明朝殉国的崇祯皇帝。"中原"，这里指中国。"胡玺"，这里指胡人称帝，指大清政权入主中原。"皇舣"，这里指祭祀皇帝。

颈联"义渐王春晦，恩难万历忘"，意思是说，虽然人们对明朝的义理逐渐淡忘了，但万历皇帝给我们带来的大恩大德却铭刻心间，难以忘怀。"义"，这里指明朝的义理。"王春"应指阴历春节，或指当下，这里指当下。"晦"，模糊不清，这里指记得不清楚了。"万历"，指万历皇帝朱由检。这里主要是表达朝鲜人民永远不会忘记当年万历皇帝发兵抗倭援朝、拯救朝鲜的恩德。

尾联"崇坛岁一祭，我后缵宁王"，意思是说，朝鲜每年都到大报坛拜祭供奉的明朝皇帝及将领，朝鲜的子孙要像武宁王徐达一样忠诚于大明王朝。"崇坛"，指大报坛。"缵"，继承、继续的意思。"宁王"，指明初武宁王徐达。徐达为明朝开国第一功臣，死后被封中山王，谥号武宁。

金时敏的《大报坛亲祭，谨用先君子甲申韵》诗，给我们提供了一个重要信息，即朝鲜英祖国王在大报坛亲祭时，现场还摆放着戚继光的"兵书"，戚继光及其兵书也成了供奉的对象，这也进一步说明了朝鲜英祖时期，戚继光及其兵书在朝鲜仍有着重要地位和影响。金时敏还是当时著名的学者、诗人，英祖时期著名诗人李秉渊（1671～1751）为金时敏撰写的《墓志铭》记载："公文出于学识，于诗大分绝高。初年诸律，音节豪逸，多慷慨激昂之旨。农渊诸公，咸称以高人志士，出世之格。晚更敦厚精密，绝无浮声曼调之累。然诗可以论公也哉。"① 说金时敏在

---

① 见（朝鲜）《东圃集·附录》，《韩国文集丛刊·续集》第 62 辑，韩国首尔：景仁文化社，2008，第 485 页。

年轻时其文采就得到了当时著名的文学家、学者金昌协、金昌翕的高度评价。"农渊"，指金昌协、金昌翕。金昌协（1651～1708），字仲和，号农岩，肃宗朝殿试状元，历官弘文馆、艺文馆两馆大提学，礼曹判书兼世子右副宾客，知敦宁府事等职，有《农岩集》传世。金昌翕（1653～1722），字子益，号三渊，金昌协之弟，历官司宪府掌令、执义兼世弟侍讲院进善等职，有《三渊集》传世。金时敏在诗作中高度赞扬戚继光的"兵书"，也对扩大戚继光及其军事著作在朝鲜半岛的影响起到积极的作用。

英祖时期，朝鲜军队建设的主要目标是防止倭寇的入侵，英祖国王和庄献世子都非常重视《纪效新书》对朝鲜军队建设的指导作用。在英祖国王和庄献世子的影响下，文武官员都好戚继光兵书，武官以戚继光为榜样治军，文臣则撰文称颂戚继光及其兵书。英祖时期，朝鲜在学习戚继光军事思想指导朝鲜建设时，还结合朝鲜当时当地的实际情况，在士兵日常训练，军官、教官选拔、考核，新式武器制造等方面有所改进和创新。英祖时期为正祖时期戚继光军事思想在朝鲜半岛的影响形成新的高潮奠定了坚实的基础。

第八章　正祖时期：推行戚继光
兵书的高潮期

朝鲜英祖之后是正祖时期（1776～1800），这一时期朝鲜社会相对安定，文化空前繁荣，"被称为'朝鲜的文艺复兴时代'或'朝鲜中兴时代'"。① 正祖李祘，字亨运，号弘斋，终年49岁，在位24年。李祘是英祖的孙子，庄献世子李愃的儿子，有《弘斋全书》传世，是朝鲜王朝唯一留下个人文集的国王。在朝鲜军队和国防建设上，正祖李祘非常重视戚继光的军事思想及《纪效新书》的指导作用，在多次亲自撰写的文章中，或以他的名义发布的关于朝鲜军队建设的指导意见中，反复强调要用戚继光的"御倭之法"和《纪效新书》作为朝鲜军队的"兵学指南"。

第一节　编纂《兵学指南》，"无一不返于
戚氏之遗典"

朝鲜英祖五十二年（乾隆四十一年，1776），即正祖李祘即位当年，就提出朝鲜军队建设必须依据戚继光的"御倭之法"。

1. 今之《兵学指南》，即戚氏御倭之法也

正祖李祘在《兵学通·序》中说：

> 今之《兵学指南》，即戚氏御倭之法也。戚氏之御倭，盖以序胜者也。我国遵而用之，固得矣。第营各异例，操各异式，视指南，

---

① 中国实学研究会、韩国实学学会、日本东亚实学研究会：《影响东亚的99位实学思想家》，中国财富出版社，2015，第158页。

多出入异同，而通习者鲜。故平时操练，每患失序，尚何以待敌乎？
予慨然于是，岁丙申，命元戎汇编之，寻委一二武臣，重加栉洗，
凡中外营闉，场操、城操、水操之式，无不备载。又为阵图，附其
下，名之曰《兵学通》。通之为言，该也明也。①

　　以上说明，正祖时期为了强化朝鲜的军队建设及平时的训练，制定
的《兵学指南》，即《兵学通》，是来自"戚氏御倭之法也"，即戚继光
抗倭时布阵打仗和训练士兵的方法。前面提到戚继光将这些方法结集在
《纪效新书》中，所以说，这里提到的朝鲜军队建设的《兵学指南》来
自"戚氏御倭之法"，指的就是来自戚继光的《纪效新书》。而这里需要
强调的是，正祖时期制定的《兵学通》，起始于丙申年（1776），而丙申
年是正祖李祘担任朝鲜国王的即位年，这说明，正祖李祘一上台，就强
调要用戚继光的《纪效新书》指导朝鲜军队的建设。而且"凡中外营
闉，场操、城操、水操"，无论是朝鲜王室直辖的军队，还是地方衙门管
辖的地方军队、乡勇，无论什么兵种，采用什么方式进行训练，包括野
战操练、守城操练、水师操练等，都要依照新编写的《兵学通》去做，
由此可见朝鲜正祖国王在依照戚继光的军事思想强化朝鲜军队建设的决
心和力度。"中外营闉"，指朝鲜王室（中央）直接管辖的驻防在京畿地
区的军队及驻防在京都之外的地方军队。"营闉"，这里是营房、营垒的
意思。

　　正祖李祘为《兵学通》写序的情况在《朝鲜正祖实录》正祖九年
（乾隆五十年，1785）九月中也有记载：

　　　　《兵学通》成。我朝军制，专用《兵学指南》，盖仿戚氏《纪效
　　新书》，而四营简阅、诸道操练，互有出入，率多龃龉。上御极，命
　　诸将臣，汇辑场操程式，立纲分目，附以阵图，分为二编，凡七目。
　　至是，重加证正，锓板印颁，亲撰序文。
　　　　……

---

① （朝鲜）李祘：《弘斋全书》卷8，《韩国文集丛刊》第262辑，韩国首尔：景仁文化
　社，2001，第135页。

命各营习阵及南汉城操、统营水操，遵用《兵学通》。①

《朝鲜正祖实录》的记载也说明，当时之所以编纂《兵学通》，是因为当年依照戚继光《纪效新书》编写的《兵学指南》，有些地方过于简略，各地方军队的理解不一致，训练时还有相互抵触的地方，为了便于军队操作，正祖国王指示要编写《兵学通》，并亲自为之写序。这也说明，《兵学通》也是依照戚继光的《纪效新书》编写的。《兵学通》编成之后，正祖随即下令，要求朝鲜各部队，包括京城汉城的禁军，及各地的水师都要按照《兵学通》制定的标准要求进行操练。

上面提到正祖时期编纂《兵学通》的情况，正祖李祘即位当年（乾隆四十一年，1776），"岁丙申（1776），命元戎汇编之"，命人编纂《兵学通》，正祖九年（乾隆五十年，1785）"《兵学通》成"，刊印成册。今韩国国立中央博物馆收藏有当年刊印的《兵学通》，其中扉页就注明"丙申汇辑，乙巳重订"，"乙巳"，即正祖九年（1785）。

当时为《兵学通》写跋的是代表朝鲜国王主管军事的辅国崇禄大夫（正一品）、中枢府判事徐命善。徐命善（1725～1791），字继仲，官至领议政，谥号忠宪公，英祖朝时，任"吏、礼、兵、工曹判书""守御总戎使禁卫大将"，正祖朝时，"丁酉入相，在政府七年。在枢府八年"。② 这说明，徐命善也是英祖、正祖时期戚继光军事思想指导朝鲜军队建设的积极推动者。

徐滢修（1769～1824），是上面提到的徐命善的侄子。正祖九年（乾隆五十年，1785）徐滢修奉命撰写过《兵学通·后序》，徐滢修在其中提到了正祖时期编纂的原因：

　　　　我朝兵制，实本戚继光之《纪效新书》。而内则四营简阅，互有出入，外则诸道团束，自相沿袭。按图审形，率多龃龉于《（纪效）新书》。非其制之各守也，习之者失其本耳。是篇也，通一国

之兵制而一之于《（纪效）新书》也。方圣上丙申（1776）初载，
修明宪章，贲饰治道，以兵制之不可不一。命元戎参较厘正，及夫
阅屡岁。更一二武臣，义例浸具，本末该贯。则凡其进退格斗，经
纬奇正，无一不返于戚氏之遗典。①

　　上述记载也说，当时指导朝鲜军队训练的《兵学指南》版本较多，
有的与《纪效新书》的要求不一致，影响了训练效果，正祖李祘于丙申
年（1776）登基以后，强调军队的规章必须一致，"以兵制之不可不
一"，于是命人编写了《兵学通》，并令武官参与验证，"则凡其进退格
斗，经纬奇正，无一不返于戚氏之遗典"，士兵的操练等军事训练又回到
了戚继光《纪效新书》的训练标准上。这也明确说明，正祖朝编纂的
《兵学通》依据的仍然是《纪效新书》，由此也可见正祖李祘对戚继光军
事思想及其著作的重视程度。

　　正祖时期著名实学家黄胤锡写有《书〈兵学指南〉后》一文，也提
到了《兵学指南》出台的背景及正祖朝再次印行的原因：

　　　　右《兵学指南》五卷，京中军器寺锓印，而余在木川县所得
　　也。盖自明名将南塘戚继光，南御倭北御胡，有所撰《纪效新书》
　　行天下，此亦其所出尔。……宣庙既西幸，领议政柳文忠成龙建选
　　丁壮，往学火炮、狼筅、枪剑诸用于天朝东援浙兵参将骆尚志及戚
　　金等，金即继光族孙云。癸巳十月驾还，设训练都监，以依训练本
　　院而权设本监。募健儿习鸟铳、刀枪，置把总、哨官以领之。后遂
　　为新设各军营之一大衙门，专以此书为师，而中外无复异者。……
　　继光初而御倭，晚而御胡，用固各有变。而我国乃胶于癸巳，以后
　　近二百年，偏习之久，不或省其本法之全也。近虽一二知其不然，
　　而讳兵亦已甚矣。②

---

①　（朝鲜）徐滢修：《明皋全集》卷7，《韩国文集丛刊》第261辑，韩国首尔：景仁文化
　　社，2001，第139页。
②　（朝鲜）黄胤锡：《颐斋遗藁》卷13，《韩国文集丛刊》第246辑，韩国首尔：景仁文
　　化社，2000，第286页。

"柳文忠成龙",指宣祖朝壬辰战争期间的首相柳成龙(1542～
1607),谥号"文忠"。"骆尚志",壬辰战争期间入朝参战的浙兵将领。
"戚金",入朝参战的浙兵将领。戚金是戚继光弟弟戚继明的儿子,非戚
继光"族孙",这里记载有误。"癸巳",这里指宣祖朝癸巳年(1593),
这一年朝鲜成立了训练都监,依据戚继光的《纪效新书》编纂了《兵学
指南》。"讳兵",慎于用兵。

黄胤锡(1729～1791),字永叟,英宗己卯年(1759)进士,正祖
即位后,历官"司仆寺主簿,东部都事,长陵令。出为木川县监,寻复
调掌乐院主簿,昌陵令,典牲署主簿。又出为全义县监"。黄胤锡"凡
历法乐律六书九章名物制度,无不旁通,尤谙国朝典故,先贤事实"。
"会朝廷纂辑东国文献备考,书局诸臣,遇所疑难,辄相叩质。大臣总裁
者,亦交口荐引。上召询历术沿革,公逡巡而后敢对。上嘉之曰:'多闻
而能谦。此质实人也。'其后赐对者三,叹其久屈荫涂。于是名誉日
盛。"① 黄胤锡是当时很有影响的学者、儒学家,正祖李祘也多次向其请
教,并对其给予了很高的评价。黄胤锡关于《兵学指南》的上述记载是
在英祖朝任木川县监之后所写,与正祖国王李祘在《兵学指南·序》中
的记载相一致,极有可能是正祖李祘与黄胤锡交谈后所撰,也说明正祖
国王和朝臣在对《兵学指南》的看法上完全一致,这也进一步说明了戚
继光《纪效新书》在正祖时期仍有着很大的影响。

2. 《兵学指南》,"戚将军之武法"

正祖时期,由于正祖高度重视依照戚继光的《纪效新书》编纂《兵
学指南》,当时朝鲜各道(省)也刊印了经过修订的《兵学指南》,各道
(省)的军事最高长官兵马使还为新刊印的《兵学指南》写跋,以推动
《兵学指南》在本道(省)的贯彻和落实。今韩国保存有多套正祖时期
各道(省)刊印的《兵学指南》。

今韩国国立民俗博物馆藏有正祖戊午年(正祖二十二年,1798)朝
鲜庆尚右道刊印的《兵学指南》。《兵学指南》封面有"兵学指南全一

---

① 见(朝鲜)《惕斋集》卷9,《韩国文集丛刊》第270辑,韩国首尔:景仁文化社,
2001,第209页。

本”字样，背面有“戚将军之武法”字样，以强调说明朝鲜军队推行的《兵学指南》，其基本内容来自戚继光的《纪效新书》。《兵学指南》尾页上有“壮营正本，蠹城募版”“戊午年五月（某）日庆尚右道兵马使（臣）安橚监镌以图广布焉”字样，在尾页上还手写有：“丙午七月在蠹营时刊出，非子侄则勿借，传于子孙勿失。”

“壮营”，正祖时期设立的朝鲜王室直接管辖的亦兵亦农的兵种，类似前面提到的朝鲜壬辰战争之前“分休立防，兵农相依”的亦兵亦农朝鲜军队，不同的是，正祖时期，朝鲜军队的主体仍是由国家出资招募并训练的专职军队，为了减轻国家一部分负担，正祖又设置了亦兵亦农的“壮营”。这说明，即使新设立的亦兵亦农的“壮营”，管理和指导士兵训练的《兵学指南》，也是“戚将军之武法”。“蠹营”，指蠹城的壮营。“蠹城”，在朝鲜半岛南部沿海一带，今属韩国庆尚南道晋州。“丙午”，指宪宗丙午年，即宪宗十二年（1846）。

“安橚”，《朝鲜正祖实录》正祖二十一年八月十一日记载：“安橚为庆尚右道兵马节度使。”① 这说明，安橚任庆尚右道兵马节度使的第二年，即“戊午年五月”，也就是正祖二十二年（1798）五月，依据正祖十年（1786）“壮营”刊印的《兵学指南》“正本”，再次刊印了《兵学指南》，并希望借此“广布焉”，在他统辖的庆尚右道军队中广泛推行《兵学指南》，即“戚将军之武法”。《朝鲜纯祖实录》记载，纯祖时期，安橚先后任全罗左道水军节度使、咸镜北道节度使、黄海道水军节度使等。下面会提到纯祖时期，纯祖对正祖时期的国策，特别是以戚继光军事思想治理朝鲜军队的做法，“莫不谨遵，不敢违越”，② 安橚在纯祖时期担任地方军政长官期间，必然也是戚继光军事思想的积极推动者。

正祖时期的地方军政长官李儒敬也是戚继光军事思想的积极推动者。今韩国国立中央博物馆收藏有正祖二十一年（1797）夏刊印的《兵学指南》，《兵学指南》尾页有“丁巳季夏兵马节度使臣李儒敬谨跋”字样。

① （朝鲜）《朝鲜正祖实录》卷45，正祖二十一年八月，韩国首尔：探求堂1973年影印本，第47册，第37页。
② （朝鲜）李玧：《纯斋稿》卷3，《韩国文集丛刊·续集》第120辑，韩国首尔：景仁文化社，2011，第44页。

"丁巳"，这里指正祖丁巳年，即正祖二十一年（1797）。《朝鲜正祖实录》正祖二十年（1796）七月六日记载："以李儒敬为三道水军统制使"，①这说明，李儒敬任"三道水军统制使"期间刊印了《兵学指南》。"三道水军统制使"，是驻守朝鲜半岛南部沿海一带，统管朝鲜全国水师的最高长官，类似今天的海军司令。尾页还记载："岁丁未臣承命监董兵学板新刻之役，……丙辰受任黄岗营，有《（兵学）指南》版，刓缺不可考，遂镂刻壮营本。""丁未"，这里指正祖十一年（1787）。"丙辰"，这里指正祖二十年（1796）。这里既说明正祖时期的地方军队，包括中央直属的水军都刻印了依据"戚将军之武法"编写的《兵学指南》，也说明了无论地方的军事主管，还是不同兵种的军事长官，都高度重视戚继光的军事思想对军队建设的指导作用，一走马上任，即刻印依据"戚将军之武法"编写的《兵学指南》，并为推广《兵学指南》亲自写跋，以"广布焉"。

据《朝鲜正祖实录》记载，李儒敬在正祖二十年（1796）七月任"三道水军统制使"之前，曾任"禁卫中军""右捕盗大将"，这些官职均为从二品武官，也是朝鲜国王极为信任和倚重的官员，正祖国王在朝鲜军队中大力推行戚继光军事思想，作为正祖国王信任和倚重的武官，必然也是在朝鲜军队推行戚继光军事思想的具体执行者。下面我们会提到正祖国王新建的华城，在城防建设上处处以戚继光的《纪效新书》作为重要参考，李儒敬在参与华城军队建设上，还受到了正祖国王的表彰和奖励。②

正祖二十一年（1797）夏刊印的《兵学指南》开篇"兵学指南范例"还明确指出："此书即《纪效新书》抄节成篇以便讲习者，训局旧本略有脱误处，如营阵……，今并校正。"这也可佐证正祖时期朝鲜军队的《兵学指南》，是依据戚继光的《纪效新书》修订的。"兵学指南范例"还指出："武士之中外各营考讲，皆用是书"，这说明，依据《纪效新书》修订的《兵学指南》，还是考核朝鲜军官必备的教材，无论是驻

---

① （朝鲜）《朝鲜正祖实录》卷45，正祖二十年七月，韩国首尔：探求堂1973年影印本，第46册，第660页。

② （朝鲜）《朝鲜正祖实录》卷45，正祖二十年九月，韩国首尔：探求堂1973年影印本，第46册，第671页。

京都的军队，还是京都之外的地方军队，包括所有兵种，"各营考讲，皆用是书"，都是《兵学指南》中的内容，这样一项有力措施，必将推进戚继光军事思想在朝鲜军队中的传播。

3. 御敌之城郭者，惟《纪效新书·守哨篇》

正祖时期在城防建设上，正祖李祘提出"惟《纪效新书·守哨篇》"，要严格依照戚继光在《纪效新书·守哨篇》中提出的具体要求和标准来做。

正祖李祘在《题城图全篇》一文中写道：

> 若城郭者，安民之美器，御敌之良具也。图则古来无传焉，惟《纪效新书·守哨篇》，始有城制，即雉制也，悬眼制也，垛口砖制也，重门大楼制也，瓮城券门制也，骑城铺也，牛马墙也。①

正祖李祘的记载说，建筑城墙及城防设施，是保护城内百姓、抵御外来之敌的必要措施，但之前并没有具体的建筑标准及图纸，《纪效新书·守哨篇》提到了城防建设的方方面面，并附有图片，是指导朝鲜城防规划设计的重要参考。

《题城图全篇》中提到的"雉制也，悬眼制也，垛口砖制也，重门大楼制也，瓮城券门制也，骑城铺也，牛马墙也"，载十四卷本《纪效新书·守哨篇》，其中不仅有建设的样式和尺寸标准，还附有图片。"雉"，指凸出于城墙外的站台，《纪效新书·守哨篇》记载："凡雉，出城身外，大者三丈，次者二丈，次者一丈五尺。直出三丈者，横长五丈；直出二丈者，横长三丈；直出一丈者，横长一丈五尺。比城原身高三长者，加高三尺；二长者加高二尺。……"②"悬眼"，城防设施之一，用于瞭望敌情和射击的墙孔，《纪效新书·守哨篇》记载："每垛当中，自城面平为孔，高九寸，约砖三层，砖厚用二层。平面以下，两方砖对中

---

① （朝鲜）李祘：《弘斋全书》卷55，《韩国文集丛刊》第263辑，韩国首尔：景仁文化社，2001，第358页。

② （明）戚继光撰，范中义校释《纪效新书》（十四卷本），中华书局，2001，第308页。

为弯，渐渐下缩。……"① "垛口"，城墙上呈凹凸形的短墙，《纪效新书·守哨篇》记载有"垛口砖制""垛口解"，并附有"砖式""尖长砖""尖短砖""垛口"图片。② "重门大楼"，指建在城门之上的楼阁，主要功能是可登高瞭望城外敌情，同时装备新式火炮，攻击来犯之敌，故当时亦称炮楼。《纪效新书·守哨篇》记载有"重门大楼制（图）""重门大楼解"，其中提道："城重门之上，必有楼，一以威外侮，一以便守瞭。调度官居之。大楼者，在里层门上大城之上，必用华丽，以壮威，又必用坚厚，以防矢炮。平时，可为登览形胜之资，贵在轩豁，檐只二层，板一层，庶便瞭望及用火器。凡无重门者，与外门楼同。"③ "瓮城券门"，指城门外月城的拱门，瓮城主要是保护城门的。《纪效新书·守哨篇》记载有"瓮城券门制（图）""瓮城券门解"。④ "骑城铺"，建在城墙站台上的棚子。《纪效新书·守哨篇》记载："每对一雉为一铺，因雉出头，则城面加宽，不碍建铺也。或于二雉之中，二十五垛，再加一小铺亦可。如城狭，将城内土墙再突后若干，长若干，以可容铺基，不碍城面路为准。"⑤ "牛马墙"，建在城外濠岸上的防御土墙或砖石墙。《纪效新书·守哨篇》记载："此墙在城外濠岸内。以城身下濠岸不拘宽狭，狭即一丈或八尺皆可，宽不可逾二丈，于其外为墙"，"或昏夜难辩，不敢开门，一应避难之人、牛马之类，皆可暂于墙内收避。"⑥

以上记载可以说明两点，具体如下。一是正祖李祘非常熟悉《纪效新书·守哨篇》相关内容，应是对其有较深入的学习和探讨。二是正祖时期，朝鲜城防建设依据的仍然是戚继光在《纪效新书·守哨篇》中记载的建设样式及尺寸标准。这也说明，朝鲜壬辰战争结束二百年了，戚继光的军事著作仍然在朝鲜半岛有着很大影响。

---

① （明）戚继光撰，范中义校释《纪效新书》（十四卷本），中华书局，2001，第308页。
② （明）戚继光撰，范中义校释《纪效新书》（十四卷本），中华书局，2001，第310页。
③ （明）戚继光撰，范中义校释《纪效新书》（十四卷本），中华书局，2001，第311页。
④ （明）戚继光撰，范中义校释《纪效新书》（十四卷本），中华书局，2001，第311~312页。
⑤ （明）戚继光撰，范中义校释《纪效新书》（十四卷本），中华书局，2001，第312页。
⑥ （明）戚继光撰，范中义校释《纪效新书》（十四卷本），中华书局，2001，第313、314页。

第二节　正祖赞扬戚继光及其《纪效新书》

朝鲜正祖李祘勤奋好学，对戚继光的军事著作更是有深入的研究，所以也留下了多篇赞扬戚继光及其著作的文论。

1. 正祖：戚帅继光，至于今焜耀史乘

正祖李祘重视戚继光的军事思想及其著作，他在自己的文章中多次谈到其中的原因。正祖李祘在《兵学指南·序》中写道：

> 戚帅继光，明朝人也，跨制南北，历典机宜，战守伟绩，至于今焜耀史乘。而其所撰《纪效新书》十八篇，精粗悉备，显微无间。训其法，虽阡陌襦襫之贱，可能按形而与知。穷其神，即熊罴之将，凫藻之士，尚且望洋而茫无津筏，信乎其为韬钤之尸祝。而我东之《兵学指南》，又节约《（纪效）新书》之编也。为卷者五，为目者九，提要以便省检，疏义以决旨归，门分类搜，立之学官。则凡我东水陆征缮，京外团练，实无不《（纪效）新书》乎自出。……夫以戚帅之迹遍天下，智周成败，论次其试于形而运于神者，以遗后世之龟鉴。其事至重，其义至密，……予以是勚将兵之臣，仍书卷首。为《兵学指南》序。①

"阡陌襦襫"，这里指乡野中没读过书的普通百姓。"阡陌"，田间小路、田野。"襦襫"，原意指衣服粗重宽大，穿着不合身，也不合时，多比喻不晓事。"熊罴之将"，指能打仗的勇将，这里泛指武官。"凫藻之士"，出自《后汉书·杜栾刘李刘谢列传》："武旅有凫藻之士，皆举合时宜，动顺人道也。"② 原意是，战士就如凫得水藻一样喜悦。这里泛指士卒。"津筏"，渡河的木筏，多比喻引导人们达到目的的门径。这里指学习和掌握兵法的途径。"韬钤"，前面已提到，指中国古代兵书《六

---

① （朝鲜）李祘：《弘斋全书》卷9，《韩国文集丛刊》第262辑，韩国首尔：景仁文化社，2001，第142页。

② （南朝宋）范晔：《后汉书》（简体字本），中华书局，2000，第1245页。

韬》《玉钤篇》的并称，后泛指兵书。"尸祝"，指古代祭祀时的主祭人，也指祭祀、崇拜。这里是信奉的意思。"征缮"，原意是收赋税，整治武备，这里指军队的整顿，出自《左传·僖公十五年》："征缮以辅孺子。""孺子，这里指诸侯的继承人。"勖"，勉励。

通过《兵学指南·序》的记载可以看出，朝鲜正祖国王为什么一上台就要把戚继光的《纪效新书》作为指导朝鲜军队的"兵学指南"，这是因为戚继光在他的心目中形象非常高大："战守伟绩，至于今焜耀史乘"，说戚继光的丰功伟绩光耀史册，至今仍有着很大的影响。还说戚继光的"《纪效新书》十八篇，精粗悉备，显微无间"，能够很有效地训练军队，即使是"阡陌襁褓之贱"，在田野劳作的农夫，对行伍毫无知晓、技能很差的刚入伍的士兵，都能从《纪效新书》中得到收获。所以无论"熊罴之将"，久经沙场的威武将军，还是"凫藻之士"，一般的士卒，学习了《纪效新书》，就像是被阻隔在江河大洋一边的人得到了渡河的木筏，所以，我们才如此信奉《纪效新书》。记载说，朝鲜对《纪效新书》进行了简化，依据其主要内容编写了《兵学指南》，指导朝鲜军队的整顿和士兵的训练，所以，朝鲜"水陆征缮，京外团练，实无不《（纪效）新书》乎自出"，无论是朝鲜的陆军还是水师，无论是守卫京都的禁军，还是地方上的乡勇，都是按照《纪效新书》的要求来整顿和训练的。正祖国王还分析说，因为戚继光"迹遍天下"，征战南北，知识渊博，"智周成败"，能得知战场上成败的原因，所以他的军事著作"以遗后世之龟鉴"，成为后来人借鉴和学习的经典，这也是朝鲜将《纪效新书》作为朝鲜军队兵学指南的主要原因。正祖国王最后点出了他"为《兵学指南》序"的原因，是"其事至重，其义至密"，因为学好戚继光兵法这件事特别重要，其意义也非同一般，为了"勖将兵之臣"，勉励朝鲜将士，所以他要为《兵学指南》写序。通过上述记载也可说明，戚继光本人及其军事著作在正祖国王心目中有着崇高的地位和重要的影响。

今韩国韩国学中央研究院藏书阁收藏有正祖十一年（1787）《兵学指南》木版本（见图8-1），其中就有正祖为《兵学指南》写的序，图8-1中就有上面提到的文字："戚帅继光，明朝人也，跨制南北，历典机宜，战守伟绩，至于今焜耀史乘。而其所撰《纪效新书》十八篇，精粗悉备，显微无间。训其法，虽阡陌襁褓之贱，可能按（形而与知）。"

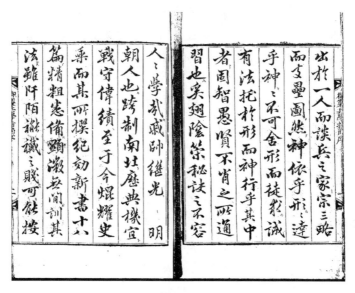

图 8-1

朝鲜依据戚继光的军事著作编写的《兵学指南》，正祖李祘在《日得录》一文也提道：

> 《兵学指南》，专用戚法。盖壬辰之乱，无论天兵、我师，皆未谙御倭之法，及李提督平壤之捷，然后始知戚法之利于御倭。乃以千金购其书，权设训局，选三手兵授其法，盖其时大惩创于岛夷。若以为朝暮且至，故为之备如此也。自是之后，外营八路，遂皆谨遵其法。部、司、哨、旗所立者，御倭之制也。楯木炮石所习者，御倭之技也。①

"我师"，这里指朝鲜自己的军队。"李提督"，即前面提到的壬辰战争期间明军领兵提督、防海御倭总兵官李如松。"训局"，指壬辰战争期间朝鲜设立的训练都监，专门负责新招募士兵的训练。"三手兵"，指使用新式火炮、鸟铳（火绳枪）等新式火器的炮手，持弓矢的射手，持刀剑等冷兵器的杀手。"岛夷"，这里指侵朝日军。"外营八路"，指朝鲜京

---

① （朝鲜）李祘：《弘斋全书》卷 176，《韩国文集丛刊》第 267 辑，韩国首尔：景仁文化社，2001，第 431 页。

畿地区之外的地方军队。朝鲜当时全国分八路，"路"相当于省级地方政权。"部、司、哨、旗"，系朝鲜依照《纪效新书》实施军制改革后设立的军队编制，见《纪效新书·束伍篇》。①"櫑木"，城防用的圆木，有敌人攻城时将其从城上推下打击敌人。

正祖在《日得录》中交代了朝鲜编写《兵学指南》的背景，即壬辰战争初期平壤大捷之后，当时的宣祖国王得知赴朝参战的明军是用戚继光的"御倭之法"获胜的信息后，开始学习并依照戚继光的《纪效新书》进行军制改革，成立了由国家供养的专职军队，设置了"部、司、哨、旗"等军队建制；朝鲜还设立了专门训练新兵的训练都监，并按照根据"戚法"编定的《兵学指南》进行训练。"戚法之利于御倭"，明确交代了戚继光的练兵之法在抵御倭寇入侵中的重要作用，不仅是战场上的制胜法宝，也是训练朝鲜军队的主要教材。

正祖记载的这些壬辰战争期间的情况，除了来自传闻外，主要还是阅读了前朝国王的《王朝实录》。我们在前面提到《朝鲜宣祖实录》就记载："初平壤之复也，上诣谢都督李如松，问天兵前后胜败之异。都督曰：'前来北方之将，恒习防胡战法，故战不利。今来所用，乃戚将军《纪效新书》，乃御倭之法，所以全胜也。'上请见上戚书，都督秘之不出，上密令译官购得于都督麾下人。"② 这与正祖在《日得录》中的记载完全一致。"《兵学指南》，专用戚法"，除了我们前面交代的前朝《王朝实录》及其他文献有明确记载外，既然勤奋读书的正祖李祘对戚继光的《纪效新书》等军事著作有深入的学习研究，只要对比一下《兵学指南》与《纪效新书》相似之处，就一清二楚了，所以正祖李祘才能明确地说"兵学指南，即戚氏御倭之法也"，"《兵学指南》，专用戚法"。

2. 正祖：《武艺诸谱》出于戚氏《纪效新书》

正祖李祘多次撰文提到戚继光军事思想及《纪效新书》对朝鲜军队的影响及指导作用。对戚继光的《纪效新书》传入朝鲜并对朝鲜王朝军队产

---

① （明）戚继光撰，范中义校释《纪效新书》（十四卷本），中华书局，2001，第5页。

② （朝鲜）《朝鲜宣祖修正实录》卷28，宣祖二十七年二月，韩国首尔：探求堂1973年影印本，第25册，第646页。

生影响的情况，他在《群书标记·武艺图谱通志五卷总谱》一文中提道：

> 《武艺诸谱》所载棍棒、藤牌、狼筅、长枪、镋钯、双手刀六技，本出于戚氏《（纪效）新书》，而宣庙朝命训局郎韩峤，遍质东征将士撰成者也。先王己巳（1749），小朝代听庶政，命增入竹长枪、旗枪、锐刀、倭剑、交战、月刀、挟刀、双剑、提督剑、本国剑、拳法、鞭棍十二技。纂修图解，作为《（武艺）新谱》。予即阼初元，聿追先志，始命并前十八技，肄习试取。又增骑枪、马上月刀、马上双剑、马上鞭棍四技，后又增击球、马上才二技，总二十四技。遂命内阁检书官李德懋等，壮勇营将官白东修等，裒合原续图谱，博引群书，笺释源流，其器法之利钝得失，则间附按说而评骘之，又另为《（武艺）总谱》。①

正祖国王的以上记载，主要介绍了指导朝鲜王朝军队训练的《武艺诸谱》产生的背景，及后来充实、演变的情况。《武艺诸谱》"出于戚氏《（纪效）新书》"，其中的内容来自戚继光的《纪效新书》，壬辰期间，宣祖国王指示训练都监的官员韩峤"遍质东征将士撰成者也"，在广泛征询抗倭援朝的明军将士基础上撰写而成的。这一段历史，我们在前面已经提到，《朝鲜宣祖实录》有明确记载。正祖国王几次提到这一段历史，一是阅读了朝鲜《宣祖实录》，二是对于《纪效新书》进行了非常全面深入的学习和探讨，了解其中的内容，所以他才清楚宣祖朝制定的《武艺诸谱》只有"棍棒等六技"，是在英祖朝己巳年（1749）庄献世子代理朝政时才扩充为"十八技"的，他"即阼初元"，即位第一年，即扩充为"总二十四技"，并更名为《武艺总谱》。正祖之所以这样做，并不是放弃了《纪效新书》中的内容，而是随着时代的变化，武器种类增多，是对《纪效新书》中"棍棒等六技"的发展和补充，这也是对戚继光军事思想的发扬光大，因为在正祖李祘的心目中，戚继光的高大形象一直都是他学习的榜样。

---

① （朝鲜）李祘：《弘斋全书》卷180，《韩国文集丛刊》第267辑，韩国首尔：景仁文化社，2001，第504页。

上述记载中提到的来自《纪效新书》的"棍棒、藤牌、狼筅、长枪、镋钯、双手刀六技",前面已经交代过,载十四卷本《纪效新书·手足篇》。①

"先王",这里指朝鲜英祖国王。"小朝",国王会见朝臣为"大朝",太子、世子代理政务会见朝臣为"小朝"。这里指英祖朝时庄献世子代理朝政。"庶政",各种政务。

"李德懋"(1741~1793),字懋官,号青庄馆等,文献学家、诗人,有《青庄馆全书》传世。关于李德懋编纂《武艺图谱通志》的情况,其《年谱》也有记载,李德懋于己酉年(正祖十三年,1789)三月开始编纂《武艺图谱通志》,其间多次到壮勇营,"与营校之知兵者,察试技艺,董饬剆剧",庚戌年(正祖十四年,1790)五月"三十日,《武艺图谱通志》一件四册祗受。《武艺(图谱)通志》进献时,上教曰:'有编纂之劳,外四品除授。'"李德懋于癸丑年(1793)正月因病去世,乙卯年(正祖十九年,1795)四月"上教曰:'今因韵书印役事,思之。故检书李德懋之才识,尚今不忘。'"② 这说明,正祖时期编纂的《武艺图谱通志》,并非由文臣关起门来参照戚继光等人的古代兵书而撰写的,而是深入朝鲜军队中,与了解兵书的将士们一起编纂的,而且还现场"察试技艺,董饬剆剧",观看每一种兵器技艺、每一场操练的军纪军容情况。"董饬剆剧",这里指整饬纪律和实战操练。"剆剧",指很锋利的刀具,这里代指新式兵器。记载还说明,正祖非常重视编纂《武艺图谱通志》,对做出贡献的李德懋等人给予升职奖励,李德懋去世二年了,还记挂着其为此做出的贡献。

《武艺总谱》又名《武艺图谱》《武艺图谱通志》,正祖李祘在庚戌年(正祖十四年,1790)撰写的《武艺图谱通志·序》中也有上述类似的记载。今韩国韩国学中央研究院藏书阁收藏有当年李德懋、朴齐家等奉正祖命编纂成书的《武艺图谱通志》木版本1册,其中就有正祖李祘为《武艺图谱通志》写的序。图8-2中文字也与《弘斋全书·卷九·武艺图谱通志序·庚戌》记载的完全一致:"我国练兵之制,三

---

① (明)戚继光撰,范中义校释《纪效新书》(十四卷本),中华书局,2001,第75~106页。
② 见(朝鲜)《青庄馆全书》卷71,《韩国文集丛刊》第259辑,韩国首尔:景仁文化社,2000,第313、331页。

军练于郊，卫士练于禁苑。其禁苑练兵，盛自光庙朝，然止弓矢一技而已。"①

图 8-2

正祖李祘上述关于《武艺图谱通志》的记载，《朝鲜正祖实录》正祖十四年（乾隆五十五年，1790）四月也有记载：

《武艺图谱通志》成。《武艺诸谱》所载，棍棒、藤牌、狼筅、长枪、镋钯、双手刀，六技出于戚继光《纪效新书》，而宣庙朝命训局郎韩峤，遍质东征将士，撰谱刊行者也。英宗己巳，庄献世子代理庶政，岁己卯，命增入竹长枪、旗枪、锐刀、倭剑、交战、月、挟刀、双剑、提督剑、本国剑、拳法、鞭棍十二技，纂修图解，作为《（武艺）新谱》。上即阼初，命增骑枪、马上月刀、马上双剑、马上鞭棍四技，又以击球、马上才附之，凡二十四技，命检书官李德懋、朴齐家，开局于壮勇营，看详编摩，为之疏解，凡厥得

① （朝鲜）李祘：《弘斋全书》卷9，《韩国文集丛刊》第262辑，韩国首尔：景仁文化社，2001，第143页。

失，亦着论断。仍命壮勇营哨官白东修，察试技艺，董饬开雕。……其次二十四技有说有谱有图，次之以冠服图说，又以各营技艺传习不同，故作考异表附其末，又有谚解一卷，书凡五卷，御制序弁其首。至是，壮勇营印进，颁之各营，又颁一件于西原君韩峤奉祀孙。①

朴齐家（1750～1805），字次修、修其，号楚亭、贞蕤，朝鲜著名实学家、文学家，他的诗歌在中国清代文坛也产生了重要影响。朴齐家任职朝鲜奎章阁检书官，曾多次出使中国，回国后写有《北学议》传播中国文化，对当时朝鲜产生重要影响。朝鲜著名实学家，历官吏曹判书、兵曹判书、大提学的徐命膺（1764～1845）在《〈北学议〉序》中就写道："朴齐家次修，奇士也。岁戊戌（正祖二年，1778），随陈奏使入燕，纵观其城郭室庐车舆器用。叹曰：'此皇明之制度也。'皇明之制度，又周礼之制度也。凡遇可以通行于我国者，熟视而窃识之。或有未解，复博访以释其疑。归而笔之于书，为《北学议》内外篇。其纪数详密，布法明畅，且附以同志之论，一按卷可推行。噫！何其用心勤且挚也。"② 朴齐家有《贞蕤阁集》传世。

正祖李祘让当时国内很有影响的著名实学家李德懋、朴齐家编纂《武艺图谱通志》，正祖还"御制序弁其首"，为其写序放在卷首，并"颁之各营"，让朝鲜全国各地的军队都学习执行，"又颁一件于西原君韩峤奉祀孙"，还命送一套给当年编写《武艺诸谱》的西原君韩峤的后人，以纪念韩峤为传播戚继光军事著作做出的贡献。这也说明了正祖李祘对传承戚继光军事思想的高度重视。

以上都说明，正祖李祘非常清楚朝鲜引进《纪效新书》的背景，及按照《纪效新书》中的训练方法训练出的"浙兵"在当年收复平壤战斗中的作用和影响。

正祖在记载中提到的"命内阁检书官李德懋"等人编纂《武艺诸

---

① （朝鲜）《朝鲜正祖实录》卷30，正祖十四年四月，韩国首尔：探求堂1973年影印本，第46册，第132页。

② （朝鲜）徐命膺：《保晚斋集》卷7，《韩国文集丛刊》第233辑，韩国首尔：景仁文化社，1999，第208页。

谱》一事，李德懋在《武艺图谱通志凡例》中也记载：

> 韩峤《武艺诸谱》六技一卷，并前后增，总二十四技，赐名
> 《武艺图谱通志》。
>
> 戚氏《纪效新书》，茅氏《武备志》，俱为是编之表准。……又
> 撰戚、茅小传，载于卷首。俾人人知其事实。
>
> 此书，欲使将领卒伍，人人晓畅。故或有僻字奥文，另注音意。
> 至若人物舆地器用动植之伦，约略注解。而平常者，不足费释。稀
> 僻者，不必强疏。用除繁芜，务取清简。①

"茅氏"，即茅元仪（1594~1640），明末将领，撰有《武备志》240
卷，被后人称为"军事学的百科全书"。

这也说明，正祖时期编纂的《武艺图谱通志》，是在前面提到的壬
辰战争时期韩峤编纂的《武艺诸谱》的基础上修订的，其主要内容仍然
是《纪效新书》中的内容，不过是用当时朝鲜人更能接受的语言解释
《纪效新书》而已。再是增加了一些晚于戚继光的明末将领茅元仪的
《武备志》中的内容。李德懋的记载也与正祖国王李祘的记载相吻合，
这都说明，正祖时期（1776~1800），戚继光的《纪效新书》等军事著
作，仍然是朝鲜军队训练的教科书。

纯祖时期，朝鲜王室撰写的《迁陵志文》还提到正祖国王"著《兵
学通》《武艺图谱》，以尽冲衡奇正坐作击刺之法。暇日御内苑，肄阵以
观之，顾眄指挥，风云翕欻，盖我宁陵涤恼堂试马之志也。其于射艺，
得于天分，五十发辄四十九中。"②"冲衡"，这里指进攻与防守。"冲"，
冲刺、冲锋、冲撞。"衡"，这里同"横"，横亘。"奇正"，古代兵法术
语，对阵交锋为正，设伏掩袭等为奇。"坐作"，古代练兵的科目之一，
指坐与起，止与行。"肄阵"，演习阵法。"顾眄"，环视，多形容精神饱
满，神采奕奕。"翕欻"，迅疾。"宁陵涤恼堂试马"，指孝宗国王在王宫

---

① （朝鲜）李德懋：《青庄馆全书》卷24，《韩国文集丛刊》第257辑，韩国首尔：景仁
　　文化社，2000，第359~360页。
② （朝鲜）《朝鲜纯祖实录》卷24，纯祖二十一年八月，韩国首尔：探求堂1973年影印
　　本，第48册，第182页。

涤恼堂测试战马。"宁陵",朝鲜孝宗国王和仁宣王后的陵墓。位于今韩国京畿道骊州市陵西面,这里代指孝宗国王。"涤恼堂",位于今韩国首尔昌德宫的后院内。

《迁陵志文》的记载说,正祖国王组织学者编纂了《兵学通》《武艺图谱》,其中的主要内容是训练军队如何进攻与防守,如何布阵与设伏,还有士兵的日常操练,如行军、刺杀等。正祖国王在空闲的时间,就会检查守卫王宫的禁军的训练情况,巡查他们演习阵法的情况,有的时候,正祖国王还精神饱满地亲自指挥,其神采奕奕,行动矫健,犹如当年孝宗国王在王宫涤恼堂亲自测试战马。正祖国王的射箭技艺很高,射五十箭,每次都是中四十九次。这也说明,正祖李祘对在朝鲜军队中落实好《兵学通》《武艺图谱》高度重视,而《兵学通》《武艺图谱》都是依照《纪效新书》中的内容要求编撰的。

参照戚继光的《纪效新书》编纂《武艺图谱通志》的情况,正祖李祘在《〈武艺图谱〉叙述》中也写道:"戚继光《纪效新书》,茅元仪《武备志》,俱为此书之表准。故撰戚少保、茅总兵小传,次于兵技总叙之下。"[①] 说朝鲜军队训练士兵的《武艺图谱》一书,训练标准主要来自戚继光《纪效新书》和茅元仪《武备志》,所以《武艺图谱》一书,也将戚继光、茅元仪的小传收录其中。"戚少保",即戚继光,因万历七年(1579),因功加封"少保",故名。"茅总兵",即前面提到的茅元仪,崇祯二年(1629)因战功升任副总兵,故称。

正祖李祘博览群书,在他的著作中,提到过多位军事家及其兵书,但对管理军队,操练士兵,李祘最推崇的还是戚继光的《纪效新书》,他在《日得录》中写道:"兵书之中,如戚继光《纪效新书》,虽无方略之可观,其于操练进退之节。不为无益,亦不可小觑。"[②] 说戚继光的《纪效新书》中,有关操练的内容,对指导朝鲜的军队建设大有益处,不能轻视、小看。

正祖李祘于庚申年(1800)去世,去世前,他在《翼靖公奏稿军旅

---

① (朝鲜)李祘:《弘斋全书》卷 59,《韩国文集丛刊》第 263 辑,韩国首尔:景仁文化社,2001,第 428 页。

② (朝鲜)李祘:《弘斋全书》卷 164,《韩国文集丛刊》第 267 辑,韩国首尔:景仁文化社,2001,第 214 页。

类叙》一文中写道："显庙朝，兵曹判书金佐明，进《纪效新书》《练兵实纪》等书。使精抄军习行之。""肃庙朝。兵曹判书金锡胄，建请就训局。……仿戚氏南军之制，置五司二十五哨，中司五哨。""我昔年代听庶政之十有一年，因戚氏《纪效新书》，棍棒、藤牌、狼筅、长枪、镋钯、双手刀六技。命增竹长枪、旗枪、锐刀、倭剑、交战、月刀、挟刀、双剑、提督剑、本国剑、拳法、鞭棍十二纂修图解。"[①] 记载中提到的"显庙朝（朝鲜显宗时期）"的金佐明，"肃庙朝（朝鲜肃宗时期）"的金锡胄，前面均提到，这里说明，正祖李祘非常清楚戚继光及《纪效新书》在朝鲜的不同时期给朝鲜的军队建设带来了很重要的影响，所以，他当政之后，要极力宣传和推广戚继光的军事思想及其著作，而且在其晚年仍念念不忘。这也说明，整个正祖时期，戚继光的军事著作都是朝鲜军队建设的教科书和兵学指南。

正祖时期，应是戚继光的兵书引入朝鲜半岛之后，除壬辰战争期间的宣祖之外，朝鲜国王最为重视的一个时期。这一时期，也是戚继光及其军事著作在朝鲜半岛产生影响的一个高峰时期。在这之前，包括之后，没有任何一个朝鲜国王留下这么多对戚继光兵书的论述，而且评价之高，论述之全面，没有任何一个朝鲜国王能够超越。加之正祖时期，也是朝鲜半岛政局稳定、经济和文化繁荣的一个时期，正祖国王李祘对戚继光及其军事著作的高度评价，也为戚继光的军事思想及著作在朝鲜半岛的传播创造了极佳的环境，所以这一时期，朝鲜全国上上下下都高度重视戚继光军事著作在朝鲜军队建设中的指导作用。

第三节　壮勇大将：戚氏之法，行之既久，不可偏废

正祖时期，正祖信赖和倚重的壮勇大将赵心泰也非常尊崇戚继光的军事思想及其著作。

赵心泰（1740～1799），字执仲，武状元出身，历官黄海兵使、龙虎

---

① （朝鲜）李祘：《弘斋全书》卷13，《韩国文集丛刊》第262辑，韩国首尔：景仁文化社，2001，第218、224页。

大将兼捕盗大将、训练都正、总戎使、都承旨、御营大将、水原府留守、汉城府判尹、刑曹判书、壮勇大将等要职。"壮勇大将",系直接统辖京畿驻地军队和王宫卫队的最高官员,是正祖国王最信赖的官员之一。赵心泰于丁巳年(1797)任壮勇大将时,正祖国王李祘想在地方部队中恢复朝鲜壬辰战争之前的军队"五卫"制度,以减轻地方财政压力,但赵心泰仍坚持按戚继光《纪效新书》中的要求来建制朝鲜的地方军队。《水原府留守赠左赞成赵公谥状》记载:

> 上欲复五卫旧制于外营。公承命讲磨,以为戚氏之法,行之既久,不可偏废。遂参互古今,撰成军制图式,裒辑一书以进。上叹赏不已,顾谓左右曰:"辞理赡畅,虽经术之士,蔑以加矣。"于是分属五邑设官增伍,按其法而始行之。①

丁巳年(正祖二十一年,1797)系正祖朝晚期,正祖李祘想在地方军队中恢复"五卫"制度,主要还是基于减轻地方财赋负担考虑的。前面介绍过,"五卫"制度下的地方军队,亦农亦兵,无战事时务农,有战事时上战场。"五卫"兵制下的士兵虽说没有专职的士兵有战斗力,但可极大地减轻国家及地方财赋负担,所以,是否实行"五卫"兵制,一直都是壬辰战争以后朝鲜朝臣探讨的话题。赵心泰作为正祖李祘非常信赖的朝中大员,非常明确地坚持"戚氏之法,行之既久,不可偏废",而且他的意见得到了正祖李祘的赞赏,于是"按其法而始行之",按照赵心泰的建议在全国推行。这也说明了朝鲜正祖时期的军队建设,无论是部队建制,还是训练士兵的方法,无论是中央直属的京畿地区的军队,还是地方军队,戚继光的军事思想及其军事著作,仍然是朝鲜军队建设的重要参考指南。

赵心泰于正祖二十三年(1799)去世,《朝鲜正祖实录》正祖二十三年(嘉庆四年,1799)九月记载:

---

① 见(朝鲜)《耳溪集卷》卷37,《韩国文集丛刊》第242辑,韩国首尔:景仁文化社,2000,第118页。

前判书赵心泰卒。教曰："此将臣受知也深，故委任也专，自关西防御，北阃南服，滚滚超越，数岁中遂至登坛。而顾彼营洛之役，前后殚诚，绩庸茂著，虽汗马提兵之劳，历数前古，罕与为比，屹如干城，倚而为重。司三军之命，跻八座之秩，未足以酬其伐而旌其功，岂知大树之飘零，曾不少淹乃尔？嗟尽之极，不觉哽咽。卒判书赵心泰家成服日致祭。"仍令该曹，加秩赠职，照盟府上勋之例，节惠亦即举行，而例赙外倍数输送，枢材择给。仍命赠议政府左赞成。[①]

赵心泰去世后，正祖李祘对其一生给予了极高的评价，说他无论领兵，还是驻防，"前后殚诚，绩庸茂著""历数前古，罕与为比"。说赵心泰竭尽忠诚，功勋卓著，其对国家和民族的贡献，在他之前的人很少有达到这个程度的。"屹如干城，倚而为重"，说他像屹立的山峰一样捍卫着国家，所以，朝鲜王室特别地倚重他。正因为如此，赵心泰的去世，令正祖李祘非常悲痛，除了下旨"致祭"，还"加秩赠职""赠议政府左赞成"。"左赞成"，是仅次于正、副首相的从一品高官。赵心泰去世第二年，即正祖二十四年（1780），正祖李祘也去世，也就是说，赵心泰认可正祖李祘"戚氏之法，行之既久，不可偏废"观点，在整个正祖时期都得以在朝鲜军队中实施。

正祖朝晚期，关于是否仍"专尚戚法"，还是恢复在地方军队中实行"五卫"兵制，在朝鲜军队中也有过讨论，《朝鲜正祖实录》正祖二十二年（嘉庆三年，1798）十月记载：

备边司以壮勇外营五邑军兵节目启："……用兵之法，毋出乎阴阳五行，而经纬、奇正是也。一自废卫制而纯用戚法，弊在偏重，兵家病之。盖《（纪效）新书》所载，明其阴阳牝牡之义，以寓长短兼济之法，而终不若卫制之表里相连，大小相包，分合方圆，各适其宜，而经纬定位，五十居中者。今以卫、部，专尚戚法，则或

① （朝鲜）《朝鲜正祖实录》卷52，正祖二十三年九月，韩国首尔：探求堂1973年影印本，第47册，第209页。

近于支吾，拘泥战队、驻队、正军、游军之制，成出一统笏记，与戚法兼加肄习，以为循名责实，毋或偏废之地。"①

以上记载是朝鲜备边司向正祖国王汇报驻京畿之外的朝鲜御林军对现行军制的一些看法。"壮勇营"，是正祖时期朝鲜设立的由国王直接管辖的亲卫部队，即御林军。正祖去世后，纯祖时期，撤销了壮勇营。"壮勇外营"，应指驻扎在王宫之外，或京畿地区之外的御林军。具体统辖壮勇营的为"壮勇大将"，前面提到的赵心泰于丁巳年（正祖二十一年，1797）时任壮勇大将，朝鲜备边司汇报的壮勇外营的意见，应是在赵心泰任职壮勇大将期间。"卫制"，即前面提到的"五卫旧制"。

壮勇外营的意见说，"纯用戚法，弊在偏重，兵家病之"，学习兵法，不能只偏重戚继光一家，这是带兵的人所忌讳的。还说戚继光的《纪效新书》虽然"明其阴阳牝牡之义，以寓长短兼济之法"，阐明了阴阳互为辅成的道理，讲究的是布阵及兵器使用的"长短兼济之法"，但"五卫旧制"也有它的长处。"牝牡"，这里也指阴阳。所以，壮勇外营提议，在当时朝鲜军队"专尚戚法"的情况下，也要学习和演练其他兵法、兵制中一些实用的知识，"与戚法兼加肄习"。"肄习"，这里是练习、演练的意思。这也说明，正祖朝晚期，朝鲜军队仍"专尚戚法"，尊崇和学习的是戚继光的军事理论及其著作。再是，尽管当时正祖李祘提出了朝鲜军队不要"纯用戚法"，也要学习其他的一些实用知识，但军队的将领仍坚持戚法，"不可偏废"，但可以"戚法兼加肄习"。这也再次说明了，朝鲜壬辰战争过去二百多年了，戚继光的军事思想仍然在朝鲜半岛有着巨大影响。

正祖朝成立的壮勇营，因为是国王的亲卫部队，也称"壮勇卫"。壮勇营无论从内部的建制，还是平时的日常管理及操练，依据的都是戚继光的军事理论及其著作。《朝鲜正祖实录》正祖十七年（乾隆五十八年，1793）一月记载：

---

① （朝鲜）《朝鲜正祖实录》卷49，正祖二十二年十月，韩国首尔：探求堂1973年影印本，第47册，第120页。

先是壬寅（1782），命抄择武艺出身及武艺别监之间经将校者三十人，分番入直于明政殿南廊，乙巳（1785），号壮勇卫，仍增二十人，此壮勇营设施之权舆也。自是逐年增置，仿戚氏南军之制，以五司各五哨为例，三哨每哨一百十五名。……试讲，用《兵学通》，试技，用《武艺（图）谱》。[①]

从上述记载看，"壮勇卫"的名号是从正祖九年（乾隆五十年，1785）开始的，"此壮勇营设施之权舆也"，"权舆"，起始。前面提到这一年也是《兵学通》（《兵学指南》）编纂完成的时间。壮勇营的建制"仿戚氏南军之制"，仿照了戚继光在南方抗倭时的军队建制。这一建制，戚继光在《纪效新书》中有具体记载，如上述记载提到的"以五司各五哨为例，三哨每哨一百十五名"，见十四卷本《纪效新书·束伍篇》："每一旗下，三队、五队皆可，五十为队也。一哨官下，三旗以至五旗皆可，百人为哨也。一把总下，三哨以至五哨皆可，五百人为司也。一把总（这里指参将）下，三司以至五司皆可。一把总下，三司以至五司皆可，三千为营也。"[②]"一把总下，三司以至五司皆可"，这里提到的第二个"把总"，应为"参将"或"偏裨"。[③]也就是说，当时的壮勇营至少有"五司"，每司"各五哨""每哨一百十五名"，壮勇营应有近三千名士兵。记载中提到的"三哨"，指的是三个不同的兵种，即前面多次提到的三手兵：炮手、射手、杀手。壮勇营不仅在建制上"仿戚氏南军之制"，在日常管理和训练上，采用的也是壮勇大将赵心泰说的"戚氏之法"，即戚继光的军事理论和训练方法，这一点记载也说得很清楚："试讲，用《兵学通》，试技，用《武艺（图）谱》。"前面提到无论是《兵学通》（《兵学指南》），还是《武艺图谱》，都是依据戚继光的《纪效新书》和《练兵实纪》编纂的。

朝鲜壮勇营在兵员选择上，也是参照戚继光在《纪效新书》中提到的选兵原则。《朝鲜正祖实录》正祖二十二年（嘉庆三年，1798）十月记载：

---

① （朝鲜）《朝鲜正祖实录》卷37，正祖十七年一月，韩国首尔：探求堂1973年影印本，第46册，第372页。

② （明）戚继光撰，范中义校释《纪效新书》（十四卷本），中华书局，2001，第5页。

③ （明）戚继光撰，范中义校释《纪效新书》（十四卷本），中华书局，2001，第5页注释。

训局升户抄上资装有弊事。训局升户，乃是辇下亲兵，式年抄上，法意至严，城市之油滑，不及于乡野之老实，戚氏《（纪效）新书》已有所论。其在简军伍重宿卫之道，决不可以些少民邑之弊，遽然容议于通变之方，置之。[①]

"升户"，指升户军。当时朝鲜每年从各道的乡军中选拔，成为训练都监正军的兵卒，即国家的正规军。"辇下亲兵"，这里指保卫国王的随从护卫。"辇下"，指皇帝或国王车驾附近，多代指王宫或京都。

上述记载主要强调"辇下亲兵"，也就是当时壮勇营士兵的来源，要挑选"乡野之老实"之人，而不要选"城市之油滑"之人，因为这也是戚继光在《纪效新书》中要求的选择兵员的标准。记载提到的"戚氏《（纪效）新书》已有所论"，指戚继光在十四卷本《纪效新书·束伍篇》"原选兵"中提到的"兵之贵选"："第一，不可用城市油滑之人，但看面目光白、行动伶便者是也。第二，不可用奸巧之人，神色不定，见官府藐然无忌者是也。第一可用，只是乡野老实之人。所谓乡野老实之人者，黑大粗壮辛苦，手面皮肉坚实，有土作之色是也。"[②] 这说明，朝鲜壮勇营在严格按照《纪效新书·束伍篇》的要求挑选士兵。

通过壮勇营的情况介绍，我们也会想象到，当时的朝鲜其他军队，无论是直属的，还是地方的，军队的建制及日常管理也是把戚继光的军事理论作军队建设的兵学指南。这一点实际前面已经讲得很清楚了，通过下面的介绍，我们还会更确认这一点。

第四节　兵曹：守城必用戚法

正祖时期，同前朝一样，也是依照戚继光的军事理论及其著作来建设城防设施，制造和配备城防器械。

前面提到英祖朝官员依照戚继光兵书之法制造"曹伍械物"，英祖

---

① （朝鲜）《朝鲜正祖实录》卷49，正祖二十二年十月，韩国首尔：探求堂1973年影印本，第47册，第117页。

② （明）戚继光撰，范中义校释《纪效新书》（十四卷本），中华书局，2001，第10、11页。

国王还对朝中官员具善行制造的"造化循环炮、一窝蜂箭"大加赞赏，为此英祖朝制造了大量这样的火器。正祖朝时，也依此仿制，主要用来作为城防兵器。《朝鲜正祖实录》正祖五年（乾隆四十六年，1781）十月记载：

> （造化循环炮、一窝蜂箭）皆至今俱存云。下询而试之，可知其可用与否？苟可用也，令诸军门及沁营，多铸而习用之。用之果良，则外邑城守之地，通命造置，以为应变之地焉。其余神机、火箭及万人敌、万枝炮等属，俱莫紧于守城之用。而即今闾巷之间，军伍之中，亦不无解其法而制其器者，朝令一下，则不难成就矣。凡城守之方，火器为最。①

"造化循环炮"，前面提到，主要指《纪效新书》中提到的"虎蹲炮""无敌神飞炮"等。"一窝蜂箭"，指万箭齐发的"飞枪、飞刀、飞箭"等。"苟"，暂且，这里是仍然的意思。"神机"，这里指的是《纪效新书》中提到的"佛狼机"。前面提到佛狼机是中国明代从欧洲引进的一种火炮，戚家军对此进行了改进。《纪效新书·舟师篇》有"佛狼机制""佛狼机解""习法"内容，并附有图片。② "火箭"，指《纪效新书·舟师篇》中提到的"飞枪、飞刀、飞箭""喷筒"，其中也有如何制造、如何使用的相关内容，并附有图片。③ "火箭及万人敌、万枝炮"，应指英祖朝制造的"造化循环炮、一窝蜂箭"等，或在此基础上的改良型。

上述记载说，正祖五年（1781）时，将英祖朝仿照戚继光兵书制造的"造化循环炮、一窝蜂箭"进行试射测试，发现性能很好，仍然可用。正祖国王即下令各地都督及水师多多铸造，用作练兵使用，如果使用的效果好，全国所有的地方军队也照此铸造，特别是"神机、火箭及

① （朝鲜）《朝鲜正祖实录》卷12，正祖五年十月，韩国首尔：探求堂1973年影印本，第45册，第274页。
② （明）戚继光撰，范中义校释《纪效新书》（十四卷本），中华书局，2001，第276～278页。
③ （明）戚继光撰，范中义校释《纪效新书》（十四卷本），中华书局，2001，第278～282页。

万人敌、万枝炮"等新式火器,"俱莫紧于守城之用",是城防最为紧要的武器。"凡城守之方,火器为最",这就是正祖朝赶制大批新式火器的主要原因。

《朝鲜正祖实录》正祖十二年(乾隆五十三年,1788)四月也记载,兵曹启言:"守城器械,必用戚法。"① "戚法",这里指的是戚继光军事著作中提到的守城的设施、兵器。"守城器械",十四卷本《纪效新书·守哨篇》有具体记载,如守城使用的"军火器":"每一垛或鸟铳或快枪一门,少则二垛一门。每五垛,(佛)狼机一位,该(佛)狼机利而准,更发易,一位必九子(铳),少则十垛一位。每城门下大将军(炮)一位或二位,一位三子(铳);名城每门二位;贼所必攻之处,亦须一位。"② 《纪效新书·守哨篇》还提到了其他守城器械,如大刀、大斧、大棍、弓矢、石块等。"子铳",这里指的鸟铳,即火绳枪。"大将军炮",即无敌神飞炮。前面提到这些当时的新式火器,十四卷本《纪效新书》均记载有制造方法、使用方法,并附图。所以说,正祖时兵曹提出的"守城器械,必用戚法",就是按照《纪效新书》的要求去做。

正祖朝中枢府知事、议政府右参赞(正二品)俞寎基(1749~1828)也大力主张按照戚继光的军事思想加强城防建设,他在《守城录序》一文中就提道:"余尝见兵书,曰守城莫如据险。……峙粮积薪刍,设矩为疑兵,此外飚旗扬灰。戚继光之语也。……斯皆守城之要,故聊记于左,以备临时仿用。"③ 中枢府是代表朝鲜国王主管全国军队的军事机构,知事是中枢府的主要官员之一。俞寎基提到的"戚继光之语也",指来自戚继光《纪效新书·守哨篇》中的一些相关记载。

正祖时期,朝鲜在学习和落实《纪效新书》方面也是全方位的,在建设城墙时,也仿照《纪效新书》中的有关内容。朝鲜正祖朝官员,实学派代表人物之一的洪大容(1731~1783),字德保,号湛轩,正祖时,曾任泰仁县监、荣川郡守等职,其间在涉及城防建设时写道:

---

① (朝鲜)《朝鲜正祖实录》卷25,正祖十二年四月,韩国首尔:探求堂1973年影印本,第45册,第703页。
② (明)戚继光撰,范中义校释《纪效新书》(十四卷本),中华书局,2001,第315页。
③ (朝鲜)俞寎基:《善养亭文集》卷4,《韩国文集丛刊·续集》第4辑,韩国首尔:景仁文化社,2005,第432页。

羊马墙，戚将军之遗制而守城之不可废者也。城外五步之地，筑墙如城制，而高取丈余，长限三十步，两端还属于城。墙内二步立柱横梁，盖以瓦砖，多穿炮穴。两瓮之间，设三暗门，一在羊马之内，二在羊马之外。高广仅容骑马出入，门扇穿炮穴数孔，故至则坚闭放炮。敌怠可击，则出骑突击。在羊马之内者，以备军卒之出入。羊马墙若被毁破，势不可支，则收舍器械，闪入急闭。从孔放炮。

城在平野，可以导水。则环城而凿濠，务其深广。羊马墙在于其外。①

"羊马墙"，即《纪效新书·守哨篇》中提到的"牛马墙"，是在城外护城河（即环城濠）之外再建的类似城圈的工事。《纪效新书·守哨篇》"牛马墙解"记载："此墙城外濠岸内，以城身下濠岸，不拘宽狭，狭即一丈或八尺皆可，宽不可逾二丈，于其外为墙，砖亦可，石亦可，土筑亦可，三合土亦可。墙身每对一雉下，底开一大将军铳眼，以不能钻入人身为度。凡此墙每高三尺，平去五尺，为一小铳眼，可容狼机。"② "一大将军铳"，指明代的一种火炮。"狼机"，指佛郎机铳，系大口径火绳枪，介乎于炮、枪之间。对于"环城而凿濠，务其深广"建设要求，《纪效新书·守哨篇》也有记载：城河（即环城濠）"阔必三丈五尺，愈阔愈好，深必一丈五尺或二丈，愈深愈好。有水者第一，无水者次之；水深泥陷者更妙，水浅泥硬者次之。临警，水中加以刺柴、竹签、铁锋，皆妙"。③

正祖朝官员洪大容撰文提到的"戚将军之遗制而守城之不可废者也"，指的就是戚继光《纪效新书·守哨篇》中的相关具体而详细的记载，其中不仅有建设各种城防设施的具体标准、图片，还有使用这些设施的方法要求，如城河（即环城濠）在临警时的使用等。从这里可以看

---

① （朝鲜）《湛轩书内集》卷4，《韩国文集丛刊》第248辑，韩国首尔：景仁文化社，2000，第86页。
② （明）戚继光撰，范中义校释《纪效新书》（十四卷本），中华书局，2001，第313页。
③ （明）戚继光撰，范中义校释《纪效新书》（十四卷本），中华书局，2001，第314页。

出，正祖时期的朝鲜是在仿照《纪效新书·守哨篇》中的记载进行城防建设。

下面我们还会专节提到正祖时期新建的华城，其城防设施及城防军队建设，或"参互戚法"，或"俱据戚氏指南"，也是参照戚继光的军事著作实施的。

第五节　华城军制"据戚氏之法"

"华城"，位于今韩国首尔之南的京畿道首府水原市，故也称水原华城。华城是朝鲜正祖国王李祘为悼念自己的父亲庄献世子李愃而建的一座城市。华城于正祖十八年（1794）开建，正祖二十年（1796）竣工。华城于1997年12月被联合国教科文组织认定为世界文化遗产。

正祖李祘建设华城，除了向父亲李愃表达孝心，把李愃的遗骸移葬到当时被认为朝鲜最好的风水宝地水原华山外，另一重要原因就是为了显示朝鲜当时的经济实力，展现其远大的政治抱负。为了使华城成为朝鲜都城汉城（今首尔）南边的安全屏障，华城建有朝鲜当时最完备的城防设施，而且这些城防设施，包括城防武器的配备也多是依照戚继光在军事著作中提到的城防要求配置的。

朝鲜正祖朝癸卯年（1783）进士，朝鲜王朝后期著名学者成海应写有《华城军制》，介绍了华城军队的人员编制、兵器配备，及使用的各种旗子、战鼓、号角、军乐等，仍是延续了"戚法"，即戚继光治理军队的方法。

成海应（1760～1839），字龙汝，号研经斋、兰室，历官朝鲜奎章阁检书官、尚衣院别提、阴城县监等职，进通政大夫（正三品）。成海应的才华很受正祖国王李祘的赏识，其侄成佑曾撰写的《研经斋府君行状》记载："每当编书。正宗进府君于前陛，亲授义例，谆谆若家人然。赐馈于前，又使与于琼林之宴，鱼肉笔墨之赐。"① "正宗"，指正祖李祘。正祖的庙号原为正宗，后来高宗建立大韩帝国后，将正宗追尊为正

---

① （朝鲜）成佑曾：《研经斋全集·行状》，《韩国文集丛刊》第279辑，韩国首尔：景仁文化社，2001，第469页。

祖宣皇帝。"府君"，这里指成海应。我们由此可见成海应当时在正祖国王心目中的地位和影响。

成海应在《华城军制》一文中提道：

今华城军制，因时制宜。

作统

五人置伍长，二伍置队正，此虽卫制古法，病在领多兵寡，难于挨次承接。今乃参互戚法，每队以十人为例，而改队长之名，作队正。每统以三队为例，而改旗总之名，作统长。每部以三统为例，而部长领之，以作平时之钤束。

形名

总旗所以戚目也，金鼓所以戚耳也，我国专尚戚法，今至二百余年。旗帜点磨之法，金鼓进退之节，肄课已久，熟习见闻。今于形名，纯用卫制，则平日濡染者，既难猝变，益眩乱，故参互戚卫，略加存减，务适便宜。……

领之旗也，此乃戚法之所有，而卫制之所无也。卫制各将领所用，通称摽旗。今从戚法，悉以认旗代之。

大将旗，用以应交龙旗。凡指挥点磨，接上令下，俱听主将号令。坐蠹俱载于卫制戚法。

角旗立表则在四角，行阵则在正旗后，取其奇正相生也。外垒八门之制，发旗立标之法，照旗抢营之式，并据戚氏之法。

候旗用以报前路有事，戚氏所谓的当知觳官，持五色旗先行者是也。戚法则用高招，而今用候旗者，所以存旧制也。

炮、鼓、金、铎、喇、角，即号令之用，号笛、哮啰细乐，亦军营乐器，并不可阙（缺）。其施用承应，俱据戚氏指南施行。

器械

一二名防牌，三四名长枪，五六名镋钯，七八九十名鸟铳，此所谓参互授器者也。然临阵戚远，莫良于铳筒弓矢火箭。而什伍俱前，两相厮杀，则势有所短。且值阴雨狞风，则不可恃以为长。然则兼授之法，在所讲定。牌手非狼筅，难责前进。非长枪，不得出杀。非镋钯，无以防长枪。进七二戚法中，前层先用远器之法，深得其妙。贼在百步之内，则步军战驻统合就外垒具举。佛狼威远等，炮手弩劲弩等，具藏铺于驻队之前，先铳弓而放之射之。及短兵相接之时，驻队收拾器械，按列不动，战统铳手弃铳，而用刀笔以救牌，枪以救笔，钯以防枪。骑兵则原授弓刀枪棍，而兼授铳矢，以之长短相伤，循环不穷者。卫制、戚法，并行不悖，备北备南，各得其宜矣。

阵法

五卫之阵有三：其一曰奇方阵，兵之所贵，分合是尔。行营之际，猝遇警急，抢成方营，而不能随时相地，拘于正奇之制，则必致临急偾误，故参互于《武备志》梅花阵及戚氏四奇之营。

正庙时设置华城，令备堂及将臣撰进军制，多采五卫旧法及戚氏书。①

成海应在《华城军制》中首先强调了华城的城防建设要"因时制宜"，就是要体现当时的时代特色。当时的时代特色是朝鲜的经济状况达到了空前的繁荣，文化昌盛，科技进步，在军事管理上崇尚"戚法"。所以，《华城军制》中多次提到依照"戚法"进行建设及日常操练的情况。

驻华城的朝鲜军队在建制上实行的是"卫制旧法"，即按前面提到的"五卫阵法"来设置军队建制："五人置伍长，二伍置队正"，但这样的建制"病在领多兵寡，难于挨次承接"，领兵的人多，而第一线的士兵少，不利于实战，所以华城军队"参互戚法"，按照戚继光"编伍法"来确定军队编制："每队以十人""每统以三队""每部以三统"，只是将戚继光"编伍法"中的"队长之名，作队正"，"旗总之名，作统长"，改了领兵者的名称而已。戚继光"编伍法"载《纪效新书·束伍篇》，其中提到"一队十二人"（含队长），"每一旗下三队""一哨官下，三旗"等。②

驻华城的朝鲜军队旗帜和金鼓也仍是依照"戚法"，因为朝鲜"专尚戚法，今至二百余年"，朝鲜军队"肄课已久，熟习见闻"，所以，虽

---

① （朝鲜）成海应：《研经斋全集·外集》卷42，《韩国文集丛刊》第277辑，韩国首尔：景仁文化社，2001，第231～235页。

② （明）戚继光撰，范中义校释《纪效新书》（十四卷本），中华书局，2001，第5页。

然华城军队实行的是"卫制旧法"，但朝鲜军队中已实行了二百余年的"戚法"，只是"略加存减，务适便宜"。《华城军制》中提到的"总旗"，这里应指代表华城军队中最高将官的旗帜，"总旗所以威目也"，展现驻军的人数等。"旗帜"，泛指军队中各种旗帜。古代军队中的旗帜有的代表将官的身份，有的表示方位，有的表示操练或战斗时的队形，有的是指挥和开道的等，根据不同用途和不同标志来确定旗的形状、图案、颜色、尺寸等。"金鼓"，指古代军队中指挥行军作战的锣、鼓等，即常说的击鼓而攻、鸣金收兵等。

《华城军制》记载："领之旗也，……通称摽旗，今从戚法，悉以认旗代之。""认旗"，这里指《纪效新书·耳目篇》"辨旗帜"中记载的代表各级将官身份的"认旗"，如"队长认旗""旗总认旗""哨官认旗""把总认旗""营将认旗""主将认旗"。[①]《纪效新书·耳目篇》不仅附有各种认旗的图形，还记载有各种认旗的尺寸、颜色等和制作方法。

《华城军制》记载的"大将旗，用以应交龙旗""坐纛俱载于卫制戚法"，指《纪效新书·耳目篇第二》中记载和绘制的"大五方旗""中军坐纛"旗，同"认旗"一样，其中也附有旗的图形，记载有旗的颜色、尺寸等和制作方法，如"中军坐纛"旗记载："此不可用于行阵，重大也。杆高一丈六尺，旗大一丈，黑绿缎为之，白绫为边，缨头珠络，极其华饰乃可。"[②]

《华城军制》记载的"角旗立表则在四角""照旗抢营之式，并据戚氏之法"，指《纪效新书·耳目篇第二》中记载和绘制的"东北角旗""东南角旗""西北角旗""西南角旗"。[③]同上面提到的一样，其中也附有旗的图形，记载有旗的颜色、尺寸和制作方法等。

《华城军制》记载的"戚氏所谓的当知彀官，持五色旗先行者是也"中，"五色旗"，指《纪效新书·耳目篇第二》中记载的"黄旗""红旗""蓝旗""白旗""黑旗"。黄旗，"中营、中军所用"；"红旗属前。凡军行、军垒所在向前者，则用红旗"；"蓝旗属左。凡军行、军垒所在向左者，则用蓝旗"；"白旗属右。凡军行、军垒所在向右者，则用白

---

① （明）戚继光撰，范中义校释《纪效新书》（十四卷本），中华书局，2001，第25~26页。
② （明）戚继光撰，范中义校释《纪效新书》（十四卷本），中华书局，2001，第38页。
③ （明）戚继光撰，范中义校释《纪效新书》（十四卷本），中华书局，2001，第41~42页。

旗";"黑旗属后。凡军行、军垒所在向后者,则用黑旗".① 正是因为戚继光在《纪效新书·耳目篇第二》中规定得如此具体,所以正祖时期的华城守军全盘照搬了,成海应在《华城军制》中也称赞说:"戚法则用高招,而今用候旗者,所以存旧制也。"

除了各色旗帜外,华城守军使用的"炮、鼓、金、铎、喇、角,即号令之用",也均"俱据戚氏指南施行"。"炮",指号炮,《纪效新书·耳目篇第二》中提到了"升帐炮""肃静炮""呐喊炮""开营炮""分合炮""闭营炮""定更炮""变令炮"等。② "铎",古代铜制打击乐器之一,这里应指《纪效新书·耳目篇第二》中提到的"钲"。③"喇",即喇叭。"角",即螺号,指《纪效新书·耳目篇第二》中提到的"哱啰"。④《华城军制》记载的"俱据戚氏指南",指戚继光在《纪效新书·耳目篇第二》中记载的"练号炮""练旗鼓""练号笛""练喇叭""练哱啰""练锣""练鼓""练钹""练钲"中的内容。⑤

《华城军制》中提到的"器械"部分,主要强调了长短兵器、新式火器和冷兵器在军队中的配置及临战时相互配合。记载中关于长短兵器的利弊及相互配合使用,见《纪效新书·手足篇第三》中的"长器短用解",⑥《纪效新书·手足篇第四》中的"短器长用解"。⑦ 记载中提到的"一二名防牌,三四名长枪,五六名镋钯,七八九十名鸟铳",参照了《纪效新书·束伍篇》中"第一、第二充藤牌手"⑧ 等相关定员编制及武器配备的标准。记载中提到的"戚法中,前层先用远器之法,深得其妙",指《纪效新书·手足篇第三》"授器解"中提到的"每一兵必授以远器,御敌于百步之外"等相关记载。⑨ 在这一部分里,成海应还特别指出"卫制、戚法,并行不悖,备北备南,各得其宜矣",说尽管华城

---

① (明)戚继光撰,范中义校释《纪效新书》(十四卷本),中华书局,2001,第21页。
② (明)戚继光撰,范中义校释《纪效新书》(十四卷本),中华书局,2001,第16~17页。
③ (明)戚继光撰,范中义校释《纪效新书》(十四卷本),中华书局,2001,第19页。
④ (明)戚继光撰,范中义校释《纪效新书》(十四卷本),中华书局,2001,第18页。
⑤ (明)戚继光撰,范中义校释《纪效新书》(十四卷本),中华书局,2001,第16~19页。
⑥ (明)戚继光撰,范中义校释《纪效新书》(十四卷本),中华书局,2001,第48页。
⑦ (明)戚继光撰,范中义校释《纪效新书》(十四卷本),中华书局,2001,第75~77页。
⑧ (明)戚继光撰,范中义校释《纪效新书》(十四卷本),中华书局,2001,第2页。
⑨ (明)戚继光撰,范中义校释《纪效新书》(十四卷本),中华书局,2001,第50页。

驻军实行的是"五卫阵法"，但这与戚继光在《纪效新书》中提到的武器配备和使用方法并不矛盾，实行"五卫阵法"，也必须采用"远器之法"，将戚继光提到的新式火器应用到"五卫阵法"之中。

《华城军制》在"阵法"里再次强调，因为"五卫之阵"有其缺陷，"故参互于《武备志》梅花阵及戚氏四奇之营"，所以在布阵时，要把《武备志》中的"梅花阵"和戚继光的"四奇之营"结合其中。"《武备志》"，明末军事家茅元仪所撰。"梅花阵"，也称八卦梅花阵，是在三国时期诸葛亮的"八卦阵"的基础上创建的。"戚氏四奇之营"，指戚继光在《纪效新书·营阵篇》中提到的"方营"，并附有"方营图"。①

《华城军制》在最后再次强调，正祖朝设置的华城，其军制"多采五卫旧法及戚氏书"，但从我们上面的介绍看，除了华城驻军的一些军官的名称，和"阵法"有"五卫旧法"的内容外，其军队的编制，军中的各色旗帜、号令器械及信号，各种武器的配置，都延续了"戚法"，即军中训练实行的"五卫阵法"，也是借鉴了"戚氏四奇之营"中的内容。从《华城军制》的记载，我们也可以再次看出，戚继光的军事思想及其著作在正祖时期的强大影响力。

今韩国水原华城博物馆收藏有当年华城练兵时使用的《武艺诸谱》，其中士兵练兵图均来自戚继光的《纪效新书》，士兵练武的"起手图、低平图、跃步图、金鸡畔头图、滚牌图、仙人指路图"等，《纪效新书》十八卷本、十四卷本中均有这些图片，并附有详细的文字说明。十八卷本《纪效新书》见卷十一《藤牌总说篇》②，十四卷本《纪效新书》见卷四《手足篇第四》③，这也可佐证上述《华城军制》记载的相关内容。

第六节　著名学者、文臣撰文赞扬《纪效新书》

正祖时期，许多著名学者、文臣也撰文赞美戚继光及其军事著作。

① （明）戚继光撰，范中义校释《纪效新书》（十四卷本），中华书局，2001，第158页。
② （明）戚继光撰，曹文明、吕颖慧校释《纪效新书》（十八卷本），中华书局，2001，第176～177页。
③ （明）戚继光撰，范中义校释《纪效新书》（十四卷本），中华书局，2001，第79～80页。

1. 戚继光《纪效新书》，"今为兵家之玉律"

朝鲜王朝晚期著名哲学家、文学家丁若镛（1762～1836），字美镛，号茶山、与犹堂等。正祖朝时，丁若镛历官朝鲜弘文馆修撰、司谏院持平、承政院副承旨、京畿道暗行御史、兵曹参议（正三品）等职。正祖去世后，因受到信仰基督教的两位兄长的牵连，纯祖二年，丁若镛也开始了长达 18 年的流配生涯，释放后，没有再进入官场。丁若镛是朝鲜半岛历史上汉字出现以来留下作品最多的著名学者，留有五百多部著作，结集有《与犹堂全书》。丁若镛曾是正祖李祘非常欣赏的官员，其有关戚继光及《纪效新书》的记载，应是正祖时期丁若镛担任兵曹参议等职位时所撰。

丁若镛在《牧民心书》卷八《练卒·兵典》第二条记载：

> 戚继光《纪效》之书，今为兵家之玉律。今所行《兵学指南》，其撮要者也。其炮号、筅牌之等，虽系后出，若其金鼓进退之令，部署分合之制，皆自黄帝以来，流传之旧法。不效此法，即十个五双，不可统领。①

上述记载主要强调了戚继光的《纪效新书》在军队建设中的重要性："为兵家之玉律。""玉律"，金科玉律，庄严而不可变更的法令。玉律，也引申为楷模、榜样，这里两个意思均有。记载还说，朝鲜在军队中实行的《兵学指南》，也是摘取了《纪效新书》中的要点而制定的。记载还特别强调如果"不效此法"，不按照《纪效新书》的要求管束士兵，即使是 10 个士兵，也管理不了，"不可统领"。由此可见，戚继光的《纪效新书》在丁若镛心目中有重要地位和影响。

丁若镛在《寄两儿》一文中还记载：

> 关防考、城池考、军制考、镇堡考、器械考、将帅考、教练考，

---

① （朝鲜）丁若镛：《与犹堂全书·第五集·政法集》卷 23，《韩国文集丛刊》第 285 辑，韩国首尔：景仁文化社，2002，第 495 页。

如戚继光《纪效新书》，茅元仪《武备志》，其有涉于吾东者，及《武艺图谱》《兵将图说》之类，不可不采其要而入之。①

记载主要强调了戚继光的《纪效新书》和茅元仪的《武备志》在朝鲜军队建设的方方面面都有参考和指导价值，朝鲜军队编纂《武艺图谱》《兵将图说》等兵学指南，都要把《纪效新书》《武备志》中的要点吸收其中。丁若镛也是常常阅读钻研这些军事著作，在《牧民心书》卷一就记载："边塞乘障，朝夕待变，即戚继光、俞大猷、王鸣鹤、茅元仪所编诸书，又不可不常常披阅。"②"俞大猷"，与戚继光同时期的明代抗倭名将，军事家，著有《兵法发微》《剑经》《续武经总要》等军事著作，事迹载《明史·俞大猷传》。③"王鸣鹤"，晚于戚继光的明万历年间军事家，著有图文并茂的中国古代军事巨著《登坛必究》。"茅元仪"，晚于戚继光的明末军事家，编辑了对后世影响较为深远的《武备志》。记载中提到的"关防考、城池考、军制考、镇堡考、器械考、将帅考、教练考"，戚继光的《纪效新书》也多有涉及，这在前面已多次提到，如"军制考"，见《纪效新书·束伍篇》；"城池考""镇堡考"，见《纪效新书·守哨篇》；"将帅考""教练考"，见《纪效新书·练将篇》等；"器械考"，载于相关各篇相应的武器解等。

丁若镛还为朝鲜军队的教科书《兵学通》写过跋，这应是在正祖去世之后所撰：

右御定《兵学通》一卷，先朝取戚继光御倭阵练之法，而手定以赐诸军营者也。昔臣以布衣登对于重熙堂，上赐之酒，复以是书赐之曰："知汝有文武才，日后有如东哲者起（时逆贼金东哲伏法于岭东），汝其往征。汝其归读此书。"呜呼！臣固不才，设有志欲填沟壑，今安可得哉。臣不任拊卷而长吁也。时健陵因山后十

① （朝鲜）丁若镛：《与犹堂全书·第一集·诗文集》卷21，《韩国文集丛刊》第281辑，韩国首尔：景仁文化社，2002，第457页。
② （朝鲜）丁若镛：《与犹堂全书·第五集·政法集》卷16，《韩国文集丛刊》第285辑，韩国首尔：景仁文化社，2002，第308页。
③ （明）张廷玉等：《明史》（简体字本），中华书局，2000，第3733~3738页。

有八日。①

丁若镛的《兵学通·跋》是在正祖去世安葬十八天后所撰，但从内容看，应是受到了正祖的影响。"重熙堂"，位于汉城（今首尔）昌德宫内，昌德宫是当时朝鲜国王的正宫。"金东哲"，系发生在正祖十一年（乾隆五十二年，1787）的朝鲜反叛者领袖，当年即被镇压。"健陵"，指正祖的陵墓。正祖于正祖二十四年（1800）六月去世后，葬于朝鲜水原（今韩国京畿道水原市）健陵。前面提到正祖九年（乾隆五十年，1785）九月"《兵学通》成"，《兵学通·跋》应是丁若镛任职兵曹参议，《兵学通》（《兵学指南》）再版时所撰，具体时间应是正祖去世不久。"兵曹参议"，排名在兵曹参判之后的朝鲜兵部副职。

丁若镛撰写的《兵学通·跋》，再次重申了朝鲜正祖国王亲自御定的《兵学通》（《兵学指南》）是"取戚继光御倭阵练之法"，依据了戚继光的《纪效新书》中关于与倭寇作战时的阵法及平时练兵的方法。御定的《兵学通》（《兵学指南》）也是朝鲜王朝军队的教科书。丁若镛在《兵学通·跋》中也回忆了正祖对他的高度信任，并称赞他"有文武才"。他刚在朝中任职时，正祖就赐给他一套《兵学通》，让他"归读此书"，好好研读，以期领兵上阵报效国家。丁若镛借此也表达了愧对国家、辜负正祖信任的愧疚之意，抒发了自己对正祖去世的怀念之情及敬仰之意。

前面提到《兵学通》（《兵学指南》）是依据戚继光的《纪效新书》等军事著作编纂而成的，在朝鲜军队中推行《兵学通》，也是在弘扬戚继光的军事思想。正祖时期，丁若镛深受国王李祘信任，丁若镛对戚继光《纪效新书》等军事著作的看法也必定影响李祘，李祘之所以非常热心和坚定地在朝鲜军队中推行《纪效新书》等军事著作，也是因为有了像丁若镛这样热衷于学习和宣传《纪效新书》的大臣。

2. 学好《纪效新书》，"为韬衿之捷路"

除丁若镛外，受正祖李祘信任的其他官员，如正祖朝重臣金羲淳，

---

① （朝鲜）丁若镛：《与犹堂全书·第一集·诗文集》卷14，《韩国文集丛刊》第281辑，韩国首尔：景仁文化社，2002，第309页。

才子崔璧还为《兵学通》写过序言。

金羲淳（1757～1821），字太初，号山木、景源，进士出身，正祖朝官至承政院都承旨，纯祖时历官工曹判书、礼曹判书，汉城府判尹、兵曹判书、吏曹判书等要职。正祖时期，纯祖李玜为储君时，"公（指金羲淳）首拜侍讲院辅德，辅德本堂下官也。公以通政特授，后遂为例程。上尝称公曰：'胄筵之良师也。'"①"通政"，指通政大夫，正三品。"胄筵"，本指太子的讲宴，这里指为储君时的纯祖李玜。这说明，金羲淳得到了正祖、纯祖两任朝鲜国王的信任。金羲淳撰写的《兵学通·序》注明为"应制录"，应是其在正祖朝任承政院都承旨时所撰。"都承旨"，朝鲜承政院首席官员，类似今天的秘书长。"承政院"，负责为国王起草旨意，并传达王命与上奏臣下的报告等。

金羲淳《兵学通·序》：

……粤我宣庙剪除漆齿之乱，购得戚帅继光《纪效新书》十八篇，按其法而究其心，则精粗备而本末具，信乎为韬衿之捷路，而欲跻兵家之堂室者，舍阶级何以哉，于是乎我东之《兵学指南》出。此特约其旨而仿《（纪效）新书》为篇者也。是书也，纲而分之，目而张之，首尾贯缀，门径简密。凡水陆征缮之要，京外团练之制，莫不以《（纪效）新书》为归。五营五司而五十二阵，上编是也；三部六司而一十七阵，下编是也。度南北山川之宜，详营陈舟车之制，以卷则五，以目则九。而兵家之要，于斯尽之矣。猗我圣上思以是书贻后人而作龟鉴，犹惧夫赳赳韡韦之徒，桓桓虎旅之士，以其近而忽之，浅而易之也，乃命之曰《兵学通》以新其目，以诏夫兵家者流，知所以因其迹而会其心。其事至重，其义至密，猗欤盛矣。凡今被坚执锐之流，材官蹶张之人，尚有以勖之哉。臣谨为之序。②

---

① （朝鲜）《渊泉先生文集》卷26，《韩国文集丛刊》第293辑，韩国首尔：景仁文化社，2002，第574～575页。
② （朝鲜）金羲淳：《山木轩集》卷18，《韩国文集丛刊·续集》第104辑，韩国首尔：景仁文化社，2010，第410～411页。

　　金羲淳在《兵学通·序》中强调了《兵学通》来自《兵学指南》，而《兵学指南》来自戚继光的十八卷本《纪效新书》。如果"按其法而究其心"，按照戚继光《纪效新书》中训练方法专心研究，就能"精粗备而本末具"，具备带兵的基本技能，了解其细微之处，并知悉为将者做事的主次、先后；学好《纪效新书》，"为韬衿之捷路"，是成长为一名合格将军的捷径。"韬衿"，指武士穿的衣服，这里代指武官。"欲跻兵家之堂室者，舍阶级何以哉"，说学好《纪效新书》，也是登上将帅庙堂，成为杰出将领、军事家的一个台阶。也正是基于这样一些原因，宣祖时期在日本入侵朝鲜之后，训练都监仿照《纪效新书》编写了《兵学指南》。"漆齿之乱"，指壬辰倭乱。"漆齿"，代指日本。古代日本有漆齿的习俗。

　　金羲淳在《兵学通·序》中，也指出了《纪效新书》在朝鲜军队建设中的作用和影响："凡水陆征缮之要，京外团练之制，莫不以《（纪效）新书》为归。"说无论是朝鲜王室直属的水师、陆军，还是京城之外的地方团练，其管理办法和日常训练，都是以《纪效新书》中的要求作为管理和训练的目标。"征缮"，指征收赋税，整治武备。这里主要指管理体制和训练方法。也正是这个原因，正祖为了更好地体现《纪效新书》中各项要求，"以是书贻后人而作龟鉴"，将《纪效新书》做为后来人的重要参考，所以又在《兵学指南》的基础上编纂了《兵学通》。金羲淳在《兵学通·序》中还强调"其事至重，其义至密，猗欤盛矣"，说学好《兵学通》极为重要，《兵学通》中所阐述的义理详尽而又周密，是一部值得颂赞的军事教科书。"凡今被坚执锐之流，材官蹶张之人，尚有以勖之哉"，说是当今无论是穿着坚固的甲胄、手握锐利的武器准备上阵的将士，还是在军中负责军械设备的官员，都可以从学习《兵学通》中获益。"材官"，中国古代武官名，魏晋以后为主管工匠、土木的官员。"蹶张"，以脚踏强弩，使之张开，这里借指包括弩箭在内的各式武器。

　　正祖朝才子、文臣崔璧也为《兵学通》作过序：

　　　　……惟我圣上特念大事之在戎，独运神机，兼总众略，既述肆陈总方，以为阴雨之备。又就《（兵学）指南》之书，絜领提纲，撮为《兵学通》一部。其为书也，经以天地冲衡之势，纬以风云变化之态，水练陆操，井井有条。六花八门，凿凿中窾。一开卷而武库之戈戟森列，壁垒之精彩顿新。苟能按是而行之，千古用兵家权衡节制，靡不了然在目。而以守而固，以战而胜，以御而莫我敌矣。此岂非戎犹之统宗而武略之单传也耶。……是则《兵学通》一书，不过为训练戎卒，明其坐作之节，教导编伍，习其击刺之术而已。若其融而会之，变而通之，则在乎制阃者运用如何耳，是又不可不知也。谨书以为《兵学通》序。①

崔璧（1762~1813），字仲蕴，正祖癸卯年（1783），任国子典籍，庚戌年（1790）任奎章阁侍讲应制，乙卯年（1795）任司谏院正言。崔璧少年时就才华横溢，中进士参加殿试时，"上大拇指所制曰：'此当居甲。'及坼封，上大喜曰。'妙龄同年，岂不奇哉！'"崔璧还乡期间，"公虽在家，屡承应制。邮筒旁午，道路荣耀"。② 说崔璧的才华受到正祖国王高度赞誉，多次被正祖钦点作文、赋诗。崔璧撰写的《兵学通·序》注明为"庚戌，奎章阁内制"，这应是崔璧于正祖庚戌年（1790）在奎章阁任职"侍讲应制"时所撰。前面提到正祖九年（乾隆五十年，1785）九月"《兵学通》成"，这里应为正祖十四年（1790）《兵学通》再版时，崔璧应朝鲜王室之命所撰。

崔璧在《兵学通·序》中也提到"《（兵学）指南》之书，絜领提纲，撮为《兵学通》一部"，说《兵学通》是在《兵学指南》的基础上修撰的。前面多次提到《兵学指南》来自戚继光的《纪效新书》，这一点，崔璧虽然没有写，但前面正祖已明确提道："《兵学指南》，专用戚法"，金羲淳在《兵学通·序》中也有专门的说明，所以崔璧这里没有重复交代，只是提到了《兵学通》与《兵学指南》的关系。崔璧在《兵学通·序》中重点记叙了《兵学通》的内容："水练陆操，井井有条。六花八门，凿凿中窾"，及学习《兵学通》的作用："苟能按是而行之，千古用

---

① （朝鲜）崔璧：《质庵文集》卷1，《韩国文集丛刊·续集》第107辑，韩国首尔：景仁文化社，2010，第15~16页。

② （朝鲜）崔璧：《质庵文集》卷6，《韩国文集丛刊·续集》第107辑，韩国首尔：景仁文化社，2010，第140~142页。

兵家权衡节制，靡不了然在目。而以守而固，以战而胜，以御而莫我敌矣。"

　　丁若镛、金羲淳、崔璧都是正祖朝有影响力的官员，他们对戚继光的《纪效新书》，及仿照《纪效新书》编纂的《兵学指南》《兵学通》的高度赞誉，无疑会对戚继光军事思想及其著作在朝鲜半岛的传播起到很大的推动作用。由于他们还生活在纯祖时期，或是纯祖时期的著名学者，或是纯祖朝的高官，所以，他们的上述观点不仅会影响正祖，在正祖时期有较大影响，对纯祖时期的朝鲜军队建设也有重要的影响。

第七节　官员、诗人诗颂戚继光

　　正祖时期，由于戚继光及其军事著作在朝鲜有着崇高的声誉和极大的影响力，这一时期，也有多首颂赞戚继光及其军事著作的诗歌传世。

1. 戚公当日费奇谟

　　正祖朝官至领议政（首相）的金熤曾赋诗称赞戚继光是很有谋略的军事家。

　　金熤（1723～1790），字光仲，号竹下，朝鲜英祖、正祖两朝官员，谥号"文贞"，有《竹下集》传世。《朝鲜正祖实录》正祖十四年（乾隆五十五年，1790）七月记载说，金熤"历官两铨，至领议政。清俭忠厚，笃于内行"，"每登筵奏对，忧爱之诚，达于面貌。上雅重之，士亦以此多之，与李福源并称儒相"。去世后，正祖下旨说："大臣，贤相也。……宣谥日当遣承旨赐祭，祭文当制下。俸禄仍给，依他例举行。"① 金熤被称为"儒相""贤相"，由此可见金熤在当时的影响及在正祖心目中的地位。"李福源"，正祖朝左议政（第一副首相）。

　　金熤创作的《烟台》诗二首，应是其出使中国期间所作。《朝鲜正祖实录》正祖二年（乾隆四十三年，1778）九月记载："召见大臣，命专差谢恩使臣。……以河恩君垬为谢恩正使，金熤为副使，李东郁为书

---

① （朝鲜）《朝鲜正祖实录》卷30，正祖十四年七月，韩国首尔：探求堂1973年影印本，第46册，第154页。

状官。"① 金煜一行路经辽东地区见到当年戚继光所建"烟台"，即烽火台，作者有感而发：

烟台

（皇朝时戚将军继光筑十二烟台，以报虏警）

辽关千里近强胡，追忆皇朝北顾虞。

十二烟台传远警，戚公当日费奇谟。

其二

皇朝往事使人哀，虚筑边烽十二台。

狼火才从辽野报，雁氛先入蓟门来。

御戎终古无长计，固国当时乏俊才。

已矣梦梦天醉久，至今中夏涨腥埃。②

"烟台"，俗称烽火台、烽堠、墩堠、烟墩、墩台，古代用于点燃烟火传递消息的高台，遇有敌情发生，白天施烟，夜间点火，以传递消息。戚继光在《纪效新书》中提到了"墩堠"，即"烟台"，如十四卷本《纪效新书》卷十三《守哨篇第十三》记载有"墩堠制""墩堠解""设官什解""饬墩官""报警号令""走报军法""查点法式"等内容，③ 对设置墩堠的必要性，及日常的管理和遇到敌情后的使用方法，都有详细的记载。"皇朝"，这里指明朝。

第一首诗歌第一句"辽关千里近强胡，追忆皇朝北顾虞"，意思是说，中国辽东地区的千里边关面对的都是强悍的外族部落，回想当年的明朝，非常忧虑北方外族的入侵。"强胡"，本指匈奴，这里指侵扰北部边关的外族部落。

第二句"十二烟台传远警，戚公当日费奇谟"，意思是说，明朝当年在辽东地区建得十二座烽火台，起到了预警的作用，防止了外敌的入

---

① （朝鲜）《朝鲜正祖实录》卷 6，正祖二年九月，韩国首尔：探求堂 1973 年影印本，第 45 册，第 63 页。

② （朝鲜）金煜：《竹下集》卷 4，《韩国文集丛刊》第 240 辑，韩国首尔：景仁文化社，1999，第 292 页。

③ （明）戚继光撰，范中义校释《纪效新书》（十四卷本），中华书局，2001，第 325 ~ 330 页。

侵。这些烽火台是当时戚继光带领士卒费心费力修建起来的，也彰显了戚继光的战略远见和智慧。"奇谟"，奇谋。

诗歌《烟台其二》首联"皇朝往事使人哀，虚筑边烽十二台"，意思是说，想到明朝的一些往事使人哀伤，当年戚继光费力修建的十二座烽火台成了虚设。

颔联"狼火才从辽野报，雁氛先入蓟门来"，意思是说，当年清军入侵明朝边关，辽东原野上的烽火台也升起了狼烟、烽火，但明军并没有阻挡住清军攻破蓟门，占领蓟州。"狼火"，即狼烟、烽火。"雁氛"，这里指清军。

颈联"御戎终古无长计，固国当时乏俊才"，意思是说，虽说当年戚继光修筑辽东烽火台是为了防御外族的入侵，没有想到后来会有这样的结局，但出现这样的结果，不在烽火台，而在于当时明朝已经没有像戚继光这样的名将了。"御戎"，本指驾驭军车，后引申为军事活动，这里指戚继光修筑辽东烽火台。"固国"，这里应是"故国"，指前代王朝，已经灭亡的国家，具体指明朝。

尾联"已矣梦梦天醉久，至今中夏涨腥埃"，意思是说，唉！人们醉生梦死这么久了，华夏至今还到处充斥着腥气尘埃。"中夏"，指华夏；中国。"腥埃"，这里借指异族文化，即当时清军入关后强制推行的满族文化。

从作者诗歌的内容可以看出，当时朝鲜的官员仍认为已被清政府取代的明王朝为中华的正统，视明朝为"皇朝"，对清政府强制推行的异族文化予以贬斥，因而也对捍卫明王朝的戚继光倍加颂扬。作者在全诗中流露出这样的情感：赞颂戚继光，惋惜明朝末年没有戚继光这样的民族英雄，这也是作者在诗中要表达的主题。

2. 戚公方略问如何

正祖十四年（乾隆五十五年，1790），朝鲜吏曹判书徐浩修以进贺使副使身份出使中国，沿途写有《燕行纪》，七月二十二日路经潮河川营城（今北京市密云区大城子镇潮河关城堡）时记载：

> 因山为城，参差曲折，千里不绝，其冲处则建空心敌台，高或

三四丈，广或十四五丈。凡冲处，或四五十步一台。缓处，或二百步一台。每台，百总一人，主杀敌。台头副二人，主辎重。五台一把总，十台一千总，皆以南兵充之。每一二里，铃析相闻，为一墩。每墩军五人，主瞭望。每路，传烽官一人，有警举烽，左右分传，数百里皆见，应速而备豫，故鲜失亡。大抵皆戚少保继光之遗画也。

登潮河川营城，有诗曰：

> 车马逶迟大漠秋，白檀南望是神州。
> 燕云树色连天尽，宣大河声入塞流。
> 异代秋山春水感，几人秦月汉关愁。
> 边城儿女无情绪，满插生花上炮楼。

又曰：

> 缘山古堞势犹雄，天作重关路不穷。
> 行过热河千里塞，明台复上夕阳中。

又曰：

> 四棱山下走潮河，汉节秋风出塞歌。
> 第一关防称古北，戚公方略问如何。①

徐浩修（1736～1799），字养直，号鹤山，朝鲜英祖、正祖两朝官员。据《墓表》记载，徐浩修"才弱冠中进士试"，"乙酉（1765）擢式年殿试甲科第一，历事两朝三十余年，阶至正宪（正二品），官至冢宰"，历官"政府参赞舍人、京兆左右尹、内阁直提学、两馆提学""水原府使、江华留守、湖南关西北伯。皆其最显者也""尝以副使赴燕。蜀人李调元遇于道，赠以诗，有望之殆若神仙人之语"。②"冢宰"，指六卿之首，即吏部尚书，朝鲜称吏曹判书。"李调元"，字羹堂，号雨村，四川罗江县人，清代戏曲理论家、诗人。

---

① 〔韩国〕林基中编《燕行录全集》第 51 册，韩国首尔：东国大学校出版部，2001，第 76～78 页。
② （朝鲜）《金华知非集》卷 6，《韩国文集丛刊》第 288 辑，韩国首尔：景仁文化社，2001，第 421 页。

　　徐浩修是在进京途中路经当年戚继光增修的长城"空心敌台"时有感而发。"皆戚少保继光之遗画也",说长城的"空心敌台",都是戚继光当年所设计建设的。记载先是记叙了当年戚继光在长城上增建"空心敌台",及兵力配备的情况,还说"空心敌台""皆以南兵充之",是戚继光从南方带来的士兵在守卫。"空心敌台",多认为系戚继光创建,戚继光在《练兵实纪·杂集》卷六《车步骑营阵解》中记载:"今建空心敌台,尽将通人马冲处堵塞。其制,高三四丈不等,周围阔十二丈,有十七八丈不等者。凡冲处,数十步或一百步一台;缓处,或四五十步,或二百余步不等者为一台。两台相应,左右相救,骑墙而立。"① "冲处",交通要道之处。徐浩修关于"空心敌台"的记载,与戚继光的上述记载基本相符。"南兵",主要指戚继光在中国南方抗倭时训练的"浙兵"。"浙兵",除来自浙江的士兵外,也包括苏南和福建士兵,所以也称"南兵"。戚继光率"浙兵"驻守北方边塞一事,《明史·戚继光传》记载,"蓟门多警","征浙兵三千,请专属继光训练。帝可之","继光巡行塞上,议建敌台,……督抚上其议,许之。浙兵三千至,陈郊外"。② 徐浩修的记载还提到了戚继光率军驻守长城的情况:"有警举烽,左右分传,数百里皆见,应速而备豫,故鲜失亡。"说戚继光修建的敌台,有效地保障了北部边塞的安全。《明史》记载:"继光在镇十六年,边备修饬,蓟门宴然。继之者,踵其成法,数十年得无事。"③ 说戚继光整修了长城等边防设施,使得北门边塞非常安全,即使戚继光调离后,接任的官员按照戚继光的办法守卫边关,也是几十年平安无事。

　　徐浩修见到戚继光当年修建的"空心敌台",想起了戚继光关于镇守北部边塞的史料记载和民间传说,登上楼台后,诗兴大发,赋诗三首,连发感慨。

　　第一首七律,首联"车马逶迟大漠秋,白檀南望是神州",意思是说,朝鲜使臣一行的车马缓慢前行在秋天的大漠中,越过大漠中的白檀林向南瞭望,远处就是中国的京都燕京(北京)。"逶迟",这里是缓慢前行的意思。"大漠",这里应指沙漠或荒野。"秋",作者一行于旧历七

---

① (明)戚继光撰,邱心田校释《练兵实纪·杂集》卷6,中华书局,2001,第326页。
② (清)张廷玉等:《明史》(简体字本),中华书局,2000,第3741、3742页。
③ (清)张廷玉等:《明史》(简体字本),中华书局,2000,第3743页。

月二十二日路经此地，已进入秋季。"神州"，指中国，这里指当时中国的政治中心燕京（北京）。

颔联"燕云树色连天尽，宣大河声入塞流"，意思是说，我们登上燕地的楼台远眺，远处的云海与丛林浑然一色消失在天的尽头，来自宣大一带的潮河水喧嚣着流入边塞。"燕"，指燕地。朝鲜使臣一行路经的长城一带系中国古代燕国的疆域，故称燕地。"宣大"，明朝宣府（今河北宣化）、大同的合称，是明朝边防重镇。作者这里提到"宣大"，除了交代潮河水来自宣大所辖的区域外，也是暗指说，曾是明朝边防重镇的宣府，当年没有起到保卫大明王朝的作用。

颈联"异代秋山春水感，几人秦月汉关愁"，意思是说，换了朝代的秋天的山川景色如何，当年的春水就能感知，但现在能有几个人还在吟唱"秦时明月汉时关"的诗篇，长城边关的明月也为长城失守而愁苦呢！"异代"，后代，不同世代。这里指改朝换代，清朝取代明朝。"秦月汉关"，来自唐代著名诗人王昌龄的《出塞》诗："秦时明月汉时关，万里长征人未还。但使龙城飞将在，不教胡马度阴山。"[1] 诗歌赞颂了汉代龙城飞将李广抗击匈奴、保卫北部边疆的英雄气概和爱国精神。诗歌作者徐浩修这里也有暗指戚继光的意思，说戚继光守卫长城，"胡马"也不敢越过长城。"胡马"，指侵扰内地的少数民族骑兵。作者这里用了一个"愁"字，是说因为没有李广、戚继光这样的良将，即使有长城"空心敌台"这样好的防御设施，也阻挡不住外敌的入侵。江山易色，使得长城边关的明月也为之愁苦。作者在这里也表达了对明王朝的怀念和同情之意。

尾联"边城儿女无情绪，满插生花上炮楼"，意思是说，长城周边城镇的儿女，头插鲜花登上城头的炮楼，流露的也是满腹忧愁。言外之意，他们也为当年长城的失守而痛心不已。这里也暗指长城周边的百姓对明王朝的怀念之情。尾联凸显了全诗的主题，表达了与颈联一致的意境，这就是怀念明王朝，怀念保卫明王朝的戚继光。"生花"，鲜花。

第二首是七绝，第一句"缘山古堞势犹雄，天作重关路不穷"，意

---

① 方笑一主编《中华经典诗词2000首》第三卷，上海教育出版社，2018，第44页。

思是说，当年沿着山势所建的长城仍然有雄壮气势，如同上天设置的重重雄关，延绵不断没有尽头。"堞"，城上如齿状的矮墙，这里指长城的城堞。作者这里仍是在歌颂戚继光当年改造增修的长城。

第二句"行过热河千里塞，明台复上夕阳中"，意思是说，过了热河的千里边塞，伴随着夕阳就到了燕京，可以觐见中国的皇帝了。"热河"，指流经承德市的武烈河，这里指承德一带。当时的承德府，是仅次于燕京（北京）的政治中心，有"塞外京都"之称。"明台"，泛指古代帝王议政的地方，这里指作者一行出使的目的地燕京（北京）。

第三首仍是七绝，第一句"四棱山下走潮河，汉节秋风出塞歌"，意思是说，潮河水从四棱山下经过，我们这些朝鲜使臣乘着秋风，哼着出塞歌来到了潮河川营城。"四棱山"，在今北京市密云区北庄镇境内。"汉节"，原意指汉朝天子所授予的符节，后指持节的使者，这里代指朝鲜使臣。

第二句"第一关防称古北，戚公方略问如何"，意思是说，古北口号称长城"第一关"，不知道当年戚继光是如何看待古北口的战略位置的。"古北口"，在山海关、居庸关两关之间，是古往今来的兵家必争之地，有"京师锁钥"之称，是长城中的咽喉要塞之一，故当时有"第一关"之称。

作者在第三首诗的最后一句提的问题"戚公方略问如何"，纵观三首诗作者所表达的思想情感及其认知，实际上已经有了答案，这就是，中国虽然改朝换代，已是清朝了，但身为朝鲜官员的徐浩修仍然对明王朝怀有深厚的情感，因而也对当年为捍卫明王朝立下丰功伟绩的戚继光充满了敬意，并认为，当年清军攻打明王朝时，如果戚继光在世，清军必定越不过长城。所以，在路经长城见到戚继光当年修建的"空心敌台"时，才能诗兴大发，连赋三首诗篇，并在第三首诗的结尾处，用提问的方式来表达自己的情感和认知。

3. 试问古来征倭之将谁最贤？中朝戚少保

正祖朝官员柳得恭作有古体长诗《云岩破倭图歌》，其中赞扬戚继光是抗倭的良将：

云岩破倭图歌（节选）

（梁青溪大朴，万历壬辰，以义兵将破倭于云岩之野，后孙参议
周翊作图请歌）

……

试问古来征倭之将谁最贤？

中朝戚少保，狼筅蛮牌练十年。

我朝李统制，虎符龟舰镇三边。

伟哉梁将军，义旅才盈千。①

柳得恭（1749～1807），字惠风、惠甫，号泠斋、泠庵、古芸堂等，朝鲜正祖、纯祖朝官员，历官奎章阁检书官、县监、郡守、府使等职，授通政大夫（正三品）。柳得恭还是朝鲜王朝晚期著名诗人、史学家、实学家，柳得恭同李德懋、朴齐家、李书九合出的一本选集《四家诗选》，在朝鲜文学史上很有影响。正祖二年（乾隆四十三年，1778），柳得恭随其叔父柳琏出使中国时，作有叙事诗《二十一都怀古诗》，受到了当时中朝两国文臣、学者的高度评价。柳得恭还于正祖十四年（乾隆五十五年，1790），以进贺副使徐浩修的随从官身份赴燕京（北京），将见闻记载在燕行记《滦阳录》中。朝鲜纯祖二年（嘉庆六年，1801），柳得恭随谢恩使赵尚镇再赴燕京，留下了他的第二部燕行记《燕台再游记》。燕京之行，使柳得恭得以与清朝大学士纪昀（纪晓岚）、衍圣公孔宪培、名士钱东垣等人交游，也借此提高了其在中国的知名度。柳得恭有《泠斋集》传世。

柳得恭在《云岩破倭图歌》诗序中，介绍了创作此诗的缘由：万历壬辰年（1592），日军入侵朝鲜，朝鲜义兵将领梁大朴在云岩一带大破日军。梁大朴的后人兵曹参议梁周翊绘制了一幅图，请柳得恭为之题诗，故此，柳得恭创作了《云岩破倭图歌》诗。"梁青溪大朴"，指梁大朴（1544～1592），字士真、松岩、竹岩，号青溪，壬辰（1592）倭乱，梁大朴变卖家产，招募义兵，反抗日军入侵朝鲜，后为国捐躯。梁大朴有

---

① （朝鲜）柳得恭：《泠斋集》卷5，《韩国文集丛刊》第260辑，韩国首尔：景仁文化社，2001，第85页。

《青溪集》传世。正祖二十二年（1798），朝鲜王室追赠梁大朴为兵曹判书，谥号忠壮，并命内阁编辑《梁大朴实记》十卷，卷首附有《云岩破倭图》，由此推断，《云岩破倭图歌》诗应创作于这一时期。"云岩"，今韩国全罗北道任实郡云岩面。"梁周翊"（1722～1802），字君翰，号无极。据《朝鲜正祖实录》记载，正祖十九年（乾隆六十年，1795）十一月，朝鲜正祖国王在金知梁周翊的上疏中批曰："前金知梁周翊之疏，言言可嘉。况是忠臣之裔，文襄之傍孙乎？在外兵曹参议，移除礼议，其代除授，牌招入直。"①　这说明梁周翊是正祖十九年（1795）十一月开始转任兵曹参议的，柳得恭所写《云岩破倭图歌》也应在正祖十九年（1795）十一月之后。

　　《云岩破倭图歌》长诗的内容，是描述义兵将领梁大朴在云岩一带大破日军的背景、场景，以及讴歌朝鲜人民反抗外敌侵略的英雄气概和爱国主义精神。这里节选的内容，是将梁大朴与中国、朝鲜著名的抗倭将领戚继光、李舜臣放在一起，说他们都是"古来征倭之将"中"最贤"的名将。这里的"贤"字，指贤能，即有道德、有才能。说梁大朴与戚继光、李舜臣一样，不仅是能打胜仗的将军，也是具有崇高人品和爱国主义精神的楷模。

　　"中朝戚少保"，即中国的戚继光。戚继光因战功被授从一品的"少保"衔，故被称"戚少保"。诗中说"戚少保，狼筅蛮牌练十年"，指戚继光在中国浙江、福建沿海一带抗倭时用"狼筅、蛮牌"等兵器训练士兵。嘉靖三十四年（1555）七月，戚继光奉命离开山东南下浙江抗倭，嘉靖三十八年（1559），在浙江义乌募兵进行训练，组建了令倭寇闻风丧胆的"戚家军"。嘉靖四十四年（1565），戚继光奉命到广东沿海平息海盗。隆庆元年（1567），戚继光奉命北上京师。这就是说，戚继光在浙江、福建沿海一带抗倭十年，包括广东平息海盗在内，一共是十二年，诗歌中提到的"练十年"，指的就是这段时间。戚继光在这段时间的战功和影响，在前面已多次提到，《明史》就记载："继光至浙时，……召募三千人，教以击刺法，长短兵迭用，由是继光一军特精""'戚家军'

---

　　①　（朝鲜）《朝鲜正祖实录》卷43，正祖十九年十一月，韩国首尔：探求堂1973年影印本，第46册，第616页。

名闻天下""飚发电举，屡摧大寇"。① "狼筅、蛮牌"，这里代指"戚家军"抗倭时使用的兵器。"狼筅"，亦称"狼牙筅"，用竹子制作的既可防御，又可进攻的冷兵器；"蛮牌"，即"藤牌"，用南方产的粗藤做的盾牌。十四卷本《纪效新书》卷四《手足篇第四》记载有"藤牌制""藤牌解""习法"，"狼筅制""狼筅解""习法"，介绍了"藤牌"和"狼筅"的制作和使用方法。②

"我朝李统制"，指宣祖朝抗倭名将，三道水军统制使、全罗左道水军节度使李舜臣。"虎符"，这里指朝鲜宣祖国王授予李舜臣统率朝鲜水师的兵符。"龟舰"，即"龟船"，是李舜臣带领士兵和工匠制造的一种结构轻巧坚固、进退自如、速度快而且火力猛的战船，曾在壬辰战争期间与日军水师的战斗中发挥了作用。"镇三边"，镇守三道的边境、边疆。李舜臣（1545～1598），字汝谐，壬辰战争期间曾率水师大败日军，宣祖三十一年（万历二十六年，1598）在著名的露梁海战中阵亡，死后，被朝鲜王室追赠一等宣力功臣，仁祖朝时，赠谥号"忠武"，后世称"忠武公"。

"梁将军"，即义兵将领梁大朴。"义旅才盈千"，意思是说，梁大朴当时招募的义兵仅千余人，也能"破倭于云岩之野"，击败进犯的日军。

《云岩破倭图歌》诗的主题是赞美义兵将领梁大朴，诗中提到了戚继光、李舜臣，是因为作者要将梁大朴抬到与抗倭名将戚继光、李舜臣齐名的位置，也凸显了戚继光在作者心目中的地位和影响。前面提到的正祖十四年（乾隆五十五年，1790），朝鲜吏曹判书徐浩修出使中国时沿途写有《燕行纪》，而《燕行纪》的实际执笔人，就是随同出使的《云岩破倭图歌》诗作者柳得恭，柳得恭将其撰写的内容结集在《滦阳录》中，柳得恭在文中也赞颂了戚继光为保卫中国边境安全所做出的贡献。

4. 今之训练一胶柱，误读戚公奇偶文

朝鲜正祖朝诗人朴永锡作有《题梅窝〈东土考览〉后》诗，歌颂了

---

① （清）张廷玉等：《明史》（简体字本），中华书局，2000，第3739、3740、3741页。
② （明）戚继光撰，范中义校释《纪效新书》（十四卷本），中华书局，2001，第77～81、91～93页。

壬辰战争时期朝鲜军民学习戚继光的军事著作，抵御倭寇入侵的英勇壮举。

朴永锡（1734～1801），字尔极，号晚翠亭，委巷诗人团体松石园诗社会员之一，后人评价其能安守贫困却不失君子之风。其有《晚翠亭遗稿》传世。委巷诗人主张文学作品要反映中下层人的生活、思想和要求。

题梅窝《东土考览》后（节选）

兵家器用车第一，御暴安边俱十分。

有脚之城不饲马，战守何处不奇勋。

将军握机随处变，浑浑沌沌起风云。

今之训练一胶柱，误读戚公奇偶文。

南城雷设空心台，岂向虏庭屈吾膝。

我能安身敌难攻，据此先得军心悦。

因敌制胜只在人，器械不利空弃民。

我东未尽攻守具，诸般妙用语申申。①

诗歌题目提到的"梅窝"，系朝鲜宣祖朝官员宋悌，字维则，号梅窝，壬辰战争期间任朝鲜训练院金正、蓝浦县监、唐津县监。战争爆发第二年（宣祖二十六年，万历二十一年，1593），日军围困朝鲜晋州（今属韩国庆尚南道），宋悌率义兵驰援，力战十日，但终因与日军实力相差悬殊，城破被日军杀害。朝鲜正祖朝官员、著名学者成海应在所撰《晋阳殉难诸臣传》中记载："（宋）悌为人刚方好义。城将陷，寄书其子曰：'豺狼充斥四方，余既以身许国矣，誓当与此城俱亡。闻汝辈寄身山谷，待晋州匡复之日，来收吾骨于矗石之下。'及城陷，清正缚悌欲降之。悌厉声骂曰：'尔虽鳞介，岂不闻张巡之言乎。吾头可断，义不可

① （朝鲜）朴永锡：《晚翠亭遗稿·诗》，《韩国文集丛刊·续集》第94辑，韩国首尔：景仁文化社，2010，第312页。

屈。'遂死之，年四十七。清正亦感其义，埋其尸于城门之南。表之曰：
'朝鲜义士宋悌之墓。'"① "清正"，指加藤清正，当时带领日军侵略朝鲜
的总指挥。"张巡"，唐玄宗时名臣，安史之乱时，率军抵抗叛军，使叛
军损失惨重，后因粮草耗尽被俘遇害。《东土考览》，应是宋悌撰写的关
于朝鲜政情方面的文章，"东土"，指朝鲜。《东土考览》的具体内容
无考。

诗句"兵家器用车第一，御暴安边俱十分"，意思是说，在兵器当
中，炮车应该排在第一，无论是防御暴乱，还是守卫边疆，炮车都十分
有效。"车"，这里指当时装有新式火炮的炮车。炮车是当时大规模作战
和攻城使用的威力最大的兵器，也是戚继光抗倭时的利器之一，如前面
提到孝宗时期官员柳元之写有《记戚家车战法》，说戚继光"《练兵实
纪》并杂集，专用车战法以御虏"。② 戚继光的《练兵实纪·杂集》卷
五《军器解》绘有"载无敌大将军车图"，③ "无敌大将军"指无敌大将
军炮，是当时威力最大的新式火炮之一。

"有脚之城不饲马，战守何处不奇勋"，意思是说，炮车组成的防御
方阵犹如移动的城镇一样，不像骑兵方阵需要饲养大批战马，炮车无论
在战场上主动出击，还是防守阵地和城市，无不建立了卓越的功勋。炮
车组成的方阵，在戚继光的《练兵实纪·杂集》卷六《车步骑营阵法》
中也有记载，并绘有"车营图"，④ 诗歌作者之所以将炮车组成的方阵比
喻为"有脚之城"，是为了突出方阵的两个特点，一是四四方方像一座
城市，如"车营图"；二是可以移动，并变换位置和方位。

"将军握机随处变，浑浑沌沌起风云"，意思是说，领兵的将军在战
场上要依据战况随机应变，不能在情况不明、风云变化时头脑不清醒。
"浑浑沌沌"，出自《孙子兵法》："浑浑沌沌，形圆而不可败也。"⑤ 意
思是说在情况不明时打仗，要把队伍部署得四面八方都能应付，使敌人

---

① （朝鲜）成海应：《研经斋全集》卷 59，《韩国文集丛刊》第 275 辑，韩国首尔：景仁
文化社，2001，第 231～232 页。

② （朝鲜）柳元之：《拙斋先生文集》卷 12，《韩国文集丛刊·续集》第 28 辑，韩国首
尔：景仁文化社，2006，第 180 页。

③ （明）戚继光撰，邱心田校释《练兵实纪·杂集》卷 5，中华书局，2001，第 311 页。

④ （明）戚继光撰，邱心田校释《练兵实纪·杂集》卷 6，中华书局，2001，第 331 页。

⑤ （春秋）孙武著，徐寒注译《孙子兵法》（2），线装书局，2017，第 328 页。

无法击败我。

"今之训练一胶柱，误读戚公奇偶文"，意思是说，朝鲜今天依照戚继光兵书训练军队，只是按照自己的理解来做的，并没有领会戚继光军事思想的本意。这里也是说，现在的情况已经与壬辰战争时期的情况不一样了，所以，学习戚继光兵书也要适应今天变化了的情况，训练内容和方法不能生搬硬套。"胶柱"，即胶柱鼓瑟，意思说，用胶把琴柱黏住，奏琴时柱不能移动，无法调弦，比喻固执而不知变通。"胶柱鼓瑟"，出自《史记·廉颇蔺相如列传》："王以名使括，若胶柱而鼓瑟耳。括徒能读其父书传，不知合变也。"① 说赵王重用赵括，但赵括只能够从他父亲的传书中学到点东西，打起仗来却不知道变通。"误读"，指人们用自己的思维去解读作品，并没有读懂作品的原意。"奇偶"，指道家的阴阳学说，这里指戚继光兵书所表达的本意。

"南城雷设空心台，岂向虏庭屈吾膝"，意思是说，如果在朝鲜南部沿海一带城镇设立雄伟的空心烽火台，哪会出现有的官员向倭寇屈膝投降的问题呢？"空心台"，指烽火台，又名烽堠、烟墩、墩台，系古代重要军事防御设施，可点燃烟火以传递情报。戚继光率军镇守蓟镇时，曾改建长城一带的烽火台，上下两层，呈空心，俗称"空心台"，上层为放哨的铺房，下层为戍守的堡垒，建有炮眼，可发射鸟铳、火炮等新式火器。戚继光在《练兵实纪·杂集》中记载："自古守边，不过远斥堠，谨烽火。蓟镇以险可恃，烽火不修久矣。缘军马战守应援，素未练习分派，故视烽火为无用。今该议拟呈会督抚，参酌裁订。凡无空心台之处，即以原墩充之；有空心台所，相近百步之内者，俱以空心台充墩。大约相去一二里，梆鼓相闻为一墩。"② "虏庭"，这里指日本侵略者或当时的日本天皇。作者这里也是说，如果我们像戚继光一样，重视边防建设，设立空心楼台，就能阻挡当年日军的入侵。

"我能安身敌难攻，据此先得军心悦"，此句承接上句，意思是说，如果这样做了（指在边境设立空心楼台），日军就很难进攻朝鲜了，我们的人民也就可以有安身之地了。这样做了，也可以安定军心，当兵的

---

① （汉）司马迁：《史记》（简体字本），中华书局，2000，第1910页。
② （明）戚继光撰，邱心田校释《练兵实纪·杂集》卷6，中华书局，2001，第328页。

也高兴。

"因敌制胜只在人，器械不利空弃民"，意思是说，依据敌情的变化使用不同的作战方法而取得胜利，在于人的智慧，但如果是武器装备太差，再好的将领也难以保护当地的百姓。"弃民"，抛弃民众，这里是不能保护民众的意思。

"我东未尽攻守具，诸般妙用语申申"，意思是说，我们朝鲜的军队没有配备能守能攻的新式武器，所以在战场上失利。这样一些道理，梅窝先生（宋悌）在他的《东土考览》中反复提及。"东"，指东国。朝鲜当时自称"东国"。"申申"，反复不休。这里也说明，宋悌在《东土考览》中提到了要学习戚继光的兵书，加强朝鲜军队中炮车等新式武器的制造和配备等内容。

正祖时期，正祖李祘多次撰文称颂戚继光及其军事著作，为在朝鲜军队推行戚继光军事思想广造舆论；依照戚继光《纪效新书》指导修订朝鲜军队的《兵学指南》《武艺诸谱》，军队训练以《纪效新书》为归；在城防建设上，必用戚法，特别是在朝鲜华城的建设上，也多参照戚继光军事著作中的城防建设要求和标准。在正祖李祘的影响下，多位著名学者、文臣也撰文赞扬戚继光及其军事著作。正祖时期还结合朝鲜当时的实际情况，及最新科技的发展，进行士兵操练、武器更新和城防建设，不仅提升了朝鲜军队建设的力度，也将戚继光军事思想在朝鲜半岛传播推进到一个新的高度。正祖时期对戚继光军事思想的高度重视，也对后来的朝鲜王朝产生了很大影响。

第九章　纯祖时期：遵循先朝戚氏之法

朝鲜正祖之后是纯祖时期（1800～1834），纯祖李玜（1790～1834），字公宝，号纯斋，在位34年，终年45岁。纯祖即位时只有11岁，正祖李祘遗命王大妃金氏（贞纯王后）垂帘听政，兵曹兼吏曹判书金祖淳辅政。在指导军队建设方面，纯祖时期延续了正祖在世时的一些做法，仍然重视戚继光的军事思想及其著作在军队建设中的指导作用。

第一节　纯祖：戚帅用兵之神，莫不遵行

纯祖五年（嘉庆十年，1805），朝鲜王室以国王李玜名义撰写的《武艺别监创设记》记载：

> 武艺厅（即武艺别监），粤我宣庙朝创始者。……于时选训局武士二十人，……至仁庙朝丁丑（仁祖十五年，1637）增二十，及肃庙朝乙卯（肃宗元年，1675）增二十，英庙朝戊辰（英祖二十四年，1748）又增四十，以充百数。先朝己亥（正祖二十三年，1779）设置五十人作一队，分七十五人作为二番，后加三十二，使头目统领之，名曰左右统长。于是乎规模纪律，粲然大备矣。拔擢于军人之中，教之以戚帅十八之技。分四等试艺，莫不中格，曰月刀，新剑，元技藤牌，棍棒，提督剑，锐刀，竹长枪，交战，双剑，挟刀，筤筅，拳法，用剑，镋钯，旗枪，木长枪，步鞭棍，腰剑而手枪。……予壬戌（纯祖二年，1802）又增二十有六，合为一百九十有八。凡列朝抚恤轸念之道，奖拔升擢之政，曲尽其方，其任愈重，其责愈密。曰言语之不传，曰巡卫之不阙，曰服色之不换，曰技艺之不怠，曰酗哄之不犯，曰侪类之不争，莫不谨遵，不敢违越。岂非先朝规制之严立而恩泽之深入者乎。予方论军制，谨书之如此。

岁在乙丑（纯祖五年，1805）三月十有六日书。①

纯祖五年（1805），纯祖李玜只有十几岁，虽说《武艺别监创设记》可能不是他本人所写，但以他的名义发布，应是代表了当时朝鲜王室的意见。

《武艺别监创设记》的记载说明，自朝鲜壬辰战争期间宣祖国王创建训练士兵的"武艺别监"机构以后，"武艺别监"聘请的武士教练人数越来越多。宣祖时期的武士教练20人；仁祖时期"增二十"，为40人；肃宗时期"增二十"，为60人；英祖时期"又增四十，以充百数"，为100人；正祖时期，更是大量增加武士教练的数量，应是到了172人；纯祖时期"又增二十有六，合为一百九十有八"，配备了198名武士教练。这些武士教练的主要职责是"教之以戚帅十八之技"，教授戚继光的《纪效新书》中提到的训练内容。这也说明，纯祖时期的朝鲜军队仍然重视《纪效新书》在朝鲜军队训练中的指导作用。"莫不谨遵，不敢违越"，也体现了当时的朝鲜王室对戚继光军事思想及其著作的虔诚，当然，这也包含了纯祖时期仍在延续正祖国王对戚继光的评价和在朝鲜军队推行《纪效新书》的一些做法。

"戚帅十八之技"，《武艺别监创设记》做了说明："曰月刀，新剑，元技藤牌，棍棒，提督剑，锐刀，竹长枪，交战，双剑，挟刀，筤筅，拳法，用剑，锐钯，旗枪，木长枪，步鞭棍，腰剑而手枪。"这"十八之技"，主要是各种兵器的使用方法，虽然其中提到"交战"，但纯祖李玜在《十八般技》一文中对"交战"做了这样解读："以剑逐击，合于规法。甲乙之争，其易之业。决胜负焉，投剑而毕。交锋之际，风云之出。一进一退，志在胜决。短技虽多，莫如此技。皆竭其力，益奋其艺。"② 可以看出，这里说的"交战"，指的是剑术的对打练习，也是指兵器的使用方法。"十八之技"提到的兵器使用方法及"拳法"，均记载在戚继光的军事著作《纪效新书》和《练兵实纪》中。如前面提到的

---

① （朝鲜）李玜：《纯斋稿》卷3，《韩国文集丛刊·续集》第120辑，韩国首尔：景仁文化社，2011，第43～44页。

② （朝鲜）李玜：《纯斋稿》卷5，《韩国文集丛刊·续集》第120辑，韩国首尔：景仁文化社，2011，第67页。

"藤牌""筤筅""镋钯"等,《纪效新书》中不仅有这些兵器的制作方法、使用方法,而且还附有制作和使用的各种图片。《武艺别监创设记》中提到的有些兵器的名称,不见于《纪效新书》和《练兵实纪》,其实只是同一兵器名称的不同称呼而已,如"棍棒",《纪效新书》记载为"大棒",其中有"大棒制""大棒解""习法(一)""习法(二)""书器械""尊教师""忌花法"七部分内容,① 其中不仅有练习各种技法的歌谣,还附有各种技法对打的图片,内容既详尽又形象。

纯祖李玜在《十八般技》一文中提到"长枪"时记载:"谱有前后,用之左右。前刺右击,左防后御。长者长也,长其枪刃。太山压卵,美人认针。四夷宾服,指南白猿。铁翻之竿,太公钓鱼。堆山塞海,青龙献爪。进以一步,夜叉探海。"②《十八般技》记载中提到上述"长枪"的内容,指的是戚继光在《纪效新书·手足篇》中记载的"长枪解""习法(一)""习法(二)"的内容,在"习法(二)"中附有长枪二十四势图及说明。长枪二十四势,即夜叉探海势、四夷宾服势、指南针势、十面埋伏势、青龙献爪势、边拦势、铁翻竿势、跨剑势、铺地锦势、朝天势、铁牛耕地势、滴水势、骑龙势、白猿拖刀势、琵琶势、灵猫捉鼠势、美人认针势、苍龙摆尾势、太山压卵势、闯鸿门势、伏虎势、推山塞海势、鹞子扑鹌鹑势、太公钓鱼势。③《十八般技》中提到的太山压卵、美人认针、四夷宾服、指南、白猿、铁翻之竿、太公钓鱼、堆山塞海、青龙献爪、夜叉探海,均是《纪效新书·手足篇》记载的长枪二十四势中的内容。《十八般技》提到"藤牌"时记载说:"以藤为牌,又持短剑。伏起又伏,起而又前。伺贼之状,对贼而出。一进一退,皆合于节。起手跃步,低平滚牌。步兵称便,雨下不败。戚继光法,见易用难。不可躐等,又不易换。"④《十八般技》提到"狼筅",即筤筅时,说"戚帅始创,名曰狼筅。扼马之技,但恨长钝。足蹴手刺,势则

---

① (明)戚继光撰,范中义校释《纪效新书》(十四卷本),中华书局,2001,第106~125页。
② (朝鲜)李玜:《纯斋稿》卷5,《韩国文集丛刊·续集》第120辑,韩国首尔:景仁文化社,2011,第68页。
③ (明)戚继光撰,范中义校释《纪效新书》(十四卷本),中华书局,2001,第94~105页。
④ (朝鲜)李玜:《纯斋稿》卷5,《韩国文集丛刊·续集》第120辑,韩国首尔:景仁文化社,2011,第67~68页。

无本。"① 纯祖李玜号召在朝鲜军队中推广和学习"戚帅十八之技"，即戚继光军事著作中提到的各种兵器的使用方法，同时也强调："戚继光法，见易用难。不可躐等，又不易换。"说戚继光的练兵、用兵之法，看着容易，但要学到手很难，我们必须从基本功学起，按照要求的次序一步步来，不能用其他的练兵方法更换"戚继光法"。"躐等"，逾越等级；不按次序。这说明，纯祖朝时仍在延续正祖李祘对戚继光及《纪效新书》的认知，继续推进用戚继光的军事思想治理朝鲜的军队。

纯祖李玜在其他的行文中也多次提到用戚继光的军事思想指导用兵或练兵，如在《拟本朝武艺将卒，申饬操束，别施等外诸技，仍施赏有差教》中记载：

> 约束务尽，毋负拔宠之恩。操习必勤，实思报效之道。留意四等之试取，益念六条之戒令。数名自寡而加充，可见列朝振武之德。势技由微而转大，仁思戚帅用兵之神。莫不遵行，惟竭用力。……
>
> 乃命统长，分两日试取左右番武艺厅，十八技，马技，举刀、举沙选走私习。军物点考，射讲炮于春塘台，亲临试阅。尔等益发其勇，必尽其才。……
>
> 《兵学指南》之编书，在昔年亲定编选而就。熊将兔士之阅讲，为今日详视阅习之方。……惟其用法之势，在于六韬训书。又其隶阵之兵，详于三编总册。故兹教示，想宜知悉。②

摘录的上述记载说明，一是，纯祖时期朝鲜军队依照戚继光的军事思想及其著作指导训练取得了很好的成效："势技由微而转大，仁思戚帅用兵之神。"纯祖把军队战斗力的提升，归结于"戚帅用兵之神"，是戚继光的练兵之法，使得朝鲜军队"由微而转大"，所以他要求朝鲜军队"莫不遵行，惟竭用力"，继续大力推行和落实戚继光的军事思想和练兵之法。二是，纯祖时期朝鲜军队训练的主要内容是"十八技"，即纯祖

---

① （朝鲜）李玜：《纯斋稿》卷5，《韩国文集丛刊·续集》第120辑，韩国首尔：景仁文化社，2011，第68页。

② （朝鲜）李玜：《纯斋稿》卷8，《韩国文集丛刊·续集》第120辑，韩国首尔：景仁文化社，2011，第117页。

李玒在《武艺别监创设记》中提到的"戚帅十八之技",是戚继光在《纪效新书》和《练兵实纪》中记载的兵器使用及训练方法。纯祖李玒非常重视朝鲜军队的"戚帅十八之技"的训练,"亲临试阅",并视训练结果予以奖惩:"留意四等之试取,益念六条之戒令。"三是,纯祖时期军队训练的教材,仍是依据戚继光的军事著作编纂的《兵学指南》。《兵学指南》是朝鲜宣祖王朝制定的,虽说后来的王朝有所修订,但基本内容仍来自戚继光的《纪效新书》,这也说明,纯祖时期,戚继光的军事著作仍是朝鲜军队训练的教科书。

纯祖时资宪大夫(正二品)、训练大将朴宗庆(1765～1817)在纯祖辛未年(纯祖十一年,1811)一次祭告神灵的《祭旗文》中也提到"敢昭告于五方神位前,像绘寓三军之视。……存戚氏之定规,辕门之组练合度"。[①]"五方神位",这里指朝鲜军队中的"大五方旗",当时朝鲜参照戚继光《纪效新书》中的要求,在军队中设有"大五方旗",即"左青龙,右白虎,前朱雀,后玄武,中腾蛇"五面大方旗。[②]纯祖八年(嘉庆十三年,1808),朝鲜户曹判书兼备局有司堂上徐荣辅等人编撰的《万机要览》记载:"朱雀旗,质赤,边青,画朱雀。青龙旗,质青,边黑,画青龙。腾蛇旗,质黄,边赤,画腾蛇。白虎旗,质白,边黄,画白虎。玄武旗,质黑,边白,画玄武。以上五面大五方旗,并有云气火焰。旗方五尺,杆高一丈五尺,缨头,珠络,雉尾。立于外垒门表。"[③]在这样极其虔诚和严肃的三军祭旗活动中,朝鲜军中高官向神灵祷告是用戚继光制定的军规训练的军队,也说明纯祖时期戚继光的《纪效新书》在朝鲜军队中有着极其重要的地位和影响。

第二节　一品高官:军队操练只讲《纪效新书》

正祖朝文科状元徐荣辅(1759～1816),字庆世,号竹石馆,又曰玉

---

① (朝鲜)《敦岩集》卷8,《韩国文集丛刊·续集》第109辑,韩国首尔:景仁文化社,2011,第162页。

② (明)戚继光撰,范中义校释《纪效新书》(十四卷本),中华书局,2001,第32页。

③ (朝鲜)徐荣辅:《万机要览·军政编一·形名制度》,韩国首尔:景仁文化社,1969,第24页。

磐山人，正祖十四年（乾隆五十五年，1790），曾以圣节兼谢恩使书状官身份出使中国。徐荣辅深得正祖、纯祖国王的信任，纯祖时，为一品高官。徐荣辅历官承政院都承旨、司谏院大司谏、司宪府大司宪、中枢府知事、义禁府判事、平安道观察使、三馆大提学、礼曹判书、户曹判书、刑曹判书、兵曹判书、辅国崇禄大夫（正一品）兼吏曹判书、敦宁府判事等职，享年五十八。去世后，谥号文宪。徐荣辅为官清廉，生活简朴，《吏曹判书竹石徐公谥状》记载："居第朴陋，朽椽破瓦，不易三世旧传。寝室劣容膝，案上有图书数十部。堂前列徒御阶庭，只种山杞野菊。虽在大藩，家人仅给衣食，及归无一物自累。俸禄之入，辄均分于远近贫族。公事之暇，下帘焚香，以竹素翰墨自娱。门屏閴寂，若寒士家。"① 徐荣辅长于文辞，书法出众，有《竹石馆遗集》等传世。《吏曹判书竹石徐公谥状》记载说，徐荣辅书道"劲道雅逸，姿媚横生，每书神采勃勃，从十指中出。仁政、宣政两殿匾额，皆公承命书。人家碑版，必求公书。只字片牍，后生以为模楷，公之逝而笔苑绝矣。"② 这说明，徐荣辅为官廉洁，不仅很有文采，还是当时著名的书法家，在当时有很大的正面影响和很高的威望。

纯祖八年（嘉庆十三年，1808），徐荣辅任朝鲜户曹判书兼备局有司堂上时，受纯祖国王之命，与沈象圭一起主持编撰了《万机要览》。《万机要览》由《财用篇》（6 册）和《军政篇》（5 册）两部分组成，对十八世纪末十九世纪初朝鲜王朝的财政和军政情况分门别类地进行了梳理，是朝鲜王室治国理政的重要参考资料。

《朝鲜纯祖实录》纯祖八年（嘉庆十三年，1808）八月一日记载，纯祖国王召见了备局有司堂上徐荣辅、沈象奎，并与二人讨论了《万机要览》中的有关问题，其中提道：

> 上曰："各邑标下、两营番上及斥堠、伏兵，皆是束伍军名色，而见其貌样，疏阔莫甚。其于日次私习之时，亦能知坐作进退之节

---

① （朝鲜）李晚秀：《屐园遗稿》卷 10，《韩国文集丛刊》第 268 辑，韩国首尔：景仁文化社，2001，第 479 页。

② （朝鲜）李晚秀：《屐园遗稿》卷 10，《韩国文集丛刊》第 268 辑，韩国首尔：景仁文化社，2001，第 479 页。

乎?"荣辅曰:"戚继光有言曰:'乡曲愚迷之卒,胜于市井油滑之徒。'盖乡军,则备经饥寒,寻常勤苦,故仓卒临阵,可以御侮。而其常时练习,则钝滞茸阘,虽不及于京军之骁猛,若论缓急可恃,则恐莫如乡军矣。"上曰:"我国军容,专尚戚法,而月刀、十八技,皆是临阵可用之法乎?"荣辅曰:"宋之岳飞用军最精,有三练之法,练手、练胆、练足也。练手者,妙用弓剑,藏身御敌也,练胆者,运用智略,见敌不屈也,练足者,贮沙于袜,临阵则脱。盖为轻足勇赴也。又有练人、练目之法,此则为将者自得之神。而今之月刀、十八技等艺,虽不及三练之法,而亦不为全然无用矣。"①

上述记载说明,《万机要览》中关于军队建制,招募、训练士兵等,都依据了戚继光军事著作中的相关记载,其中提到的"戚继光有言曰:'乡曲愚迷之卒,胜于市井油滑之徒'",出自戚继光《纪效新书·束伍篇·原选兵》"不可用城市油滑之人""第一可用,只是乡野老实之人"。② 记载还提到当时的朝鲜"军容,专尚戚法",并且分析了这其中的原因,是"戚法"传承了中国宋代著名将领岳飞的治军要领,这就是"三练之法,练手、练胆、练足"。"练手、练胆、练足"等训练士兵的要领和方法,戚继光的《纪效新书》都有详细的记载,如《纪效新书》卷三《手足篇第三》、卷四《手足篇第四》、卷五《手足篇第五》、卷十一《胆气篇》等。③ 记载提到的"又有练人、练目之法",《纪效新书》卷一有《束伍篇》,卷二有《耳目篇》等。这都可说明,纯祖时期朝鲜在军队建设方面,全方位地借鉴了戚继光的军事著作。

徐荣辅在《万机要览·军政篇二·训练都监》中记载:

　　始李如松等收复平壤,上诣谢之,且问天兵前后胜败之异。如松曰:"前来北将恒习防胡,故战不利。今所用乃戚继光《纪效新

---

① (朝鲜)《朝鲜纯祖实录》卷 11,纯祖八年八月一日,韩国首尔:探求堂 1973 年影印本,第 47 册,第 606 页。
② (明)戚继光撰,范中义校释《纪效新书》(十四卷本),中华书局,2001,第 11 页。
③ (明)戚继光撰,范中义校释《纪效新书》(十四卷本),中华书局,2001,目录第 2、5 页。

书》御倭法，所以全胜也。"上密购其书于其麾下，以示成龙。（柳）成龙与从事官李时发等讨论讲解。又以儒生韩峤为郎，专掌质问于天将，教以三手（射手、炮手、杀手）练技之法。部分演习悉如戚制，数月而成。是年，皇朝教练游击胡大受之出来盖为教三手请来也。韩峤翻译杀手诸谱，又质问枪法于游击许国威，为后谱。……成龙请益募兵满一万，置五营。①

徐荣辅的上述记载，介绍了朝鲜"训练都监"的由来，及成立初期"训练都监"的一些活动情况。这些介绍与前面提到的《朝鲜宣祖实录》记载基本一致，徐荣辅在《万机要览》中再次提及，说明朝鲜纯宗时期仍认同和延续了宣祖朝的一些认知和做法，继续把"戚继光《纪效新书》御倭法"作为训练朝鲜军队的兵学指南。上述记载提到的"李如松""（柳）成龙""韩峤""胡大受""许国威"等，前面均已介绍过，这里不再赘述。

《万机要览·军政篇一》中有《形名制度》《操点》等内容，《形名制度》介绍的是当时朝鲜军队中代表不同级别、兵种使用的各色旗帜，及号炮、喇叭、鼓、锣等指挥军队行止的信号等。《形名制度》的记载，虽然没有提到戚继光及其军事著作名字，但从其中记载的内容看，戚继光的军事思想仍然深刻影响着纯祖时期的朝鲜军队。

《万机要览·军政篇一·形名制度》记载：

把总认旗，质随各该方色，边应千总，带应营将，有火焰。旗方三尺，杆高一丈七尺，缨头，珠络。哨官认旗，质随各该方色，边应把总，带应千总，有火焰，旗方二尺，杆高一丈六尺。旗总旗，质从本哨，边应本司，有火焰。旗方一尺五寸，杆高一丈五尺。队长旗，色应本旗总。旗方一尺，杆高一丈五尺。②

① （朝鲜）徐荣辅：《万机要览·军政编二·训练都监》，韩国首尔：景仁文化社，1969，第65页。
② （朝鲜）徐荣辅：《万机要览·军政编一·形名制度》，韩国首尔：景仁文化社，1969，第25页。

上述记载提到的"把总认旗""哨官认旗""旗总旗""队长旗",与戚继光在《纪效新书·耳目篇·辨旗帜》中的记载完全相同,如把总认旗,"方三尺,……杆高一丈七尺";哨官认旗,"方二尺,……杆用长枪,一丈六尺";旗总认旗,"方一尺五寸,……杆用长枪,一丈五尺";队长认旗,"方一尺,杆用长枪,一丈五尺"。①

《万机要览·军政篇一·形名制度》记载中提到的"坐纛旗""大五方旗""中五方旗""高招旗""角旗"等,也与《纪效新书·耳目篇·辨旗帜》中的记载"中军坐纛(旗)""大五方旗""中五方旗五面""高招旗""角旗"等完全一致。《纪效新书·耳目篇·辨旗帜》中还附有上述旗帜的各种图片及其详细说明,如《万机要览·军政篇一·形名制度》记载:"坐纛旗:质黑,边白,画太极,洛书,八卦,有火焰五色带,以应五方,演二十八宿。旗大一丈,杆高一丈六尺,缨头,珠络。"②《纪效新书·耳目篇·辨旗帜》在附有的图片"中军坐纛(旗)"(附图)下标注:"杆高一丈六尺,旗大一丈,黑绿段为之,白绫为边,缨头,珠络,极其华饰乃可。"③ 这与《万机要览》记载的图形、尺寸完全一致,《纪效新书》的记载虽然没有提到"画太极,洛书,八卦,有火焰五色带",但在图中很清楚地标识出来了。

《万机要览·军政篇一·形名制度》记载的"号炮,用三眼,主号令""哱啰,声如大角,初吹三声要起身,再吹要执器及上马""锣,大而有腹,初鸣下马,再鸣坐息"等,④ 也与戚继光在《纪效新书·耳目篇·辨旗帜》中的记载一致:"号炮,必用三眼铳,一则一可兼三,二则轻于行装,三则装放速","练哱啰,凡吹长声三声,是要兵起身,再吹一次,是要执器以待,有马者上马","凡鸣锣,是要各兵下马;再鸣,是要各兵坐息"。⑤

① (明)戚继光撰,范中义校释《纪效新书》(十四卷本),中华书局,2001,第26、25页。
② (朝鲜)徐荣辅:《万机要览·军政编一·形名制度》,韩国首尔:景仁文化社,1969,第24页。
③ (明)戚继光撰,范中义校释《纪效新书》(十四卷本),中华书局,2001,第38页。
④ (朝鲜)徐荣辅:《万机要览·军政编一·形名制度》,韩国首尔:景仁文化社,1969,第25页。
⑤ (明)戚继光撰,范中义校释《纪效新书》(十四卷本),中华书局,2001,第17、18、19页。

以上都说明，纯祖时期的朝鲜军队，在军队旗帜的标识上，在行军打仗的"号炮"等信号的使用上，仍学习采用的是戚继光在《纪效新书》中制定的一些标准。徐荣辅在《万机要览·军政篇一·操点》中介绍了当时朝鲜军队操练的内容，包括日常操练及春、秋两次的各道（省）组织的集中会操，其中虽然也没有提到戚继光及其军事著作名字，但从其中记载的内容看，也是依照戚继光练兵方法在操练朝鲜的军队，这一点，除了前面提到的纯祖国王高度重视用戚继光的军事思想指导朝鲜的军队建设外，徐荣辅在自己的诗作中也提到当时的朝鲜军队学习的兵书，讲授的教科书只有戚继光的《纪效新书》。

徐荣辅作有《杂咏》诗十首，其中第七首谈到了戚继光的《纪效新书》：

杂咏（之七）

南则岛夷北接胡，平时备豫理无殊。

如何京外军门法，只讲南塘纪效书。①

诗歌前二句"南则岛夷北接胡，平时备豫理无殊"，意思是说，朝鲜南边是隔海相望的日本的岛屿，北边的边疆与之相接的则是中国的游牧部落，所以，除了做好平时的备战，提防他们外，再也没有其他的好办法了。诗中提到的"岛夷"，这里指倭寇，含有鄙视意。"胡"，指中国北方的少数民族游牧部落，这里指中国东北地区的满族部落。"备豫"，防备，准备。

后二句"如何京外军门法，只讲南塘纪效书"，意思是说，这就是为什么驻扎在朝鲜京都之外的军队学习的兵法，讲授的内容只有戚继光的《纪效新书》。言外之意是：学习戚继光的《纪效新书》，可以提高朝鲜军队的战斗力，有效地防止外来入侵。但这一句也可以做这样的解释：为什么驻扎在朝鲜京都之外的军队学习兵法时，只讲戚继光的《纪效新书》呢？言外之意是：既然朝鲜南边有日本的威胁，北边有中国满

---

① （朝鲜）徐荣辅：《竹石馆遗集》册一，《韩国文集丛刊》第 269 辑，韩国首尔：景仁文化社，2001，第 335 页。

族部落的骚扰，而戚继光的《纪效新书》主要是对付倭寇的，戚继光的《练兵实纪》才是对付以骑兵为主的中国北方部族的。笔者之所以提出这样一种解释，是因为我们在前面多次提到在当时朝鲜官员中，有这样的认识，即朝鲜不能只学习《纪效新书》，还要学习《练兵实纪》，以防止北部边境满族骑兵的入侵。但无论做哪一种解释，都说明当时朝鲜军队中学习的兵书主要是戚继光的《纪效新书》。诗中提到的"军门"，指领兵的都督，这里借指军队。"南塘"，指戚继光。戚继光，字远敬，号南塘，故也称戚远敬、戚南塘。"纪效书"，指戚继光的《纪效新书》。

正祖时期，徐荣辅任朝鲜宁边府使时，就非常重视地方的军队建设，"以边门宜尚武，日劝射技，赏罚以奖勉。未几射艺蔚兴，甲于道内。按戚南塘旧法，新造火药数千斤，限以万捣，火起捣者之掌上。而手不知燃，然后方许储库。及西贼起，宁边城守出药试之，若新发于砧云。"①说当时宁边府军队的"射技"，是全道（省）最好的。"宁边府"，属当时朝鲜平安道（今属朝鲜平安北道宁边郡）。还说徐荣辅依照当年戚继光制造火药的办法，制造了"火药数千斤"，可以长期安全保存。这也说明，徐荣辅在正祖时就学习了戚继光的军事著作，并指导地方的军队建设。纯祖时期，徐荣辅长期担任王室要职，且知识渊博，对当时朝鲜的国情了如指掌，且编纂过《万机要览·军政篇》，徐荣辅还担任过朝鲜主管军事的兵曹判书，通晓军事，对朝鲜南与日本隔海相望、北与中国满族陆地接壤，处于两头受制的局面也有清醒的认识，所以，才在《杂咏》诗中提出朝鲜处在不安境地，必须有备无患，用戚继光的《纪效新书》来强化朝鲜的军队建设，这也反映出戚继光的军事思想在当时的朝鲜仍有很大的影响力。

徐荣辅学习和应用戚继光军事著作的情况，还可以从他的《射艺诀解》中看出来。《射艺诀解》讲述的是射箭的技艺，其中记载："审者，即《论语》'持弓矢审固'之审也。戚南塘继光释此义曰：'审者非审之于引满之前，乃审之于引满之后也。'此言甚善。盖手足身面，操弓架

---

① （朝鲜）李晚秀：《屐园遗稿》卷10，《韩国文集丛刊》第268辑，韩国首尔：景仁文化社，2001，第475页。

矢，莫不有当然之势。"①"持弓矢审固"，出自《礼记·射义》："故射者，进退周还必中礼。内志正，外体直，然后持弓矢审固。持弓矢审固，然后可以言中。此可以观德行矣。""必中礼"，指射箭活动也符合礼的要求。"外体直"，指站姿要身体挺拔，不弯腰。"持弓矢审固"，指拉弓时身体要稳固，弓要引满，瞄准时要集中精力观察箭靶。戚继光对"持弓矢审固"的释义，出自《纪效新书·手足篇·弓矢习法》："持弓矢审固。审者，详审；固者，把持坚固也"，"审者，审于弓满矢发之际。今人多于大半矢之时审，亦何益乎！"，"君子于射箭，引满之余，发矢之际，又必加审焉，而后中的可决"。②"审"，审视。"中的"，射中靶心。"的"，这里指箭靶中心。这说明徐荣辅熟读过《礼记》，更熟读过戚继光的《纪效新书》，所以，他才能在《万机要览·军政篇》中大量地引用《纪效新书》中的内容，在纯祖时期继续传承戚继光的军事思想。

第三节　著名文臣诗咏戚继光

纯祖时期有著名文臣、诗人，从他们的诗作中，我们也能看出纯祖时期朝鲜军队用戚继光的军事思想指导训练的情况。

1. 邑操皆依戚氏指南

纯祖朝著名文臣金鑢在诗作中提到当时的朝鲜军队依照戚继光的兵法指导日常训练。

金鑢（1766～1822），字鸿豫、士精，号藫庭、藫翁、归玄子等，朝鲜正祖十六年（1792）春进士及第，其文学才华得到过正祖国王的赞赏。正祖、纯祖朝时均因他人事件牵连被流放，但又均被平反，纯祖十二年（嘉庆十七年，1812），金鑢入义禁府为官，之后任靖陵参奉、庆基殿令，纯祖十七年（1817）出任黄城（又名连山）县监。纯祖二十一年（1821）九月于庆尚道咸阳郡守任上病逝。金鑢著述颇丰，晚年编辑过野史《寒皋观外史》《仓可楼外史》等，有《藫庭遗稿》《藫庭丛书》等传世。

---

① （朝鲜）徐荣辅：《竹石馆遗集》册七《解五·外篇·射艺诀解》，《韩国文集丛刊》第269辑，韩国首尔：景仁文化社，2001，第524页。

② （明）戚继光撰，范中义校释《纪效新书》（十四卷本），中华书局，2001，第68页。

金鑢任职黄城（现为韩国忠清南道论山市）县监时，以日常生活为素材创作了诗集《黄城俚曲》，其中共有诗歌 204 首。"俚曲"，即"俗曲"，当地流行的民间歌曲、诗歌。作者在每首诗后都附加了说明，便于读者了解诗作创作的背景，也对我们今天准确理解诗歌的内容很有帮助。这里摘录的是其中三首，反映了当时朝鲜黄城地方军队的操练情况：

黄城俚曲

天鹅声动鼓薛薛，聚点官门日正中。

束伍牙兵三十队，鸦青快子服装同。

（本县各项军额、各色牙兵最多。余以初十日聚点，整器械修服色填阙额。）

一声炮响鼓三通，太守登坛礼数雄。

白木帐围遮日柱，淡红交椅最当中。

（今春各道水陆大操，皆以歉荒权停，只令本官各于其邑操练。）

伐鼓鸣锣较一围，常山蛇势铁骢飞。

鞭兜毡笠红绒子，左哨哨官意气归。

（邑操时节次，皆依戚氏指南，与京军门习操仿佛）①

上面摘录的三首诗中的最后一首，作者在诗后记载："邑操时节次，皆依戚氏指南，与京军门习操仿佛"，意思是说，我们黄城的驻军日常操练的科目、程序，都是依照戚继光的军事著作指导训练的，这与京城的军队日常操练的内容是一致的。这也告诉我们，纯祖时期，无论是朝鲜京都的军队，还是驻地方的军队，指导训练的教科书都是戚继光的军事著作，这也与前面提到的徐荣辅在诗作中记载的朝鲜军队训练时"只讲南塘纪效书"相一致。

---

① （朝鲜）金鑢：《藫庭遗稿》卷 2，《韩国文集丛刊》第 289 辑，韩国首尔：景仁文化社，2002，第 409~411 页。

摘录的第一首诗第一句"天鹅声动鼓韘韘，聚点官门日正中"，意思是说，军号声响起，锣鼓声铿锵，正午时分，我在官府门前检阅本县所辖的军队。"天鹅声"，这里指用喇叭吹响的军号声。朝鲜王朝时期，认为天鹅鸣叫为吉兆，所以将军号声称作"天鹅声"。"韘韘"，象声词，与"铿锵"表达的意思相近。"聚点"，集合队伍点名。

第一首诗第二句"束伍牙兵三十队，鸦青快子服装同"，意思是说，黄城县管辖的三十队兵士，都穿着统一的鸦青色的军服。"束伍"，约束军队，治理军队。"牙兵"，本指亲兵或卫兵，这里指黄城统辖的士兵。"队"，朝鲜军队建制之一。壬辰战争之后，朝鲜军队依照戚继光《纪效新书》中的要求设置军队建制，"一队两伍，五人为伍也。一队十二人，即十人为什也"。① 一队有十名士兵，包括正副队长是十二人。"鸦青"，传统色彩名词，即黑而带有紫绿光的颜色，类似鸦羽的颜色。"快子"，指下级军官、差役披在外衣上的衣服，这里指军服。

作者在诗后解释说"本县各项军额、各色牙兵最多"，当时黄城县管辖"牙兵三十队"，说明有三百多名士兵，而这三百多名士兵的日常开销都需要地方负担，为了确保军队的战斗力，所以作为地方的长官，每月"初十日聚点"，都要"整器械修服色填阙额"。"阙额"，不足的数额。"填阙额"，这里指要确保军队的人员数量，要保障军队的武器及粮饷供给。这说明当时地方官员对地方军队建设非常重视，而当时朝鲜军队"皆依戚氏指南"，也说明了戚继光军事思想在朝鲜军队建设中的地位和影响。

摘录的第二首诗第一句"一声炮响鼓三通，太守登坛礼数雄"，意思是说，一声炮响之后，随即击鼓三通（次），本地的最高长官太守带领当地大小官员依次登上检阅台。"鼓三通"，击鼓三通（次）。古代交战双方，通常是面对面排好阵势，击鼓一通（次），表示要进攻对方了，如果对方不擂鼓应战，叫战一方击鼓三通（次）即发起进攻。"礼数"，礼仪等级，这里指当地的官员按照官阶品级高低依次登台。

第二首诗第二句"白木帐围遮日柱，淡红交椅最当中"，意思是说，检阅台上用木板做的围帐遮挡着阳光，淡红色的太师椅摆在检阅台的正中央。"白木"，不加涂饰的木材，这里指锯开的木板。"日柱"，这里指

---

① （明）戚继光撰，范中义校释《纪效新书》（十四卷本），中华书局，2001，第5页。

日光。"交椅",指太师椅。

作者在诗后解释说:"今春各道水陆大操,皆以歉荒权停,只令本官各于其邑操练。"这说明,当时朝鲜各道(省)每年春天都要进行包括水师在内的地方军队操练检阅,因为那一年灾荒歉收,故把春天的操练检阅活动下放到各郡、县自行组织。前面提到的纯祖朝户曹判书兼任备局有司堂上徐荣辅在编撰的《万机要览》中也记载:"诸道水、陆军俱有春、秋二操,而城操则一年一操。平安道之清北、咸镜道之北关,虽值禀旨停操之年,各邑、镇,冬三朔,必于官门聚点、私操。"① 这说明朝鲜各道(省)不仅春天举行"水陆大操",而且秋天还有一次,是一年两次。为了确保操练不走过场,朝鲜王室还制定了具体的考核奖惩办法,《万机要览》就记载:"京外习操春、秋,及官、镇门聚点设行庙堂覆启行会,后,自本曹考察勤慢。军额缺伍、器械朽钝、舟楫破伤、战马疲弱及武臣守令、边将之试射无分者,并草记请推。"②说朝鲜各地举行操练检阅活动时,要清点人数,要向王室报告得到批准后才可正式实施;朝鲜兵曹要负责考察操练的情况,包括参训人数是不是缺员、武器保养的好坏、水师的船只有没有破损、战马是不是有战斗力、武官对操令熟悉的程度、守护边防的将士射击的准确度等,都在考核之列,对考核成绩很差的,还要论罪处罚。这都可以从中看出朝鲜纯祖时期仍非常重视对士兵训练,并制定了较为完备的考察制度。前面提到朝鲜当时的士兵训练"皆依戚氏指南",其考核的标准也必然依据戚继光军事著作中的要求来制定。

摘录第三首诗第一句"伐鼓鸣锣较一围,常山蛇势铁骢飞",意思是说,一会击鼓,一会鸣锣,演习双方在练兵场上对抗较量,一匹匹战马如同长蛇,飞驰在常山的原野上。"伐鼓",击鼓,古时作战以击鼓为进攻的信号。"鸣锣",古时作战以敲打铜锣作为收兵信号。"围",围场,这里指练兵场。"常山",这里应指练兵场所在的地名,非位于今韩国忠清北道镇川郡的常山。"骢",即青白色的马,这里指战马。

---

① (朝鲜)徐荣辅:《万机要览》第2辑《军政编一·西北聚点》,《古典国译丛书》第68辑,韩国首尔:大韩公论社,1971,第27页。

② (朝鲜)徐荣辅:《万机要览》第2辑《军政编二·兵曹各掌事例·考察》,《古典国译丛书》第68辑,韩国首尔:大韩公论社,1971,第55页。

第三首诗第二句"鞭兜毡笠红绒子，左哨哨官意气归"，意思是说，演习归来的左哨哨官头戴红绒子鞭兜帽，精神振奋，意气风发。"鞭兜"，指头盔的一种。"兜"，古代作战时戴的头盔。"毡笠"，毡制的笠帽。"哨"，当时朝鲜军队依照戚继光《纪效新书》中的要求设置的军队建制，一哨有百名士兵，"百人为哨也，一把总下，三哨以至五哨皆可"。① "五哨"，即中、左、右、前、后五哨，"左哨"，是其中的一哨。"哨官"，即统辖一哨士兵的军官。

从金鑢《黄城俚曲》的三首诗中可以看出，纯祖时期，无论是朝鲜王室直属的驻京都汉城的军队，还是地方上各道（省），包括下面县属的地方军队，无论是陆军，还是水师，都高度重视日常操练事宜，而操练的教材"皆依戚氏指南"，依照戚继光的军事著作指导朝鲜的军队建设。这说明，尽管壬辰战争已经结束二百多年了，但在壬辰战争中有着重大影响的戚继光军事思想及其著作，仍在朝鲜半岛有着很大的影响力，也足见戚继光军事思想影响之深远。

2. 兵学指南悬玉尺，戚大将军如在坛

纯祖时期著名文臣申纬于纯祖乙亥（纯祖十五年，1815）二月十五日写有《二月十五日点军》七言长诗，诗歌描述了朝鲜军队练兵校阅的场景，其中提到了戚继光的军事思想对朝鲜军队的影响。

二月十五日点军

猩袍驼衲龟文织，秃襟小袖螭角盘。

辘轳带重拖修剑，觑觎坐稳驰雕鞍。

蜚廉清道尘不动，句芒骖乘春尚寒。

营垒四望郊原豁，号令一洗儒生酸。

当心擐甲朔方健，秃头挑战倭军屏。

《兵学指南》悬玉尺，戚大将军如在坛。

（戚南塘《记效新书》即为御倭而作，《兵学指南》以此书为蓝本。）

---

① （明）戚继光撰，范中义校释《纪效新书》（十四卷本），中华书局，2001，第5页。

用我亦可坐谈笑，如此足以芟夷蛮。

徐看旗帜杂新故，细阅部曲编孤鳏。

战马贯邻骊黄幻，兵刃典市韠璘残。

我闻足食兵为次，荐饥诘戎吁亦难。

签丁半亡鱼鳞册，赋布莫征心肉剜。

曷不停操罢聚点，且待苏稿医疮瘰。

然后按制整组练，得其死力当岭关。

抚膺长叹白日暮，东风为我摧旗竿。①

　　申纬（1769～1847），字汉叟，号紫霞、警修堂，正祖朝进士出身，《紫霞申公传》记载："纯祖十一年（嘉庆十六年，1811），升通政大夫。明年（纯祖十二年，1812），以书状官赴清京，与翁方纲父子游极欢。（纯祖）二十二年（1822），累迁嘉善大夫，为兵曹参判。（纯祖）二十八年（1828），出为江华留守。""（纯祖）三十二年（1832），起拜承政院都承旨。""宪宗元年（道光十五年，1835），拜吏曹参判。……年七十七卒。"②"通政大夫"，朝鲜正三品官员。"清京"，指清朝的京都燕京，即今北京。"翁方纲父子"，翁方纲（1733～1819），乾隆壬申年（1752）进士，曾任《四库全书》纂修官，官至内阁学士，清代书法家、文学家、金石学家。翁方纲次子翁树培，乾隆丁未年（1787）进士，官至刑部郎中，清代书法家、金石学家。"嘉善大夫""兵曹参判""江华留守""吏曹参判"，均为朝鲜从二品官员。据《朝鲜纯祖实录》记载，纯祖十二年（嘉庆十七年，1812）七月，申纬以朝鲜陈奏兼奏请书状官身份出使中国，当年十二月，"册封奏请正使李时秀，赐厩马，副使金铣加嘉义，书状官申纬加通政，并赐田结、奴婢有差。"③"田结"，指地约，这里指土地，耕地。"有差"，有区别。这里指按各自的贡献给予不同的奖赏。这说明朝鲜陈奏兼奏请一行圆满完成了出使任务。

---

① （朝鲜）申纬：《警修堂全稿·册二·分甘集·乙亥正月至丙子四月》，《韩国文集丛刊》第291辑，韩国首尔：景仁文化社，2002，第42页。

② （朝鲜）金泽荣：《韶濩堂文集定本》卷10，《韩国文集丛刊》第347辑，韩国首尔：景仁文化社，2005，第345页。

③ （朝鲜）《朝鲜纯祖实录》卷16，纯祖十二年十二月，韩国首尔：探求堂1973年影印本，第48册，第42页。

　　申纬还是朝鲜王朝时期著名诗人，韩国文学史家把申纬与朝鲜半岛新罗时期的崔致远，高丽时期的李奎报、李齐贤，并称为"朝鲜半岛古代四大诗人"。史料还记载，陈奏兼奏请一行在燕京（今北京）期间，"申纬与清朝文人们进行了广泛的交流，他的诗和墨竹画广为人知，并与正祖的女婿洪显周一起被收录在清代陈云伯编纂的《画林新咏》中，他的名字闻名于中国"。① 申纬有《警修堂全稿》《申紫霞诗集》传世，《申紫霞诗集》于"丁未三月中国江苏通州翰墨林代印"，"共印一千本"。② "通州"，指今江苏省南通。"丁未"，指清道光丁未年（道光二十七年，1847）。朝鲜王朝末期著名诗人金泽荣（1850～1927）评价说："宋之诗，若以苏东坡为第一，则吾韩之诗，亦当以申紫霞为第一。""申紫霞之诗，以神悟驰骋，万象具备，为吾韩五百年之第一大家，是以变调而雄者也。""申纬以诗书画三绝闻于天下，……可谓具旷世之奇才，穷一代之极变。"③ 由此可见，申纬在朝鲜半岛文学史上具有重要地位和影响。

　　《二月十五日点军》首句"猩袍驼衲龟文织，秃襟小袖螭角盘"，意思是说，检阅军队的朝鲜国王披着用驼毛织成的有龟文花纹的红袍，里面穿着的是没有领口的内衣，上面绣着盘旋的长着角的螭龙。"猩袍"，指红袍。"驼衲"，用驼毛织的丝织物品。"秃襟"，指没有衣领、只有领口的光领衣服。"小袖"，指内袖，这里指内衣，红袍里面穿的衣服。"螭"，一种没有角的龙，是中国古代神话传说中的龙生九子之一。

　　"辘轳带重拖修剑，氍毹坐稳驰雕鞍"，意思是说，形似辘轳的器具内排放着演练用的经过整修、磨砺的刀剑，指挥演练的将军稳稳地坐在铺有花纹毛毯的华美马鞍上。"辘轳"，安在井上绞起水斗的器具。这里指盛放刀剑的形似辘轳的器具。"修剑"，这里指整修、磨砺后的刀剑。"氍毹"，有花纹的细毛毯。"雕鞍"，雕刻花纹的马鞍。

　　"蜚廉清道尘不动，句芒骖乘春尚寒"，意思是说，风神蜚廉吹起的风经过演练场地时，等待演练的士兵纹丝不动，也没有扬起场地的尘土。春神句芒的陪乘虽说也来到了这里，但此刻仍能感受到阵阵寒意。"蜚

---

① 琴知雅：《传入中国的朝鲜绘画》，北京大学韩国学研究中心编《韩国学论文集》第21辑，中山大学出版社，2013，第195～196页。

② 沈津：《书林物语》，上海辞书出版社，2011，第226页。

③ 沈津：《书林物语》，上海辞书出版社，2011，第220～221页。

廉"，中国古代神话人物，传说中的风神。"清道"，指古代帝王或官吏外出时，有衙役在前驱散道上的行人。这里指清理演练现场。"句芒"，中国古代神话人物，传说中主管树木发芽生长的木神（春神）。"骖乘"，古代乘车时居右边陪乘的人。

"营垒四望郊原豁，号令一洗儒生酸"，意思是说，在演练的营垒张望，四面都是开阔的郊野，指挥演练的将军洪亮的号令声让读书人觉得寒酸。"豁"，这里是开阔的意思。"酸"，寒酸。苏轼《约公择饮是日大风》诗有"要当啖公八百里，豪气一洗儒生酸"句。①

"当心擐甲朔方健，秃头挑战倭军孱"，意思是说，演练的双方北边一方是穿着甲胄的强健的朝鲜军队，僧侣也在挑战扮演卑鄙下贱的倭寇的一方。"擐甲"，穿上甲胄，即穿着铠甲，戴着头盔。"朔方"，北方，这里指北方的士兵，代指朝鲜士兵。"秃头"，这里指僧侣，壬辰战争期间，许多朝鲜僧侣加入了抗日武装，成为反击日军的生力军。"孱"，本指软弱，弱小，这里指卑贱，卑鄙下贱。

"《兵学指南》悬玉尺，戚大将军如在坛"，意思是说，朝鲜军队的《兵学指南》是检验演练效果的标尺，这就如同戚继光在检阅台上检视训练一样。此句作者自注："戚南塘《纪效新书》即为御倭而作，《兵学指南》以此书为蓝本。""戚南塘"，即戚继光，号南塘。自注说，戚继光的《纪效新书》是当年他在中国抗倭时所撰写的，而朝鲜军队的教科书《兵学指南》是依据《纪效新书》撰写的。"玉尺"，这里指检验军队训练成果的标尺。

"用我亦可坐谈笑，如此足以芟夷蛮"，意思是说，国王让我也来观看朝鲜军队的演练活动，坐在检阅台上谈笑风生，是因为看到了训练后的朝鲜军队足以消灭来犯的倭寇等入侵朝鲜的军队。"芟"，本义是铲除杂草，这里是铲除、消灭的意思。"夷蛮"，古代中国对东方和南方各族的泛称，这里代指倭寇等入侵朝鲜的军队。

"徐看旗帜杂新故，细阅部曲编孤鳏"，意思是说，仔细看会发现演练场上有各式各样不同的旗帜，认真察看才知道有些豪族私人武装的年长的家丁也在其中参训。"徐看"，仔细看。"部曲"，指军队编制，也指

---

① （宋）苏轼著，李之亮笺注《苏轼文集编年笺注》，巴蜀书社，2011，第155页。

豪门大族的私人军队。"孤鳏"，本指没有妻子的孤独的男子，这里指老兵或家丁。

"战马贳邻骊黄幻，兵刃典市鞲韝残"，意思是说，有些参训的私人武装的家丁乘坐的不同肤色的战马是从邻家租借的，手持的兵器也是从市场上购买的一些使用过的，佩刀鞘上旧饰物就是说明。"贳"，出租、出借。"骊黄"，指黑马和黄马。"鞲韝"，佩刀鞘上饰物，这里借指佩刀从戎。

"我闻足食兵为次，荐饥诘戎吁亦难"，意思是说，我听说足食足兵，对国家来说都不是最重要的，但连年灾荒，饭都吃不饱想整治军事也是一件很困难的事情。"足食"，足够食用。"足食兵为次"，这里指《论语·颜渊》中的记载："子贡问政。子曰：足食，足兵，民信之矣。子贡曰：必不得已而去，于斯三者何先？曰：去兵。子贡曰：必不得已而去，于斯二者何先？曰：去食。自古皆有死，民无信不立。""荐饥"，连年灾荒。"诘戎"，指整治军事。

"签丁半亡鱼鳞册，赋布莫征心肉剐"，意思是说，即使国家到了紧急关头，国土被侵略者占领了过半，也不要强征赋税，使百姓无法生存。"鱼鳞册"，又称丈量册，中国古代的一种土地登记簿册，这里指国土。"赋布"，指赋税的支出，这里指赋税。

"曷不停操罢聚点，且待苏槁医疮痍"，意思是说，（演练这么长时间了）为什么不停下来回到聚集的地方呢？点上柴火煮水，顺便医治演练时造成的创伤。

"然后按制整组练，得其死力当岭关"，意思是说，（休息好了，医治好创伤）然后按照既定的编制继续进行操练，练成誓死保卫国家边关的坚强卫士。"岭关"，这里指边关，边疆。

尾句"抚膺长叹白日暮，东风为我摧旗竿"，意思是说，面对下沉的夕阳，我抚摸胸口长叹，春风仍在吹拂着我们的旗帜。作者在尾句对着落日和被春风吹拂的旗帜"抚膺长叹"，应是五味杂陈，既有对士兵辛苦演练的赞叹，也有国家为边关安全、养兵而加重百姓负担的无奈叹息。

以上长诗给我们透露的信息是：纯祖时期为了朝鲜军队建设而举行的大型士兵操练，虽说加重了百姓负担，但朝鲜王室仍非常重视，予以全力推进，不仅纯祖国王带领群臣亲临检阅现场观摩训练情况，有些豪族私人武装也参加了演练，而纯祖时期朝鲜军队的日常操练，及大型的演练都是在戚继光的军事思想指导下进行的："《兵学指南》悬玉尺，戚大将军如在坛。"

　　纯祖时期，朝鲜军队建设基本延续了正祖时期的做法，继续以戚继光的《纪效新书》作为军队训练的教科书，训练的主要目标仍是"御倭"，在训练项目和方法上也能结合朝鲜的实际情况来实行。但由于这一时期朝鲜的国力远不及正祖时期，虽说戚继光军事思想仍对朝鲜军队建设有着重要影响，但其影响的力度也远不及正祖时期。

第十章　朝鲜王朝末期：朝鲜武事，专靠《纪效新书》

朝鲜纯祖之后是宪宗时期（1834～1849），宪宗之后是哲宗时期（1849～1863），哲宗之后是高宗时期（1863～1907）、纯宗时期（1907～1910）。从宪宗朝开始，朝鲜李氏王朝开始走向衰落。高宗晚期之后，朝鲜王室已成日本帝国的傀儡，1907 年，高宗李熙在日本的胁迫之下被迫退位，让位于皇太子李坧，即朝鲜王朝最后一位君主纯宗。1910 年 8 月，朝鲜被迫与日本签订《日韩合并条约》，朝鲜被日本吞并，李氏王朝走向终结。朝鲜王朝末期，虽说处在多事之秋，但由于受到前朝的影响，特别是高宗时期又受到日本的欺凌，戚继光以抗倭为主要内容的《纪效新书》仍然在朝鲜半岛有着很大的影响，朝鲜王室的主要官员仍强调要重视戚继光的军事思想对朝鲜军队建设的指导作用。

第一节　领相撰文推行戚继光的《纪效新书》

历官朝鲜王朝末期宪宗、哲宗、高宗三朝的官员李裕元，高宗亲政后担任领议政（首相）。李裕元曾多次撰文强调戚继光的《纪效新书》对朝鲜军队建设的指导作用，还赋诗称赞《纪效新书》给朝鲜半岛所带来的深远影响。

1. 朝鲜武事，专靠《纪效新书》

李裕元（1814～1888），字京春、号橘山、墨农，朝鲜宪宗辛丑（宪宗七年，1841）进士及第，宪宗乙巳（宪宗十一年，1845），作为朝鲜冬至使书状官出使中国。哲宗时，历官成均馆大司成、吏曹参判、司宪府大司宪、刑曹判书、礼曹判书、工曹判书、议政府左参赞等要职。朝鲜王朝史料记载："（李裕元）奉使入燕，鸿儒巨匠，推挹之甚重。长于吏治，廉明有威。按抚方面，疆场静谧。民怀其惠，西陲南省，皆图像而立生祠。"① "奉使入燕"，指宪宗时李裕元出使清朝京都燕京（北京）。高宗时，历官左议政（第一副首相）、水原府留守、领议政。高宗己亥（高宗十二年，1875），李裕元以朝鲜中枢府领事（正一品）身份担任世子册封使正使出使中国，与晚清重臣权臣李鸿章多有交往。李裕元博学多才，著有《林下笔记》《嘉梧稿略》《橘山文稿》等。高宗年间出使中国期间，李裕元写有《蓟槎日录》，② 收录在韩国当代学者、韩国东国大学名誉教授林基中编纂的《燕行录·续集》中。

李裕元曾上疏朝鲜国王《武才申饬启》：

> 古者为国，有文事，必有武备，此戒不虞而安不忘危之道也。迩来武备修举，沿边之墩堠相望，营邑之器械精敷。至于水舰火炮，无不毕具。而顾今将家子弟，不娴武技，全昧阵法，六韬三略，不知为何样书。百步七札，不知为何件物。执策御马则专恃仆夫，决拾调弓则反为羞耻。间虽有才识者，以笔札为美事，以吟哦为高致，恬嬉为度，有名无实。纵有墩堠而无可守之人，纵有器械而无可用之人。倘或边围有警，使似此之人临阵对敌，则其将赋诗以退虏乎。折冲御侮，非曰无人，而见无培养之道。阴雨备豫，疏漏莫甚。夫编伍约束，莫如戚继光之《纪效新书》，而我国武事，专靠是书。惟当日讲其方略，时习其射御，为他日干城推毂之材，实是缓急之可仗。以此申饬于京营各道，令介冑之士，依旧式练习各技，期有成效似好矣。③

《武才申饬启》先是强调了加强国防建设的重要性，称其为"此戒不虞而安不忘危之道也"，接着讲了当时朝鲜国内的军备现状："武备修举，沿边之墩堠相望，营邑之器械精敷。至于水舰火炮，无不毕具。"无论是朝鲜的边防设施，还是武器配备，都有了长足发展，做好了充分的

---

① （朝鲜）《桦溪先生遗稿》卷5，《韩国文集丛刊》第306辑，韩国首尔：景仁文化社，2003，第118~119页。
② 〔韩国〕林基中编《燕行录续集》第144册，韩国首尔：尚书院，2008，第409页。
③ （朝鲜）李裕元：《嘉梧稿略》第9册，《韩国文集丛刊》第315辑，韩国首尔：景仁文化社，2003，第331页。

准备。但朝鲜军队中，将领的素质太差，领兵的人"不娴武技，全昧阵法"，不仅不能上马打仗，"决拾调弓则反为羞耻"，还看不起那些会射箭、武艺在身的人。领兵的人只会空谈阔论，"以笔札为美事"，这些人在朝鲜军中"有名无实"，有没有皆可。"纵有墩堠而无可守之人，纵有器械而无可用之人"，就是说，当时的军队中，没有与边防设施、武器装备相匹配的军队将领。所以，朝鲜的当务之急，是要培养懂军事、能发挥好武器设施功能的将领。而当时的朝鲜"非曰无人，而见无培养之道"，不是没有人才，而是没有培养人才的机制和办法。李裕元在分析了朝鲜军队的现状和存在的问题后，提出了解决这些问题的办法，这就是"编伍约束，莫如戚继光之《纪效新书》，而我国武事，专靠是书"，说组建和管束军队，没有比学习戚继光《纪效新书》中的内容更好的了，所以，朝鲜王朝多年来，依仗的就是这本书。李裕元还强调，"惟当日讲其方略，时习其射御，为他日干城推毂之材，实是缓急之可仗"，说只有从现在起学好《纪效新书》中的方法与谋略，按照《纪效新书》中的内容学习射箭驭马等必备的技艺，为将来打仗培养出保卫国家的人才，是当前军队建设最紧迫的事情。所以，要指示护卫京城和各地方的军队，"依旧式练习各技"，仍要按过去实行多年的《纪效新书》的要求标准练习各种技能，这样才能"期有成效似好矣"，一定会有好的成效。

《武才申饬启》中涉及的几个词语："申饬"，这里是整饬、告诫的意思。"墩堠"，即烽堠、烽火台、烟墩，用于瞭望敌情和有了敌情后点燃烟火传递消息的高台。"六韬三略"，即《六韬》《三略》，都是古代的兵书，后泛指兵书、兵法。"百步"，即"百步穿杨"中的"百步"，来自《史记·周本纪》："楚有养由基者，善射者也，去柳叶百步而射之，百发而百中之。"① 这里的一步指行走时两脚之间距离的两倍。"七札"，指七层铠甲。《左传·成公十六年》："养由基蹲甲而射之，彻七札焉。""百步七札"，这里指练武的一些基本术语。"执策"，持鞭。"决拾"，指古代射箭用具。"决"，扳指，套在右手拇指上，用以钩弦；"拾"，套袖，多革制，套在左臂上，用以护臂。"决拾"，出自《诗经·小雅·车攻》："决拾既佽，弓矢既调。""边圉"，边疆，边地。"折冲"，使敌方

---

① （汉）司马迁：《史记》，（简体字本），中华书局，2000，第119页。

的战车折返，这里指抵御、击退敌人。"备豫"，防备，准备。"编伍约束"，这里指编制和管束军队。"干城"，本义指盾牌和城墙，这里指保卫国家的人才。"推毂"，推荐，荐举。"介胄"，本意指铠甲和头盔，这里指披甲戴盔。"介胄之士"，指武官、武士。

这份《武才申饬启》，虽然没有标注具体上疏的时间，但《朝鲜高宗实录》高宗十一年（同治十三年，1874）三月二十日记载了《武才申饬启》中的内容：

> （高宗）教曰："所奏如是恳挚，敢不服膺，当从速开讲矣。"裕元曰："如是虚受，则臣实难去矣。"又曰："古者为国，有文事必有武备，此戒不虞而安不忘危之道也。迩来武备修举，沿边之墩堠相望，营邑之器械精敄。至于水舰火炮，无不毕具。而顾今将家子弟，不娴武技，全昧阵法，《六韬》《三略》，不知为何样书。百步七札，不知为何件物。执策御马，则专恃仆夫，决拾调弓，则反为羞耻。有才识者，以笔札为美事，以吟哦为高致，恬嬉为度，有名无实。纵有墩堠而无可守之人，纵有器械而无可用之人。倘或边围有警，使似此之人临阵对敌，则其将赋诗以退虏乎。折冲御侮，非曰无人，而见无培养之道。阴阳备豫，疏漏莫甚。夫编伍约束，莫如戚继光之《纪效新书》。而我国武事，专靠是书。惟当日讲其方略，时习其射御，为他日干城推毂之材，实是缓急之可仗。以此申饬于京营各道，令介胄之士，依旧式练习各技，期有成效似好。"教曰："武备之练习，果今日急务。而此岂非将臣、道帅臣之责乎？以申明旧典，期有实效之意，各别申饬，而随其练习，特为收用，以为激劝之方也。"仍教曰："射御则文武皆当习之也。"①

上述引文的内容，有的与《武才申饬启》中记载一字不差，完全相同，这说明李裕元的《武才申饬启》，是其在高宗朝任职领议政，即朝鲜领相时所启。而且其启奏的观点得到了朝鲜高宗国王的认可和支持，

---

① （朝鲜）《朝鲜高宗实录》卷11，高宗十一年三月，韩国首尔：探求堂1973年影印本，第1册，第451页。

认为"武备之练习，果今日急务"，"以申明旧典，期有实效之意"。这也可以说明，虽说高宗初期朝鲜军队中忽视了对戚继光军事思想及其著作的学习，但至晚从高宗十一年（1874）开始，朝鲜王室就开始重视存在的问题，并下决心予以纠正了。李裕元身为领议政，又得到了国王的支持，必定会下大力气来推行戚继光军事思想及其著作在朝鲜军队中的学习和贯彻。虽然李裕元于高宗十二年（1875）不再担任领议政，改任中枢府领事了，但中枢府领事也是正一品高官，而且代表国王主管军事。"中枢府"，也称中枢院，《朝鲜王朝实录·太祖实录》记载："中枢院，掌启复、出纳及兵机、军政、宿卫、警备、差摄等事。"① 这也说明，李裕元可以更直接指挥和管理朝鲜军队，也必定更有利于推行他的主张，在朝鲜军队中推行戚继光军事思想及其著作。

除《武才申饬启》外，李裕元在《新选武士教练议》中也提到依照戚继光的《纪效新书》训练朝鲜军官之事：

> 我国无教练局，壬辰后得戚继光《纪效新书》，演成《兵学指南》，别立训练都监，习十八技，此是武艺别监创设之始也。其时柳成龙为都提调，赵瑹为大将。尚今学其法矣，因其制。新选武士，付之训局教练似好。②

记载说，朝鲜在壬辰倭乱（1592）之后引进戚继光的《纪效新书》，并据此编纂了《兵学指南》，当时还设立了"训练都监"，训练士兵学习《纪效新书》中提到的十八种技艺。设立"武艺别监"，负责士兵训练，就是从那时开始的。当时"训练都监"的提调，即总负责人是领相柳成龙兼任，负责日常训练的训练大将是武宰相赵瑹，这样一套训练体制和训练士兵的方法，"尚今学其法矣，因其制"。所以，要新选拔一批武士教练，"付之训局教练似好"，让教练管理和使用好。"十八技"，即前面提到的兵器使用方法及拳法。"十八技"均记载在戚继光的《纪效新书》

---

① （朝鲜）《朝鲜太祖实录》卷1，太祖一年七月，韩国首尔：探求堂1973年影印本，第1册，第23页。

② （朝鲜）李裕元：《嘉梧藁略》第9册，《韩国文集丛刊》第315辑，韩国首尔：景仁文化社，2003，第347页。

和《练兵实纪》中，壬辰战争期间，朝鲜编纂《兵学指南》时，将"十八技"也列入其中。

同前面提到的《武才申饬启》一样，李裕元的《新选武士教练议》，在《朝鲜高宗实录》中也有记载，虽说有文字不完全一致，但内容是相同的。《朝鲜高宗实录》高宗十一年（同治十三年，1874）四月二十九日记载：

> （领议政）裕元曰："壬辰后设训局，柳成龙为都提调，用戚帅御倭法，训练军兵，故今之选法，以十八般武技为尚矣。"（高宗）教曰："武艺厅，自仁祖朝设始，其时三十名矣。昔时武艺厅，多有骁健，而今则多孱劣矣。阙门旧无把守，西贼后始有之云矣。把守之制果好矣。新定入番把守军诸般措处，训将主管为之也。"①

从《朝鲜高宗实录》记载的时间可以看出，《新选武士教练议》也是在李裕元任职领议政时撰写的，从李裕元在《新选武士教练议》中的语气看，也与其当时领议政的身份相符合。李裕元在《新选武士教练议》中提到的"壬辰后得戚继光《纪效新书》，演成《兵学指南》"，《朝鲜高宗实录》高宗十一年（同治十三年，1874）三月二十日的记载也提及，李裕元对朝鲜高宗国王说："我国兵学指南，即出于《纪效新书》矣。"② 这都是说明，《新选武士教练议》一文形成于高宗十一年（1874），即高宗朝李裕元任职领议政时期。《朝鲜高宗实录》也说明，高宗时期（1863～1907），朝鲜设立训练都监，依照"戚帅御倭法，训练军兵"。三百年了，朝鲜依旧在按照这一机制训练士兵，只是运作的力度与当年已无法相比了，所以高宗李熙指出"今则多孱劣矣"，希望"训将主管为之也"，主管训练军兵的官员能切实抓好这件事。

李裕元在《玉磬觚剩记》一文中也提到了当时朝鲜军事教科书《兵学指南》与《纪效新书》的关系："至于坐作进退屯兵行阵之法，戚氏

---

① （朝鲜）《朝鲜高宗实录》卷11，高宗十一年四月，韩国首尔：探求堂1973年影印本，第1册，第457页。

② （朝鲜）《朝鲜高宗实录》卷11，高宗十一年三月，韩国首尔：探求堂1973年影印本，第1册，第451页。

《纪效（新）书》起于御倭，略而为《兵学指南》。宪庙最为精通，有非诸将所可及，此天纵之圣也。"① 说朝鲜军队的"行阵之法"，学习的是戚继光在御倭战斗中形成的《纪效新书》，后来朝鲜依此编纂了军事教科书《兵学指南》。比较起来，宪宗时期在用《纪效新书》《兵学指南》训练朝鲜军队时"最为精通"，是现在的朝鲜将官们很难超越的。这说明，宪宗、哲宗、高宗三个王朝，宪宗王朝更加重视《纪效新书》在训练朝鲜士兵中的作用，这也与作者在《武才申饬启》中所指出的高宗时期朝鲜军队所存在的问题相一致。说朝鲜宪宗时期（1834～1849）朝鲜军队最为重视《纪效新书》，应是宪宗朝延续了纯祖时期的一些做法，对前朝推行和落实戚继光的军事思想和练兵之法，"莫不谨遵，不敢违越"。② 宪宗即位时只有八岁，所倚重的是纯祖朝的老臣，在军队建设方面，延续的也应是前朝的一些做法。李裕元在宪宗时就在朝中为官，哲宗、高宗时又担任国家要职，对宪宗、哲宗、高宗三个王朝的情况都有清晰的了解。所以，高宗时期，身为国家重臣的李裕元有针对性地反复强调要在朝鲜军队中重视对《纪效新书》《兵学指南》的学习，特别是要依此来训练朝鲜的武官。

2. 《纪效》一编传海左，八般遵袭百年余

前面提到高宗时期，朝鲜仍在依照戚继光的《纪效新书》指导军队训练，在朝鲜军队编制方面，也仍是参照《纪效新书》设置军队编制，《朝鲜高宗实录》高宗十一年（同治十三年，1874）四月二十九日记载：

> 次对。……（行知三军府事）李景夏曰："大凡军制，军数虽多，大将之所约束者，不过营将五人，营将之所操束者，不过把总五人，把总以下至哨官、旗总、队长，而如是挨此操束，则如身之使臂，臂之使指也。"（高宗）教曰："武艺厅多有营门制度矣。"

---

① （朝鲜）李裕元：《嘉梧稿略》第 14 册，《韩国文集丛刊》第 315 辑，韩国首尔：景仁文化社，2003，第 550 页。

② （朝鲜）《纯斋稿》卷 3，《韩国文集丛刊·续集》第 120 辑，韩国首尔：景仁文化社，2011，第 44 页。

（领议政）李裕元曰："武监本是训局军兵，故训将谓之统尊位矣。"①

上述记载同前面引用的《朝鲜高宗实录》的记载是同一时间、同一场合，都是朝鲜高宗国王与朝臣讨论朝鲜军队的情况，这里提到的是当时朝鲜军队的编制情况。朝鲜"壬辰战争"之后，在军队中依照《纪效新书·束伍篇》设置了"营将""把总""哨官""旗总""队长"等职官，朝鲜高宗时期（1863~1907），"壬辰战争"过去三百年了，朝鲜军队依然保留了"壬辰战争"以后的编制，而身为领议政的李裕元还再次强调按照这样的编制训练和带领士兵的重要性。前面提到朝鲜在宣祖朝壬辰战争期间设立的训练都监，由领议政兼任总负责人，后来的朝鲜王室随着朝鲜国内外形势的平稳，训练都监的职能转交兵曹负责。高宗时期鉴于国内外形势的变化，为了强化军队的训练，训练都监的领导权再次由领议政兼任。《朝鲜高宗实录》高宗七年（1870）七月三日就记载："自今为始，训局领相例兼，禁营左相例兼，御营右相例兼。若相职递改，而原座未备之间，原任姑为仍带事，著为定式。"②"训局"，即训练都监。"领相"，首相，领议政。这都足以说明，高宗时期对军队训练的重视和戚继光军事思想影响之深远。

由于李裕元高度重视戚继光的《纪效新书》在朝鲜军队建设中的指导作用，所以他也有赞颂戚继光及《纪效新书》的诗篇：

戚继光

倜傥负奇好读书，御倭有术定无虚。

《纪效》一编传海左，八般遵袭百年余。③

此诗是李裕元创作的系列诗《皇明史咏》中的一首。《皇明史咏》共45首七言绝句，每首咏唱一位明朝著名的历史人物，时间跨度从明朝

---

① （朝鲜）《朝鲜高宗实录》卷11，高宗十一年四月，韩国首尔：探求堂1973年影印本，第1册，第457页。

② （朝鲜）《朝鲜高宗实录》卷7，高宗七年七月，韩国首尔：探求堂1973年影印本，第1册，第36页。

③ （朝鲜）李裕元：《嘉梧稿略》第3册，《韩国文集丛刊》第315辑，韩国首尔：景仁文化社，2003，第95页。

开国到明朝灭亡近三百年，涉及政治、军事、文学、哲学等各个方面的明朝历史名人。李裕元将诗集命名为《皇明史咏》，反映了作者以大明王朝为中华正朔的思想认知，而这样的思想认知，在明朝灭亡二百多年后，仍在朝鲜王朝有着很大的影响，身为朝鲜王朝高官的李裕元创作《皇明史咏》就说明了这一点。

《戚继光》诗"倜傥负奇好读书，御倭有术定无虚"，意思是说，戚继光是非常杰出之人，胸怀奇志，喜好读书，有抵御倭寇的好方法，与倭寇作战百战百胜。

"《纪效》一编传海左，八般遵袭百年余"，意思是说，戚继光的《纪效新书》传入朝鲜半岛之后，其内容的各个方面都原模原样地在朝鲜王国代代传承，从正祖国王在朝鲜全面推广《纪效新书》，到现在也有一百多年了。"海左"，这里指朝鲜半岛，也是当时朝鲜的别称。"百年余"，也可理解为几百年，说戚继光的《纪效新书》在壬辰倭乱（1592）之后传入朝鲜半岛，到现在已经有几百年了。

从李裕元的《戚继光》诗可以再次看出，朝鲜王朝末期，无论是宪宗时期，还是朝鲜最后的王朝高宗时期，朝鲜仍然把戚继光的《纪效新书》作为朝鲜军队建设和士兵训练的教科书。由此也说明，戚继光的军事思想及其著作传入朝鲜半岛之后，影响了朝鲜王朝三百年。

以上记载说明，朝鲜高宗时期，戚继光的军事思想及其著作不仅影响着很有权势和地位的李裕元，而且从李裕元的笔下也可清楚地看出，戚继光的军事思想及其著作对朝鲜王朝末期的几个王朝都有着重要的影响。

第二节　著名学者、文臣评说戚继光兵书

朝鲜王朝末期受各种外来思潮的影响，特别是西方思潮的传入，高宗时期亲日派、亲俄派对朝鲜王室的影响，以儒家学说为中心的中华传统文化在朝鲜半岛的重要地位受到了极大的挑战，即使在这样的背景之下，戚继光的形象及其学说，仍然得到众多知名文人的肯定和赞许。

1. 得戚公书，朝鲜略解火炮之式

朝鲜王朝末期著名学者金正喜（1786～1856），字元春，号秋史、阮堂，进士出身，年轻时曾到访中国，与中国当时的学界领袖翁方纲、阮元相识，其学识受到翁方纲等赞誉。金正喜致力于对中国儒家文献的批判性研究，是朝鲜王朝末期很有影响的思想家，同时也是著名的经学家、金石学家、书法家、画家。宪宗时，金正喜历官成均馆大司成、兵曹参判，后受王室内部争斗影响，宪宗六年（1840），55 岁的金正喜被流放，在长达十多年的流放生涯中，为排解孤寂，金正喜全心创作，成就了其书法、绘画上的领袖地位。其书法作品，创出了世人所熟知的秋史体；在绘画方面，被今天韩国人认为代表当时朝鲜最高水平的《岁寒图》画，也是金正喜在流放期间所画。

金正喜有《阮堂全集》传世，其中卷三收录了金正喜晚年写给权彝斋的三十五封信函。权彝斋，即权敦仁（1783～1859），字彝斋，号瓜地老人，朝鲜王朝末期著名诗人，宪宗朝时官至领议政。权敦仁是金正喜一生的挚友，二人往来的书信很多，在《阮堂全集》中记载的金正喜给权敦仁的第三十二封信谈到了戚继光：

> 昔皇明嘉靖年间，倭寇之沿海侵掠，至及内地江浙之间，大为骚扰。如戚帅诸人宿将重兵，屯戍行间，不知为几岁。戚帅所著《纪效新书》，为御倭而作。如唐荆川、茅元仪诸名士，专著备倭文字，今通行《武备志》等书，即其雄谈壮略也。当此之时，我东不知有此事，至于壬辰以后，始得戚公书，略解火炮之式。[①]

"唐荆川"，即唐顺之（1507～1560），字应德、义修，号荆川，进士出身，明代抗倭英雄，军事家。嘉靖年间，以兵部郎中督师浙江，因战功升右佥都御史，嘉靖三十九年（1560），督师抗倭途中染病去世。"茅元仪"（1594～1640），字止生，号石民、东海波臣等，曾任经略辽

---

① （朝鲜）金正喜：《阮堂全集》卷 3，《韩国文集丛刊》第 301 辑，韩国首尔：景仁文化社，2003，第 68 页。

东的兵部右侍郎杨镐幕僚，后因战功升任副总兵。茅元仪历时 15 年编纂了对后世影响较为深远的《武备志》。

金正喜在信中，一是提到了明朝嘉靖年间，倭寇侵掠中国沿海一带，江浙之间受害尤甚，戚继光统辖"宿将重兵，屯戍行间"，清剿倭寇，其间"所著《纪效新书》，为御倭而作"。二是提到了与戚继光同时在浙江一带抗倭的明军统帅唐荆川，及戚继光之后的军事理论家茅元仪，说他们和戚继光一样，"专著备倭文字"，也写过御倭的兵书，当时在朝鲜半岛"通行《武备志》等书"，都是抵御倭寇的"雄谈壮略"。三是说，壬辰倭乱之前的朝鲜（指李氏朝鲜），并不知道还有戚继光的《纪效新书》，壬辰战争爆发以后，朝鲜才有了"戚公书"，并且了解了其中记载的关于"火炮"等新式武器的使用和制造方法。金正喜的记载不仅充分肯定了戚继光当年的抗倭行动及其"为御倭而作"的《纪效新书》，而且明确指出了壬辰战争之后传入朝鲜的《纪效新书》，是朝鲜新式武器制造和改良的开端，充分肯定了戚继光的《纪效新书》为朝鲜军队建设所做出的贡献。朝鲜宪宗朝时曾任领议政（首相）的权敦仁与金正喜志同道合，金正喜的这些观点必定也是权敦仁所赞同的，前面提到高宗朝领议政李裕元撰文称赞宪宗时期在用《纪效新书》训练朝鲜军队时"最为精通"，[①] 这也可说明，宪宗时期包括领议政权敦仁在内的主要王室成员对《纪效新书》非常重视，戚继光的军事学说在朝鲜王朝末期仍有很大的影响力，仍得到官员和文人的高度认同。

2. 因戚继光《纪效新书》，创置训营

朝鲜依照戚继光的《纪效新书》指导军队建设，学习使用新式武器的情况，朝鲜王朝末期知名学者许熏也撰文提到。

许熏（1836～1907），字舜歌，号舫山，一生研读学问，无意仕途。据《墓碣铭》记载，许熏在十六七岁时，"卜筑于开宁舫岩之下，而自号曰舫山。终日对案，至夜深定钟而不倦。如《尚书》《论语》《礼记》等书，循环熟复，如诵己言。诸子百家之言，靡不咀英而嚼华，如探囊

---

① （朝鲜）李裕元：《嘉梧稿略》第 14 册，《韩国文集丛刊》第 315 辑，韩国首尔：景仁文化社，2003，第 550 页。

中物。其勤于问学有如此者","屡以文学行谊,荐于朝。至甲辰(1904),
除庆基殿参奉,病不就"。① "卜筑",择地建筑住宅。"行谊",品行,道
义。许熏喜好学问,无意仕途,其曾对子女言:"名缰驰逐,自古误人,
不丧吾本性者尠矣。且疏愚拙讷,不合时宜,宁从吾所好也。"② "名
缰",指功名利禄如束缚人的缰绳。

许熏《舫山先生文集》传世,其中卷十二《炮说》,提到了戚继光
的《纪效新书》:

> 于我国壬辰之乱,倭人以火炮长驱,八域糜烂几尽,无亦气数
> 之使然耶。宣祖己丑(1589),日本平义智来献鸟铳数件,我国之
> 有鸟铳始此,然不晓其制。未几而彼兵出矣,至癸巳(1593),因
> 戚将军继光《纪效新书》,创置训营,使军兵学习鸟铳,亦解煮硝
> 之法,而无及于乱矣。岂非亡羊而补牢耶。……一名虎蹲炮,陆地
> 为宜,水中亦可用。混江龙,泰固皮囊,裹炮入水中,岸上带索引
> 机,囊中火发。地雷炮,埋伏地中,用竹管为之。六合铳,以坚木
> 六条作成,内尖外阔,体长三尺。水陆可用。无敌神飞炮,每大炮
> 一位,子炮三位,可以洞堵,艨艟巨舰,一击而粉。③

许熏的《炮说》一文,主要记载了火炮(包括鸟铳等新式火器)在
朝鲜半岛发展的历史,文章特别指出,朝鲜半岛的许多新式火器都是在
壬辰战争爆发之后,朝鲜"因戚将军继光《纪效新书》,创置训营,使
军兵学习鸟铳",才逐步发展起来的,并有了"虎蹲炮""混江龙""地
雷炮""六合铳""无敌神飞炮"等新式火炮。前面已经提到戚继光的
《纪效新书》,详细记载了各种新式火器的性能、制造方法、使用方法,
还附有各种新式火器的图片及大小尺寸等,如"鸟铳""虎蹲炮",载

---

① 见(朝鲜)《舫山先生文集》卷23,《韩国文集丛刊》第328辑,韩国首尔:景仁文化
    社,2004,第211~213页。
② 见(朝鲜)《舫山先生文集》卷23,《韩国文集丛刊》第328辑,韩国首尔:景仁文化
    社,2004,第214页。
③ (朝鲜)许熏:《舫山先生文集》卷12,《韩国文集丛刊》第328辑,韩国首尔:景仁
    文化社,2004,第7~8页。

《纪效新书》卷三《手足篇第三》。①"无敌神飞炮""六合铳"载《纪效新书》卷十二《舟师篇》。②

许熏在《炮说》中关于各种火炮的介绍，来自戚继光的《纪效新书》，如《纪效新书》对"六合铳"的记载："以坚木六条，作成内尖外阔，照圆合圆，体长三尺。"③《纪效新书》还记载了六合铳在陆地使用和船上使用的不同制造方法，这与许熏在《炮说》中记载的"六合铳，以坚木六条作成，内尖外阔，体长三尺。水陆可用"完全一致。《纪效新书》对"无敌神飞炮"的记载："无敌神飞炮一位，每位子炮三门"，"大子可以洞堵，艨艟巨舰，一击而粉"。④"堵"，这里指墙。这与许熏在《炮说》中记载的"无敌神飞炮，每大炮一位，子炮三位，可以洞堵，艨艟巨舰，一击而粉"，其内容也完全一致。这都说明许熏对《纪效新书》记载的相关内容非常熟悉。一个无意官场的文人，如此熟悉戚继光的军事著作，除了忧国忧民的情怀之外，也说明戚继光的军事思想在朝鲜王朝末期仍然有着很大的影响力。

前面提到壬辰战争期间抗倭援朝的明军还派人依照《纪效新书》的记载指导朝鲜制造和使用新式火器。如当时入朝参战的明军将领戚金就指导朝鲜制造过"六合铳"，即六合炮。壬辰战争期间任职朝鲜领议政的柳成龙在所写的《记火炮之始》中有记载："《纪效新书》有六合炮，其制以木六片相辏为之，用以摧破墙壁舟舰，而未详其制造之法。癸巳（1593）甲午（1594）间，唐将戚金，乃戚继光亲侄，自言晓解其制，余请教之。既成而试之……其后又得《（纪效）新书》子母炮之制，于战用尤关。余令军器寺主簿李自海铸之。"⑤"子母炮"的制造和使用方法，载《纪效新书》卷三《手足篇第三》"子母铳制""子母铳解"。⑥朝鲜王朝末期的文人们重新记载这样一段朝鲜新式武器发展的历史：一是当时的朝鲜再次面临日本的威胁，需要强化军队建设，抵御日军的再

---

① （明）戚继光撰，范中义校释《纪效新书》（十四卷本），中华书局，2001，第51~62页。
② （明）戚继光撰，范中义校释《纪效新书》（十四卷本），中华书局，2001，第271~275页。
③ （明）戚继光撰，范中义校释《纪效新书》（十四卷本），中华书局，2001，第275页。
④ （明）戚继光撰，范中义校释《纪效新书》（十四卷本），中华书局，2001，第271、273页。
⑤ （朝鲜）柳成龙：《西厓先生文集》卷16，《韩国文集丛刊》第52集，韩国首尔：景仁文化社，1990，第320页。
⑥ （明）戚继光撰，范中义校释《纪效新书》（十四卷本），中华书局，2001，第62~63页。

次入侵；二是为了唤醒朝鲜人们对壬辰战争的记忆，其中包括中国明朝的抗倭英雄戚继光及其军事著作对壬辰战争的胜利及朝鲜军队建设所带来的影响。

李圭景（1788～1856），字伯揆，号五洲、啸云居士，朝鲜王朝末期著名实学家，其所撰《五洲衍文长笺散稿》，是研究朝鲜半岛科技史和民俗学的宝贵资料，也是19世纪朝鲜的百科全书。李圭景在《五洲衍文长笺散稿》中也提到了戚继光：

> 有隔远而听近之术。"《物理小识》：烧空瓦枕，就地枕之，可闻数十里外军马声。戚南塘以大瓮覆人凿地道，或以竹筒贯地穴，而附耳听。"瓮中人声，虽远近闻。[①]

李圭景记载中提到的《物理小识》，系中国明末清初思想家、科学家方以智（1611～1671）在明末崇祯年间所撰。《物理小识》内容涉及天文、地理、物理、化学、生物、医药等诸多方面，《物理小识（上）》卷一《天类·声异》记载："戚南塘以大瓮覆人，听凿地道，或以竹筒贯地穴而耳之。"[②]《物理小识》记载的瓮听、地听，在中国战国时期的《墨子·备穴》中就有记载："下地，得泉三尺而止。令陶者为罂，容四十斗以上，固顺之以薄革，置井中，使聪耳者伏罂而听之，审知穴之所在，凿穴迎之。"[③]"罂"，这里指古代大腹小口的酒器。说当在城内墙下挖一深三尺的井，让烧制陶器的工匠烧制一口大缸，缸口蒙上薄牛皮，放到井中，令听力好的人伏在缸上听，就能侦测到敌方开凿地道的方位，就能凿开地道迎击消灭来犯之敌。瓮听、地听，是中国古代战争中常用的探听敌方信息的方法，中国宋代以后编纂的兵书也多次提及，如北宋时期官修的《武经总要》，明代茅元仪编纂的《武备志》，方以智编撰的《物理小识》，李圭景撰写的《五洲衍文长笺散稿》，都以戚继光为例，应是表达了同一个情况，这就是戚继光在他们心目中的正面形象，这也反映出戚

---

① （朝鲜）李圭景：《五洲衍文长笺散稿·人事篇·论学类·博物》，韩国首尔大学奎章阁藏书，刊行年代不详，第16页。

② （明）方以智：《物理小识》卷1，商务印书馆，1937，第7页。

③ 罗炳良、胡喜云编著《墨子解说》，华夏出版社，2007，第371页。

继光在朝鲜王朝末期主张革新的实学家心中的地位和影响。

3. 戚继光兵书有实用

由于戚继光在朝鲜王朝末期文人心中有着很正面的形象，戚继光的言行仍然是当时许多朝鲜文人学习的内容。朝鲜王朝末期名儒田愚在高宗三十五年（1898）就写道：

> 杨氏廷显曰："使有牧童，呼我来前曰：'我教汝。'我亦当敬听其教。"戚南塘曰："攻尔过者，尔师也。属下人，能陈尔过，即不能师之以礼，亦必师之以心。"右两语寻常看得，有实用。盖屈己好问，是圣贤之盛德。而我辈学人，却不肯虚心听人，所以止于凡庸也。今若以杨、戚二公为法，其长进博大，不可量也。曾见吾友，有紧密之象，而少来善之量，所以与人多未合。故为举药石之言而奉闻焉，幸虚心以纳之。①

田愚（1841～1922），字子明，号臼山、秋潭、艮斋，朝鲜王朝后期著名儒学家，高宗十九年（1882）至高宗三十一年（1894）分别被授予典设司别提、江原道道使、司宪府掌令、顺兴府使、中枢院赞议等职，但均未出任。田愚一生追求传统儒学思想，作为朝鲜王朝后期正统儒学家而备受敬仰，弟子有3000多名，有《颜子篇》《渊源正宗》《艮斋集》《艮斋私稿》等著作传世，其对性理学研究取得的成就得到后世极高的评价。

"杨氏廷显"，指中国南宋时期理学家杨简的父亲杨廷显。杨简，字敬仲，号慈湖，南宋乾道五年（1169）进士，历官绍兴府司事、浙西抚干、嵊县知县、国子博士等，杨简为官清廉，去世后被追封为正奉大夫（正四品上），《宋史》有传。杨简有《慈湖遗书》传世，《慈湖遗书》卷十七中有《纪先训》文，辑录了杨慈湖的父亲杨廷显教育子弟的相关语录。田愚记载的杨廷显说的话，即来自《纪先训》。"杨廷显，字时

---

① （朝鲜）田愚：《艮斋先生文集》前编续卷1，《韩国文集丛刊》第333辑，韩国首尔：景仁文化社，2004，第327页。

发，号称'四明士'，为人持身平正敦厚，处事稳健严肃，是为正人君子，杨家族人皆以廷显为第一人。"①

田愚上述记载的戚南塘，即戚继光的一段话，来自戚继光的长子戚祚国汇纂的《戚少保年谱耆编》一书。嘉靖二十六年（1547），戚继光二十岁的时候曾写有"十四戒"座右铭，其中第一曰："攻尔过者，尔师也。属下人能陈尔过，即不以师之以礼，然必师之以心。"②

田愚记载的这段话，主要是表达了做人要虚心、不耻下问的观点，田愚举例引用了宋代杨廷显和明代戚继光各自的一段话，来支撑和说明自己的观点。田愚之所以举例杨廷显、戚继光的话，不仅说明这二人在田愚心目中有很高的地位，也说明戚继光在朝鲜王朝末期的朝鲜半岛仍有很大的影响。田愚是当时很有影响的学者和思想家，他熟悉介绍戚继光生平的《戚少保年谱耆编》一书，也必然熟读过戚继光的军事著作，他引用戚继光的话来支撑自己的观点，并说戚继光的话"寻常看得，有实用"，这在朝鲜王朝末期实学派盛行之时，必将推动戚继光的自身形象及其学说在朝鲜半岛的进一步传播。

朝鲜王朝末期文臣俞莘焕曾建言朝鲜王室依照戚继光的《纪效新书》来指导朝鲜都城的城防建设。俞莘焕在《策问》中记载：

> 城外之有石墙房屋，戚氏《（纪效）新书》之所戒也。京城城下，闾阎栉比，使敌来依于其中，则矢石无所施。而攻城之具，亦将恣敌之所为矣。③

俞莘焕（1801～1859），宪宗、哲宗朝官员，历官缮工监役、司宪府监察、全义县监等职。据《墓志铭》记载，俞莘焕任全义县监时，"县小而贫，吏猾民豪。人皆忧之。先生采颁蓝田乡约，视吏民若家人。凡有诉，既判曲直，又喻道理。……军丁之征白骨黄口者，并蠲之。捐俸

① 尹全海、孙炜主编《根在中原：闽台大姓氏探源》（下册），九州出版社，2013，第883页。
② （明）戚祚国汇纂《戚少保年谱耆编》，中华书局，2003，第10页。
③ （朝鲜）俞莘焕：《凤栖集》卷5，《韩国文集丛刊》第312集，韩国首尔：景仁文化社，2003，第83页。

给民，使取殖补阙，民大悦。……庚戌（1850），考殿归，全民欲立祠，监司禁之。"① 俞莘焕抑制当地权贵，得罪了监督州县官吏的监司，监司不仅不同意百姓为俞莘焕立祠颂德，还编造理由对俞莘焕进行定罪处罚。俞莘焕去世二十四年后，有朝中大臣为其申冤，其被追赠司宪府大司宪（从二品）、成均馆祭酒。

俞莘焕在《策问》中提到的戚继光在《纪效新书》中的记载，见于《纪效新书·守哨编·城忌解》："城外三丈内有房屋，贼势众，撤之，撤不及则焚之。……若贼以百数伏屋脊外，射击守城人，贼众将屋内打通墙壁，扛梯木到城下，可以径登，或就民房中运土邦城，起埋而登，皆无可奈何。有近城一丈以内者，城身又低于屋，此不守之城也。"② 俞莘焕建议朝鲜王室按照《纪效新书》中所告诫的内容，将不利于京城防御的城外"石墙房屋"拆除。

我们在前面提到无论是壬辰战争期间，还是战后的一二百年里，朝鲜王朝一直都在依照戚继光在《纪效新书》中的记录进行城防建设，朝鲜王朝末期，俞莘焕所在的时代，已经远离戚继光时代三百年了，攻城的武器，特别是新式火炮已经有了很大的改进，但朝鲜的官员们仍然非常重视戚继光的城防思想，仍然希望按照戚继光的《纪效新书》来指导朝鲜的城防建设，这既说明戚继光的城防思想在朝鲜王朝末期仍有很大影响，也说明了当时的朝鲜官员，包括文官仍在学习戚继光的军事著作。

第三节　知名文臣诗赞戚继光

朝鲜王朝末期，不少文人，包括一些很有影响的文臣也在诗作中颂扬戚继光及其军事思想，如前面提到的官至高宗朝领议政的李裕元，就创作有《戚继光》诗。这里再解读几首朝鲜王朝末期文臣颂扬戚继光及其军事思想的诗作。

---

① 见（朝鲜）《凤栖集·附录·墓志铭》，《韩国文集丛刊》第312集，韩国首尔：景仁文化社，2003，第159~160页。

② （明）戚继光撰，范中义校释《纪效新书》（十四卷本），中华书局，2001，第314~315页。

1. 韩侯传活法，戚帅秘奇方

洪直弼（1776～1852），字伯应，号梅山，宪宗、哲宗时朝中官员，朝鲜王朝末期著名哲学家，谥号文敬。《梅山洪先生墓志铭》记载，洪直弼青壮年时多次辞官不就，宪宗朝时，洪直弼历官掌乐院主簿、黄海道都事、军资监正、经筵官、司宪府持平、司宪府执义、工曹参议、承政院同副承旨、成均馆祭酒。哲宗朝时，历官司宪府大司宪、资宪大夫（正二品）、敦宁府知事、刑曹判书等。"秋七十七，讣闻，上下哀纶，赐赙祭。在朝在野，无不相吊。太学操文致奠，咸曰：斯文丧矣。……先生殁而儒化斩矣。""噫！当先生之时，四方人士，莫不宗仰。以至异趣者，亦无异辞，……为命世之真儒。"①洪直弼在当时及后世的影响，主要还是其对传播儒学的贡献，后世学者将其与中国著名儒学家朱熹相提并论，由此可见其在朝鲜王朝时期的地位和影响。

洪直弼有《梅山集》传世，《梅山集》卷一有诗作《达川战场》，赞誉戚继光的《纪效新书》，"乃御倭之方也"。

达川战场

> 屹山高漠漠，达野浩茫茫。
>
> 地势无夷险，人才有短长。
>
> 韩侯传活法，戚帅秘奇方。
>
> 将军能舍命，宗国奈天亡。
>
> 韩侯活法，即背水阵。戚继光奇效新书，乃御倭之方也。②

诗题《达川战场》中的"达川"，指达川江。达川江发源于韩国忠清北道报恩郡的俗离山（俗离山今为韩国国家公园），向北流入南汉江。前面提到的朝鲜正祖朝进士，写有《华城军制》的著名学者成海应（1760～1839）在《东水经》一文中记载："达川江自文藏台西流为福

---

① 见（朝鲜）《肃斋集》卷24，《韩国文集丛刊》第311辑，韩国首尔：景仁文化社，2003，第471～474页。

② （朝鲜）洪直弼：《梅山先生文集》卷1，《韩国文集丛刊》第295辑，韩国首尔：景仁文化社，2002，第62页。

泉，折而北为屏渊……又北至于忠州栗枝柳等之界，经团月之西，与汉江会。万历壬辰之乱，申巡边砬败于是。达川或名德川，又名獭川。"①
说达川江向北流经忠州（朝鲜王朝时期的忠清道首府），明朝万历年间壬辰倭乱时，朝鲜三道都巡边使申砬（1546～1592）率军反击侵略朝鲜的日军时，在这里失败了。"达川战场"，指的就是壬辰战争期间申砬率领朝鲜军队与侵朝日军作战的达川江边的战场。

诗歌首联"屹山高漠漠，达野浩茫茫"，意思是说，我站在达川古战场上，望着远处高崇迷茫的主屹山，脚下的达川原野辽阔旷远。"屹山"，主屹山，在今韩国庆尚北道闻庆市闻庆邑。"达野"，这里指达川原野。

颔联"地势无夷险，人才有短长"，意思是说，战场上地势上没有平坦和险要之别，可在战场上指挥作战的人却有高低之分。"夷险"，平坦与险阻。

颈联"韩侯传活法，戚帅秘奇方"，意思是说，中国的秦汉时期韩信传下了背水一战的阵法，明朝的戚继光也留下了神奇的《纪效新书》。作者自注："韩侯活法，即背水阵。戚继光奇效新书，乃御倭之方也。""韩侯"，指西汉时期开国功臣、著名军事家韩信。"背水阵"，即背水一战的阵势，也指身处绝境，为求出路而决一死战。史料载《史记·淮阴侯列传》："信乃使万人先行，出，背水陈。……军皆殊死战，不可败。"② 说当年汉军与赵军作战，汉军主帅韩信在河边摆下背水阵，汉军将士没有退路，为求生只有拼命死战，结果打败赵军。"奇效新书"，这里指戚继光的《纪效新书》，也可解释为神奇的《纪效新书》。

尾联"将军能舍命，宗国奈天亡"，意思是说，领兵的将军即使能舍命救国，但老天要让国家灭亡又怎么能救得了呢？"宗国"，本指与天子同宗的诸侯国，这里指祖国、国家。联系本诗颔联、颈联的内容，作者除了赞颂当年在达川战场上为国捐躯的申砬等朝鲜将领外，还表达了这样一种意思，说打胜仗光靠能拼命还不行，还得有像中国韩信、戚继光那样的能力和智慧。"人才有短长"，当年达川战场上的申砬，没有韩信、戚继光那样的才能，在不了解敌我双方军情的情况下，也学韩信背

---

① （朝鲜）成海应：《研经斋全集·外集》卷 44，《韩国文集丛刊》第 277 辑，韩国首尔：景仁文化社，2001，第 255～256 页。

② （汉）司马迁：《史记》（简体字本），中华书局，2000，第 2029～2030 页。

水一战，却因寡不敌众，不仅身葬达川江，也使得忠州城的众多平民百姓惨遭涂炭。"宗国奈天亡"，作者仰天长叹，也是在感叹当时的朝鲜没有韩信、戚继光这样的人才，同时也说明，壬辰倭乱过去二百五十多年了，朝鲜人民仍对戚继光的《纪效新书》在抗倭战争中所发挥的重要作用怀有深深的敬意。

2. 日暮训营呈别技，倭枪倭剑御倭方

赵冕镐（1803～1887），字藻卿，号玉垂、怡堂等，朝鲜宪宗三年（1837）进士及第，宪宗、哲宗、高宗时期官员，历官朝鲜淳昌郡守、平壤庶尹、义城县令、户曹参判、知义禁府使等职。赵冕镐是朝鲜王朝末期著名文人、书法家，是朝鲜王朝时期词作传世最多的词作家，留下了多部诗集，尤以梅花诗著称。赵冕镐喜好中华文化，时评"玉垂赵冕镐藻卿……文雅清恬，不喜与俗士游，素慕中华名士。"① 赵冕镐有《玉垂集》《礼石记》传世，《玉垂集》中有诗作提到了高宗时期仍在依照戚继光《纪效新书》指导朝鲜的军事训练。

<blockquote>

越翌日己亥，展礼东庙后，试射西北别付料军官，仍观各营武才

至尊起敬美髯公，东庙仪文南庙同。

一部春秋何地读，千年犹自赖英风。

两厢旗脚掣云光，西北军官试射场。

日暮训营呈别技，倭枪倭剑御倭方。

（倭技出戚继光《纪效新书》中）②

</blockquote>

此诗选自《玉垂集》卷十六，此卷第一首是《园中作》，作者标注"辛未"，而且诗中有"园中种百卉，日月递芳菲。余龄六十九，爱此得因依"句，③ 说明《园中作》诗是辛未年（1871）所作，即高宗八年，

① （朝鲜）申锡愚：《海藏集》卷9，《韩国文集丛刊·续集》第127辑，韩国首尔：景仁文化社，2011，第355页。

② （朝鲜）赵冕镐：《玉垂先生集》卷16，《韩国文集丛刊·续集》第125辑，韩国首尔：景仁文化社，2011，第473页。

③ （朝鲜）赵冕镐：《玉垂先生集》卷16，《韩国文集丛刊·续集》第125辑，韩国首尔：景仁文化社，2011，第469页。

此年作者已 69 岁。《越翌日己亥，展礼东庙后，试射西北别付料军官，仍观各营武才》诗的前一首诗题是《是年九月十一日戊戌，上以介胄，展礼于南关王庙讫，御沙场殿试射内三厅靺韦》，[①] 这两首诗歌均放在"辛未"年，即朝鲜高宗八年（1871）所作的诗歌中，应为作者当时随同高宗国王李熙参观射箭演练时所作。

此诗的题目和内容均是承接上一首《是年九月十一日戊戌，上以介胄，展礼于南关王庙讫，御沙场殿试射内三厅靺韦》，说高宗八年（1871）九月十一日，高宗国王身穿戎装，到南关帝庙祭拜后，来到了内三厅训练场主持射箭考试，箭靶是用赤黄色皮革做成的。"展礼"，指行礼、施礼。"关王庙"，即供奉中国蜀汉名将关羽的祠堂。朝鲜的关王庙，最早是壬辰战争期间抗倭援朝的明军将领所建。"南关王庙"，位于今首尔特别市龙山区桃洞南大门外，建于朝鲜宣祖三十一年（1598），后因战乱多次焚毁，1957 年再次重建。"内三厅"，指朝鲜王朝禁军，包括内禁卫、兼司仆、羽林卫。"靺韦"，染成赤黄色的皮革，这里指用赤黄色皮革做成的靶子。

此诗题目《越翌日己亥，展礼东庙后，试射西北别付料军官，仍观各营武才》，意思是说，第二天，高宗国王到东关帝庙祭拜后，来到了汉城（今首尔）西北训练场别付料军官处主持射箭考试，并观摩各营武官的演练。"东庙"，指东关王（关帝）庙，位于今首尔特别市钟路区崇仁洞，始建于朝鲜宣祖三十年（1597），竣工于宣祖三十四年（1601），现为韩国第 142 号国宝。"别付料军官"，指朝鲜总戎厅龙虎营所属武官，因所得俸禄来自国家非正常拨付的经费，故得其名。

诗歌首联"至尊起敬美髯公，东庙仪文南庙同"，意思是说，东关王庙供奉着至尊无上令人敬慕的美髯公关王，高宗国王在东关王庙举行的祭拜仪式和在南关王庙的祭拜活动是相同的。"美髯公"，关王关羽的美称。"南庙"，即上一首诗歌提到的汉城"南关王庙"。

颔联"一部春秋何地读，千年犹自赖英风"，意思是说，一部《春秋》，当年关王是在什么地方读完的呢？一千多年过去了，人们之所以还

---

① （朝鲜）赵冕镐：《玉垂先生集》卷 16，《韩国文集丛刊·续集》第 125 辑，韩国首尔：景仁文化社，2011，第 473 页。

在祭祀关王,是因为他当年的英雄气概。

颈联"两厢旗脚掣云光,西北军官试射场",意思是说,训练场两旁飘荡的战旗尾部闪动着日光,西北训练场的军官们正在射箭场上弯弓受试。"旗脚",犹旗尾。"云光",指透过云层的日光。

尾联"日暮训营呈别技,倭枪倭剑御倭方",意思是说,日落时分训练营表演了一些考核内容之外的新式技能,那就是用倭枪、倭刀来抵御倭寇的办法。"别技",使用新式武器的新技能,这里指御倭技,即《纪效新书》中御倭方法。作者在尾联自注:"倭技出戚继光《纪效新书》中",这说明高宗时期,朝鲜军队训练的主要教科书仍然是戚继光的《纪效新书》。朝鲜高宗国王连续几天都亲临训练现场,主持和观摩训练情况,也说明朝鲜王朝末期,仍是十分重视戚继光的军事思想及其著作对朝鲜军队建设的指导作用。这也进一步说明,戚继光军事思想及其著作的巨大魅力给朝鲜王朝带来的重大而深远的影响。

3. 戚李经营非不伟,谁能持满又防倾

姜玮(1820~1884),字仲武,号慈屺、秋琴,朝鲜王朝末期著名诗人,以写悲愤慷慨、格调高昂的律诗见长。姜玮曾三次来到中国,对汉文化的研究有较深的造诣。《姜玮传》记载:"二十四岁禀命于父,废举业专心劬经,兼习宋四子书","有远游之志,周行国内,遍观名山川人物风土。遂三入中国,再涉日域,卒困而归。以其所得于心目者,发之为歌咏,至老白首不休。……荐绅文士从与游者甚众,有如李学士建昌、郑学士万朝等诸名士三十余人,莫不倾心悦服,推以为诗坛盟主。及其没也,攟摭其咳唾,凡八百五十六首,编之为十七卷","玮又尝作拟策一道凡二万九千余言,引古证今,论三政得失甚悉。其所蕴抱可知"。①"李学士建昌、郑学士万朝",即朝鲜王朝末期著名汉文作家、诗人李建昌、郑万朝,今韩国编纂的文学史教材,对姜玮、李建昌、郑万朝均有介绍。"蕴抱",怀藏抱负。

姜玮有诗集《古欢堂收草诗稿》、文集《东文字母分解》《庸学

---

① 见(朝鲜)《性斋先生文集》卷30,《韩国文集丛刊》第308辑,韩国首尔:景仁文化社,2003,第604~605页。

解》《孙武子注评》等传世。本文选录的这首颂赞戚继光的诗作，来自姜玮的《古欢堂收草诗稿》卷十三《北游续草》，是作者游历中国时所作。

四方城，用前韵

壁上峨峨树汉旌，四方城子镇辽程。

关外撤兵穷庙算，宁前争议见边情。

千墩星络山河势（戚继光，设烟台千二百所），

六堡风传草木声（李成梁，建六堡）。

戚李经营非不伟，谁能持满又防倾。[①]

　　此诗系作者路经中国山海关外的四方城时有感而发，"四方城"，这里指明嘉靖、万历年间为防止外族进犯而修建的烽火台，也称烟台、烽堠、烟墩、斥候墩台等，这在当时朝鲜文人的笔下就有记载，如朝鲜哲宗十一年（1860）出使中国的朝鲜谢恩兼冬至正使申锡愚（1805～1865）在《入燕记·山海关记》中就记载："四方城，城距山海关才数三里，盖关外之斥候墩台也。其制甚奇，未知戚纪、茅书亦有此否？四方筑砖为城，方二十余步，四隅各有雉堞，南有虹门。外设瓮城而今圮，尚有两旁门之址。从虹门入其中，地平方十余步，城上之隍可五步。城高可五六丈，四正隍底，设藏兵之所。若虹门然者各五，其南则虹门之通出入者居其一。四隅各设梯级，以便舍登。登其上，四隍外设女墙，其堞亦各为五。四隅之雉，各方二步。西望山海，城楼缥渺，耸出于烟霭之间，或云旧凿地道。"[②]"戚纪、茅书"，指戚继光的《纪效新书》和明末军事家茅元仪的《武备志》。传说"四方城"系戚继光镇守蓟州时带领部属所建。

　　诗歌首联"壁上峨峨树汉旌，四方城子镇辽程"，意思是说，高大陡峭的四方城上树立着中国军队的旗子，明朝当年建设四方城就是为了

---

① （朝鲜）姜玮：《古欢堂收草诗稿》卷 13，《韩国文集丛刊》第 315 辑，韩国首尔：景仁文化社，2003，第 448 页。

② （朝鲜）申锡愚：《海藏集》卷 16，《韩国文集丛刊·续集》第 127 辑，韩国首尔：景仁文化社，2011，第 579～580 页。

镇守辽东边塞。"汉旌",这里指中国军队的旗子。

颔联"关外撤兵穷庙算,宁前争议见边情",意思是说,当年明朝在宫内争议边关的情况,确定从关外撤兵是一种目光短浅的决策。"穷",这里是浅薄或有缺陷的意思。"庙算",指朝廷对战事进行的谋划。"宁前",这里是宫内、屋内的意思。《尔雅·释宫》:"门屏之间谓之宁。"郭璞注:"人君视朝所宁立处。"①

颈联"千墩星络山河势(戚继光,设烟台千二百所),六堡风传草木声(李成梁,建六堡)",括号内的文字系诗歌作者自注。意思是说,当年戚继光所建的一千二百所墩台像星星一样排列守护着明朝的山河,明朝将领李成梁所建的宽甸六堡现在只能听到风吹草木的声音。言外之意是,无论是戚继光所建的一千二百所墩台,还是李成梁所建的宽甸六堡,在戚继光、李成梁相继去世之后,后来的明军将领都没有阻挡住当年清军的入关。"李成梁"(1526~1615),和戚继光同时期的明末将领,率军镇守辽东三十年,曾多次战胜蒙古族、女真族,其间建宽甸等六堡,一堡经管一段辽东长城,有力地护卫了明朝北部边关。"宽甸",今辽宁省丹东市宽甸。

尾联"戚李经营非不伟,谁能持满又防倾",意思是说,并不是戚继光、李成梁所建的这些防御设施不雄伟健壮,主要是因为没有像戚继光、李成梁这样一些始终保持着旺盛斗志的将军去捍卫边关的安全,支撑着朝廷的大厦不倾倒。作者在诗中对戚继光、李成梁的赞扬,不仅仅是因为他们有旺盛的斗志,还是因为他们有修建防御设施的谋略。"持满",保持精神的充足饱满。

通过朝鲜高宗时官员的诗歌,我们可以了解到,当时戚继光的军事思想仍然有着很大的影响,尽管当时与戚继光所处的时代已经过去三百多年了,军队的武器装备及作战方法已经发生了很大变化,但在朝鲜官员心目中,戚继光的军事思想仍然没有过时,只是强调学习戚继光军事思想的实质,要结合时局的变化,"握机随处变",依据时代的变化随机应变。

朝鲜王朝末期,戚继光军事思想仍对朝鲜军队建设产生着重要影响,

---

① (晋)郭璞注《尔雅》,浙江古籍出版社,2011,第31页。

特别是宪宗时期延续了正祖、纯祖朝的一些做法，但由于国力日益衰微，哲宗、高宗时期朝鲜王朝走向没落，军队建设也受到严重影响，戚继光军事思想在朝鲜军队中也难以发挥大的作用。随着朝鲜王朝的终结，戚继光军事思想对朝鲜王朝军队的影响也落下帷幕。

结　论

朝鲜壬辰战争期间（1592～1598），戚继光的《纪效新书》传入朝鲜半岛，成为朝鲜王朝军队改革的指南和训练的教科书，之后，戚继光的《练兵实纪》也传入朝鲜半岛，也成为朝鲜军队训练，特别是骑兵训练的教科书。戚继光军事著作对朝鲜王朝军队的影响，一直延续到朝鲜王朝末期。朝鲜高宗时期（1863～1907），"朝鲜武事"，仍"专靠《纪效新书》"，[①] 也就是说，戚继光军事思想影响了朝鲜王朝军队三百年，而且其间的每一届朝鲜王室均将其作为朝鲜军队建设的兵学指南。

第一节　戚继光军事思想对朝鲜王朝军队的影响情况概述

戚继光的军事思想传入朝鲜半岛之后，历经朝鲜王朝宣祖、光海君、仁祖、孝宗、显宗、肃宗、景宗、英祖、正祖、纯祖、宪宗、哲宗、高宗等十三任国王。虽说这十三任国王均将戚继光的军事著作作为朝鲜军队建设的教科书，但由于每任国王所处的国内外环境不同，各时期的朝鲜王室对戚继光军事思想的认知和重视程度也有一定差异，所以，戚继光军事思想在朝鲜王朝的不同时期，其影响的程度也不尽相同。在依照戚继光军事著作指导朝鲜军队建设时，每一届朝鲜王室都有自己侧重点，在操作方法上，有的还有所创新。

1. 朝鲜王朝不同时期对戚继光军事思想的重视程度比较

朝鲜宣祖七年（万历二年，1574），出使明朝的朝鲜使臣将戚继光的治军思想传入朝鲜王室，建议朝鲜能以戚继光为榜样，治理好当时军纪松散的朝鲜军队，但并未引起朝鲜王室的高度关注，宣祖国王李昖还

---

① 说明：结语中未加注释的引文，皆出自前述引文。

以中朝情况不同对这些合理化的建议予以回绝。宣祖二十五年（万历二十年，1592），日军侵略朝鲜，朝鲜军队在来势凶猛的日军面前一战即溃。宣祖二十六年（万历二十一年，1593）正月，入朝参战的明军取得平壤大捷之后，宣祖王室才开始重视戚继光的军事思想，并引进戚继光的《纪效新书》训练朝鲜军队。宣祖王室成立了依照《纪效新书》训练朝鲜军队的专门机构——训练都监，并由领议政（首相）担任总负责人，武宰相任训练大将，负责日常训练，兵曹判书负责军备及后勤保障。新组建的朝鲜新军"实如戚制"，不仅像《纪效新书》中提到的由国家出钱招募士兵，而且士兵的建制及日常管理、训练，也是依照《纪效新书》进行。"训练都监"的设立，拉开了朝鲜王朝依照戚继光军事思想建设军队的序幕，为之后的朝鲜王朝依照戚继光军事思想建设军队奠定了重要基础。

为了依照当年戚家军的练兵方法训练朝鲜军队，朝鲜还聘请了在朝鲜抗倭援朝的明军将士，特别是当年戚继光的部属来指导训练。这些当年戚继光培养和带出来的得力干将，他们"以一教十，以十教百，以百教千，以千教万"，为朝鲜军队训练出了一大批英勇善战的将士，成为朝鲜保卫国家、抵御日军入侵的中坚力量。

宣祖时期，朝鲜王室不仅在军队日常训练上依照戚继光的《纪效新书》，在城防建设和武器装备上也全面仿照《纪效新书》的要求来做。宣祖王室要求朝鲜各道（省）都要学习、制造新式火器，要按照《纪效新书》记载的城防标准进行城防建设，在城门上修建大炮楼，装备大火力的新式火炮，极大地提升了朝鲜的武器装备水平和城防能力。

可以这样说，宣祖时期，朝鲜王室是在全方位地依照戚继光军事著作建设朝鲜军队，无论是士兵的训练、军官的培养，还是城防建设和新式武器的制造，无一不是参照戚继光的《纪效新书》。之所以这样做，是因为当时朝鲜面临着日军的大举入侵，需要尽快提升朝鲜军队的战斗力，特别是当"平壤大捷"之后，了解了戚继光军事思想的作用和影响之后，朝鲜在较短的时间内将戚继光军事思想普及到朝鲜军队建设的方方面面。正是这样一个特殊时期，戚继光军事思想因时因地在朝鲜半岛得以全面开花，其影响之大、普及面之广，远远超过了戚继光军事思想在中国国内的影响，这也深刻地影响了后来的朝鲜王朝，是后来的朝鲜王室继续在军队中传播戚继光军事思想的重要原因。

宣祖之后的朝鲜王朝虽说仍然以戚继光军事思想治理朝鲜军队，但由于没有宣祖时期所面临的日军大举入侵、朝鲜几乎亡国这样的特殊背景，也没有在朝鲜抗倭援朝的原戚继光部属帮着训练朝鲜军队这样的有力条件，所以在推行戚继光军事思想指导军队建设方面，除正祖时期外，其力度和广度都远不及宣祖时期。

朝鲜宣祖之后光海君李珲时期，由于光海君李珲经历过壬辰倭乱，也了解宣祖时期依照戚继光军事思想指导朝鲜军队建设所带来的巨大变化，所以执政之后，仍然把戚继光的军事著作作为朝鲜军队建设的教科书，无论是士兵训练，还是城防建设，都"仿戚氏新书之制"，包括地方官员，在组织训练地方军队时，"悉遵戚氏之法""操练之规，皆法戚氏之制"，这说明，朝鲜王室更迭之后，戚继光的军事思想仍然对朝鲜半岛产生着重要影响。但光海君时期，由于没有日本入侵朝鲜的压力，北部边境的后金还未形成大的威胁，所以朝鲜王室在军队建设上只是延续了前朝的一些做法，对戚继光军事思想的重视程度，远不及他的父亲宣祖李昖。

朝鲜光海君之后的仁祖时期，仁祖李倧执政后，改变了光海君"脚踏两只船"的立场，只承认明王朝是朝鲜的宗主国，而反对后金政权，因而也更加推崇中华文化，比光海君时期更加重视戚继光军事思想在朝鲜军队建设中的指导作用。但由于仁祖五年（天启七年，1627）后金军队侵扰朝鲜，仁祖李倧逃至朝鲜江华岛。仁祖十五年（崇祯十年，1637）三月，清军大举入侵朝鲜，"世子被擒，国王出降"，[①] 虽说仁祖时期朝鲜军队在训练中也"行戚继光法""教《纪效新书》"，但在此国家动乱之时，军队建设受到了严重干扰，指导朝鲜军队建设的戚继光军事思想也受到严重影响。

朝鲜仁祖之后的孝宗时期，由于孝宗李淏七岁时就作为人质，被清廷拘押在沈阳，十六岁才被释放回到朝鲜，屈辱的人生经历使他对清廷恨之入骨，李淏即位后表面迎合清廷，但却以反清复明为己任，秘密策划反清复明，并积极扩军备战，企图北伐以雪耻。为了强化军队建设，

---

① （清）张廷玉等：《明史》（简体字本），中华书局，2000，第5562页。

孝宗李淏将戚继光的军事思想及其著作作为朝鲜军队建设的指导思想和教科书,并把朝鲜军队打造成了"号称精锐,足为一国之强兵"。但由于孝宗在位仅十年,在军队训练中,为了与清军作战,重在"防胡",而不是"防倭",与持有先进火器的日军作战,这对全面深入学习戚继光的军事著作有一定的影响。

朝鲜孝宗之后的显宗时期,显宗李棩受其父亲孝宗李淏反清复明的影响,仍然把强军作为国家的头等大事,在军队建设中继续实行"戚继光之法"。同孝宗时期一样,显宗时期在军队建设中也重在"防胡",重在依照"戚公之法""造设车战",学习戚继光的车战之法,制造炮车,以将来对付清军的骑兵。显宗的反清复明只是与几个亲近大臣私下确定的目标,这一时期,清廷也加大了对朝鲜的监督,显宗时期的强军建设也受到了制约,也影响了戚继光军事思想在朝鲜军队中推行的力度。

朝鲜显宗之后的肃宗时期,正值中国康熙时期,清王朝不仅清除了国内反清复明的主要残余势力,还统一了台湾,也使得朝鲜反清复明的北伐梦想彻底破灭。虽说这一时期朝鲜仍以戚继光的军事著作作为军队建设的教科书,军队训练也专用"戚继光兵法",但因为这一时期没有了强军北伐的动力,与日本的关系也相对缓和,加之这一时期朝鲜王朝内部党争激烈,这些都严重影响了朝鲜的军队建设及作为军队建设教科书的戚继光军事著作在朝鲜军队中的贯彻落实。

朝鲜肃宗之后的景宗时期,由于景宗李昀在位仅有4年,朝鲜的军队建设延续了肃宗朝的一些做法,戚继光军事思想对朝鲜军队的影响情况也基本同肃宗时期一样。

戚继光军事思想对朝鲜王朝军队的影响,自宣祖之后的另一个高潮始于英祖时期,兴盛于正祖时期。

朝鲜景宗之后的英祖时期,英祖国王和庄献世子都非常重视《纪效新书》对朝鲜军队建设的指导作用,英祖李昑还多次请武臣到王宫讲解依据戚继光的《纪效新书》编写的《兵学指南》,庄献世子李愃也撰文称颂《纪效新书》在宣祖朝抗击日军入侵中所发挥的重要作用。英祖时期,受英祖国王和庄献世子的影响,这一时期的朝鲜官员"好戚继光兵书",许多著名文臣撰诗文赞颂戚继光及其兵书,武官则"用其法",以戚继光为榜样治理军队。地方官员还依"戚继光所制",即《纪效新书》

记载的样式、尺寸制造火炮等武器。

朝鲜英祖之后的正祖时期，正祖李祘受其祖父英祖李昑和父亲庄献世子李愃的影响，不仅非常重视朝鲜军队和国防建设，更是将戚继光的军事思想及《纪效新书》作为朝鲜军队和国防建设的指导思想及行动指南，将戚继光军事思想对朝鲜军队的影响推向了一个新的高潮。

正祖李祘自小就熟读戚继光的军事著作，担任朝鲜国王不久，即强调要用戚继光的"御倭之法"和《纪效新书》作为朝鲜军队的"兵学指南"，在编纂指导朝鲜军队建设的《兵学指南》时，"专用戚法""无一不返于戚氏之遗典"，军队训练也"莫不以《纪效新书》为归"。在对前朝指导士兵训练的《武艺诸谱》进行修订时，李祘还明确指示要以"戚继光《纪效新书》……俱为此书之表准"。正祖李祘还指示："水陆征缮，京外团练，实无不《（纪效）新书》乎自出"，说当时无论是朝鲜陆军还是水师，无论是守卫京都的军队，还是地方乡勇，都要按照《纪效新书》的要求整顿和训练。

正祖李祘为在朝鲜军队中推行戚继光军事思想，还多次亲自撰文宣传戚继光的光辉形象和戚继光的军事著作，说戚继光"战守伟绩，至于今煜耀史乘"；还说戚继光的《纪效新书》"精粗悉备，显微无间"，内容既丰富详尽，又条理清晰，即使在田野劳作的农夫，技能很差的刚入伍的士兵，也能从《纪效新书》中有所领悟。军队中的将士，只要学习了《纪效新书》，都能从中得到收获；还撰文说戚继光征战南北，身经百战，"迹遍天下，智周成败"，所以能得知战场上成败的原因，他的著作"以遗后世之龟鉴"，成为后来人学习的军事经典。

正祖时期，正祖李祘在军队建设的许多方面都将戚继光的军事著作作为范本。在城防建设上，李祘明确提出要参照戚继光的《纪效新书》："惟《纪效新书·守哨篇》"，说朝鲜建设城墙及城防设施，要按照《纪效新书·守哨篇》中建筑标准和要求去做。正祖时期新建的华城是当时朝鲜经济繁荣、文化昌盛、科技进步的标志，在华城的军队建设上，仍崇尚"戚法"，参照二百多年前成书的《纪效新书》来做。华城的城防军队按照戚继光"编伍法"确定军队编制，城防军队使用的各色军旗也"专尚戚法"，华城守军使用的"炮、鼓、金、铎、喇、角，即号令之用"，均"俱据戚氏指南施行"，华城军队的城防器械也参照"戚法"，华城军队推行的阵法，是"戚氏四奇之营"。

正祖时期，朝鲜半岛政局稳定，经济和文化繁荣，为戚继光军事思想在朝鲜半岛的传播创造了极佳的环境。正祖时期依照《纪效新书》修订《兵学指南》《武艺诸谱》时，"壬辰战争"已过去二百年了，这既说明戚继光军事思想在朝鲜半岛有着深远而巨大的影响，也表明了正祖李祘在朝鲜军队中推行《纪效新书》的决心和力度。由于正祖李祘对戚继光军事思想的高度重视及在朝鲜军队中的大力推行，戚继光的军事思想在朝鲜半岛的传播迎来了自宣祖朝之后的又一个高潮，并对后来的朝鲜王朝也产生了很大影响。

朝鲜正祖之后的纯祖时期，由于受到正祖时期的重要影响，纯祖时期在朝鲜军队建设中，仍以《纪效新书》作为教科书，对正祖时期的做法"莫不谨遵，不敢违越"，在军队的操练中"只讲南塘纪效书"，讲授的内容只有戚继光的《纪效新书》。但由于纯祖李玜在国家治理方面远不及其父正祖李祘，所以，这一时期的朝鲜军队建设及戚继光军事思想对朝鲜军队的影响也与正祖时期无法相比。

朝鲜纯祖之后是宪宗、哲宗、高宗，这一时期戚继光的军事思想仍在朝鲜军队建设中发挥着作用。历官朝鲜宪宗、哲宗、高宗三朝，高宗时担任领议政（首相）的李裕元，多次撰文强调朝鲜军队要学习戚继光的《纪效新书》，要重视戚继光的军事思想对朝鲜军队建设的指导作用。李裕元在给高宗国王上疏的《武才申饬启》中提道："编伍约束，莫如戚继光之《纪效新书》，而我国武事，专靠是书。"这说明朝鲜王朝末期，朝鲜军队的建制和日常操练依据的仍是戚继光的《纪效新书》。李裕元还提道："戚氏《纪效（新）书》起于御倭，略而为《兵学指南》，宪庙最为精通，有非诸将所可及。"说明朝鲜宪宗时期更是高度重视戚继光的《纪效新书》在朝鲜军队建设中的指导作用，是朝鲜王朝末期"最为精通"的，而之所以如此重视，是因为《纪效新书》"起于御倭"，这也说明，朝鲜王朝末期，朝鲜的军队建设仍然是防备日本的入侵。但朝鲜宪宗、哲宗、高宗时期，朝鲜王朝走向没落，国力日益衰微，军队建设难有起色，戚继光军事思想对朝鲜王朝军队也难以有大的影响。高宗李熙于1907年被日本胁迫退位，三年后，朝鲜被日本吞并，戚继光军事思想对朝鲜王朝军队的影响也随之终结。

　　综上所述，戚继光军事思想于朝鲜宣祖七年（1574）传入朝鲜半岛，宣祖二十六年（1593），朝鲜王室开始依照戚继光的军事著作组建专职的朝鲜军队，并将其作为朝鲜军队训练的教科书。戚继光军事思想对朝鲜王朝军队的影响，一直延续到朝鲜王朝的终结。三百年中，戚继光军事思想对朝鲜王朝军队影响最大的有两个时期，一是宣祖时期，朝鲜王朝军队全方位地依照戚继光的军事著作进行改革和建设，拉开了用戚继光军事思想全面改造和建设朝鲜军队的序幕；二是正祖时期，由于正祖李祘高度重视，朝鲜王朝又处在"中兴时代"，戚继光军事思想在朝鲜的传播形成了新的高潮，并对后来的朝鲜王朝产生重要影响。

2. 朝鲜王朝各时期对戚继光军事思想传承的重点、经验与创新

　　戚继光军事思想传入朝鲜半岛三百年中，不同时期的朝鲜王室在依照戚继光军事著作改造和建设朝鲜军队时，会随着国内外形势的变化有所侧重，也会结合当时的实际情况，在传承戚继光军事思想的方法上较前朝有所创新。

　　朝鲜宣祖时期，因当时朝鲜面临的主要敌人是入侵的倭寇（日军），朝鲜军队的主要任务是抵御日军的入侵，而"戚继光阵法""专为防倭而设也，防倭则步兵胜于骑兵"，所以宣祖时期学习戚继光军事著作的主要内容是《纪效新书》中抗倭的部分，包括士兵操练和新式火器的制造、使用等。在依照戚继光的《纪效新书》训练士兵时，为了在较短的时间内收到成效，朝鲜训练都监利用在朝鲜抗倭援朝的明军教官，"以一教十，以十教百，以百教千，以千教万"，这样一种训练方法，不仅收到了很好的训练效果，也对后来的朝鲜王朝产生了重要影响。但应该说，这一时期，朝鲜对戚继光的军事思想及其著作主要是认识和接受的过程，因为立竿见影，在较短的时间里就提升了朝鲜军队的战斗力，所以，朝鲜上上下下对戚继光的军事思想及其著作只是崇拜和学习，还谈不上改造和创新的问题。

　　朝鲜光海君时期，朝鲜半岛南部没有了日军入侵的威胁，但朝鲜北部随着后金的崛起，对朝鲜的威胁日益加大，朝鲜在军队训练时，把防止后金骑兵作为训练重点，学习戚继光军事著作的主要内容是戚继光《练兵实纪》中的"车骑步之法""明束伍练技艺，造战车习野操。祖戚继光《练兵实纪》之规，蕲以行于北而得控御之效焉"。因为载有新式火器的炮车，能有效地阻挡后金的骑兵，朝鲜王室还派官员到地方指导依照戚继光军事著作制造炮车，制造的新式炮车还得到"极好""甚好"的评价。光海君时期，除学习戚继光军事著作的主要内容有所侧重外，另一重要举措是把戚继光军事著作作为武科考试的重要科目，参加"武科殿试"的人员要熟悉《纪效新书》中的内容，要按照《纪效新书》中的要求"习艺习法"进行演练。光海君时期学习戚继光军事著作这一创新的举措，后来的朝鲜王朝也纷纷效仿。

朝鲜仁祖时期，对戚继光的军事著作有了更全面的了解，朝鲜军队在依照戚继光军事著作进行训练时，有了更强的针对性，训练朝鲜步兵时，"只教《纪效新书》"，主要学习戚继光《纪效新书》中的内容，并重点学习如何使用鸟铳、火炮等新式火器。而在组建和训练骑兵时，则"依《练兵实纪》骑、步参用之法"，主要依照戚继光的《练兵实纪》来进行训练，因为《练兵实纪》对如何选拔、训练和管理骑兵，到如何抵御敌人骑兵的攻击都有详细的记载。仁祖时期，后金军队多次侵扰朝鲜，为反击后金的入侵，朝鲜军队也以后金骑兵作为假想敌进行训练，并将《练兵实纪》作为考核将官的主要内容，"将官不通者，决棍，连五次不通，两朔自备粮罚防，三次能通者，复其户役"。这样一种极有激励效果的得力措施和学习方法上的创新，也是在光海君时期"武科殿试"人员要熟悉《纪效新书》的基础上，在军队所有军官中推行学习戚继光军事著作的一种制度保障。由于采取了这样的措施，仁祖时期不少官员，包括朝中一品大员，地方上的官员，都热心学习戚继光军事著作，并大力宣传和落实戚继光的军事思想。

朝鲜孝宗时期，由于孝宗李淏将反清复明作为强军的主要目标，在依照戚继光军事著作训练朝鲜军队时，将过去以防御外敌入侵为训练主要内容，转变为如何主动进攻，收复失地为主要学习内容。孝宗时期不仅按照戚继光在《纪效新书》中设定的军队编制增加了军队数量，比仁祖朝增加了十一哨，而增加的这十一哨，"马兵一哨""步军十哨"，主要增加的是步兵的数量，而步军"专习大炮者也"，专门学习利用大炮破阵攻坚的战术战法。由此可见，当时朝鲜军队训练的重点就是在为出兵北伐做准备。宣祖时期，为有效地在朝鲜军队中推行戚继光军事思想，朝鲜王室依戚继光"练将为重"的要求狠抓了军官的训练，孝宗王室"光承前烈"，延续了这一传统，将军官的训练作为重要举措，要求"为将者，不可不知（《纪效新书》《练兵实纪》）"。

朝鲜显宗时期，显宗李棩继承其父孝宗李淏的遗志，也把强军的目标定在反清复明上，因为军队训练主要是为了与清军作战，有的官员认为，《纪效新书》针对的主要目标是倭寇，所以，朝鲜军队的训练不必再用《纪效新书》做教材，有的地方官员甚至提出要恢复朝鲜传统的闲时为农、战时为兵的"五卫旧制"，不要再实行宣祖时期按照《纪效新书》所建立的专职的军队体制。但当时主管朝鲜军务的兵曹认为戚继光的军事著作没有过时，仍坚持实行多年的"戚继光之法"，兵曹判书金佐明还在显宗李棩支持下刊印了《纪效新书》和《练兵实纪》"若干件，分送于三南各营镇"，让朝鲜军队将士原原本本地学习戚继光的军事著作，"论其为用""大小将领之臣所不可一日无者也"，无论是高级将领，还是基层的军官，每天都要学习，要领会其精神实质，学以致用。兵曹组织朝鲜军队学习戚继光的原著，应该说，这一重要举措，不拘泥于戚继光的军事著作的某一章节，某一方面，而是全面完整地学习、领会戚继光军事思想的主要精神及其实质，并结合朝鲜军队的实际情况去操作实践，使之成为捍卫朝鲜城镇安全及主动反击来犯之敌的"万全之法"，这对戚继光的军事思想在朝鲜半岛的传播起到了重要作用。

朝鲜肃宗时期，朝鲜与清王朝的关系也进入相对稳定时期，军队建设的重点转向了南部沿海边防，以防止日军的入侵。朝鲜兵曹在组织军队训练时，按照"戚继光兵法，作假倭，习战斗"，训练的双方都装备了当时最先进的新式火器，"作假倭"的朝鲜军队也是当时朝鲜最有战力的部队之一，训练时还多次变换战场上敌方的态势。这样一种把倭寇作为假想敌的训练方法，不仅能较好地演练"戚继光兵法"，也能比较真实地检验出军队的训练效果。为了支持这样的训练方法，肃宗李焞还多次到训练现场亲自下令动员双方的攻防。肃宗时期这样一种近乎实战的训练方法，也是学习和落实戚继光军事思想及训练方法上的创新。肃宗时期在推行戚继光的"车战之法"时，还针对朝鲜多山地的特点，制造了独轮炮车，因"独轮则虽险路可行"。这应是肃宗时期在仿照戚继光兵书制造新式武器时，因地制宜的一种创新。这样一些重要举措，都对戚继光军事思想的宣传和落实起到了很好的作用。这说明，无论军队的日常训练，还是对抗性的演练，包括新式武器的制造，肃宗时期在结合朝鲜实际情况学习和落实戚继光军事思想方面都有独到之处。

朝鲜景宗时期在军队建设上延续了肃宗朝的做法，继续将戚继光的军事著作作为军队训练的教科书，由于景宗李昀在位只有 4 年，在依照戚继光军事思想指导军队建设方面没有什么独到之处。

英祖时期，正值中国雍正和乾隆盛世，随着清王朝的日益强大，英祖致力于发展与中国更加紧密的宗藩关系，朝鲜王室把军队防御的重点从北部边界转向南部海防，还在南部沿海一带设立了防备日军从海上来犯的指挥和训练机构——三道水师统制使衙门。三道水师统制使官员以戚继光为榜样训练和管理军队，而且还组织人员在依照《纪效新书》制造新式火器的基础上，创新制造了新的火器"造化循环炮、一窝蜂箭"，得到英祖李昑的赞赏，并要求朝鲜各地的军队也依此仿制。英祖李昑执政不久还明确提出，对新提拔的朝鲜军官，特别是军队教官的选拔，应"试讲《兵学指南》填差"，必须熟知依照戚继光军事著作编写的《兵学指南》。这一做法，同朝鲜光海君时期要求参加"武科殿试"的人员要熟悉《纪效新书》中的内容，仁祖时期对在职的军官考核学习戚继光军事著作的情况一样，只是英祖时期把它应用到了需要提拔的所有军官身上，其作用也会更大。为了在朝鲜军队中宣传贯彻好戚继光军事思想，英祖还重点抓好对军队教官的考核和培养，英祖李昑还亲自召见训练大将和讲解《兵学指南》的教官，让他们讲解依照戚继光军事著作编写的《兵学指南》，对讲解好的，还下令升职。英祖李昑晚年，发现身边的禁军武士"俱不能诵"《兵学指南》，还下令"皆诵后其令替直"，要求禁军武士必须能诵读依照戚继光军事著作编写的《兵学指南》才能入职，担当起职责。英祖之前，朝鲜军队训练使用的"武艺旧谱，只传六技，出于戚氏《（纪效）新书》"，英祖时期，代理朝政的庄献世子李愃亲自写有《艺谱六技演成十八般说》，在"武艺旧谱"基础上，依据戚继光的《纪效新书》和朝鲜当时的实际情况增加了新的训练内容，并对增加的原因和新增加的训练内容进行了说明，这也是戚继光军事思想在朝鲜英祖时期的一种创新发展。这说明，英祖时期无论是新式火器的制造，还是军官的选拔和培训、士兵的训练内容等，在前朝学习戚继光军事著作的基础上，结合当时的实际情况，都有所改进和创新，这也更好地推动了戚继光军事思想在朝鲜军队中的传播和应用。

正祖时期，由于正祖李祘勤奋好学，博览群书，对戚继光军事著作和中国的古代兵书都有所研究，所以对在朝鲜军队中推行戚继光军事思想也有许多长于前任王朝的地方，这在前面已经提到，如正祖李祘多次亲自撰文称颂戚继光及其军事思想，为在朝鲜军队推行戚继光军事思想广造舆论；结合朝鲜当时的实际情况，以戚继光《纪效新书》"此书之表准"，指导修订《兵学指南》（《兵学通》）、《武艺诸谱》，以指导朝鲜军队的日常训练；在城防建设，特别是朝鲜新建华城的建设上，既参照了戚继光军事著作中的城防建设要求和标准，又结合当时朝鲜最新科技的发展，使华城成为当时朝鲜设施最为完备、最为先进的城防标杆。正祖时期这些有别于前朝的举措，既有力地提升了朝鲜的军队建设，也将戚继光军事思想在朝鲜半岛传播推向了一个新的高度。正祖李祘撰文称颂戚继光，大力宣传戚继光军事著作，但在指导朝鲜军队建设方面，并不完全照搬戚继光的军事著作，而是学习其精神实质，同时学习中国古代其他兵家的著作，结合朝鲜的实际情况学习戚继光军事思想指导朝鲜军队建设，如英祖时期将依据《纪效新书》编写的指导朝鲜军队训练的只传"棍棒等六技"的《武艺诸谱》扩充为"十八技"，正祖时，随着时代的变化，扩充为"总二十四技"，再次增加了新的训练内容。正祖李祘重用实学家李德懋、朴齐家编纂《武艺图谱通志》，就是要让他们结合当时朝鲜的实际情况来学习和落实好戚继光的军事思想。再如前面提到的正祖时期新建的华城，虽说从城防设施到军队编制都是参照戚继光的军事著作实施的，但华城建设并不完全照搬戚继光军事著作的记载，而是领会"戚法"的精神实质，从实战出发，以提升战力为目标，"因时制宜"，结合朝鲜当时当地的实际情况来实施的。在具体操作时"参互戚卫"，既参照戚继光的军事著作，也吸收朝鲜传统的"五卫旧制"中的一些长处，相互补充，取长补短。这样一些做法，不仅不影响戚继光军事思想在朝鲜的地位和影响，反而促进了戚继光军事思想在朝鲜的传播，这也是正祖时期戚继光军事思想在朝鲜半岛兴盛，并形成一个新的高潮的重要原因。

纯祖时期，虽说朝鲜军队建设仍以《纪效新书》作为教科书，对正祖时期的做法"莫不谨遵，不敢违越"，但纯祖时期在依照戚继光军事思想指导朝鲜军队建设时也不是一成不变，如正祖时期"武艺别监"聘请的武士教练人数为 172 人，随着武器门类的增多，训练技艺分工越来越细，"壬戌（纯祖二年，1802）又增二十有六，合为一百九十有八"，纯祖朝又配备了 198 名武士教练，但这些武士教练，都必须"教之以戚帅十八之技"，熟悉戚继光在《纪效新书》中记载的"十八之技"训练内容和精神实质。由于纯祖时期在依照戚继光军事著作指导朝鲜军队建设时，很好地传承了正祖时期的经验和做法，纯祖李玜还在批示中提道："势技由微而转大，伫思戚帅用兵之神。"说朝鲜军队战斗力的提升，是学习了戚继光的练兵之法及其精神实质。这也说明，朝鲜壬辰战争结束二百多年之后，戚继光军事思想仍能成为朝鲜军队建设的指导思想，其重要原因同前面提到的一样，这就是朝鲜王室在依照戚继光军事著作指导军队建设时，能"因时制宜"，结合社会的发展和朝鲜的实际情况来贯彻实行。

朝鲜纯祖之后，朝鲜王朝走向衰落，特别是高宗时期处处受到日本的欺凌，虽说以抗倭为主要内容的戚继光的《纪效新书》仍是朝鲜王朝末期军队学习的主要内容，"专靠《纪效新书》"，但由于朝鲜王朝已进入末期，国力已渐衰微，军队建设也受到很大影响，戚继光军事著作对朝鲜王朝军队的影响也没有新的起色。高宗后期已受日本控制，朝鲜军队已成虚设，戚继光军事思想也很难在朝鲜军队中发挥影响了。

第二节　戚继光军事思想长期影响朝鲜王朝军队的原因

戚继光的军事思想之所以能长期影响朝鲜王朝军队，其原因是多方面的，除了前面提到朝鲜王室在学习戚继光军事著作指导军队建设时能"因时制宜"外，主要还应有以下三点。

1. 经过朝鲜壬辰战争，特别是平壤大捷的实战检验

朝鲜宣祖王室对戚继光及其军事著作的重视，始于壬辰战争中的平壤大捷。日本侵略朝鲜的壬辰战争爆发之后，应朝鲜宣祖国王请求，明

军赴朝参战，但第一批以辽兵为主的入朝参战明军，在收复被日军占领的平壤城时伤亡惨重，辽兵两位游击将军和两位千总战死，第一批入朝参战的明军总指挥只好率兵退回辽东。入朝参战的明军首战失利，不仅震惊了朝鲜王室，对明朝廷也是极大震动。明军又派出了以"浙兵"为主的南兵再次攻打平壤城，取得了平壤大捷，收复了平壤，并给侵朝日军以沉重打击，极大鼓舞了中朝两国人民抗击日本侵略者的信心。明军两次攻打平壤城的不同结局，成为朝鲜壬辰战争的重大事件，也引起了朝鲜宣祖王室极大关注。

朝鲜宣祖王室通过不同渠道获得了相同的信息，就是第二次攻打平壤城的明军主力，从不同的方向最先攻上平壤城头的浙兵，是当年戚家军的旧部，多位带领明军冲锋陷阵的浙兵将领还是戚继光当年的部属，如浙兵游击将军吴惟忠率兵强攻城北的牡丹峰，"中铅洞胸，犹奋呼督战"，身受重伤，仍冲锋在前，所率浙兵"无不一当百，前队貿首，后劲已踵，突舞于堞"。再如浙兵左参将骆尚志，在收复平壤城的战斗中率兵攻打平壤城南门，骆尚志"持长戟负麻牌，耸身攀堞，贼投巨石，撞伤其足，尚志冒而直上。诸军鼓噪随之，贼不敢抵当。浙兵先登，拔贼帜，立天兵旗麾"。骆尚志也身负重伤，仍坚持督战，并和士兵一起率先登城，将明军的战旗插在了平壤城头。还有戚继光的亲侄，江浙游击将军戚金率兵攻打平壤城小西门，也是最先冲上平壤城头，"冒险先登，功居第一"。时任朝鲜领议政（首相）的柳成龙在谈到平壤大捷时说："胜平壤，皆是南兵之力也。所谓南兵者，乃浙江地方之兵也。"第二次收复平壤之战的明军提督李如松在回答宣祖国王的提问时也说："今来所用，乃戚将军《纪效新书》，乃御倭之法，所以全胜也。"说第二次收复平壤的明军，是用戚继光的《纪效新书》训练出来的，他们熟悉攻打日军的方法，所以能获得大胜。

浙兵及其将领之所以在第二次收复平壤之战中有如此优异的表现，是因为这样一支部队在戚继光离开之后，仍然在按照戚继光的《纪效新书》进行训练，仍然保持着当年戚家军不怕牺牲、勇往直前的战斗作风。"浙兵"在平壤大捷中的表现，为朝鲜王室宣传和推广戚继光的军事思想及其《纪效新书》等军事著作提供了最佳的范例。这样一支部队，不仅在朝鲜战场上作战勇敢，而且在朝鲜期间爱戴百姓，在行进途中、休整驻地时都不损伤朝鲜百姓一草一木，"秋毫不敢有所犯。且取本国流殍之人，散米赈救"，还救济落难的朝鲜百姓，所到之处受到朝鲜百姓拥戴，许多朝鲜百姓和地方官员，还为浙兵及其将领立碑颂赞。浙兵将士在朝鲜的表现，触动了朝鲜王室，宣祖国王从拒绝学习戚继光的治军思想，到下决心用戚继光的《纪效新书》来改造和训练朝鲜军队，平壤大捷是最直接的诱因。从平壤大捷开始，从宣祖国王到领议政和众位王室成员，认识一致，这就是快速引进戚继光的《纪效新书》，将《纪效新书》作为朝鲜王朝军队建设的兵学指南和教科书。

壬辰战争中，依照《纪效新书》训练和武装起来的浙兵在平壤大捷中有亮眼表现，在日军进攻面前"望风皆溃"的朝鲜士兵依照《纪效新书》训练和武装以后"得以御贼保邦""国家赖之"，这些经过壬辰战争实战检验的浙兵将士和朝鲜士兵，对后来的朝鲜王朝产生了深远的影响。朝鲜王朝设立训练都监，依照《纪效新书》组建专职军队这一机制，其间虽有过多次因加重国家财政负担，是否保留专职国家军队的争论，但这一机制一直延续到朝鲜王朝末期。朝鲜肃宗朝时，壬辰战争虽已经结束一百多年了，但肃宗王朝仍按照壬辰战争期间浙兵游击将军骆尚志当年的训练方法，即"戚少保遗法"，训练朝鲜士兵，使能用新式火器的朝鲜士兵，"炮手几遍一国"。壬辰战争结束二百年的正祖时期，在制定训练朝鲜士兵教材《兵学通》时，"无一不返于戚氏之遗典"，全部都按照戚继光《纪效新书》的训练标准来做。在谈到这样做的原因时，正祖国王撰文提道："盖壬辰之乱，无论天兵、我师，皆未谙御倭之法，及李提督平壤之捷然后，始知戚法之利于御倭。"说朝鲜自"平壤之捷"后，才认识到戚继光的军事著作在抵御日军入侵中的作用。由此也可见"平壤之捷"的深远影响，壬辰战争结束二百年了，戚继光的军事著作仍然是朝鲜王朝军队建设的教科书。

朝鲜王朝末期，高宗朝担任领议政（首相）的李裕元撰文提道："编伍约束，莫如戚继光之《纪效新书》，而我国武事，专靠是书。"李裕元还赋诗写道"《纪效》一编传海左，八般遵袭百年余"，这里的两个时间点，一是《纪效新书》传入朝鲜半岛的时间，即壬辰战争期间，二是作者写此诗时的百年前，即正祖时期。壬辰战争期间，朝鲜宣祖国王因平壤大捷，拉开了朝鲜王朝学习戚继光军事著作，以戚继光军事思想推动朝鲜王朝军队改革和建设的序幕。正祖时期，虽说壬辰战争结束二百年了，但因平壤大捷的影响，正祖国王将戚继光军事著作对朝鲜王朝军队的影响推向了一个新的高潮，正祖国王在朝鲜全面推广《纪效新书》，到高宗时期也有一百多年了，但朝鲜王室仍在依照《纪效新书》建设朝鲜军队。

2. 长期面临外部威胁，戚继光兵书"北可以御胡，南可以御倭"

壬辰战争爆发之后，朝鲜几乎灭国，全国上下不仅对日本侵略者有着切骨之恨，更是激起全民反击日本侵略者热潮，当他们得知戚继光的《纪效新书》是抗击倭寇入侵的经验总结和教科书时，"戚帅所著《纪效新书》，为御倭而作"，如获至宝，也将其作为朝鲜军队建设的教科书，按照其中的方法训练朝鲜新兵，并按其中的要求装备武器设施。

平壤大捷之后，宣祖王室非常关注在收复平壤时浙兵使用的西式火炮、鸟铳等新式火器。攻城的浙兵"以佛狼器、虎蹲炮、灭虏炮等器为之。……诸倭持红白旗出来者，尽僵仆，而天兵骈阗入城矣"，"辰时接战，已初陷城矣"，当宣祖国王得知浙兵使用的新式火器能大量地消灭日军，并迅速取得攻城战绩时，即下决心要用新式火器武装新组建的朝鲜军队。而戚继光的《纪效新书》不仅详细记载了这些新式火器的制造方法，附有具体尺寸的图示，还有如何使用这些新式火器的详尽记载，在抗倭援朝的浙兵将领的指导下，培养了大批持有新式火器的朝鲜士兵。他们不仅在持有新式火器的单兵训练上，而且在学习"阵法"时，也是专门学习"戚继光之法"，壬辰战争期间朝鲜领议政柳成龙给出的理由是："戚继光阵法，大概间花迭而动静相随，专为防倭而设也。防倭则步兵胜于骑兵。"之所以要学习"戚继光阵法"，因为这是为抵御日本侵略者而设计的，而当时朝鲜面临的主要敌人就是日军，所以宣祖王室要在朝鲜军队中推行"戚继光之法"，建立一支能抵御日军入侵的有战斗力的朝鲜军队。壬辰战争结束之后，为防止日军卷土重来，宣祖王室继续以戚继光的《纪效新书》作为武装和训练朝鲜军队的教科书。在主持朝鲜训练都监工作的领议政柳成龙因党派之争被罢官之后，"成龙去位，皆废不行，独训练都监仍存，至今赖之"。柳成龙被免职后，虽说他在任时做的许多事都被废止了，但他在训练都监"仿戚继光《纪效新书》"训练士兵的工作仍照旧运转，这是因为当时朝鲜仍面临日本的威胁，仍需要按照《纪效新书》训练出来的军队来抵御日军的入侵。

朝鲜宣祖朝之后，还面临北部边境的压力，朝鲜王室有过几次戚继光的军事思想和《纪效新书》是不是过时了的争论，但由于戚继光兵书"北可以御胡，南可以御倭"，因而朝鲜宣祖之后历届王室仍把戚继光兵书作为朝鲜军队训练的必备教本。

朝鲜光海君时期，当时的朝鲜还面临着北方后金的威胁，所以，在军队日常训练上，为防止后金骑兵的入侵，使用戚继光《练兵实纪》中的"车骑步之法"训练军队。在南方，则延续了其父宣祖国王李昖的做法，把用于防倭的《纪效新书》作为训练教材，同时南方也要学习戚继光的"车骑步之法"对付日军，因为"车骑步之法"也"通用于南倭"，适用于对日军作战。

仁祖朝初期，由于《练兵实纪》针对的目标是包括后金在内的以骑兵为主的中国北方少数民族，为抵御后金的入侵，仁祖朝组建了新的马兵（骑兵），"依《练兵实纪》骑、步参用之法，加出将官，以明其分数"，依照戚继光《练兵实纪》中的内容进行训练，并将其作为考核将官的主要内容。

朝鲜孝宗和显宗时期，朝鲜王室虽说表面认可清朝为新的宗主国，但内心却希望明朝的残余势力能够恢复明王朝的统治，所以积极扩军备战，准备在合适的时机出兵北伐，以配合中国国内反清复明的势力推翻清王朝。因为戚继光兵书"北可以御胡"，孝宗王室依照戚继光军事著作"治戎练卒"，使朝鲜王朝的军力大增，"号称精锐，足为一国之强兵"。显宗李棩受其父孝宗李淏的影响，也将反清复明作为强军的目标，仍继续实行"戚继光之法"指导朝鲜军队建设。在谈到朝鲜强军建设时，显宗李棩说："非予好兵而然也。若或深思，可知予意非出于置国家危亡之势，徒以兵为事者也。"这说明，显宗朝之所以要强兵，是因为有着比朝鲜自身更大的目标，这就是反清复明，而要实现这一目标，就要以戚继光的《纪效新书》来强化朝鲜王朝的军队建设。

朝鲜肃宗时期，虽说朝鲜与清政府的关系相对稳定，但朝鲜王室仍对北部安全不敢掉以轻心，故有官员上书肃宗："今已百有余年，国家之所用戚继光之法，虽足以制岛夷，不足以制山戎。今之所可忧者，惟在于北，欲制山戎，必复五卫法而后可也。"说学习"戚继光之法"是用来对付"岛夷"日本的，而当时朝鲜面临的是北部清朝军队的压力，对付清朝军队，"戚继光之法"已经过时了。朝鲜国内出现了军队是否"专用戚法"的讨论。但由于朝鲜兵曹的坚持，认为"戚继光之法"虽然"长于御倭"，但也可以"变通阵法"，所以要"姑守'戚法'"。意思是说，"戚继光之法"也可以防备清朝军队。所以，整个肃宗时期，朝鲜的军队训练仍然是"专用戚法"。

朝鲜英祖时期，朝鲜王室重视朝鲜半岛南部沿海一带的海防建设，重视《纪效新书》在朝鲜军队建设中的指导作用。英祖朝官员在给英祖国王的上疏中就提道："今日所用者，乃明将戚继光之遗制也，其法利御步寇。"这说明，当时的军队建设之所以要传承"戚继光之遗制"，是因为"利御步寇"，可以反击日军的入侵。

朝鲜正祖时期，正祖李祘反复强调要用戚继光的"御倭之法"，或《纪效新书》作为朝鲜军队的"兵学指南"。这也说明，正祖时期朝鲜军队建设的主要目标还是防备日本的入侵，为实现这一目标，军队建设的教科书仍然是戚继光的《纪效新书》。正祖李祘在《兵学通·序》中记载："今之《兵学指南》，即戚氏御倭之法也。戚氏之御倭，盖以序胜者也。我国遵而用之，固得矣"；在《日得录》中记载："《兵学指南》，专用戚法。……部、司、哨、旗所立者，御倭之制也。榴木炮石所习者，御倭之技也"；在《书〈兵学指南〉后》中记载："《兵学指南》五卷，……盖自明名将南塘戚继光，南御倭北御胡，有所撰《纪效新书》行天下，此亦其所出尔。"这都说明，正祖时期之所以要依照《纪效新书》编写指导朝鲜军队建设的《兵学通》《兵学指南》，因为"戚法之利于御倭"，其中有"御倭之制也""御倭之技也"，可"南御倭北御胡"，这也可从中看出，当时朝鲜强化军队建设的重要原因就是为了"御倭"，为了抵御日本的再次入侵。

纯祖时期，由于仍把"御倭"作为军队建设的目标，所以在军队操练中特别重视《纪效新书》，也是因为"戚帅所著《纪效新书》，为御倭而作"。

朝鲜王朝末期，朝鲜受到日本的欺凌，因为《纪效新书》"起于御倭"，故在王朝军队建设上仍高度重视戚继光军事著作的指导作用。但高宗晚期，朝鲜王室已为日本帝国所掌控，朝鲜军队也成为日本军队的附庸，保家卫国已无从谈起，可这与戚继光军事思想对朝鲜军队的影响毫无关系，国势使然，朝鲜王朝已病入膏肓，再好的良药也无力回天了。

3. 念念不忘明王朝恩德，仰慕明朝民族英雄戚继光

壬辰战争爆发后，中国人民倾尽国力支援朝鲜抗击日本侵略者，朝鲜王朝对明王朝感恩戴德，朝鲜半岛人民对中国优秀文化，包括对戚继光兵法的仰慕，也是戚继光军事思想及其著作在朝鲜半岛经久不衰的重要原因。

朝鲜仁祖十五年（崇祯十年，1637），在清军压境和胁迫之下，朝鲜王室被迫向清军投降，但仁祖国王在给清皇太极的信函中写道："曾在壬辰之难，小邦朝夕且亡，神宗皇帝动天下之兵，拯济生灵于水火之中，小邦之人至今铭镂心骨，宁获过于大国，不忍负皇朝，此无他，其树恩厚而感人深也。"说朝鲜在壬辰年（1592）遭受日军侵略，几乎灭国的危难关头，明神宗皇帝出兵拯救了朝鲜，朝鲜人民至今感恩不忘。也正是这个原因，明崇祯皇帝去世多年，清王朝也入主北京，但朝鲜国内仍有许多朝臣、文人将明王朝作为中国的正宗，仍以崇祯年号纪年。前面提到仁祖之后的孝宗、显宗时期，朝鲜王室还渴望着反清复明。这都可以看出，当时朝鲜国内对明王朝的感恩之深及深切怀念。戚继光是明神宗时期的民族英雄，明神宗朱翊钧在壬辰战争爆发第二年还褒奖已经去世的戚继光，之后的明熹宗朱由校、明毅宗朱由检也颁旨褒奖戚继光。朝鲜官员、文人对戚继光及其兵法的仰慕和颂赞，除了戚继光及其著作自身的价值外，有一部分情感也是来自对明王朝的感恩和怀念。朝鲜王朝对大力支持抗倭援朝的明朝神宗皇帝的特殊情感，明朝多位皇帝对戚继光的褒奖，都加大了戚继光及其著作在朝鲜半岛的影响。

中国改朝换代之后，朝鲜也是清朝的附属国，虽说戚继光是明朝褒奖的民族英雄，但清廷并没有禁止对戚继光及其军事著作的推广和传播。清乾隆年间，还把戚继光的《纪效新书》和《练兵实纪》编入《四库全书》，嘉庆、道光年间仍有各种版本的《纪效新书》《练兵实纪》刊印，许多握有军权的政府要员和地方高官还撰文推介戚继光的军事著作，如受道光皇帝赏识的进士出身的官员托浑布还为新版的《纪效新书》作

序，说《纪效新书》不仅"壮国家之声灵，亦足显前贤之余烈也"①。这都会推动戚继光的军事著作在朝鲜半岛的进一步传播。

壬辰战争之后的历届朝鲜王室，在朝鲜国内宣传戚继光，推行戚继光的军事著作时，一般会提及曾派兵拯救过朝鲜的明神宗皇帝，提及他们感恩戴德的抗倭援朝的明军将士，特别是浙兵的将领。

朝鲜肃宗时期，适逢明亡六十年祭，肃宗国王命在京都建"大报坛"，祭祀明朝神宗皇帝，以报答神宗皇帝派兵拯救朝鲜的"再造之恩"。大报坛落成之日，肃宗亲自参加祭祀活动，祭祀现场还排放着"画像杨经理，兵书戚继光"，即抗倭援朝期间经略朝鲜军务的明军统帅杨镐的画像和戚继光的兵书，由此可见，肃宗王室也是借此推行戚继光的军事思想。肃宗时期，无论是朝鲜王室还是民间，都把戚继光的军事著作作为学习的经典，其影响不能不说与大力宣传明王朝对壬辰战争胜利的贡献有关，包括戚继光当年的部属在朝鲜前线的优异表现。肃宗朝开启的大报坛祭祀活动，也影响了之后的朝鲜历代王室，在位的朝鲜国王也均按照基本相同的仪式举行祭祀活动，每一次祭祀活动，无疑都是一次戚继光军事著作的大宣传。

正祖时期，壬辰战争结束二百年了，正祖国王把戚继光的军事思想在朝鲜半岛传播推向了一个新的高潮，正祖国王在推介戚继光的军事著作时，同样与纪念神宗皇帝和抗倭援朝的明军将士结合起来。正祖时期，正值壬辰战争平壤大捷二百周年，正祖壬子年（1792）平壤城重修"武烈祠"，经正祖国王批准，浙兵将领骆尚志的塑像被供奉其中。在这之前平壤的"武烈祠"，只塑有壬辰战争初期主张出兵援朝的明朝兵部官员等塑像，但壬辰战争结束二百年之际，朝鲜地方官员认为，应该将当年在收复平壤城的战斗中立下头功的浙兵将领的代表人物骆尚志的塑像位列其中，因为骆尚志攻城时"冲冒白刃，挟炮投尸，雄胆猛气，摧山倒河，虽古之名将，无以过之。岂不伟哉！"，平壤百姓在谈到骆尚志事迹时，"传说如昨日事"，所以要"乃选令朝，乃升明享。维亿万年，报应如响"。② 这说明浙兵将领在收复平壤战斗中的亮眼表现给朝鲜人民留下

---

① 张德信、王熹编《戚继光研究资料粹编》（中），黄海数字出版社，2016，第768页。
② （朝鲜）李祘：《弘斋全书》卷22，《韩国文集丛刊》第262辑，韩国首尔：景仁文化社，2001，第360页。

了深刻而深远的影响，战争结束二百年了，他们的事迹还在朝鲜人民中传颂，朝鲜人民要世世代代地祭祀下去，以报答骆尚志等浙兵将士对朝鲜人民的贡献。平壤"武烈祠"骆尚志的塑像落成后，举行了隆重的祭祀仪式，"祭之日，皆以甲胄将事，列邑牧守之来会者二十余，儒武之闻风观礼者七千余人。置参奉守之，春秋降香祝虔享之"。① 当天的祭祀活动有7000多人参加，而且之后仍要春秋二季定时举行祭祀。这样大规模的祭祀活动，对宣传浙兵将士，宣传戚继光的军事思想对浙兵的影响都起到了积极的推动作用。正祖朝的这样一个祭祀活动，也是正祖国王宣传和推广戚继光军事思想及其著作的一个重要组成部分，因为这些当年在平壤大捷中冲锋陷阵的浙兵将士，是用戚继光《纪效新书》训练出来的。

正祖时期，戚继光军事思想对朝鲜王朝军队的影响进入了新的高潮，而推动力量主要来自国王李祘。李祘多次撰文宣传戚继光的军事思想，其中也大力宣传戚继光的卓越战绩，他在《兵学指南·序》中就写道："戚帅继光，明朝人也，跨制南北，历典机宜，战守伟绩，至于今焜耀史乘。……夫以戚帅之迹遍天下，智周成败，论次其试于形而运于神者，以遗后世之龟鉴。其事至重，其义至密。"正祖通过宣传戚继光的丰功伟绩及高大形象来扩大戚继光军事著作的影响，进而以戚继光的军事著作来指导编写朝鲜军队建设的《兵学指南》。

戚继光的治军形象自朝鲜宣祖七年（1574）传入朝鲜王室之后，其人格魅力及卓越战绩也一直为朝鲜王室、官员及文人所津津乐道，这也为戚继光兵书在朝鲜王朝军队的长期传播起到了促进作用。

朝鲜宣祖朝驸马，仁祖朝官居一品的高官申翊圣在朝鲜推广戚继光的《纪效新书》时，就曾撰文称颂戚继光，说倭寇蹂躏中国东南沿海一带时，戚继光"以一旅捣而覆之"，率领所部将倭寇荡平；北方胡兵（指长城以北的少数民族骑兵）骚扰明朝北部边境时，戚继光奉命"备虏，虏辄引去"，胡兵闻风退兵，再也不敢南下侵扰；壬辰战争期间，入朝参战的明军，也是"皆用大将军《纪效新书》"取得了胜利，所以

① （朝鲜）《冠岩全书》第17册，《韩国文集丛刊·续集》第113辑，韩国首尔：景仁文化社，2011，第481页。

"大将军固近世善用兵者也"。英祖朝著名学者韩元震也撰文介绍戚继光《纪效新书》的由来，"盖当明季，倭奴常侵闽浙，大用兵则难于久戍，小用兵则难于制敌。继光为是也，创为奇制，以此御倭，常获其利，遂记其说，名曰《纪效新书》"。说《纪效新书》是戚继光当年"御倭"胜利的经验总结。朝鲜晚期著名学者、实学家金正喜也撰文说："昔皇明嘉靖年间，倭寇之沿海侵掠，至及内地江浙之间，大为骚扰。如戚帅诸人宿将重兵，屯戍行间，不知为几岁。戚帅所著《纪效新书》，为御倭而作。"朝鲜王室高官、著名学者撰文颂赞戚继光及其《纪效新书》，也有力地推动了戚继光军事著作在朝鲜的传播。

　　朝鲜王朝出使中国的官员，将在中国期间听到的有关戚继光的事迹记录下来，回国进行宣传，也促进了戚继光军事著作在朝鲜半岛的传播。二次出使明朝的朝鲜光海君、仁祖朝官员高用厚撰文赞扬戚继光："皇朝任戚继光以备倭寇，浙东获高枕之安。用舍之间，存亡所系。"说明朝皇帝任命戚继光率军平倭，使得中国东南沿海没了倭寇侵扰，老百姓可以高枕无忧，安居乐业了。朝廷用戚继光这样的将才，关系到社稷的存亡。仁祖朝出使明朝的官员申悦道在《朝天时闻见事件启》中记载："戚继光，嘉靖间讨平倭寇，官至总督，此其表表者也。"说戚继光因讨伐平定了倭寇而成为家乡人民值得骄傲的优秀人物。肃宗十五年（1689），朝鲜官员申厚载出使中国，路经蓟州时写有《蓟城是戚少保所筑，途中怀古》诗，其中有"不尽沧桑感，仍思少保功"句，说尽管沧桑巨变，朝代更迭，但戚将军建立的功绩至今让人怀念。肃宗朝出使中国的官员申晸写有《感事》诗，其中也写道："燕地百年氛祲满，至今犹忆戚将军"，说在中国北部长城一带，虽说戚继光已经离开这里一百多年了，也已经改朝换代了，但当地的百姓仍在怀念他。结合前面介绍的戚继光在驻守明朝北部边境确保"数十年得无事"的战绩，及对当地百姓秋毫无犯，作者这里除表达了对戚继光的尊崇和敬仰之情外，也是在宣传戚继光的治军思想的深远影响。三次出使中国的朝鲜正祖、纯祖朝官员柳得恭也在诗中写道："试问古来征倭之将谁最贤？中朝戚少保，狼筅蛮牌练十年。"赞扬戚继光训练抗倭士兵，为抵御倭寇入侵中国做出的重大贡献。上述出使中国的朝鲜官员，都是当时很有正面形象、很有影响的官员，他们对戚继光事迹的介绍和赞颂，也必然推进戚继光军事思想在朝鲜半岛的传播。

　　综上所述，戚继光的军事思想之所以能影响朝鲜王朝军队三百年，一是戚继光的军事著作经过了朝鲜壬辰战争的实战检验，特别是通过《纪效新书》培训出来的浙兵将领在平壤大捷中的优异表现，为朝鲜王室依照《纪效新书》改造和训练朝鲜军队提供了最好的范例。壬辰战争期间，依照《纪效新书》训练和武装的朝鲜军队战斗力得到了极大提升，为反击日本侵略者发挥了重要作用，也对后世产生了重要影响。二是朝鲜王朝在壬辰战争之后仍长期面临外来威胁，特别是日本的威胁，戚继光兵书是抗击拥有新式火器的倭寇和抵御北方骑兵的经验总结，"北可以御胡，南可以御倭"。三是明王朝在壬辰战争中挽救了朝鲜，历届朝鲜王室都念念不忘明王朝的恩德，戚继光是明王朝褒奖的民族英雄，又有着卓越战功，使得戚继光成为朝鲜半岛人民所膜拜的偶像。对明王朝感恩戴德，对戚继光的仰慕，也使得戚继光的形象和他的军事著作在朝鲜半岛几百年来经久不衰。

参考文献

历史文献

（朝鲜）《朝鲜宣祖实录》，韩国首尔：探求堂 1973 年影印本。

（朝鲜）《朝鲜王朝实录·光海君日记》，韩国首尔：探求堂 1973 年影印本。

（朝鲜）《朝鲜仁祖实录》，韩国首尔：探求堂 1973 年影印本。

（朝鲜）《朝鲜孝宗实录》，韩国首尔：探求堂 1973 年影印本。

（朝鲜）《朝鲜显宗实录》，韩国首尔：探求堂 1973 年影印本。

（朝鲜）《朝鲜肃宗实录》，韩国首尔：探求堂 1973 年影印本。

（朝鲜）《朝鲜英祖实录》，韩国首尔：探求堂 1973 年影印本。

（朝鲜）《朝鲜正祖实录》，韩国首尔：探求堂 1973 年影印本。

（朝鲜）《朝鲜纯祖实录》，韩国首尔：探求堂 1973 年影印本。

（朝鲜）《朝鲜高宗实录》，韩国首尔：探求堂 1973 年影印本。

（朝鲜）《承政院日记》，韩国首尔：1961～1977 年。

（朝鲜）柳成龙：《西厓先生文集》，《韩国文集丛刊》第 52 辑，韩国首尔：景仁文化社，1990。

（朝鲜）李德馨：《汉阴先生文稿》，《韩国文集丛刊》第 65 辑，韩国首尔：景仁文化社，1991。

（朝鲜）郑琢：《药圃先生文集》，《韩国文集丛刊》第 39 辑，韩国首尔：景仁文化社，1989。

（朝鲜）金尚宪：《清阴先生集》，《韩国文集丛刊》第 77 辑，韩国首尔：景仁文化社，1991。

（朝鲜）柳元之：《拙斋先生文集》，《韩国文集丛刊·续集》第 28 辑，韩国首尔：景仁文化社，2006。

（朝鲜）柳馨远：《磻溪随录》，韩国首尔：明文堂，1982。

（朝鲜）金锡胄：《息庵先生遗稿》，《韩国文集丛刊》第 145 辑，韩国首尔：景仁文化社，1995。

（朝鲜）李瀷：《星湖全集》，《韩国文集丛刊》第 200 辑，韩国首尔：景
　　仁文化社，1997。

（朝鲜）李恒：《凌虚关漫稿》，《韩国文集丛刊》第 251 辑，韩国首尔：
　　景仁文化社，2000。

（朝鲜）李祘：《弘斋全书》，《韩国文集丛刊》第 262～267 辑，韩国首
　　尔：景仁文化社，2001。

（朝鲜）李德懋：《青庄馆全书》，《韩国文集丛刊》第 257 辑，韩国首
　　尔：景仁文化社，2000。

（朝鲜）丁若镛：《与犹堂全书》，《韩国文集丛刊》第 281～285 辑，韩
　　国首尔：景仁文化社，2002。

（朝鲜）成海应：《研经斋全集》，《韩国文集丛刊》第 277 辑，韩国首
　　尔：景仁文化社，2001。

（朝鲜）《纯斋稿》，《韩国文集丛刊·续集》第 120 辑，韩国首尔：景仁
　　文化社，2011。

（朝鲜）徐荣辅：《万机要览》，韩国首尔：景仁文化社，1969。

（朝鲜）李裕元：《嘉梧稿略》，《韩国文集丛刊》第 315 辑，韩国首尔：
　　景仁文化社，2003。

（朝鲜）许薰：《舫山先生文集》，《韩国文集丛刊》第 328 辑，韩国首
　　尔：景仁文化社，2004。

（朝鲜）田愚：《艮斋先生文集》，《韩国文集丛刊》第 333 辑，韩国首
　　尔：景仁文化社，2004。

〔韩国〕林基中编《燕行录全集》，韩国首尔：东国大学出版部，2001。

〔韩国〕林基中编《燕行录续集》，韩国首尔：尚书院，2008。

〔韩国〕《韩国历代人名事典》，韩国首尔：韩国世宗大王纪念事业会，
　　2010。

朝鲜光海君二年（1610）《武艺诸谱续集》（韩国国立中央博物馆藏本）。

朝鲜肃宗十年（1684）《兵学指南》（韩国国立中央博物馆藏本）。

朝鲜肃宗朝《东藩大义》（韩国韩国学中央研究院藏书阁藏本）。

朝鲜正祖九年（1785）《兵学通》（韩国国立中央博物馆藏本）。

朝鲜正祖二十二年（1798）《兵学指南》（韩国国立民俗博物馆藏本）。

朝鲜正祖十四年（1790）《武艺图谱通志》（韩国韩国学中央研究院藏书阁藏本）。

朝鲜正祖朝《武艺诸谱》（韩国水原华城博物馆藏本）。

吴晗编《朝鲜李朝实录中的中国史料》，中华书局，1980。

（明）戚继光撰，范中义校释《纪效新书》（十四卷本），中华书局，2001。

（明）戚继光撰，曹文明、吕颖慧校释《纪效新书》（十八卷本），中华书局，2001。

（明）戚继光撰，邱心田校释《练兵实纪》，中华书局，2001。

（明）戚继光撰，王熹校释《止止堂集》，中华书局，2001。

（明）戚祚国汇纂《戚少保年谱耆编》，中华书局，2003。

（明）《明实录》，台湾"中研院"历史语言研究所（影印本），1962。

（明）《朝鲜史略》，《文渊阁四库全书》，上海古籍出版社，1987。

（明）宋应昌：《经略复国要编》，《四库禁毁书丛刊》史部第38册，（台北）华文书局，1986年影印万历刊本。

（明）吴明济编，祁庆富校注《朝鲜诗选校注》，辽宁民族出版社，1999。

（清）张廷玉等：《明史》（简体字本），中华书局，2000。

（清）《明史纪事本末·援朝鲜》，商务印书馆，1933。

（清）朱彝尊编《明诗综·高丽》，中华书局，2007。

（清）钱谦益：《列朝诗集小传》，上海古籍出版社，2008。

李国祥等：《明实录类纂》涉外史料卷，武汉出版社，1991。

李国祥等：《明实录类纂》山东史料卷，武汉出版社，1994。

（明）《嘉靖山东通志》，上海书店，1990。

（明）《嘉靖全辽志》，辽宁省图书馆藏本。

（明）《明一统志·登州府》，《文渊阁四库全书》，上海古籍出版社，1987。

（清）《山东通志》，《文渊阁四库全书》，上海古籍出版社，1987。

（清）《大清一统志·登州府》，《文渊阁四库全书》，上海古籍出版社，1987。

（清）《光绪增修登州府志》，《中国地方志集成》，江苏古籍出版社、上海书店、巴蜀书社，2004。

（清）《道光重修蓬莱县志》，《中国地方志集成》，江苏古籍出版社、上海书店、巴蜀书社，2004。

（清）《光绪蓬莱县续志》，《中国地方志集成》，江苏古籍出版社、上海书店、巴蜀书社，2004。

现代文献

《山东省志·诸子名家志》编纂委员会：《戚继光志》，山东人民出版社，1999。

范中义：《戚继光传》，中华书局，2003。

范中义：《戚继光评传》，南京大学出版社，2004。

冯国权、胡长秀：《抗倭英雄戚继光传》，华中科技大学出版社，2018。

阎崇年主编《戚继光研究论集》，知识出版社，1990。

《戚继光研究丛书》编辑委员会：《戚继光研究论集》，华文出版社，2001。

朱亚非主编《戚继光志》，山东人民出版社，2009。

曲树程注释《戚继光诗稿》，黄河出版社，1991。

张德信、王熹编《戚继光研究资料粹编》（上、中、下），黄海数字出版社，2016。

刘小树主编《中国历代兵书荟萃》，北京燕山出版社，2008。

刘凤鸣：《山东半岛与古代中韩关系》，中华书局，2010。

刘焕阳、刘晓东：《落帆山东第一州——明代朝鲜使臣笔下的登州》，人民出版社，2012。

陈爱强、刘晓东：《明代朝鲜使臣笔下的山东研究》，人民出版社，2019。

王志民总主编《山东区域文化通览》，山东人民出版社，2012。

田明宝总主编《烟台区域文化通览》，人民出版社，2016。

田明宝主编《烟台文化遗产大观》，人民出版社，2021。

学术论文

杨海英：《书〈唐将书帖〉后》，《中国社会科学院历史研究所学刊》第7集，商务印书馆，2011。

杨海英：《朝鲜王朝军队的中国训练师》，《中国史研究》2013年第3期。

孙卫国：《〈纪效新书〉与朝鲜王朝军制改革》，《南开学报》（社会科学版）2018 年第 4 期。

孙卫国：《万历朝鲜之役明军将士群体与指挥体制》，《域外汉籍研究集刊》2019 年第 2 期。

祁山：《〈纪效新书〉传入朝鲜半岛的背景及影响》，《山东青年政治学院学报》2013 年第 5 期。

陈尚胜：《论丁酉战争爆发后的明军战略与南原之战》，《安徽史学》2017 年第 6 期。

仝晰纲：《从〈练兵实纪〉看戚继光的将帅观》，《山东师范大学学报》2007 年第 6 期。

赵国华：《戚继光军事思想探论》，《理论学刊》2008 年第 5 期。

张子昂：《朝鲜王朝后期水军中的"戚法"运用情况》，《西部学刊》2021 年第 12 期。

〔韩国〕车文燮：《朝鲜时代军制研究》，韩国大学出版部，1977。

〔韩国〕许善道：《朝鲜时代火药兵器史研究》，韩国一潮阁，1994。

〔韩国〕李成茂等：《柳成龙与壬辰倭乱》，韩国太学社，2008。

〔韩国〕朴现圭：《壬辰倭乱中国史料研究》，韩国宝库社，2018。

〔韩国〕卢永九：《宣祖时期〈纪效新书〉的普及与用法的研究》，韩国《军事》第 34 号，1997。

〔韩国〕卢永九：《朝鲜增刊本〈纪效新书〉的体制与内容》，韩国《军事》第 36 号，1998。

〔韩国〕徐致祥、赵亨徕：《〈纪效新书〉引入后新城制的探索》，韩国大韩建筑学会论文集计划系第 24 卷第 1 号，2008。

〔韩国〕洪乙杓：《关于朝鲜后期戚继光战法的研究》，韩国《韩日关系史研究》第 44 辑，2012。

〔韩国〕Heo Daeyeong，《壬辰倭乱前后朝鲜的战术变化与军事训练的正规化》，韩国《韩国史论》58，2012。

〔韩国〕尹用出：《壬辰倭乱时期军役制的动摇与改编》，韩国壬辰倭乱精神文化宣扬会《壬辰乱研究丛书》（3），2013。

〔韩国〕尹武学：《朝鲜后期兵书编纂与兵学思想》，《韩国哲学论集》第 36 辑，2014。

〔日本〕荻生徂徕：《钤录》，日本国文学研究资料馆藏，须原屋／新兵卫，1857。

〔日本〕石原道博：《壬辰丁酉倭乱与戚继光的新法》，日本《朝鲜学报》
（通号 37·38），1966。

〔日本〕大石纯子、酒井利信：《〈纪效新书〉中关于日本刀剑的受容特
性：通过 18 卷本和 14 卷本的比较》，日本《武道学研究》（45·
2），2012。

〔日本〕朴贵顺：《〈兵法秘传书〉中所见中国武艺的影响：根据〈纪效
新书〉和〈武备志〉的比较和探讨》，日本《体育史，一般研究》，
日本体育学会体育科学分会论文集，56（0），2005。

后 记

此书出版了，本是件高兴的事情，可提笔写后记，心情却十分沉重，因为本书的出版，我们第一个要感谢的是耿昇先生，没有他当年的提议，就不会有鲁东大学戚继光研究取得的重要成果，也不会有此书的面世，可耿昇先生收不到我们的谢意了。

2013年8月，鲁东大学胶东文化研究院邀请时任中国中外关系史学会会长、中国社会科学院著名中外关系史学家耿昇研究员在山东省蓬莱市（今烟台市蓬莱区）参加一个学术会议，会议期间，在参观蓬莱水城和戚继光故居时，耿昇先生提议，鲁东大学胶东文化研究院应开展戚继光军事思想在海外影响的研究。会议结束回到学校后，我组织在韩国留过学的鲁东大学任晓礼教授、刘晓东副教授等成立了戚继光军事思想在海外影响研究的课题组，任晓礼侧重于戚继光军事思想对朝鲜壬辰战争期间的影响研究，刘晓东侧重于对戚继光军事思想对朝鲜王朝三百年的影响研究，经过课题组的不懈努力，任晓礼主持的"戚继光军事思想对朝鲜壬辰战争的影响"研究课题获批2019年国家社科基金后期资助项目，刘晓东主持的"戚继光军事思想在朝鲜半岛的传播与实践研究"研究课题获批2020年国家社科基金后期资助项目。现两个资助项目均已结题，任晓礼主持的研究项目已于2023年5月在山东大学出版社出版，书名是《戚继光军事思想对万历朝鲜战争的影响》，刘晓东主持的研究项目，即《戚继光军事思想接受史研究——以朝鲜王朝为例》一书也在社会科学文献出版社出版了，这样的喜事，首先应该向耿昇先生报喜，但耿先生已经听不到我们的喜讯了，他已于2018年4月因病去世了。2022年8月，万明等主编的《耿昇先生与中国中外关系史研究纪念文集》在中国社会科学出版社出版，其中登载了我撰写的《耿昇与东方海上丝绸之路》[①]一文，其中回顾了耿

---

① 万明等主编《耿昇先生与中国中外关系史研究纪念文集》，中国社会科学出版社，2022，第109~117页。

昇先生对鲁东大学在东北亚文化交流研究，包括戚继光军事思想在朝鲜半岛影响研究方面给予指导和帮助，所以，每当我们有了这方面的研究成果时，就会想到耿昇先生，想到耿先生与我们交往的点点滴滴。今天此书出版，也自然想到了耿先生，可先生已经分享不到我们丰收的喜悦了，所以，心情多了几分沉重。

此书出版，第二个要感谢的是万明先生。万明是中国社会科学院登峰战略资深学科带头人，中国中外关系史学会名誉会长。耿昇担任中国中外关系史学会会长期间，万明是学会副会长兼秘书长，耿昇由于年龄原因卸任后，万明接任了学会会长。由于万明是明史研究、中外关系史研究的著名专家，所以对戚继光的研究，特别是戚继光军事思想在朝鲜半岛影响的研究特别关注，当她得知鲁东大学在这方面所取得的成绩时，非常高兴，并为本书撰写了序言，称赞本书"为戚继光军事著述的研究提供了新的思路和视角"，"极大地拓展了戚继光研究的领域，并对于戚继光文化遗产价值进行了重新评价和补充，无疑是填补了学术研究的空白"，"是一部具有很高学术价值和现实意义的力作"（见本书《序》）。万明先生对本书给予了如此高的评价，着实令我们诚惶诚恐，唯有继续努力，取得更多更好的成绩，才能告慰耿昇先生，才能不辜负万明先生给予的高度评价。

此书出版，还要感谢教育部人文社科重点研究基地山东师范大学齐鲁文化研究院。鲁东大学胶东文化研究院的另一个称谓是"教育部人文社科重点研究基地山东师范大学齐鲁文化研究院胶东工作站"。研究院名誉院长兼首席专家王志民教授，更是对戚继光军事思想在朝鲜半岛的影响研究给予了具体指导和大力支持。今年三月，戚继光研究的两个项目均结题后，我曾去济南当面向王志民教授做了汇报。他认为，该研究成果不仅挖掘和运用了许多新的资料，在资料占有上开拓出一片新的天地，而且用明清时期朝鲜人的视角来审视戚继光的军事思想，能使我们更客观更清晰地认知戚继光军事思想的作用和影响；该研究成果提出的新观点、新见解，是齐鲁文化研究，特别是中韩文化交流史研究的创新性成果，有着重要的学术价值。王志民教授曾是山东省政协副主席，山东师范大学副校长，在齐鲁文化研究上硕果累累，很有影响，虽已年过七十，但仍是山东师范大学特聘资深教授，博士生导师，他对我们研究成果给予的高度评价，也是对我们的鞭策和鼓励。

此书出版，还要感谢鲁东大学亢世勇教授，我们申报国家社科基金后期资助项目时，亢世勇时任鲁东大学分管社科研究的副校长，同时兼任鲁东大学胶东文化研究院院长，他指示学校社科处组织专家对我们的申报书和书稿内容进行了仔细审阅，并提出了具体的修改建议，为我们项目成功获批奠定了良好的基础。

此书出版，更要感谢社会科学文献出版社人文分社社长宋月华和总编辑李建廷，没有他们，无论是刘晓东主持的"戚继光军事思想在朝鲜半岛的传播与实践研究"研究课题的获批，还是本书的出版，都不会这么圆满顺利。宋月华社长是蓬莱人，对同是蓬莱人的戚继光情有独钟，2020年，刘晓东主持的研究课题申报国家社科基金后期资助项目时，我们希望社会科学文献出版社能予以推荐，宋月华社长不仅满口应允了，还对书稿的命题等提出了修改意见，在代表出版社撰写的推荐意见中，对书稿的内容和观点均给予了充分肯定，这为课题的获批提供了重要保证。分社总编辑李建廷在书稿出版校对过程中，认真负责，一丝不苟，耐心指教，甘为人梯，使得本书能如期奉献给各位读者。

借本书出版之际，我们还要对一直关心和帮助我们的鲁东大学的领导和各位同仁表达衷心的谢意，没有他们多年来的支持和关照，我们就不会有多个成果，包括这一本书的问世。

这本书承载了太多人的指导和帮助，这一份份友情，我们都铭记在心，不仅会倍加珍惜，也会更加努力，以期能有更多更好的成果回馈社会，报答各位领导和朋友的厚爱。

祁　山

2023 年 6 月 19 日于鲁东大学

图书在版编目（CIP）数据

戚继光军事思想接受史研究：以朝鲜王朝为例 / 刘
晓东，祁山著. -- 北京：社会科学文献出版社，2023.9
国家社科基金后期资助项目
ISBN 978 - 7 - 5228 - 2557 - 1

Ⅰ.①戚…　Ⅱ.①刘…②祁…　Ⅲ.①戚继光（
1528 - 1587）- 军事思想 - 影响 - 中朝关系 - 国际关系史 -
研究　Ⅳ.①E892.48 ②D829.312

中国国家版本馆 CIP 数据核字（2023）第 178246 号

国家社科基金后期资助项目
戚继光军事思想接受史研究
　　——以朝鲜王朝为例

著　　者 / 刘晓东　祁　山

出 版 人 / 冀祥德
责任编辑 / 李建廷
责任印制 / 王京美

出　　版 / 社会科学文献出版社
　　　　　地址：北京市北三环中路甲 29 号院华龙大厦　邮编：100029
　　　　　网址：www.ssap.com.cn
发　　行 / 社会科学文献出版社（010）59367028
印　　装 / 三河市龙林印务有限公司

规　　格 / 开 本：787mm × 1092mm　1/16
　　　　　印 张：21.75　字 数：343 千字
版　　次 / 2023 年 9 月第 1 版　2023 年 9 月第 1 次印刷
书　　号 / ISBN 978 - 7 - 5228 - 2557 - 1
定　　价 / 138.00 元

读者服务电话：4008918866